U0811334

书山有路勤为径，优质资源伴你行
注册世纪波学院会员，享精品图书增值服务

A Comprehensive Resource for Consultants, Facilitators, Coaches, and Trainers, Third Edition

THE SKILLED FACILITATOR

专业引导技巧

(第3版)

成就卓越咨询顾问、引导师、管理者、领导者、培训师和教练

[美] 罗杰·施瓦茨(Roger Schwarz) 著

吴凤荣 刘滨 骆超 译

電子工業出版社

Publishing House of Electronics Industry

北京·BEIJING

The Skilled Facilitator: A Comprehensive Resource for Consultants, Facilitators, Coaches, and Trainers, Third Edition
ISBN: 978-1119064398
Copyright © 2017 Roger Schwarz
All rights reserved.
Authorized translation from the English language edition published by John Wiley & Sons, Inc. Responsibility for the accuracy of the translation rests solely with Century Wave Culture Development Co-PHEI and is not the responsibility of John Wiley & Sons, Inc. No part of this book may be reproduced in any form without the written permission of John Wiley & Sons International Rights, Inc.
Simplified Chinese translation edition copyrights © 2018 by Century Wave Culture Development Co-PHEI.
Copies of this book sold without a Wiley sticker on the cover are unauthorized and illegal.

本书中文简体字版经由 John Wiley & Sons, Inc.授权电子工业出版社独家出版发行。未经书面许可，不得以任何方式抄袭、复制或节录本书中的任何内容。

版权贸易合同登记号　图字：01-2017-1071

图书在版编目（CIP）数据

专业引导技巧：成就卓越咨询顾问、引导师、管理者、领导者、培训师和教练：第 3 版 /（美）罗杰·施瓦茨（Roger Schwarz）著；吴凤荣，刘滨，骆超译. —北京：电子工业出版社，2018.1

书名原文：The Skilled Facilitator: A Comprehensive Resource for Consultants, Facilitators, Coaches, and Trainers, Third Edition

ISBN 978-7-121-31935-8

Ⅰ. ①专… Ⅱ. ①罗… ②吴… ③刘… ④骆… Ⅲ.①组织管理－研究 Ⅳ. ①C936

中国版本图书馆 CIP 数据核字(2017)第 139659 号

策划编辑：吴亚芬
责任编辑：袁桂春
印　　刷：三河市良远印务有限公司
装　　订：三河市良远印务有限公司
出版发行：电子工业出版社
　　　　　北京市海淀区万寿路 173 信箱　　邮编 100036
开　　本：787×1092　1/16　印张：20　字数：377 千字
版　　次：2018 年 1 月第 1 版（原书第 3 版）
印　　次：2022 年 1 月第 18 次印刷
定　　价：98.00 元

凡所购买电子工业出版社图书有缺损问题，请向购买书店调换。若书店售缺，请与本社发行部联系，联系及邮购电话：（010）88254888，88258888。

质量投诉请发邮件至 zlts@phei.com.cn，盗版侵权举报请发邮件至 dbqq@phei.com.cn。

本书咨询联系方式：（010）88254199，sjb@phei.com.cn。

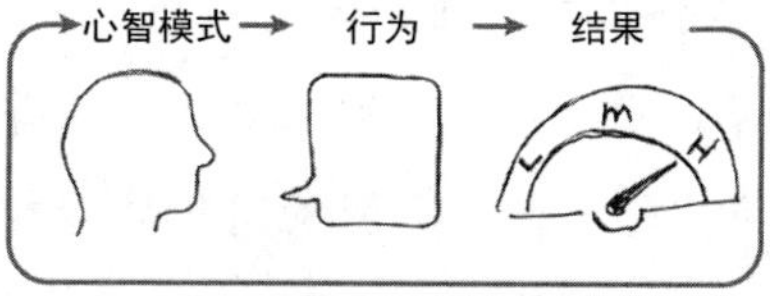

译者序

本书的价值在于，它谈的是引导，却又不仅仅是引导。这就是我选择翻译本书的原因。

翻译这本书，既想将我在成长为引导师路上深受裨益的好东西拿来与大家分享，也希望对引导工具有了一些认识和实践的引导者们能突破工具的限制，从中寻获新的天地。因为，这也是我个人在这本书中所收获的。

成为行动学习引导师之前，我曾有不同专业、不同管理层级及不同行业的跨界经历，40 岁时在中山大学参加了管理哲学博士研修班的学习。哲学讲求抽象与概括，从森罗万象中把握事物的本质与规律。百战归来再读书，让我证悟到了一种“万物相通”的观念，这一观念在许多管理实践中都得到了印证。就像我在机缘巧合之下进入行动学习领域，恍然发现自己跨学科的近 20 年管理及项目实践中所运用的模糊问题解决套路，恰恰是目前行动学习领域中我们专有开发的技术路线所关注的解决问题的方法论，只是后者更清晰和专业化而已。

在进一步学习引导的过程中，我在王志刚老师的推荐下接触到了诸如阿基里斯等对于引导的心智模式形成和交互过程具有深入研究的管理大师。他们的研究实证既源于丰富的管理实践，又在管理应用中得到证实，对实践具有较强的指导作用。遗憾的是，许多同类书籍中有较多组织行为学、心理学等方面的专业术语，对于非专业读者而言未免晦涩难懂。相比之下，本书作者罗杰·施瓦茨（Roger Schwarz）所写的引导实践技巧则站在了巨人的肩膀上，既总结了阿基里斯在引导技巧上的核心观点，又采用了丰富和细致的案例解析，用浅显易懂的方式授人以渔。

为什么说是授人以渔呢？为了便于初学者的学习和使用，国内市场上关于引导工具的书籍不胜枚举，而这些书也恰恰是最容易令初入门者迷惑的地方：难道这些就是引导的全部了吗？稍有认识的人都知道，答案当然是否定的。引导工具不过是浮在水面上的冰山的一角（也就是“鱼”），学会工具能让初学者照葫芦画瓢似地组织一场简单的会议，却无法对会议的成效起到显著的推进作用。因为真正令引导做到“激发团队潜力，促进团队成长，实现问题解决”的，是冰山下层影响团队的心智模式和思维方式。只有熟悉和掌握了引导的核心技能，才能让引导者在会议中从容应对团队的争议和冲突，并能让引导有效地促进学员内观自我，反思觉察，从而改善心智模式和优化思维方式，以达到无论面对何类议题，都能够摆脱工具与技巧的束缚，定制恰当的流程，这就是“渔”。

这一切都需要引导者在持续的摸索实践中提升个人的洞察力、共情力等，并最终以观察和对话的方式呈现出来。也就是说，引导者真正的“铁饭碗”从表层看是聆听、观察和对话，从底层看其实是心智模式、思维方式。因此，本书作者耗时耗力讲了两种不同的心智模式及其对应的对话方式。从狭义上看，它可以只是一本引导技能教材；从广义上看，游刃有余的读者们也可将场景迁移到与孩子沟通、与下属沟通、与家人沟通，因为对话本身是无处不在的。正如我前面所提到的，万物相通，运用跨学科的多元思维，在千变万化的万象之中抓住本质，便能融会贯通，以“不变”应万变。

在此，感谢在本书的翻译及校译过程中倾注了大量心血并给予许多建议和支持的刘滨老师，感谢与我共同翻译、学习和探讨行动学习和引导方法的骆超老师，也感谢团队成员童静顾问的支持与帮助。

吴凤荣

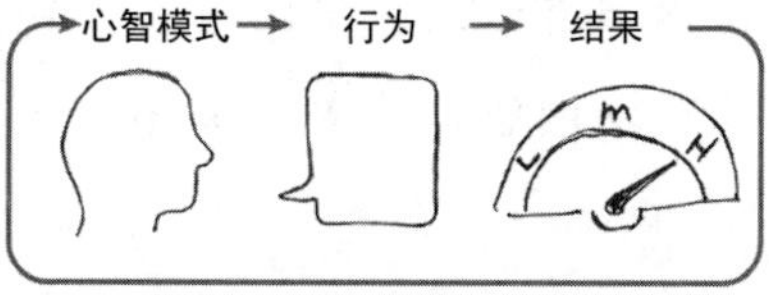

第 3 版前言

自从我在 1994 年出版了《专业引导技巧》一书之后，该书已经成为引导领域的标准参考书。很多读者告诉我，这本书从根本上改变了他们所服务的团队的工作方式。当面临挑战或新的局面时，他们会一遍又一遍地重新阅读此书。我非常高兴地看到来自不同行业、担任不同角色的人们认同这本书的价值。我希望你也是其中的一员。

《专业引导技巧》是一本什么样的书

《专业引导技巧》告诉你如何帮助团队变得更有效，无论你担任的是咨询顾问、引导师、教练、培训师还是调解员。当我撰写第 1 版时，引导技巧被认为专属于引导师的某些技巧。现在，这些技巧已经被公认为与团队共事的每位人士所需具备的核心技能。

本书讲述了引导的一种方式——专业引导技巧。这是一个相对全面的综合性方式，当你与团队一起工作时，你可以学习并且使用这一技巧。这一方式基于我在本书中所引用的研究和理论之上。

专业引导技巧有数个主要特征。它基于一套核心价值观、假设（我称为心智模式）和原则之上。无论你是一位引导师、咨询顾问、教练、培训师还是调解员，你都可以借助本书所介绍的核心价值观、假设和原则的指导找到相应的问题解决之道。

专业引导技巧将理论和实践结合起来。在本书中，我回答了这样三个提问：“我做些什么？我如何去做？我为什么要这样去做？”通过回答第一个提问，你知道在所有场合中需要使用的工具、技巧或方法。对于如何在上述情境中做出应对，你也有了大体的了解。通过回答第二个提问，你知道在特定场合中你具体需要说些什么。回答前两个提问虽然必要，但还不足够。通过回答第三个提问，你将了解工具、技巧、方法及你的具体行为背后的理论和原则。在你知道这三个提问的答案后，不管你身处怎样的环境，你不必拘泥于工具或方法，你可以调整工具或方法并设计出自己的工具和方法来帮助团队。

专业引导技巧是帮助团队的系统方法。这一方法的各个部分珠联璧合并且相得益彰，因为它们基于同样的核心价值观、假设和原则。这一方法背后的逻辑是公开透明的，你可以与共事的团队一起分享，使该方法更加有力、实用。

在专业引导技巧之中，你用于帮助团队的心智模式和行为也是团队用于提升有效性的心智模式和行为。这不是一套专属于你的秘密原则、技巧或方法，当你转身面对团队时你会采用另一套方法。当你行事有效时，你向团队示范高效的行为。这样你可以更容易地帮助团队提升他们的有效性。我曾撰写了《聪明的领导，更为聪明的团队》（*Smart Leader，Smart Team*）一书。该书使用了我在本书中所介绍的相同方式（包括相同的模型和行为）来帮助团队打造心智模式、提升技巧和设计团队来实现更好的业绩。如果你认为专业引导技巧有所帮助，并且希望帮助团队学习如何将其运用到他们的领导角色之中，《聪明的领导，更为聪明的团队》一书将告诉他们如何去做到这点。

专业引导技巧的核心是基于这样的一个假设：你的思维方式决定了你的引导方式（或你的咨询、教练、培训或调解方式）。研究显示，在面临挑战的情境中，几乎所有人都会采用一种心智模式，而这种心智模式让我们所表现出的方式降低了我们帮助团队的能力。专业引导技巧向你传授了如何对自己的思维方式和感受进行有力的反思，这样你就能够更始终如一地采用高效的心智模式。这将让你和你所服务的团队得到三个结果：更好的业绩、更为紧密的工作关系及更高的个人幸福感。

本书为谁而写

大多数需要运用引导技巧的人并不是引导师。如果你需要使用引导技巧来帮助团队（但你不是其中的一员），那么这本书就是为你而写的。专业引导技巧可以使你更为有效地帮助团队，以取得更好的业绩。如果你担任以下的任一角色，这本书将对你有所帮助：

- 你是一位帮助工作团队（董事会、高管团队、管理层团队、工作团队、特别行动小组、委员会、工会—管理层团队、跨组织委员会或社区团队等）的引导师，也包括那些擅长精益（Lean）改进、六西格玛或其他流程改进的引导师。

- 你是一位与团队开展合作的咨询顾问，你在某一内容领域（可能是战略、营销、运营、流程改进或任何其他领域）有专长。
- 你担任组织发展咨询顾问，你需要使用引导技巧来帮助团队和组织管理变革。
- 你是一位人事咨询顾问，你担任你所支持的领导团队的业务合作伙伴并且经常参与有关员工绩效或行为的艰难对话。
- 你是一位与团队或个人合作的教练。
- 你是一位培训师，作为培训工作的一部分你需要引导对话。
- 你是一位调解员，希望培养你的引导技巧或者需要与团队一起合作。
- 你是一位教师，作为应用型学者，教授有关团队、引导、咨询、教练、组织发展或冲突管理的课程；你从事的领域包括管理、医疗、工程、公共管理、规划、心理学、社会工作、教育、公共卫生或其他应用领域。

如果你是团队的领导者或成员，我建议你阅读我撰写的另一本书《聪明的领导，更为聪明的团队》。该书运用了我在本书中所介绍的方法，但更为契合你在团队中所担任的具体角色。如果有人建议你阅读《专业引导技巧》，你可能发现《聪明的领导，更为聪明的团队》更适合你。

本书的结构

本书包括四部分。以下是这四部分的章节介绍。

第 1 部分：基石

在第 1 部分，我介绍了专业引导技巧的基石。

第 1 章　专业引导技巧。在这章，我对专业引导技巧做了整体介绍，包括它将帮助你完成什么样的任务以及我在本书中所回答的提问。

第 2 章　引导师和其他引导角色。当我与团队合作时，我如何知道我应该承担什么样的角色？如果我需要承担多个角色，我该怎么办？在本章中，我介绍了你在承担任何角色时，你将如何运用专业引导技巧，无论你承担的角色是引导师、咨询顾问、教练、培训师还是调解员。我介绍了每个角色，解释什么时候选用哪个角色，讨论了与团队合作时，你该如何承担多个角色。

第 3 章　你的思维方式决定你的引导方式。在你提供引导、咨询、教练或培训中，最富有挑战的部分就是采用高效的心智模式。本章讲述了当我们面对挑战时，几乎所有人都会采用低效的心智模式行事，这就是单边控制模式。我介绍了单边控制模式是如何让你的思维和行动方式降低了团队的有效性以及你帮助团队的能力的。

第 4 章　引导时采用交互学习模式。交互学习模式是专业引导技巧的基石。在本章中，我讲述了交互学习的心智模式是如何让你的思维和行动方式能够有效地帮助你以及与你共事的团队的，这一模式所取得的业绩不是单边控制模式所能媲美的。我介绍了交互学习模式的价值观、假设和行为。

第 5 章　交互学习模式的八种行为。本章讲述了将交互学习模式付诸行动的八种行为以及如何运用这些行为来提升你的有效性，并且帮助团队来提升有效性。我介绍了每种行为是如何带来好的结果的，以及你可以在何时展现这些行为，如何展现这些行为等。

第 6 章　设计和打造有效团队。如果你正在帮助团队取得更好的业绩，了解团队需要做些什么来取得好的业绩颇为重要。基于交互学习模式，本章介绍了团队有效性模型，该模型解释了如何设计有效小组，如何帮助现有团队改进绩效。

第 2 部分：对团队做出诊断并实施干预

在第 2 部分，我介绍了如何观察一个团队，找出限制团队有效性的因素，并且实施干预来帮助小组变得更为有效。

第 7 章　使用六步骤交互学习模式循环实施诊断和干预。我如何发现团队中正在发生的什么降低了团队的有效性？当我发现后，我该对团队说些什么？在本章中，我引入了交互学习循环，你可以运用这一循环来回答上述问题，并且对团队做出诊断并实施干预。

第 8 章　如何对团队做出诊断。在一个团队中会有很多事情值得关注，我如何决定需要关注些什么呢？在本章中，我将告诉你如何运用交互学习循环来寻找团队中发生的重要事件，发现其含义并且决定如何对团队实施干预。

第 9 章　如何对团队实施干预。当我决定对团队说些什么的时候，我具体该说些什么呢？我该说给谁听？何时说？在本章中，我将告诉你如何实施干预，这样你就可以决定团队的所见是否与你的所见一致，并共同决定团队或你需要采取哪些不同的做法。

第 10 章　诊断并干预交互学习模式行为。在本章中，我提供了翔实的案例来说明当团队成员的行为与八种交互学习行为不相符时，你该如何实施干预。

第 11 章 使用交互学习模式来改善其他流程与技巧。本章介绍了如何运用专业引导技巧来帮助团队改善其使用的任何流程或技巧的方法，如精益（Lean）改进、六西格玛、绩效管理流程、战略规划或问题解决等。

第 12 章 诊断并干预你和团队的情绪。如果大家开始变得情绪化，我该怎么办？如果我变得情绪化，我该怎么办？在本章中，我介绍了你和团队的情绪是如何产生的，以及你如何帮助团队成员和你自己去表达情绪，从而可以让对话和问题解决变得更为高效。

第 3 部分：同意一起工作

在第 3 部分，我介绍了如何就你与团队的合作达成协议，如何决定是否与合作伙伴联袂引导，如果是的话，如何合作；以及如何在你的组织内承担引导角色。

第 13 章 订立合约。你与团队就如何合作订立的合约将为你们的合作关系奠定基石。订立糟糕的合约会导致整个合作过程问题层出不穷。在本章中，我介绍了如何采用具体的五步骤来帮助你和团队营造健康的工作关系并且满足你们双方的需求。

第 14 章 联袂引导。如果你和合作伙伴配合良好，那么与合作伙伴联袂引导能给团队带来更大价值。在本章中，我介绍了与合作伙伴联袂引导的优势和劣势，你该如何决定是否与合作伙伴联袂引导，如何有效地划分与协调引导工作。

第 15 章 在自己的组织中担任引导角色。如果你是内部引导师、咨询顾问或教练，相对于外部的同人来说，你将面临不同的挑战。在本章中，我介绍了你的内部引导角色是如何演变而来的，承担内部引导角色所面对的潜在优势和劣势，让你的角色变得更加高效的具体策略（如与你的经理订立协议）等。

第 4 部分：与技术同行

在第 4 部分我介绍了如何通过虚拟技术与团队进行合作。

第 16 章 使用虚拟会议技术。越来越多的团队在虚拟空间开会而不采用面对面开会的形式。在本章中，我介绍了何时使用虚拟会议，如何在不同的虚拟会议技术中做出选择，如何识别虚拟技术的特殊挑战，如何有效解决这些挑战。

本书的特点

本书所具有的几个特点可以帮助你浏览并学习专业引导技巧。

- 专业引导技巧的主要原则用黑体字标出。
- 书是无法取代工作坊中的技能练习的（这就是我们提供专业引导技巧深度工作坊的原因）。但是，在本书中我提供了翔实的案例来告诉你如何将原则付诸实践，包括团队成员行事低效以及你将如何实施干预的真实案例。
- 我分享了自己的故事和同事的故事来说明如何使用专业引导技巧，以及没有使用专业引导技巧的情况是什么样的。有些例子来自我自己的低效引导，我从中学到了很多，也希望你也能从中有所收获。在所有的案例和故事中，我隐藏了组织的名称和类型，以及个别成员的姓名。有时我会将几个故事糅合在一起以便快速阐述某个要点。

第3版有何不同

如果你阅读过第2版，也许你希望知道这一版有何不同。以下是几个主要区别。

- 我更加关注咨询顾问、教练和培训师这些角色。在本书中，我一直在解释不同的引导角色该如何采用不同的方式来应对某一局面。
- 增加了引导虚拟会议相关内容。
- 所有模型全部被修改过。单边控制模式和交互学习模式拥有新的核心价值观、假设、行为和结果。团队有效性模型也有了新的核心价值观和结果。
- 交互学习模式和团队有效性模型完全整合了。交互学习模式完全嵌入团队有效性模型之中。

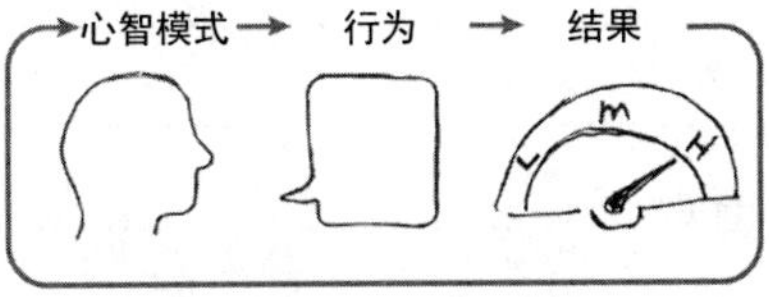

目　录

第 1 部分　基　　石

第 4 部分 与技术同行

第1部分

基　石

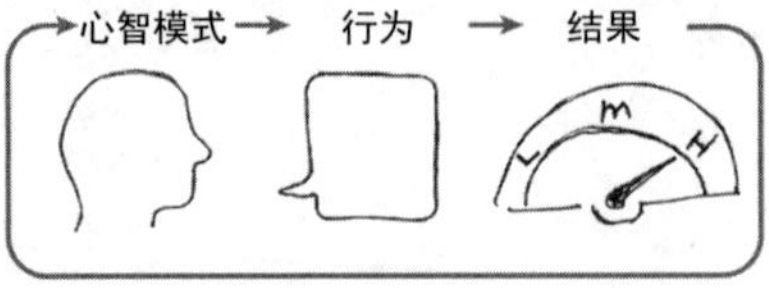

第 1 章

专业引导技巧

本书撰写的目的是帮助你取得更好的结果。当阅读此书时，你可能正在探讨如何与团队共事或已经与团队共事。你可能担任引导师、咨询顾问、教练或培训师。无论何种情形，你希望学习引导技巧，从而帮助团队变得更为有效。

需要团队引导

对于许多组织来说，团队是基本的工作单位。对于个人而言，如果仅仅为了收集生产产品或提供服务所需要的信息，或者为了避免所做出的关键决策带来不曾预想的后果，那么组织显得太过复杂。所以，组织建立了团队，目的是希望能在同一屋檐下收集到所需要的所有信息，协调不同或互为冲突的观点，并就共同的行动方案做出承诺。团队需要在一起有效地开展工作。但是，只要与团队一起共事过，你就知道团队的总体效能往往低于各个部分相加之和：做出糟糕的决策，彼此产生隔阂，没有承诺，大家陷入沮丧与压力之中。团队本不应该是这个样子的。本书将向你展示如何帮助团队达成本该达成的结果。

绝大部分需要引导技巧的人并不是引导师

只要你开始与团队一起共事，你就需要引导技巧。大部分与团队一起共事的人并不认为他们是以引导师的身份出现的，至少从技术角度而言，他们不是引导师。就其本质来说，团队引导师是实质中立的第三方，他们可以帮助团队改善一起共事的方式从而取得更好的结果。**但即便你不是引导师，你依然可以使用引导师所使用的相同方式如心智模式、技能来帮助团队取得更好的结果。**就其核心而言，引导只不过是与团队一起思考和共事的方式，这一方式可增加提高团队业绩、建立良好的工作关系、维持或改善团队成员幸福感的机会。对于任何值得你投入时间的关系而言，这都是非常宝贵的。无论你承担的角色是什么，你都将受益于引导技巧。

- **你担任内部或外部咨询顾问，为组织提供专业建议。**你可能是战略、金融、财务、IT、人事、物流、组织变革等领域的专家。你的目的不是引导团队，但你需要与团队一起工作，以便理解你的客户所面对的挑战与需求，提出改进方案并付诸实施。
- **你担任内部或外部咨询顾问，目的是通过改进流程来提升业绩。**你可能在流程改进领域如精益、六西格玛、价值工程、质量改善或其他相关领域有所专长。当你处理团队之中的那些软性因素所带来的问题（如抵触变革）时，你将面临挑战。或者你可能正专注于打造有效团队的某些要素，如有效管理冲突、建立信任、增加差异性或展现领导力等。
- **你担任教练并与团队一起共事。**你通常服务于个人，但你发现自己与团队共事的情况越来越多。你意识到相比于个人，帮助团队需要更多技巧。
- **你担任培训师，帮助大家在团队中提升知识与技能。**为了满足他们的学习需求，你需要与他们积极互动，与此同时，要确保自己能完成任务并恪守时间表。

作为希望改善绩效的团队成员之一或团队的正式领导者，引导技巧对于你的工作而言，必不可少。我所撰写的《聪明的领导，更为聪明的团队》一书，就是为了满足你的角色所需。该书介绍的心智模式或技能模式与本书所介绍的相关内容是一样的，该书还提供了具体例子来帮助你履行正式或非正式领导角色。

这本书为谁而写

任何人，只要与团队一起共事并希望达成更好的结果，都可以阅读本书。本书对于适用于多个角色所需的引导方式均有广泛介绍。阅读本书后，你将找到有关与团队有效共事的五个问题的答案。

我应当担任团队的引导师、咨询顾问、教练还是培训师

我如何决定我该承担什么角色？如果我在帮助团队时需要承担多个角色，我该怎么办？你可以凭借引导师、咨询顾问、教练或培训师的身份来帮助团队。选择合适的引导角色非常重要。在每个角色中，你采用不同的方式来帮助团队。你所选择的角色取决于团队需要什么样的帮助。如果选择的角色合适，你将帮助团队达成目标。如果选择的角色不合适，你将妨碍团队或影响你与团队的工作关系。

专业引导技巧界定了六种帮助性角色，介绍了你将如何使用其中的角色来帮助团队，基于何种条件你来选择最为合适的角色（第 2 章）。本书还解释了什么时候在不同角色之中进行切换以及如何切换。

当帮助团队时，我该关注什么

我该关注谁对谁说了些什么以及他们是怎么说的吗？团队中每个成员应承担什么角色？人们是如何陈述他们的观点或如何提问的？不同个性的团队成员彼此是如何互动的？当你与团队一起共事时，你需要关注这么多事项并找出团队的哪些做事方式有效，哪些无效。你无法关注所有的事项，那么你将如何决定哪些是你需要关注的重点，哪些不是呢？你如何在实时发生的情况下做到这些，以便可以马上做出回应，而不是在会议结束之后思忖该做些什么？

当询问自己这些问题时，你正在寻找诊断模型来指导你该关注哪些地方以及如何对其做出解读。专业引导技巧使用多个因素的诊断模型来帮助你去识别团队中哪些因素有助于提升或降低团队的有效性。第 5 章与第 10 章介绍了八种行为，只要团队成员发言，你可以依据这些行为分析大家究竟说了些什么可以提升对话有效性或降低对话有效性。第 3 章与第 4 章介绍了团队成员所使用的两种心智模式，一种模式有效，另一种模式无效，你可从中推断团队成员的哪些思考方式导致他们行事无效。

最后，专业引导技巧介绍了团队有效性模型（第 6 章），这一模型介绍了团队的构建方式，如团队的结构与流程是如何影响其结果的。结构包括团队的任务与目标，在完成任务时，团队成员是如何依赖彼此的，当他们一起共事时，他们是如何履行其角色的。流程则包括团队成员是如何解决问题的、做出决策的，以及如何管理冲突的。通过分析团队的内在结构与流程，你可以识别那些影响团队的举足轻重但不为人知的力量。

专业引导技巧的诊断模型可以让你去关注大量的因素如心智模式、行为、结构与流程是如何给团队所希望达成的三个结果带来巨大的影响的。这三个结果是更好的业绩、

更为紧密的工作关系及更高的个人幸福感。

当团队工作低效时，我该说些什么

我该何时干预团队？我究竟该说些什么？我该对谁说？当你对团队中所发生的事项做出诊断时，你将决定是否做出干预，也就是说，是否分享你的所见——你认为这对于团队的含义是什么，了解团队是否愿意做出改变。一旦看到团队中发生了一些事情可能降低团队的有效性时你就上前干涉，你不能这么做；如果你真这么做的话，团队将无法完成工作；他们只能把你排除在外。

当你决定做出干预时，你需要决定采取哪些干预措施，具体说些什么，对谁说，等等。为了达成这一点，专业引导技巧介绍了六步流程，我称之为交互学习循环（第 7 章与第 9 章）。这一循环是结构化的简便方式，可帮助你去思考团队中发生了些什么，以及随后如何有效做出干预。这可以让你对团队中发生的任何事情做出干预，其中包括判断团队成员的行为是否有效（第 10 章），应对团队成员无法有效使用流程（第 11 章），团队之中出现情绪问题（第 12 章）。

我该如何与团队达成共识

我如何发现我的客户是谁？他们需要什么样的帮助？我需要达成什么样的合约来提升成功的机会？合约之中需要涉及哪些团队成员？如果团队成员告诉我需要保密之事，我该怎么做？回答这些提问以及相关提问有助于你就是否与团队一起共事或如何一起共事达成共识。你如何管理订立合约的流程将影响你与团队之间的工作进程。如果能有效地管理这个流程，你和团队将为建立有效的工作关系创造条件；如果不能有效管理这个流程，未曾解决的问题将持续影响你和团队之间的工作关系。

专业引导技巧提供了订立合约的五阶段流程。该流程介绍了每个阶段的目的与任务、需获得的信息、与团队分享信息的方式、你和团队需做出的决策，以及每个阶段需要哪些人参与其中。

当团队难以应对时，我该做些什么

如果团队成员没有参与讨论，我该做些什么？如果他们彼此表现出公开的敌意呢？对我表现出抵触呢？如果团队领导试图控制引导，我该怎么做？如果团队真的让我感到沮丧，我该怎么做？能够有效地应对这些挑战性局面，这是专业引导师、咨询顾问、教练或培训师的标志之一。在上述局面中，涉及重大的利害关系，大家情绪激动，而且彼此观点严重对立。挑战性的局面也包括这样的情况：对你而言，利害关系重大，你认为你理解了其中的情况，但团队并不认为，这让你情绪激动。

专业引导技巧的核心是一套基本但强大的原则，这一原则认为你的思考方式就是你的引导方式或咨询、教练与培训方式。虽然本书中所提及的工具、技巧与行为不可或缺且非常重要，但最终你的有效性源自掌控你行为的心智模式、价值观与假设，这最终体现在你获得的结果上。哪怕拥有有效的工具、技巧与行为，你也会给自己或你帮助的团队带来糟糕的结果，因为你在使用时采用了低效的心智模式。

遗憾的是，当我们发现自己身陷挑战性局面时，几乎所有人都会采用相同的低效心智模式——单边控制模式（第 3 章）。虽然具体行为有别，可一旦我们在心理上感到受威胁或窘迫时，研究表明，98%的人会采用这一心智模式。正如单边控制模式所表明的那样，其核心价值观与假设的目的是强化我们对于局面实施单边控制，意在得到我们希望的结果。让人感到讽刺的是，单边控制的心智模式会让你的行事方式得到你极力避免出现的结果：决策质量更低、信任度降低、出现无效的冲突、产生防御性反应、缺乏承诺、关系紧张、动力下降、压力上升。

专业引导技巧基于不同的心智模式——交互学习模式。研究表明，这一模式更为有效（第 4 章）。交互学习模式的核心价值观包括保持透明、心怀好奇、知情的选择、担责与同理心。当你采用交互学习模式时，与其假定你的理解是正确的，而有别于你的观点的人没有理解或是错误的，不如假定我们中的每一方都有可能错失一些信息，而差异是学习的机会。你会发现正是你本人造成你所抱怨不已的问题。

在本书中，当你采用单边控制模式时，我将帮助你认识到这一点并向你展示如何转为采用交互学习模式。我的客户不断告诉我，这是专业引导技巧之中最为强大的部分，当然，也是最为挑战的部分。你越能践行这一模式，你就越能更好地帮助团队，哪怕是面对最为挑战的局面。

何谓专业引导技巧

专业引导技巧是引导的方式之一。我从 1980 年开始打造这一方式，那时，我开始向他人教授引导技巧。专业引导技巧是基于团队引导的理论，其来源可追溯到有关团队的研究之中，其要素被长达 35 年的学术研究所证实，以下是这一方式的主要特征。

回答了这些提问：我做些什么？我怎么做？我为何那么做

这是通过将理论与实践相结合得以实现的。知道做些什么以及如何做，如具体行为、工具、技巧，这虽必不可少但尚不足够。如果你没有理解为何这么做，也就是底层的原则，当遇到新的情况时，你就无法做到在现场重新设计你的行为。只有当你理解了底层的理论与原则，你才能从亦步亦趋照搬菜谱的烹饪新手转变为烹饪大师，你才能做到淋漓尽致地发挥你的厨艺并将手中的食材用到极致，献上一桌富有创意的菜品。

系统方式

引导师经常告诉我这样的经历，在面对挑战时，哪怕他们竭尽所能，但局面依然有可能变得不可收拾。这一局面的出现与引导师没有采用系统思考或系统行事方式有关。

例如，在你的引导角色中，如果你私下冷落某位团队成员，因为你假定他在控制团队的讨论，从短期来说，这可能改进团队的讨论成果，但从长期来说，也可能带来不曾预想的不良后果。那位被冷落的团队成员可能感到你对他心怀偏见，他可能在团队成员面前贬低你的可信度。如果大家认为这位团队成员并没有控制对话，那么你采取的单边行动与团队需求有违，而这会削弱你与团队之间的关系。哪怕你只是反映其他团队成员的观点，但是你与团队成员的私下沟通会把整个团队的担责转移到你的肩上，这会不恰当地增加团队对你的依赖，他们寄希望于你来分享他们的观点并解决他们的问题。

当采用系统思考的方式时，你把团队看成一个社会系统，这是一个不同部分彼此互相影响并且作为一个整体发挥作用的集合。你注意到虽然每个团队是不一样的，但因为所有团队是一个系统，所以基于相同的系统条件可产生可预测的系统结果，诸如实施时间拖延、信任度恶化或过于依赖领导等。基于团队的结构及团队成员之间的互动方式，你可以预测在团队之中会发生些什么。

当你帮助团队时，你进入系统之中。你的挑战是理解团队可发挥作用与不能发挥作用的动态因素，并帮助团队变得更为有效，而不会受到系统的影响，导致你行事无效。当采用系统的行事方式时，你会发现你所采取的任何行动都将以多种方式影响团队和你本人并带来短期和长期的结果。你的干预对团队更具帮助作用，你可以避免给团队或你本人带来或减少负面后果。

所有部分可拼装在一起

因为专业引导技巧是一种系统方式，你可以从多个方面入手来帮助团队，而这些部分是可以拼装在一起的。许多引导师从多个渠道收集工具或技巧来打造自己的引导方式。就其本质而言，这没有什么不对，但是，如果不同的工具或技巧是基于互为冲突的价值观或假设的话，这些工具或技巧就会削弱你的有效性以及你所帮助的团队的有效性。例如，如果你告诉大家你的客户是整个团队，但你随即同意团队领导者提出的个人请求，那么你会马上发现自己身陷团队与其领导者的冲突之中，而没有把注意力放在引导整个团队上。

专业引导技巧的出发点基于内部一致的一套交互学习的核心价值观与假设。这套价值观与假设一起打造了心智模式，并在此基础之上得以建立专业引导的工具、技巧与行为。其结果是，当使用这一方式时，你的所为与你的所思保持一致。你不会向团队发出含糊不清的信号或给整个团队带来另外的问题。

对你以及团队成员而言，这是相同的方式

专业引导技巧具备如此威力的原因之一是，除了你的引导角色让你与团队成员区分开来之外，这一方式与你所帮助的团队所使用的方式以及你本人所使用的方式是一样的。**专业引导技巧认为，有效的引导师、咨询顾问、教练、培训师以及团队成员基于一套相同的交互学习模式行事并展现出相同的一套行为。**

世界上并不存在所谓的一套秘密引导工具、技巧或策略。我撰写《聪明的领导，更为聪明的团队》的目的就是希望领导者及其团队可受益于同样的一套交互学习心智模式与技能，这套心智模式与技能也为引导师、咨询顾问、教练与培训师所使用。如果你希望与你共事的团队能理解如何通过培养交互学习模式与技能来取得更好的结果，你可以要求他们阅读《聪明的领导，更为聪明的团队》一书。这不仅有助于你打造更为有效的团队，而且可帮助你理解如何使用相同的一套交互学习模式来帮助他们。

这意味着大家共享一套共同的心智模式与技能，无论你扮演的角色是什么。当你能有效履行你的角色时，你在整个团队与领导面前示范有效行为。这可以更好地实现从你到团队之间的迁移。其结果正如图 1.1 所示，你可以用三种方式来使用交互学习模式：① 你可将交互学习模式与技能作为你思考与行动的基础；② 团队可以使用交互学习模式与技能作为他们思考与行动的基础；③ 你可以使用交互学习模式与技能来诊断并干预团队，让其使用交互学习模式来取得更好的结果。

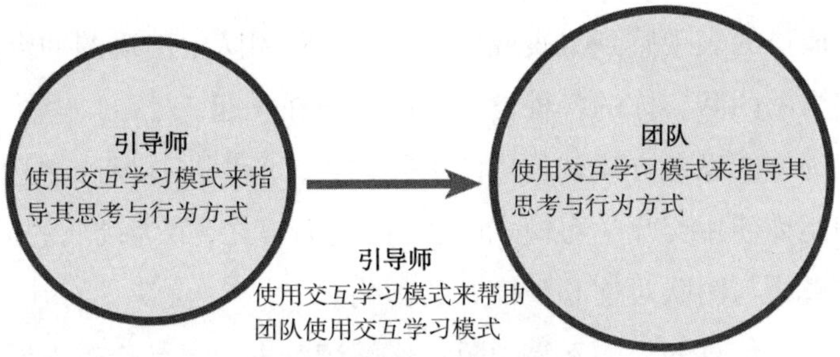

图 1.1　使用交互学习模式的三种方式

你几乎可以在任何地方使用交互学习模式

虽然本书介绍的是如何帮助工作团队更加有效，但是我的许多客户告诉我，他们也可以在工作之外（如他们的家庭、朋友或社区）的场合中使用交互学习模式与行为并看到了积极的成果。你几乎可以在所有场合使用这一模式，或者在任何角色中使用这一模式，因为这一模式基于有效的人际互动的原则之上。对于我而言，专业引导技巧所基于的原则只不过是我希望在这个世界中所扮演的角色，无论我是作为引导师、咨询顾问、配偶、父亲、朋友还是其他角色。

体验专业引导技巧

我的客户不断告诉我，专业引导技巧的概念与工具理解起来并不困难。可是当他们践行这一方式时，他们会加上一句“但是这比看上去难多了”。当你阅读我在此书中分享的实例时，你可能认为，这看上去并不难。这种想法合情合理。毕竟，我所使用的例子不过是生活之中的语言，而你早已熟练掌握，哪怕你从未采用我的表述方式那样遣词造句。这不是你在一旁观看我表演魔术并私下琢磨“他是怎么做到的”。

但是，这远比看起来要更为困难。原因有三：其一，你需要同时关注团队的许多方面。其二，你需要很快理解你所看到的事情。为了有效做到这一点而不会感到被各种事项所淹没，你需要不断参考诊断模型。其三，你需要快速决定对团队采取什么样的干预措施。从认知角度来说，这非常有挑战性！

但这才是最为挑战之处：当你开始面对真正的团队使用这一方式时，你会发现，你有时难以用书中的词汇来表述你的观点，即便你能倒背如流。这不是因为你没有努力学习这些表达方式，而是因为你在应对挑战性局面时，这一局面会触发你的单边控制模式。

你可能对团队成员的表现感到沮丧或恼怒不已，对团队中出现的冲突感到焦灼不安，担心你是否能够帮助团队，你的各种复杂情绪交织在一起。

另外，因为你的思考方式就是你的引导方式，所以当你基于单边控制模式行事时，这一方式将抑制你使用交互学习模式的能力。简而言之，最为挑战的局面不是团队本身，而是你的心智模式与团队对你心智模式的影响。

我告诉你这些信息的目的不是想阻拦你阅读此书，而是希望告诉你这很正常。所有使用交互学习模式的人都会发现他们的心智模式是最大的挑战，其中也包括我本人。

现在，我可以给你分享一些好消息。如果你经常实践这一方式并得到有力的反馈，你将变得更为有效。你可以更为经常地采用交互学习模式。当你滑入单边控制模式时，你可以马上意识到这一点并更快地回到交互学习模式上。无论是从我教授的学员还是阅读《专业引导技巧》的读者那里经常听到的话语之一就是他们比以前更为有效，他们的同事或客户告诉他们这一点。他们告诉我这一有效性还延伸到他们在生活中的其他角色之中，因为他们在更多场合使用交互学习模式。

让专业引导技巧变成你的一部分

学习专业引导技巧的一部分是将其与你自己的风格整合在一起，让其变成你自己的方式。在本书中，当阅读到我在不同场景中所提及的例子时，有时你会认为这听上去比较自然，比较靠谱；但有时你会对自己说“这有些拗口，我无法想象自己会这么开口讲话”。当你与团队共事时尝试使用这一方式的话，你会有相同的体验。这一尴尬的体验非常常见，部分原因是你在尝试新的方式。

但是，这也可能来自你试图强迫把我的风格变成你自己的方式。你无法变成我（我假定你也没有这样的想法）。当我第一次尝试在引导中使用交互学习模式时，我努力试图模仿阿基里斯，因为我是在求学哈佛时从他那里学习这一方式的（他称其为模型 II）。虽然我极为尊重阿基里斯，但我们的风格是不一样的。当时，我无法做到既能如他那样做出一模一样的干预又依然保留我的风格。直到我在使用这一方式时找到自己的声音，我才将这一方式变成我自己的。我假定，这种情况也适用于你。使用核心价值观与行为是一次探索之旅；这次旅程的一部分是找到自己的声音。欢迎你加入这次旅程。

小结

大部分使用引导技巧的人并不是引导师。专业引导技巧的方式可用于帮助团队，无论你作为引导师、咨询顾问、教练还是培训师。这一系统方式基于几十年研究所支撑的理论之上。这一方式从交互学习模式的核心价值观与假设开始（被称为心智模式），并由此建立了工具、技巧与行为，所有这些可拼装在一起。交互学习模式、团队有效性模型、八种交互学习行为以及其他工具可提升有效性。这一方式可让你去探讨并改变你的心智模式，提升你帮助团队的能力，哪怕在非常具有挑战性的局面之中。

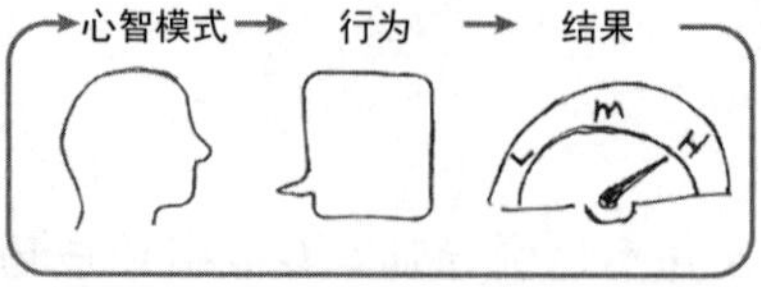

第 2 章

引导师和其他引导角色

在本章中，我首先介绍六种引导角色：引导师、引导型咨询顾问、引导型教练、引导型培训师、引导型调解人、引导型领导，然后解释在何种情况下选择何种角色。我还会说明这些角色与其他角色有何相似与不同之处，如团队教练与小组教练等。接下来，我会介绍如何选择合适的引导角色以及在不同的引导角色中如何发挥作用。最后，我会说明在承担这些角色时，如何做到与交互学习模式的核心价值观保持一致。

选择引导角色

正如我在第 1 章中所介绍的，**绝大部分使用引导技巧的人并不需要成为引导师。**无论你在其中承担何种角色，你都可以使用本书介绍的交互学习心智模式和行为。

请留意我使用的术语：除非我特意区分引导师角色和其他引导角色，否则我会选用引导型（facilitative）这一术语来称呼任何以非团队成员身份使用交互学习模式这一方式的人。如果出现需要引导师采用其他引导角色来应对这一局面时，我将介绍其中的差异。

了解每种引导角色的目的以及其中的相似之处和不同之处，这非常重要。这将有助于你选择合适的引导角色，也就是你与客户所认同的最能满足其需求的角色。如果客户认为你选择的引导角色恰如其分，他们会尊重你的专业度并且认为你值得信任，那么你就能更好地帮助客户。如果客户认为你选择的引导角色不合适或者你的行事范围超出了你所承担的角色，那么你在帮助他们时将遇到更多挑战。表 2.1 总结了我在这一部分所介绍的六种引导角色。

表 2.1　六种引导角色

	引导师	引导型咨询顾问	引导型教练	引导型培训师	引导型调解人	引导型领导
目的	帮助团队使用有效的流程来做出决策并且提高有效性	就客户的问题提供专业性建议	帮助个人、团队达成目标并提升有效性	帮助客户掌握知识和技能	帮助两个或更多的人解决冲突	影响团队以便达成目标并提升有效性
团队成员	不是	不是	可以是	可以是	不是	是
内容上的参与程度	实质性中立	内容专家	可能参与	内容专家	实质性中立	参与到内容中
内容上决策的参与程度	不参与	可能参与	不参与	可能参与	不参与	参与

引导师角色

近年来，要想做到清晰定义引导师的角色变得越来越困难，因为现在组织会采用引导师这一说法来代表众多不同的角色。人力资源专家、组织变革顾问、培训师、教练甚至经理有时都会被称为引导师。

定义引导师角色。如果将我在第 1 章中的简短定义予以扩充，那么团队引导师是指：① 不是团队成员；② 实质性中立；③ 没有实质性决策权或建议权；④ 被所有团队成员接受；⑤ 在团队中做出诊断并实施干预；⑥ 通过识别和解决问题并做出决策来帮助团队改善流程，进而帮助团队提高有效性。

这个定义包含的许多要素是为了确保所有的团队成员而不仅仅是团队领导者或与引导师联络的人，都能将引导师看作值得信赖与可靠的人。除非引导师获得所有团队成员的信任，否则他无法有效地履行其角色并为团队提供帮助。下面让我们对定义的每个要素予以澄清。

不是团队成员。引导师不能是团队成员之一，因为你很难以完全中立的身份在自己的团队中工作。即使你所引导的议题并不会直接影响你，但你的团队成员这一身份会间接地影响你的中立性。如果你是团队成员或领导者，大家会自然地期待你也参与到团队有关内容的讨论之中并且在决策中扮演一定角色。

引导师应该是第三方。但第三方这个术语有多种解读。哪怕你不是寻求引导帮助的团队的直属成员，大家依然有可能认为你不是第三方。这种情况是有可能出现的，例如，某个团队希望借助引导来解决该团队与上级部门之间的磕磕绊绊，而你恰好在上级部门中担任内部引导师，在这种情况下，显然团队会把你当作上级部门的成员而不是第三方。作为引导师，当团队寻求帮助时，他们需要把你看成第三方。

实质性中立。所谓实质性中立，并不是指你对团队讨论的话题没有自己的观点，那不太现实。我的意思是，当你引导团队讨论时，你没有分享自己的观点。其结果是，团队成员没法辨识出你对团队讨论的话题所持的立场。这样，你没有直接或间接地影响团队的决策。团队成员经常会被一位打着中立旗号但在引导时没有保持中立的引导师所激怒，这情有可原。

例如，你帮助团队就进入哪个新兴市场做出决策，而你并没有分享你认为哪个市场更加有利可图的观点，也没有举例说明其他组织进入了哪些市场，更没有指出与此话题相关的调研结果。你既没有赞同也没有反对其他团队成员的观点。例如，对某位团队成员的表述做出这样的回应“说得好”，这就打破了你作为引导师的中立性。只有做到实质性中立，你才能让所有团队成员把你看成值得信赖的人，无论你对于这个话题所持观点为何。另外，实质性中立也可以确保团队自行担责来解决问题并做出决策。只有在一种情况下引导师无须保持实质性中立，在接下来的部分我将介绍这一点。

为保持中立，你需要聆听团队成员的观点并且心怀好奇，了解他们的推理与其他人有何不同（包括与你的个人观点有何不同），这样你才可以帮助团队成员参与到富有成果的对话中。如果你牺牲了好奇心来换取这样一种看法，即有些成员是对的，而另一些成员是错的，或者整个团队都在奔向错误的方向，那么你就放弃了自己的引导师角色去帮助团队发现他们自己的观点及差异，取而代之的是，你按照自己的愿望去影响内容的讨论。如果你发现自己对某个话题心有所系或希望团队达成某项特定结果，或者说，如果你发觉自己在某个主题上颇有专长，这让你难以继续保持中立，那么你可以考虑选择承担其他引导角色。

没有实质性决策权或建议权。这是引导师保持实质性中立的延伸。实质性决策权和建议权指的是不管团队讨论的话题为何，你都可以做出决策或者参与到决策之中，哪怕你还没有就某个话题表达你的观点。引导师角色不仅让你无法参与到团队讨论话题的投票之中，而且你也无法参与到团队话题的决策之中。

被所有团队成员接受。你被所有团队成员接受，这是为了确保你达到每个团队成员所期盼的另一种方式。这样，大家才愿意接受你的引导。

在团队中做出诊断并实施干预。团队引导师的合作对象是整个团队。有时，你可能和部分团队成员会面，包括个别团队成员，但团队是你工作的基本场所。你观察团队的一举一动，诊断发生了什么并且实施干预，以便帮助团队更为有效地使用解决问题与做出决策的流程。

改善流程。流程指的是团队如何一起共事，包括团队如何识别和解决问题以及如何处理冲突。与此相对应的是内容，指团队讨论的话题。团队讨论的内容也许是是否进入一个新兴市场，如何提供高质量的客户服务，或者每位团队成员的职责是什么。每当团队开会时，你都能同时观察到内容和流程。例如，在讨论如何提供高质量的服务时，建议给忠诚客户提供特殊服务或给客户服务人员提供更多的权限等，这反映了有关内容的讨论；而团队成员对特定同事意见的回应方式或者无法识别他们的假设，这反映了团队的流程。

一位引导师在内容上保持中立，但必须是流程的专家和倡导者。作为流程专家，你知道哪些心智模式（价值观和假设）、行为、流程和底层结构有助于高质量的问题解决和决策制定，并且体现了高效团队的三个要素：绩效、工作关系及个人体验。当你要求团队使用某种基本规则或当你指出团队中存在某些无效行为时，这都是基于你作为流程专家的专长。

作为流程专家，你会大力推崇团队采用有助于改善其有效性的心智模式和行为，至少在你积极引导团队的这段时间里。但是作为流程的拥护者，这并不意味着你可以替团队做出决策。你可以要求与你共事的团队看一下你所设计的引导是否有问题，其中包括你推崇的流程。有关引导流程的任何决定都是由你和团队共同做出的。

有关引导师绝对中立的神话：当流程就是内容时。引导师对于团队讨论的内容总是保持实质性中立，这是一个神话。请记住，"实质性中立"意味着引导师对于团队所考虑的任何解决方案没有任何偏好。如果讨论的内容事关团队流程，那么引导师就无法保持中立。他们不仅有自己的观点，而且他们是流程专家，也应该是专家。作为专业的引导师，你知道哪些行为和流程可以有效解决问题或者产生重要的团队结果，并且你会运用这些知识来引导团队。这是团队聘请你来做引导师的原因。

你采取的每个行动以及实施的每次干预都显示出你对于如何打造有效流程的信念。当你要求团队成员展现某种行为或采用某一团队规则时，或者当你采取干预措施确保团队成员的行事方式与这些行为始终保持一致时，你在间接地阐述你的看法，因为你认为这些行为和相关的流程可以打造更为高效的团队。

如果你使用交互学习模式，对于如何打造有效的团队流程，你对自己的看法保持透明。你告诉客户，你将示范交互学习的心智模式和行为，如果他们认为你的言行未能与此保持一致，你要求客户向你指出这一点。当你做出干预时，你会解释你为何做出干预。所有这些行为都再清晰不过地表明你对于有效团队流程的观点。

所以，当团队的讨论内容转换到团队有效工作方法时，你不仅在这个议题上持有自己的观点，而且你已经亮明你的观点并率先示范。在这种情况下，你作为引导师（或引导型咨询顾问）的职责是询问团队是否需要你介绍交互学习模式是如何帮助提升团队有效性的。如果团队做出了这个选择，你就可以转换成引导型咨询顾问这一角色，帮助团队学习如何在这种情况下使用交互学习模式。

若非必要，不要选择引导师角色。在选择你的角色时，最为常见的错误就是在以下三种情况下选择了应保持实质性中立的引导师：你是团队的成员之一，或者你对于讨论的议题有重大利益，或者你具备可用于分享的专长。在这些情况下，你将难以高效工作，虽然这并不是完全不可能。

人力资源业务合作伙伴及引导型领导经常犯这类错误。假设你是组织内部的人力资源业务合作伙伴，负责给组织中的某些部门提供支持。作为你角色的一部分，你应邀在你提供支持的领导团队会议中担任引导师。这些会议议题可能与人事话题直接相关（如管理继任者发展计划），有些议题可能与人事间接相关（如业务策略），或与人事无关（如生产上的技术挑战）。如果你在直接、间接与人事相关的议题上担任引导师，那么你有可能尝试借用你的专长来巧妙地影响团队。当你看到团队成员的观点与你不一致时，如你认为他们的意见与现实的人力资源实践不一致时，你可能提出一些引导性问题以便隐晦地影响团队成员，当然你也可能直接指出他们的建议所存在的问题。这时，你就偏离了引导师角色。团队成员开始感到被你算计了，认为你承担了本不应当承担的角色。同时，你也可能感到沮丧，因为作为引导师，你无法公开影响团队成员的观点。相比而言，作为引导型顾问或引导型领导可以让你分享你在这一议题上的专长并参与到决策之中，但你依然可以使用引导技巧。

原则是只有当你不是团队成员之一，或者你对于所讨论的议题没有重大利益，或者你并不拥有议题上的专长而且这一专长在团队成员之中是独一无二并且能给客户带来价值时，你才选择担任引导师角色。

引导型咨询顾问角色

与引导师不同，引导型咨询顾问不必保持实质性中立。如果你担任引导型咨询顾问，组织需要利用你在某一特定领域方面的专长。引导型咨询顾问是第三方专家，其目的是帮助客户做出知情的决策。这些咨询顾问运用自己在某一领域的专长（市场营销、信息管理系统、组织变革、质量管理等），针对客户的特定情况，推荐行动方案，在某些情况下还需帮助客户付诸实践。

咨询顾问所拥有的任何实质性决策权力不是源自其角色本身，而是源自客户的授权。在担任某一特定内容方面的专家时，引导型咨询顾问可使用引导技巧。和引导师一样，引导型咨询顾问可以来自组织之外，也可以来自组织之内。人力资源、组织发展、精益或六西格玛方面的咨询顾问经常担当内部或外部的引导型咨询顾问。

引导技巧对于专业咨询顾问非常必要，即使你的客户不是一个团队，你也有可能发现你必须和一个或多个团队合作。也许团队并没有要求你去协助改进问题解决和决策流程，但你与团队的合作关系以及团队自身解决问题和做出决策的能力将影响你能否有效地帮助团队。

那些需要专业咨询顾问提供协助之处往往也是团队成员各持己见、互不相让之处。其结果是，你帮助团队解决问题的能力取决于你有效管理对话的能力。在这里请允许我转述我的一位客户，同时也是一位专业咨询顾问的话："当我与客户分享我的发现并推荐我提出的建议时，客户的数位成员却当着我的面出现了争执，我该怎么办呢？"如果出现这样的情况，引导型咨询顾问可以引导对话并依然以团队成员和专家的身份参与到内容的讨论之中。将引导技巧和其专长结合起来，引导型咨询顾问可给客户提供更多的附加值。

引导型教练角色

近年来，很多组织为其高管、经理甚至团队配备了教练。引导型教练的核心是使用交互学习模式的心智模式与技能来帮助他们通过深刻反思自己的行为和思维来提高自身的有效性并做出更好的选择。**作为基本型引导教练，你不是简单地回答客户的提问，你可以帮助客户自行找到答案。作为发展型引导教练，除了帮助客户找到答案外，你还需要帮助他们学习如何发现疑惑之处并提问。**基于你的背景，你可以将你在某一领域的专业知识带入教练过程中，并且在教练过程中履行教师的职责。

作为团队引导型教练，你在教练的过程中需与多人合作。每个人都有自己的特定目标，这些目标也许一样，也许不一样。无论你是提供基本引导还是发展引导，团队教练的目的和个人教练的目的一样。无论是何种教练，团队教练都需帮助团队培养相互反馈和相互教练的能力。这是发展型团队教练中的一个重要方面。

虽然团队教练的对象也许是同一个工作团队的成员，但团队教练的目的不是让大家作为团队的成员共同提升团队有效性，这是发展型引导师的任务。

当我给客户提供教练服务时，不管他们是引导型领导、咨询顾问、引导师、教练或培训师，我们将一起探讨他们面临的艰难挑战，他们寻求的解决之道以及造成问题的根源。运用本书介绍的核心价值观和基本原则，我帮助他们了解自己的思维模式和行为（或过去的思维模式和行为）如何造成了现在的结果并带来了不曾预料的负面后果。经过不断历练，客户可培养出自行分析问题的能力并产生其所期盼的结果，而不曾预料的后果也会越来越少。

作为引导型教练，你和客户共同设计学习流程，而不是假定你已知晓客户的最佳学习方式。通过与客户一起探讨你的教练方式是提升还是阻碍了客户的学习能力，你可以示范如何践行交互学习模式。你和客户共同探讨如何将教练式关系作为你与客户共同学习的来源。

最后，我们需要了解发展型引导师的角色与日益增多的团队教练的角色类似。近年来，个人教练的领域为团队教练的发展奠定基础。**我认为团队教练和发展型引导师非常类似**。作为一个全新的领域，团队教练的定义还没有达成共识。但是，团队教练领域中的著述者们总是认为团队教练与发展型引导师有着本质的不同。例如，克拉克·巴克（Clutter Buck）将团队教练定义为“通过反馈和对话，帮助团队改善绩效以及实现绩效的流程”。霍金（Hawkins）将系统的团队教练定义为“这是一个团队教练与整个团队一起合作的流程，无论团队成员是在一起还是分开，目的是帮助他们改善团队绩效、合作方式并培养他们的团队领导力，以便更为有效地与主要的利益相关者团队一起在更为广泛的业务范围中实施变革”。以上两位作者都介绍了团队教练与引导之间的明显差异，这里的引导指的是基本型引导。但是，他们对于团队教练的定义也适用于发展型引导。如果你对团队教练感兴趣，发展型引导师这个角色可以为你提供一个系统的方法来帮助团队达成他们的目标。

如果你想了解此书以外的交互学习模式的教练工具和技巧，你可以阅读《发展型教练：拓宽你的技能储备并达成长久绩效的工具套装》（*Facilitative Coaching: A Toolkit For Expanding Your Repertoire and Achieving Lasting Results*, Jossey-Bass, 2009），由戴尔·舒瓦茨（Dale Schwarz）和安·戴维森（Anne Davidson）撰写。

引导型培训师角色

培训师学有所长，可与客户分享他们在特定领域的知识与技能。引导型咨询顾问和引导型培训师的不同之处在于他们的关注点有差别。作为引导型咨询顾问，你的重点在于解决客户所需面对的具体问题或帮助客户解决具体问题，也可以是抓住某个具体商机。作为培训师，你的重点在于如何帮助客户掌握一套知识和技能，这样客户可以将其运用到解决某个问题或抓住某个商机上。在实践中，好的咨询顾问可提供即兴的非正式培训，而好的培训师可设计培训项目来帮助客户不断练习如何将学到的新知识和新技能运用于解决真实问题与捕捉商机上。

作为引导型培训师，你运用交互学习的心智模式与技能来设计并交付培训项目。你与参与者一起设计或对培训做出调整来满足他们的需求。在培训中，你会经常询问培训是否满足大家的需求。如果没有满足的话，你不仅技艺高超，而且善于灵活应对，可在现场修改设计。你把培训视作你本人的学习良机。你对改变自己的观点保持开放心态，并且鼓励学员挑战你的假设。你使用引导技巧去增加学员之间的互动与学习。

近年来，有些培训师将他们的头衔改变为引导师。在某种程度上，这意味着培训师的态度发生转变，他们越来越认同引导技巧的价值并将其结合到工作中，对此我深感欣慰。但是称呼一名培训师为引导师，这模糊了培训师是某一领域中的专家以及他们所肩负的责任是去教授某一特定知识或技能的事实。我使用引导型培训师这个术语就是为了认可他们在培训和引导两方面的职责与技能。

引导型调解人角色

按照克里斯托弗·摩尔（Christopher Moore）的定义：调解是一个冲突解决的流程，其中由大家共同认可的第三方，虽然其在冲突上并不享有做出约束性决策的权力，但他会对冲突和争执实施干预，以便帮助所涉及的各方改善他们的关系、加强沟通并且运用有效的问题解决和协商流程就有争议的话题达成自愿的、双方可接受的理解或协议。调解和调解人帮助冲突各方：① 开启或改善他们之间的沟通；② 建立相互尊重和有效的工作关系；③ 更好地发现、理解和考虑对方的需求、利益和关注点；④ 提出或实施更加有效的问题解决和协商流程；⑤ 承认或达成双方所接受的协议。

引导和调解在几个方面有着共同点。它们都是由中立的第三方实施干预，这些人被委托人所接受同时没有实质性决策权力。他们都在寻求帮助人们做出的决策能为各方所接受。引导师和调解人都会用到一些相同的技能与技巧。

引导和调解也有若干不同。寻求调解帮助的各方所面临的冲突是他们无法凭借一己之力可以解决的，所以从习惯上来说，调解的目标是帮助人们就某个特定的冲突达成一致，所以只有当冲突发生后，调解人才会被牵涉进来。有些团队也有可能寻求引导师的帮助来解决冲突，但冲突不是所有引导的关注点。哪怕需要引导师出面来帮助团队解决冲突，他们通常会在僵局出现之前就已介入其中，这往往是因为某个团队或数个团队发现他们并不具备能力就某个重要且富有冲突的话题开展有效对话。

总而言之，调解更像基本型引导，而不是发展型引导。调解人运用他们的技能来帮助冲突所涉各方解决某个特定问题，而不是教授他们如何自行解决他们可能遇到的问题。但是，变革性调解（transformative mediation）超越了普通调解，它不仅关注如何找到当下冲突的解决方案，而且寻求转变冲突所涉及的各方之间的关系。

我介绍了传统意义上的调解和引导之间的差异，但我并不认为每位调解人需要运用相同的技巧或者邀请你出面调解的潜在客户期待传统的调解方式。你可以要求客户澄清他们对于调解的定义是什么。

如果你是一位引导型调解人，你会将交互学习的心智模式和技巧运用到调解中。与我合作的调解人发现这是一个比较容易实现的转换。有些调解人觉得转换中比较有挑战的地方在于交互学习模式采用了不同的方式在人们之间传递信息。调解人通常单独和冲突各方沟通，帮助其中的一方理解争议中的另一方的处境，以及另一方愿意接受的条件是什么。这一中间人的角色（调解一词来源于拉丁文：中间人）与交互学习模式并不相符，因为这将信息传递的责任从源头（处于争议中的一方）转移到调解人自己的身上。在交互学习模式中，每个人负责与那些需要信息的人直接分享。换而言之，每个人都需肩负自己的责任。

引导型领导角色

引导型领导使用专业引导技巧的心智模式与技能来提升自身的有效性并帮助员工和团队提升他们的有效性。这包括创造条件让团队成员学习使用交互学习模式的方式。**与其他引导角色不同的是，当你扮演引导型领导这一角色时，你不再是独立的第三方。引导型领导可以是团队的正式领导、团队成员之一或个体贡献者。**

无论是何种情形，担任引导型领导都是最为困难的角色，因为你需要在使用引导技巧的同时，积极参与到内容的讨论与决策流程之中。你在议题的讨论之中参与得越多，你就越难在关注与管理对话流程上做到并重。你在内容上参与得越深，并在内容上所持的观点越强，你就越难做到对他人的观点心怀好奇并且鼓励其他人去辨识或发现你的推理中所存在的差距与问题。我在《聪明的领导，更为聪明的团队》一书中介绍了领导和团队如何使用交互学习模式来达成更好的结果。

各个角色的基本型和发展型

我将引导、咨询、教练和调解都分为两个类型——基本型和发展型（见表 2.2）。在基本型角色中，你授人以鱼；在发展型角色中，你授人以渔。

表 2.2　各个角色的基本型和发展型

	基本型角色	发展型角色
客户目标	解决实际问题或利用某个机会	解决实质性问题或利用某个机会，并同时培养交互学习的心智模式和技巧，以便在其他场合中运用
引导角色	帮助团队改善流程，在管理团队流程上承担主要责任	帮助团队培养他们自己的流程技巧以及交互学习的心智模式和技巧；就团队流程共同担责
客户的流程结果	在将来的场合中，依然依靠引导型角色来解决问题	在将来的场合中，减少对引导角色的依赖

在基本型引导中，无论你是担任咨询顾问、教练还是调解人，团队寻求你的帮助来解决问题或抓住某个机会，如减少响应客户所需要的时间、改善工作关系或制定新产品的推广策略等。你使用引导技巧来帮助团队暂时改善其用于问题解决或利用机会的流程。当团队解决了问题或创造了机会后，他们就达成了目标。但团队并没有学会如何自行处理这些你为他们所做的事—— 如何使用交互学习模式来反思和改善流程并且得到更好的结果。所以，当其他问题和机会出现时，团队会再次需要你的引导技巧来提供帮助。

在发展型引导中，无论你是担任咨询顾问、教练还是调解人，团队寻求你的帮助来解决问题或发现机会，并且学会交互学习的心智模式和技巧。将来，他们可以自行解决问题和发现机会。也就是说，发展型引导师、咨询顾问、教练或调解人旨在帮助团队变成自我引导、自我咨询、自我教练和自我调解。发展型引导要求团队反思和改变他们的心智模式和行为。就这个意义而言，发展型引导更加系统化，可比基本型引导带来更为深刻的学习效果。在实践中，在纯粹的基本型为一端及纯粹的发展型为另一端的引导连续体上，变化出现在其中，而不是发生在两个互为隔离或纯粹的引导类型之中。

但是，对于每个客户而言，选择发展型引导、咨询顾问、教练或调解人并不一定是划算的投资。虽然这减少了客户对于你的依赖，但这也需要个人或团队明显投入更多的时间并接受更多的培训。

如果需要团队在一段时间内紧密合作来解决难度高、利害关系重大的问题，但大家各持己见时，选择发展型引导将是更为划算的投资。对于某些特征的团队而言，发展型引导是必选项。例如，某个真正自我指导的工作团队肯定是一个自我引导的团队；某个致力于成为学习型组织的团队必须让他们的团队成员学会反思自己的心智模式和行为，其方式必须与发展型引导保持一致。

最后，如同提供高水平的基本型引导、咨询、教练和调解所遇到的挑战一样，发展型引导需要具备更多技巧。例如，发展型引导要求你在现场能从多个层面和维度同时考虑团队中发生了什么及如何更好地帮助团队。在本书中，我将继续介绍你将如何针对不同场合采取不同的应对方式，这取决于你使用的是基本型引导还是发展型引导。

担任多种引导角色

有时，你需要担任两种或多种引导角色。你需要在不同的场合中承担不同的角色，或者需要在相同的会议中承担不同角色。你可能在自己团队里担任引导型领导，或者在组织中的其他部门里担任引导师或引导型咨询顾问，也有可能是引导型培训师。我曾和一位在企业内部支持高管团队的人力资源业务伙伴沟通，其中，她需要扮演引导师、引导型咨询顾问、引导型培训师、引导型教练和引导型领导等多个角色。她既是领导团队的成员之一，又是享有决策权的项目经理。如果你是外部的咨询顾问，你也许需要在引导型咨询顾问、引导型培训师和引导型教练这几种角色中切换。因为所有这六种引导角色都基于相同的交互学习的心智模式。使用专业引导技巧，秉持诚信原则，你可以在这六种角色中自如切换。

如果在会议中，你认为转换角色对团队有利，你也适合承担新的角色，你可以采取以下步骤：

1. 识别你希望转换的新的合适角色。
2. 向团队清晰地解释你希望转换的引导角色并且解释你的理由。
3. 与团队就新的角色达成共识。
4. 依据达成的共识承担新的角色。
5. 当你再次需要转换角色时，回到步骤 1。

何时适合放弃引导师角色

我强调过厘清你的引导角色并采取与角色保持一致行动的重要性。但有时暂时放弃引导角色，转为扮演其他角色也是合适的，这也能提供帮助。放弃引导师或引导型调解人的角色最具挑战性，因为这意味着你需要放弃这一角色中所包括的实质性中立或其他要素，而团队正是基于这些要素视你为客观和值得信赖的人。这部分将介绍何时适合从引导师角色转为其他引导角色，这么做所面临的风险是什么。如果你决定放弃引导师角色而转为其他引导角色，请记住使用上面介绍的五个步骤。

转为引导型调解人

当出现以下三种常见情形时，某些客户有可能要求你去担任调解人。他们或要求与你单独会面和/或要求你将信息传递给另一个团队或子团队：① 在引导之初，当子团队对于你作为引导师与他们合作或他们与另一个子团队合作心存疑虑时；② 在引导过程中，当某个团队成员希望分享某些信息或采取某些行动却不想让人知道这一信息或行动源自他们时；③处于冲突中，当引导被数次打断并且一个或多个子团队不愿意继续下去时。

如果在这三种情形下你去担任调解人，你将至少面临违反两项交互学习模式核心价值观的风险：① 分享信息但你不是信息的来源而你却需要为此担责；② 基于你从团队之外所获取的信息采取行动却没有对这一做法保持透明。

当团队成员在团队之外与你分享信息时，他们通常希望你利用这些信息对整个团队实施干预。但因为这些团队成员并不希望整个团队知道信息源于他们（甚至不想让人知道信息已经为你所知），他们要求你代表他们来分享信息或者依据他们的信息采取行动却不解释你这么做的缘由。如果你或明确或含糊地赞同这一做法时，你就无法解释你实施干预的动机。这样，你没有对团队保持透明并担责。另外，如果与你分享信息的人不愿在整个团队面前亮明身份，团队和你都无法判定信息是否有效。但是，如果你没有分享这些提供给你的信息或就此采取行动，团队和你可能错失让大家坐在一起提出重要问题或让团队避免分崩离析的机会。

在这种情况下，你可以暂时转换为引导型调解人的角色而无须减少你作为引导师的诚信度。首先，你可先尝试担任引导型教练，帮助一个或多个团队成员在整个团队面前提出他们对于其他成员的疑虑或疑问（我将在随后的部分讨论如何避免合谋的嫌疑）。

这一角色仍然与引导师的角色保持一致，因为你在帮助团队成员如何自行提出他们的问题，而不是替他们提出这些问题。

当你开始与团队合作时，如果有一个或多个子团队对于你能否做到公正无私及敏锐地识别他们的需求而心存疑虑时，你也可以与子团队开会沟通。一开始，你可以询问大家为什么不愿意在整个团队面前分享这些信息，分享这么做的好处并询问你需要做些什么才能让他们愿意在团队面前分享这些信息。如果他们仍然不愿意在整个团队面前分享他们的信息，你可以与他们单独会面以便了解他们的疑虑。如果他们的疑虑与其他子团队有关，你可以帮助他们找出在整个团队面前分享这些信息的方法。

如果子团队之间的冲突有可能威胁到整个沟通时，你也可以暂时担任引导型调解人。我曾经在某工会与公司管理层的协商会中担任引导师，其间，公司管理层委员会的七位工会委员在会议中同时起立，走出了会议室。气氛马上变得剑拔弩张起来，工会委员认为管理层试图破坏这一协商流程，因此他们感到非常沮丧。作为引导师，我面前有两个选择：我可以依然留在房间里，任凭工会委员离开，眼睁睁地看着会议进程及该委员会之前所取得的进展付之东流；当然我也可以暂时充当起引导型调解人的角色，先与工会委员沟通，试图找到让工会和管理层重新合作的方法。我选择了后者。我花了六小时召开会议并用电话居中斡旋。第二天早上，工会委员和管理层代表重新回到房间里一起讨论为什么会出现流程中断并寻求避免类似事件再次发生的方式。

当你和某个子团队会面时，特别是当你决定在不同子团队之间借助信息传递来实现居中调解时，明确宣布你将担任的引导型调解人的角色，这非常重要。就你将与其他子团队所分享的信息内容，如果有的话，你需要与这个子团队订立清晰的协议。如果没有这一协议，该子团队会轻易地以为你没有做到行事中立并破坏了保密协议，或者你与其他子团队在合谋对付他们。

转为引导型咨询顾问

在本章之前的部分中，我已经讨论过何时适合担任引导型咨询顾问而不是引导师。但是，即使你担任引导师，客户依然有可能把你当成引导型咨询顾问，向你请教你所擅长的专业领域中的话题（如市场营销、绩效管理系统、财务等）。

有时，发挥你的专长对于团队来说不仅合适而且会有帮助。当你以内容专家的身份出现时，团队可以迅速获得宝贵信息并减少决策时间，但这样做也有风险。第一个风险，团队也许开始把你看成一个并非中立的第三方，这会降低你的可信度并最终损害你的有效性。第二个风险，团队开始依赖你。团队成员对于你是否赞同他们的决策开始变得敏感，这样会影响他们自行做出决策。

在这种情况下，你可以采取几个步骤来降低风险，避免因分享专业信息对你之后所启用的引导师角色带来负面影响。首先，当团队提出请求并且只有当团队做出一致决定时，你才可答应担任内容专家。这样可以减少只是满足部分团队成员需求的机会。其次，刚开始与团队合作时，不要担任内容专家，这样可以减少团队对你依赖的概率。

如果你在所在组织中开展引导时，你有可能经常被要求担任专家的角色。在第 15 章中，我将讨论一位内部引导师如何在有效做好引导的同时提供专家信息。

引导师担任评估人

评估人不是引导角色。作为引导师，当组织中有人要求你对团队中的某个人或多个人的绩效做出评估时，你会面临角色冲突。例如，引导团队之外的某个经理也许对某个团队成员的表现表示关注。她也许会让你对该成员做出评估，以便决定是否需要采取纠正性行动。或者，也许她正在考虑提升某个团队成员并且让你对该成员做出评估，以便帮助她做出晋升的决策。

在这种情况下，你将面临角色冲突，因为评估团队成员的表现会破坏该成员对你的信任。成员信任你的原因之一是引导师没有任何权力并且恪守这一原则：**引导师不会利用他在引导之中获得的信息来影响引导之外做出的事关某个团队成员的决策，除非得到团队的许可。**评估团队成员的表现会增加你在团队中的权力，但这减少了团队成员公开讨论信息的概率，因为他们担心这样会对他们不利。

经理从你这里获得这些信息的方式可与交互学习模式的核心价值观保持一致，这就让被评估的团队成员同意你可以与经理分享你所观察到的信息。在这种情况下，你可以提供有关这位团队成员行为的具体例子。你在这位团队成员面前分享你的观察结果，最好当着所有团队成员面分享这些例子，并且询问这位被评估的团队成员（以及其他团队成员）他们的评估是否与你的评估不一样。让所有的团队成员了解你所获得的信息，这样他们可以确认或反对，这一做法可让团队成员就你是否与经理分享了有效信息做出知情的选择。这可以降低团队成员对你能否分享有效信息方面的疑虑。在引导过程中，如果你与团队分享了所有相关信息，那么你在评估环节需要分享的信息其实早就和团队成员讨论过了。

整个团队是你的客户

在团队引导中，交互学习模式的一个重要原则是**整个团队是你的客户**。当你选择团队作为你的客户时，你会告诉团队你的责任是帮助整个团队，而不是某位团队领导或团队的一部分成员，甚至团队之外的某个人。这个选择虽然简单却意味深长。在实践中，这意味着就他们是否选择与你合作，你给团队提供了知情的选择。这意味着你不会仅仅因为要求是领导提出来的而自动同意团队领导提出的这个要求（如采用某项议程或流程）。

引导师经常对于将整个团队视为客户抱有疑虑。团队领导相对其他团队成员享有更多权力。你或许会担心，如果你试图去满足团队成员的需求，你也许就无法完全满足团队领导的要求，这或许会让领导疏远你并威胁到你与团队未来的合作甚至给所在组织带来影响。但是，如果你以牺牲其他成员的需求为代价来满足团队领导的需求，你就会在团队成员面前丧失信任度并损害你的引导能力。采用非此即彼的视角，你会发现你处于一个两难选择之中，任何一个选择都会带来问题。我们面临的挑战在于承认领导在团队中的角色是不同的，但你应仍然将整个团队视为你的客户。我将在第 13 章讨论这个问题。

对于团队结果，你所肩负的职责是什么

引导师的挑战之一就是决定你在团队结果中所需肩负的职责。作为基本型引导师，你的职责是：① 与团队一起设计一个有效的流程来完成工作；② 当团队成员的行事方式与有效团队行为的原则保持一致或相违之时，指出这点；③ 让团队在你实施干预的基础之上做出知情的选择。另外，作为发展型引导师，你帮助团队学会：① 当他们的言行与交互学习的心智模式和行为不一致时，能够察觉出来；② 探讨这一问题的成因；③ 改变这些成因以便达成更好的结果。

虽然你对于团队做出的决策并不直接负责，但你有责任帮助团队了解他们的流程是如何影响他们的结果的。如果某个团队正在考虑需要运用哪些信息来预测某种服务的市场容量时，作为引导师，你不会就使用哪些信息来提供建议（而作为在此领域有专长的引导型咨询顾问，你可以提供你的建议）。但是，你会帮助团队考虑采用哪些标准来做出决策。如果团队就哪些是可资利用的最好信息达成一致，你可帮助他们设计检验分歧

的方法。

考虑到流程和结果之间的差异，有些引导师认为他们不需要为客户的结果担责。这些引导师认为他们的职责是关注团队的流程。如果客户没有使用这些流程来达成结果，那么引导师无须担责。

其他的引导师认为他们需要为客户的结果担责。这些引导师认为客户聘请他们的目的就是达成业务目标。如果客户失败了，那么他们也失败了。如果你是内部引导师，你甚至会直接从经理那里听到这样的论调"我需要你让这个团队做……"，这些经理会将团队需要实现的结果作为你的职责来补充这段对话。

采用这些方式的问题在于这些方式为团队的结果承担了太少或太多的职责。所以，对于团队是否达成结果以及你作为引导师是否做事有方，他们无法看到其中的四种可能关系：① 由于引导师采取行动，团队达成结果；② 虽然引导师没有采取行动，团队依然达成结果；③ 虽然引导师采取行动，团队却没有达成结果；④ 由于引导师采取的行动而使团队没有达成结果。

专业引导技巧认为以上四种可能都有可能出现。它认为客户达成了结果，你在其中的贡献不过是因为你作为引导师做事有方。它也认为如果客户没有达成结果，你在其中的负面作用也仅仅是你作为引导师的工作不够高效。作为引导师，有效开展工作意味着在引导师的角色范围内，你采用交互学习的心智模式和行为对团队做出诊断并实施干预。这个假设同样适用于引导型咨询顾问、引导型教练和引导型培训师。

在一个案例中，你需要对团队的负面结果承担责任：你所引导的高管团队就是否需要向员工公布调研结果陷入僵局之中。这一调研结果表明员工对于管理层存在诸多疑虑。你不仅没有帮助团队理解团队成员的不同观点以便确定冲突的根源，反而让团队列出公布信息的利弊，这种做法加剧了矛盾。（我在第 4 章和第 5 章中会介绍这个案例）。如果团队基于你的利弊分析而做出错误的决定，在一定程度上你需要对团队的结果承担责任。

如果你好奇为何客户在你的有效引导之下依然没有达成目标，这可能有数个原因。首先，团队可能是基于并非完整的信息做出决策的。作为引导师，你负责让团队提供并讨论所有相关信息。但如果团队不知道他们漏掉了一些相关信息，并且你在这个话题上储备不够难以发现错失的信息并询问这些信息是否相关，那么团队就会做出低质量的决策。

其次，即便团队拥有所有相关信息，而你的引导也颇为高效，但团队成员依然有可能做出低质量的决策。哪怕你指出他们的推理过程中存在的漏洞，他们依然有可能基于错误的推理做出决策。也许团队对于当前局面的看法背后的价值观和假设与你不同，或者认为有些需求更加重要。看到团队做出了在你看来质量不高的决策也许是践行交互学习模式核心价值观和履行引导师角色中最为困难的一部分。

不以团队结果来评估你的表现

因为专业引导技巧将你的引导有效性与客户的结果做出区分，你需要一个客观并且独立于客户结果的评估方法来评估你的表现。在专业引导技巧中，你可以将你实施的团队干预与几个具体标准予以比较。

与团队合谋

合谋指的是双方之间的合作或秘密协议会给其他人带来负面影响。当你与团队合谋时，有人会或明或暗（或你要求其他人）地要求你采取特定的行事方式，却没有告知你这么做或这么做的原因。合谋与任何一个引导角色都不相符。它要求你不要保持透明，并且让你单方面地将一些团队成员的利益置于其他成员之上，这样整个团队无从做出知情的选择。

你可能采用以下几种合谋方式：① 同一个或多个成员对抗其他一个或多个成员；② 同一个或多个团队成员对抗非团队成员；③ 同一个非团队成员对抗一个或多个团队成员。以下是这三种合谋形式的例子。

1. 作为团队成员之一的杰克在会议前找到你。杰克说他想要在会议中提出某个议题，但不想让团队知道这是他提出来的。他的担心是，如果团队知道这个议题是他提出来的，就不会对该议题给予足够的重视。杰克希望你在“合适的时间”提出这个议题，但不要告诉团队这个议题的来源。你同意了。

2. 你所引导的一个项目团队马上要与艾利卡开会了。艾利卡是这个项目的主责人，但不是团队成员之一。每个人都同意由你来引导这个会议。项目团队担心艾利卡会过多关注细节并开始插手团队的工作，但他们不想与艾利卡沟通这个担忧。所以，他们要求你在艾利卡过度关注细节时巧妙地将艾利卡拽回来。你同意了。

3. 经理斯温告诉你向他汇报的一个团队（他不是这个团队的成员）花费了太多时间在一个议题上。斯温特别担心团队在不属于他们负责的议题上花费了太多时间。他邀请你参加团队会议并且希望你在引导时将团队带离这些议题。你回答说：“好吧，我看看我能够做些什么。”

与团队成员合谋会造成新的问题出现并且通常会让情况变得更糟。为了帮助团队，如果采用合谋的方式，那么你的行为与你所标榜的核心价值观不相一致，这将降低了你的有效性和可信度以及团队的有效性。将提出话题的责任从团队成员身上转移到你身上，团队将错失培养其自行处理难题的能力，并且你强化了低效的团队行为。一段时间后，你会感到困惑，为什么团队依然对你如此依赖而他们却没有意识到正是你的行为造成了你想极力避免的后果。

在上述描述的三种情境中，你会感受到众多情绪的出现。当你认为团队成员要求你与他们合谋时，你可能感到生气。如果面对这样的两难选择：是迁就某个位高权重人物的要求（他可能支付你的薪酬或费用），还是与你的角色相违而不去帮助团队，你会感到非常纠结。如果团队成员因为担心他们自行提出问题会带来不良的后果从而让你帮忙提问时，你会对此感到遗憾并且想要出面保护他们。在这些情境中，你还会自然地流露出更多同情之色。你的挑战在于这虽然不是你的即刻反应，但你依然基于同理心做出回应。你这么做并没有因为你考虑到自身或他人的感受而将团队成员的职责转移到你的肩上。我们将在第 12 章和第 13 章中讨论这个话题。

应对合谋

避免合谋的方法之一是和团队订立合约。当你们讨论你在帮助团队中所扮演的角色时，你可以介绍你的角色应该做些什么，不应该做些什么，并解释合谋为何会对团队和你带来负面影响。你可以举例说明哪些要求你无法达成，因为这会带来合谋。

如果你接到要求你与团队合谋的请求，你可以再次解释接受这一请求所带来的负面影响。你可以询问这个人对此的看法是否与你不同。这样，你可以和他一起合作并共同找到方法让他直接向相关人提出这个议题。你可以这么开场：“我认为让团队了解你的担忧非常重要，由你出面在团队面前提出这个问题比较合适，因为这是你的担心所在。大家所提出的疑问可能只有你才能回答。另外，如果我以引导师的身份出面提出这个问题，大家也许会认为我在引导对话的方向并认为这超出了我的职责范围。这会减少团队对于我的信任，我也难以继续帮助团队了。我无法帮你提出这个问题。一旦你提出了这个问题，我会积极引导并尽可能地帮助你和其他团队成员进行富有成效的沟通。你对此有什么看法？”

小结

在本章中，我介绍了使用交互学习模式的六种引导型角色：引导师、引导型咨询顾问、引导型教练、引导型培训师、引导型调解人和引导型领导。你所选择的角色取决于团队的需求是什么。如果团队需要多种帮助，你会发现自己需要在几个引导角色之间切换。你可以选用基本型或发展型角色来扮演其中的大部分角色。在基本型角色中，你可以运用你的技巧来帮助团队解决一个或多个问题或发现机会。在发展型角色中，除了帮助团队解决一个或多个问题或者发现机会之外，你还可帮助团队学会如何自行处理问题。所有引导角色的共同原则是团队是你的客户，而不仅是团队领导、子团队或者团队之外的赞助人。虽然有时暂时放弃你的引导师角色是合适的，但这可能损害团队和你的能力，让你们难以做到与交互学习模式的核心价值观保持一致并且会削弱你帮助团队的能力。最后，如果团队的议题是改善团队流程，即便你是引导师，你也无法保持实质性中立。在所有的引导型角色中，你都必须以身作则并以使用交互学习模式的有效流程的倡导者示人。

在第 3 章中，我将解释你的思维方式就是你的引导、咨询、教练、培训的方式。我还会解释单边控制模式是如何降低你帮助团队的能力的。

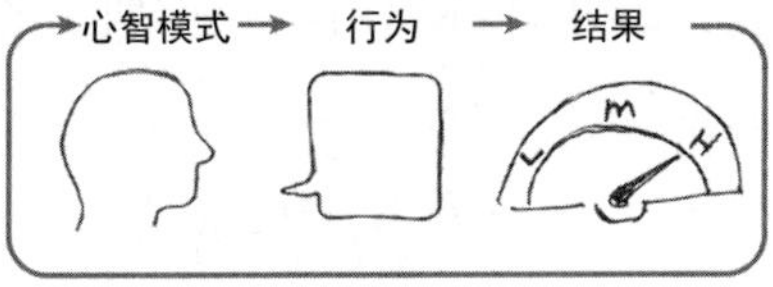

第 3 章

你的思维方式决定你的引导方式

单边控制模式是如何削弱你帮助团队的能力的

本章以及第 4 章将讨论你引导角色中最为根本的部分：你的心智模式。我对比了两种心智模式以及这两种心智模式所带来的引导方式：单边控制模式与交互学习模式。简而言之，单边控制模式削弱了你的有效性，而交互学习模式则提升了你的有效性。

在本章中，我将主要讨论单边控制模式。我将介绍构成单边控制模式的价值观与假设以及由此带来的必然行为和这些行为所造成的糟糕结果。为此，我将这些心智模式、行为以及结果统称为单边控制模式。

在本章中，我将重点讨论当你使用单边控制模式时，你的有效性是如何降低的，而不是你所服务的团队因采用单边控制模式，他们的有效性是如何降低的。当然，当你的有效性降低后，你所服务的团队也将蒙受损失。请记住，单边控制模式会削弱你的有效性。同样，单边控制模式也会削弱你所服务团队的有效性。有关单边控制模式对于团队影响的详细介绍，请参考《聪明的领导，更为聪明的团队》一书。当你帮助团队了解到他们的单边控制模式的心智模式并转为采用交互学习的心智模式时，你在帮助团队改变其自身。但在帮助团队从单边控制模式的困境中解脱出来之前，请先解决你自身的问题。

你的思维方式：你的心智模式就如同操作系统那样

本书的核心是基于这个前提：你的思维方式就是你的引导方式，或者你的咨询、教练、培训与调解方式。你所做的一切源自你的思维方式。而你的思维方式是你看待事物的方式，这决定了你的思维、情感与行为。**你的心智模式就是驱动你行为的一套核心价值观与假设。**你的思维方式将最终决定你给自己及你所服务的团队带来的结果。

你的心智模式就如同电脑的操作系统一样。每台电脑都需要一套操作系统才可以正常运行，无论摆在你面前的是台式机、笔记本电脑，还是平板电脑或智能手机。无论电脑操作系统采用视窗系统还是 Macintosh 系统或别的什么系统，这些操作系统可以将你电脑中的硬盘与软件有机地组织在一起并加以控制，这样，你的电脑不仅可以做到运行自如，而且其运行方式也是可以预测的。如果没有操作系统，这台电脑将一事无成。

与之类似，你的心智模式将决定你的行事方式以及由此所带来的结果。你的心智模式控制了你做出的决策、你做出的陈述和你所给出的提问。就如同好的操作系统一样，你的心智模式将让你行动快速、毫不费力且相当熟练。之所以能做到这些，是因为它使用了核心价值观与假设来指导你的行为。它会使用诸如“当我处于情境 X 的时候，如果 Y 发生，我应说或做 Z”。例如，“当我在引导某个团队时，如果某人喋喋不休，我应对此进行干预，让大家都有发言机会”。如同电脑的操作系统一样，你的心智模式工作敏捷，这样你可马上评估现状并在毫秒之间做出决策，而无须花费太多时间思忖如何采取行动。

除非出现问题，你很少考虑电脑的操作系统，同样，你通常也不会察觉到你的心智模式在工作。当你采取干预措施阻止某人喋喋不休时，你并未觉察到你的这些思考：这家伙不像话，他压根儿没看到自己独霸全场对话。你只是据此做出回应，看似未经太多思索。你的心智模式在运作时不为你所察觉，这是一件好事，这一局面一直持续到你的心智模式变成你的问题之源。

让我们继续借用电脑的比喻。如果你的心智模式是操作系统，那么你的行为就如同帮助你完成某个具体任务的应用软件。请考虑一下你电脑中的不同软件，如微软的 Office、谷歌的搜索软件或苹果的 iTunes 等。

你的应用软件运行如何，这取决于你电脑中操作系统所使用的版本。当你尝试新的软件程序如某款最新的电子游戏而你的操作系统无法支持时，你就会意识到这点。如果你使用最新版本的操作系统来运行最新版本的 iTunes 或你心爱的电子游戏，你的应用软件可能运行自如。但是，如果你在过时的操作系统如视窗 95 上运行新的程序，那你的运气就没有那么好了。

你的心智模式和你的行为也一样。**如果你希望适应新的行为，那么你的心智模式必须与这些行为保持一致。**如果你的心智模式不能支持这些新的行为，最终你的心智模式将干扰你的行为，而你也无法获得你所期望的结果或你所期望的改变。

两套心智模式：单边控制模式与交互学习模式

在整本书中，我会讨论两套基本心智模式：单边控制模式，它会削弱你的有效性；交互学习模式，它会提升你的有效性。如果你在引导中采用了单边控制模式，你会削弱你所服务团队的有效性并损害你与他们之间的关系，而你的幸福感也会降低。如果你在引导中采用交互学习模式，你将帮助团队取得更好的结果并与他们建立更为紧密的关系，而你的幸福感也会提升。

采用交互学习模式比你想象得要困难。当你发现自己身处挑战性的局面中时，研究表明 98%的人会使用无效的单边控制模式。所谓挑战性局面，指的是其中关乎重大利益或你本人持有强烈的观点或带有某种强烈情绪或你在心理上感受到威胁、沮丧或可能的尴尬。在你的引导角色中，有许多常见的挑战性局面会让你采用单边控制模式。这可能发生在你为某个重要的客户团队提供服务时，或者发生在你第一次与该团队合作时，或者你认为你需要为团队达成目标担责时。你可能发现自己无法就帮助团队的最好方式与客户达成一致。你可能发现自己陷入窘境之中：一边是团队领导期望你去做的事情，而另一边是团队成员期望你去做的事情。不可避免的情况是，你将与按下你的热点按钮的团队或团队成员一起工作。所有这些局面都有可能激活你的单边控制模式。

你的思维方式不是你所认为的那样

难以采用交互学习模式的第二个因素是你并不了解你的心智模式。心理学与经济学的研究表明，我们难以准确描述我们是如何就所采取的行动做出决策的。虽然我们声称我们所使用的是一套指导我们行为的价值观与假设，但当心理学家深挖下去后就会发现我们其实使用的是另一套价值观与假设。这并不是说我们知道自己有一套价值观与假设却秘不示人，而是说我们并不了解那些驱动我们行为的价值观与假设。

如果你不了解指导自己行为的价值观与假设，当你的行事方式与你所希望遵循的一套价值观与假设不相符时，你就无法识别出来。这让你难以改变自己的心智模式。幸运的是，其他人可以看到你未能与你所标榜的心智模式保持一致，并帮助你了解当下所发生的一切。

在我的经历中，引导师认为他们使用的心智模式就好像一本非常好的团队流程教科书。他们经常标榜需要让团队成员基于共享的信息池来做出判断，理解、包容不同的视角并使用可对团队决策产生承诺的决策流程。另外，他们还标榜团队自身知道正确的答案。但是，在分析了数千个引导师面对挑战性局面的案例后，我发现几乎所有的引导师采用的心智模式与他们所标榜的心智模式或他们自认为使用的心智模式不相一致。

调研反馈案例

为了便于大家了解我们的引导方式，请参考一个真实案例。芭芭拉是外部咨询团队的成员之一，其任务是帮助新任首席信息官（Chief Information Office, CIO）与其高管团队解决办公室里久拖未决的管理与绩效问题。CIO 要求芭芭拉的咨询团队主持访谈与焦点小组对话，以便收集与问题有关的信息。在随后介绍的会议中，咨询团队将向大家报告他们的发现结果。咨询团队的一个主要发现就是员工正在静待新的 CIO 团队是否会公布访谈结果和焦点小组的对话内容。鉴于 CIO 团队内部出现的冲突，芭芭拉认为这对其而言将是一场艰难谈话。作为咨询团队中的成员之一，芭芭拉在 CIO 和其团队的会议中担任引导师。（当芭芭拉担任引导师时，她给自己和 CIO 团队带来了角色冲突这一问题。我在第 2 章中谈及了这个问题。）

在这个案例中，芭芭拉是以工作坊学员的身份撰写这个案例的。当时她的目标是“让团队讨论是否要分享这一发现，而不要让讨论沦落为彻头彻尾的争吵，要引导团队朝着我们认为的正确方向前进但不要表现出我们所持有的立场”。

以下再现了芭芭拉与 CIO（弗兰克）及其高管团队的对话内容。对话分为两个栏目。右边栏目为芭芭拉尽其所能可回忆起来的她与团队艰难对话的逐字记录。左边栏目为芭芭拉在对话中的想法与感受，也就是她的内心对话，无论她是否表现出来。当你阅读案例时，请留意芭芭拉对于对话的想法与感受以及她是如何据此采取行动的。

单边控制模式：调研反馈案例

芭芭拉在对话中的想法与感受	对话内容
哦，我本以为今天下午才会讨论这件事呢。我从未想过他们自己会把这件事给捅出来。这会搞乱整个日程安排。	**麦克：**天啊，我们可不能让这玩意儿流传到外面去，这可是火药桶，一点就着。我们看上去就像傻瓜一样。我本人可不想和这件事有什么瓜葛。
事情看上去真的会变得很糟糕。乔这家伙根本还没明白其中的利害关系。	**乔：**这正好说明为什么我们从来无法完成这项工作。大家都习惯于坐在那里指手画脚，然后把责任推卸给上司，而不是动手去做事。
	桑迪：等一等，这些结果真让人震惊，我们不应该放任不管。

芭芭拉在对话中的想法与感受	对话内容
这个家伙真是一个麻烦。如果不是这个家伙首先急不可耐地跳出来，你看他血脉贲张的样子，我本可以抽时间做些事，这样桑迪也可以得到一些支持，如果有的话。为何弗兰克一声不吭呢？	**乔**：我们可不能让那些人替我们做决定。（继续就当今职场人士为什么没有他们那个时代的价值观和职业道德大发议论。）
	芭芭拉：好吧，我们来检查一下流程。我相信这对你们而言是一场很重要的对话，但它需要时间。你们是现在就开始讨论还是等到今天下午我们制订行动计划时一起讨论。你们的意见呢？
	苏珊：我们现在就开始讨论。
	（桌边还有人表示赞同。）
他终于出现了！为什么他要等到现在才发言呢？拿出点领导风范来啊！	**弗兰克**：我认为我们现在应该花些时间在这上面，这件事很重要。
这样可以让每个人的观点都曝光出来，我就知道我们该怎么办了。我要将事情置于掌控之中。	**芭芭拉**：好吧。这是我的建议：我们按照座次轮流发言，请每个人发表自己的观点，然后我们再开始讨论。
我不知道我是否需要给每个人设定时间限制，否则这将变成一场辩论，没有人会去听他人的意见。	（团队照做了，但比预计花费的时间更长。双方都有些人占用了太多时间。）
应该给讨论设定一些谈话架构，某些情绪化的内容也许还要降降温。	**芭芭拉**：现在我们知道了大家对于这个问题的基本想法了。1/3 的人赞成公布调研结果，2/3 的人反对公布。现在我们应该往后退半步，大家一起来看一下反对和赞成的意见。我会将这张白板纸一分为二，然后我们可以做一下头脑风暴。现在开始吧！
没有人认真倾听其他人的意见，他们只不过是在坚持自己的立场。时间已经到了，而团队还没开始工作呢。我不知道我还要给他们分配多长时间。但如果他们连这个话题都无法拿下来的话，更别提后面还有更挑战的事情等着他们去处理呢！	（团队开始列出赞成与反对的意见，虽然讨论变得更加有序，但依然热烈，距离得出结论还遥遥无期。）
哦，不要。但他们马上就要调转枪口对付她了。我可不想打破我的中立立场，但是看上去她需要一些帮助。	**桑迪**（几乎要哭了）：我难以想象我们会这样讨论。我们想捉弄谁呢？员工早就知道他们在想些什么。我们为何还要遮遮掩掩？如果连这个团队都无法面对真相，我们还有什么权利继续做下去呢？（眼睛离开乔）弗兰克，你同意吗？
这个家伙完全没救了！	**弗兰克**：嗯，我认为你说得有些道理，但……
我想现在是该我发言的时候了。我需要告诉他们我的真实想法吗？如果这样做，我会失去他们的信任吗？	**麦克**：我想听一听顾问们怎么想。毕竟他们和其他许多组织一起合作过，其他人在我们这样的情况下会怎么做呢？
	芭芭拉：谢谢，麦克。我想说的是你们并不是第一个面对这种问题的团队。总会有些很有挑战性的问题等着你们。桑迪已经谈到一些情况了：

芭芭拉在对话中的想法与感受	对话内容
	你们的员工知道他们在想什么，但是他们并不认为你们知道这些。他们希望自己的观点得到倾听，因为团队的信任度太低，他们需要的不仅仅是你们对此做出保证。通过回应他们的要求来公布这些结果，你们可以传递一个重大的信号，那就是你们确实想要改变组织的文化。他们给你们提供了一个重大的机遇。根据我与其他组织的合作经验，你们需要给出清晰的信号，让人们意识到你们需要做出改变。
太好了。显然他认为我是一个白痴，他可不想公布那些结论。	**弗兰克：**我们现在休息一下吧。我们仔细考虑一下这个问题，下午再来讨论。

芭芭拉对于团队问题的影响

在最初的阅读中，我们难以看出正是芭芭拉本人造成了她私下抱怨不已的问题。当芭芭拉撰写案例的时候，她压根没有意识到这点。虽本意良好，但因采用单边控制模式，她削弱了自身的有效性。与我共事或我教授的引导师、咨询顾问、教练或培训师中，芭芭拉的行为相当典型：当他们发现自己身陷在他们看来所谓身心沮丧、倍感威胁或窘迫不已的局面时，他们会采用单边控制模式。

你是如何削弱你原本希望产生的结果的呢？为了回答这个问题，我将通过单边控制模式的视角来分析芭芭拉的案例。我将首先分析其心智模式，然后是这个模式所带来的行为，最后是这些行为所带来的结果。

单边控制模式

单边控制模式由三部分组成：心智模式，行为和结果（见图 3.1）当你使用单边控制模式时，你试图通过单边控制局面来达成你的目标：你尽力让其他人做你期望他们做的事情而不要受到他们的影响。**当你将单边控制的心智模式施加在那些持有不同看法的团队成员身上时，你的基本视角是：**

- **我了解情况，而你并不了解。**
- **我是对的，而你是错的。**
- **我会赢。**

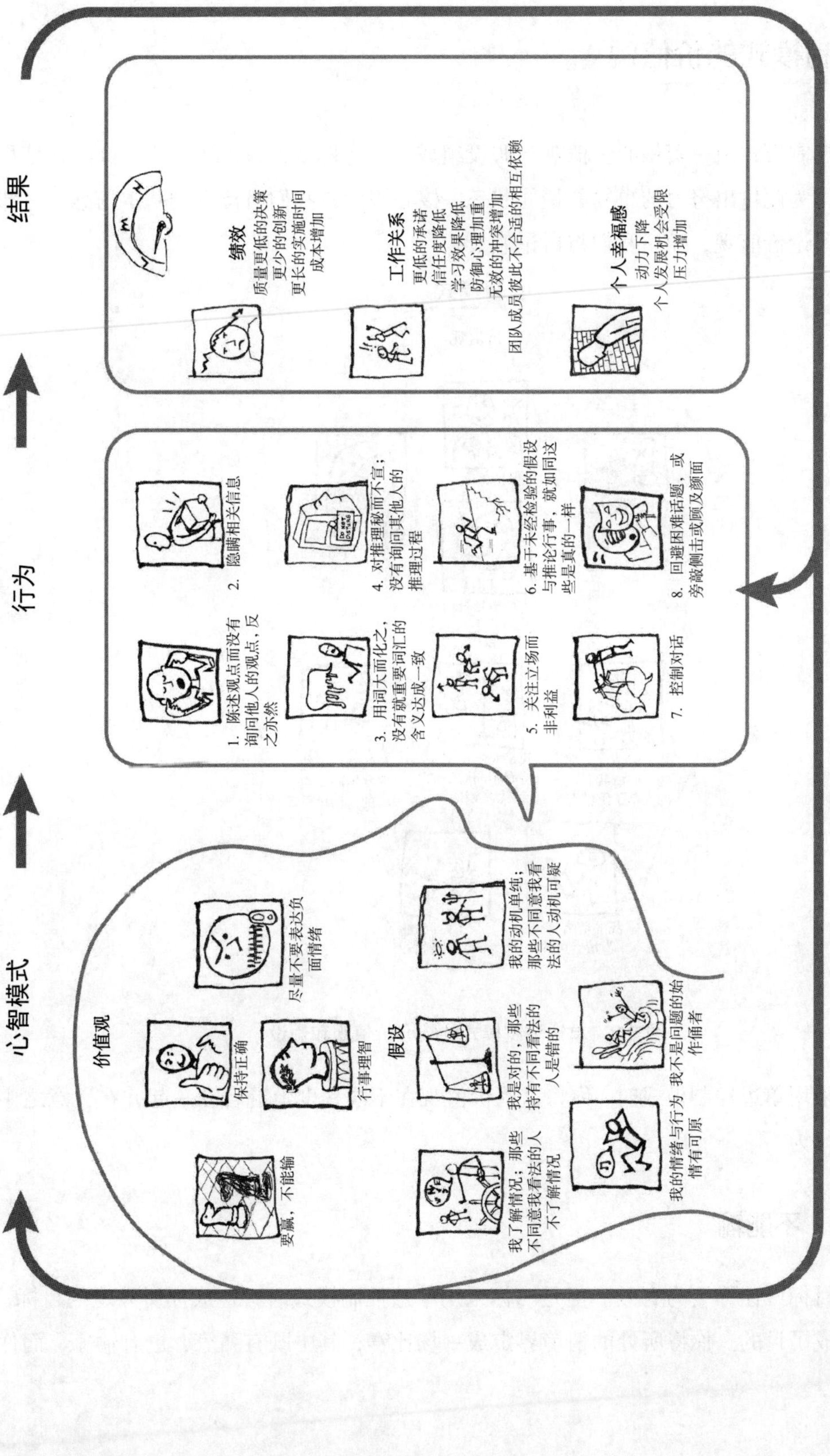
心智模式
行为
结果
价值观
要赢，不能输
保持正确
行事理智
尽量不要表达负面情绪
假设
我了解情况；那些不同意我看法的人不了解情况
我是对的，那些持有不同看法的人是错的
我的动机单纯；那些不同意我看法的人动机可疑
我的情绪与行为情有可原
我不是问题的始作俑者
1. 陈述观点而没有询问他人的观点，反之亦然
2. 隐瞒相关信息
3. 用词大而化之，没有就重要词汇的含义达成一致
4. 对推理秘而不宣；没有询问其他人的推理过程
5. 关注立场而非利益
6. 基于未经检验的假设与推论行事，就如同这些是真的一样
7. 控制对话
8. 回避困难话题，或旁敲侧击或顾及颜面
绩效
质量更低的决策
更少的创新
更长的实施时间
成本增加
工作关系
更低的承诺
信任度降低
学习效果降低
防御心理加重
无效的冲突增加
团队成员彼此不合适的相互依赖
个人幸福感
动力下降
个人发展机会受限
压力增加

图 3.1　单边控制模式

单边控制模式的价值观

单边控制模式由一套核心价值观与假设组成，参考图 3.2 的总结。核心价值观是我们认为值得为此付出努力的事物的最终状态。核心假设是我们所持有的基本信念。这部分将主要讨论价值观，随后我们将讨论假设。

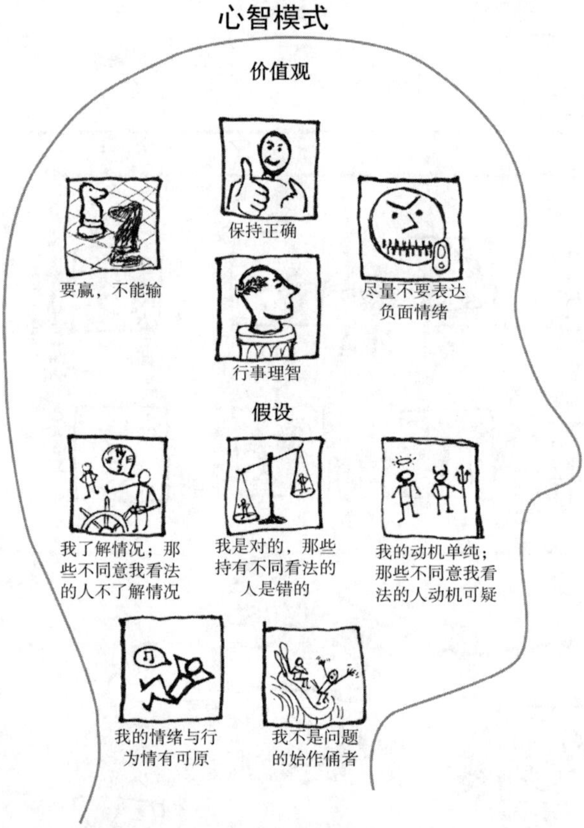

图 3.2　单边控制模式的核心价值观和假设

当你采用单边控制模式时，你将这些价值观在不同程度上混合在一起并在无意之中指导你的行为。

要赢，不能输

设定目标可让你更为有效。但是当你采用单边控制模式时，达成你所界定的目标，这本身变成了目的。你将所处的情境界定成一场比赛，其中既有赢家，也有输家，而你必须成为赢家。当你观察或倾听他人说话时，私下里你在评估他们是否有助于你达成目标抑或阻碍目标实现。只要其他人的言行没有帮到你，这些都会被你看成前进的路障。无论是改变目标或没能达成你之前所设定的目标，这些都会被你看成输的表现。

在芭芭拉的案例之中，她将自己其中的一个目标设定为"要引导团队朝着我们（咨询团队）认为的正确方向前进但不要表现出我们所持有的立场"。她将会议的结果框定为非赢即输的局面。如果 CIO 团队采纳了咨询团队所制定的解决方案，那意味着芭芭拉的团队取得了胜利。如果不是，那意味着他们失败而归。

保持正确

保持正确是"要赢，不能输"的同义词。当你看重"保持正确"这点时，你可能向他人展示你的观点是正确的，对此你深以为豪。当你想到或你对某人说过"我之前告诉过你这点"或"我早就知道这会发生"时，如果你能从中体会到满足感，你就明白看重"保持正确"的滋味了。芭芭拉的目标"要引导团队朝着我们认为的正确方向前进但不要表现出我们所持有的立场"，十分清楚地表明她有此需求。

尽量不要表达负面情绪

尽量不要表达负面情绪意味着在对话中不要流露出你或他人的不快情绪。这一价值观源自这样的看法，即表达负面情绪如生气或沮丧等，哪怕允许其他人这么做，也都是无能的表现。表达负面情绪会被看成发出懦弱或伤害他人情感的信号，这些都让你难以达成你的目标。在单边控制模式中，表达负面情绪会导致事态失控。简而言之，你认为人们就某个话题表达自己的感受没什么好处；这只会带来精神紧张、情绪受挫及紧张的工作关系。

芭芭拉将其策略描述为"让团队讨论是否要分享这一发现，而不要让讨论沦落为彻头彻尾的争吵"。避免"彻头彻尾的争吵"就是一个看得见、摸得着的目标。就其本身而言，这并不意味着芭芭拉想回避表达负面情绪。但是，当 CIO 团队开始就是否公布调研结果表达负面情绪时，芭芭拉提议做利弊分析，其中的部分原因是她希望缓解情绪化内容，而不是为了更好地理解团队成员为何对自身的观点持有如此强烈的看法。

行事理智

当理智行事时，你期待自己或其他人依然保持纯粹的分析与理性态度。你认为只要将事实陈列出来，只要其他人能理性地看待问题，他们就会同意你的看法。你尽量客观地展现问题，而无视自身或他人对这个问题的感受。你将情绪看成问题有效解决与决策的障碍而不是重要信息的来源。你越是看重理智行事，你越是希望被看成已经在头脑中通盘考虑过整件事情。当你发现思维中的差距时，你试图去阻止他人发现这些差距。

核心假设

图 3.2 总结了你使用单边控制模式时头脑中的假设。

我了解情况；那些不同意我看法的人不了解情况

这一假设说明的是为了理解当前状况，你所带来的任何信息都是准确和完整的，你所得出的结论也是一样。换句话说，你所看到的就是事情本身。那些与你持有不同看法的人或被误导或不了解情况。如果他们了解到你所了解的信息，他们就会同意你的看法。

当芭芭拉认为“乔这家伙根本还没明白其中的利害关系”时，她是直接基于这个假设做出判断。当芭芭拉认为“为何他（弗兰克）一声不吭呢？拿出点领导风范来”以及“这家伙完全没救了”时，她是间接基于这个假设做出判断。嵌入在这些想法之中的是芭芭拉的假设：她理解在这样的情境中应该如何施展领导力，她完全明了在这样的会议中弗兰克作为领导应如何表现，而他的表现不能被称为有效领导。如果他真的理解领导力该做些什么，他应赞成公布这些结果。

我是对的，那些持有不同看法的人是错的

这个假设是之前那个假设的延伸。你假设在目前的情境中，存在一个正确的和一个错误的视角。如果你是对的，那些持有不同观点的人或有不同看法的人肯定是错误的。当你持有这个假设时，你或那些持有不同观点的人不可能都是正确的。

芭芭拉没有考虑过她对当前情境做出的判断并不是基于她对当前情形的全面理解，所以，她也有可能是错误的。

我的动机单纯；那些不同意我看法的人动机可疑

你假定自己是真理的不懈追求者，凡事出于团队或组织的最大利益考虑。与此同时，你质疑那些持有不同观点人的动机。你假定他们可能出于自私或有其他不合适的动机。或许他们是为了增加自己的权势，控制更多的资源，甚至为了削弱你的努力。

当乔谈及与他们之前相比，今天的人们持有的是另一套价值观与职业道德，而芭芭拉认为“这家伙真是一个麻烦”时，她看起来采用了这个假设。

我的情绪与行为情有可原

因为其他人并不了解情况的本来面目（意思是没有赞同你的看法），因为其他人是错误的，或者因为其他人的动机可疑，你认为自己的情绪与行为情有可原。如果你感到愤怒或沮丧，如果你的行事方式与你的价值观不符，如果你偏离自己的角色，这都情有可原。虽然你也希望不要出现上述事情，但其他人的表现让你无法选择。

当芭芭拉认为“我可不想打破我的中立立场，但看上去（桑迪）需要一些帮助”时，她采用了这个假设并做出判断。

我不是问题的始作俑者

在单边控制模式中，你将自己的感受与行为看成其他人对你所采取行动的不可避免的自然结果。你并未考虑过你正好是自己私下抱怨不已的问题源头这一可能性。你并不认为你的想法与感受会导致你行事低效。在你看来，所有的互动都是这样的：其他人行事低效，你由此对他们的错误所做出的回应是合适的。结果是，你认为其他人需要做出改变，而不是你需要做出改变。你看到自己唯一需要改变的是你需要培养新的方式让其他人改变他们无效的行为。

在芭芭拉的案例中，当团队列出方案的利弊时，她看似也考虑过自己有可能是问题的始作俑者。没有人认真倾听其他人的意见，他们只不过是在坚持自己的立场。我不知道我是否需要给他们每个人设定时间限制。随后她又想到，我不知道我还要给他们分配多长时间。但是，当她想到如果他们连这个问题都无法解决的话，更别提后面还有更具挑战性的工作等着他们去处理，她不再视自己为问题的始作俑者。芭芭拉没有考虑到那些人没有听取彼此的看法而是强化各自立场，这是她要求大家列举方案的利弊这一做法带来的结果。（我将在第 11 章讨论开展利弊分析的问题。）

单边控制行为

你使用了上述心智模式，也就是核心价值观与假设来指导你的行为。当你与团队一起工作的时候，你假定自己的理解是正确的，那些持有不同观点的人是错误的，所以你认为自己有必要去说服他们。图 3.3 展现了你说服他人的八种行为。以下是每种行为的简短描述及其结果。

行为

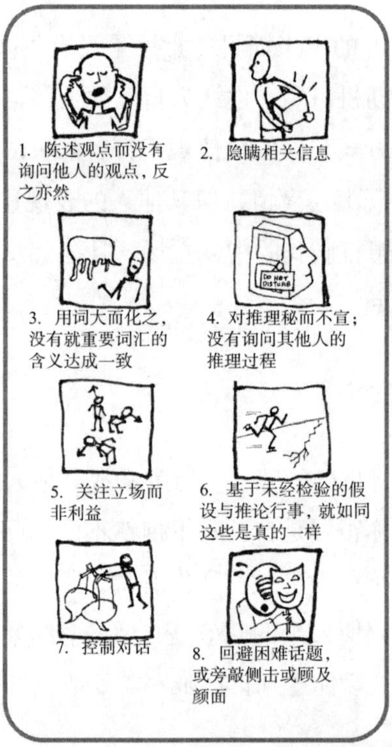

图 3.3 单边控制模式带来的行为

1. 陈述观点而没有询问他人的观点，反之亦然

使用这一行为，你或者陈述你的观点而没有询问其他人的看法，或者你提问对方却没有分享自己的观点。其结果是你和团队的对话最终以擦肩而过的方式宣告结束，你们并未达成真正的一致。一旦你的提问并不真挚，你经常采取旁敲侧击的方式，间接地传递你的观点。旁敲侧击涉及提问对方或做出的陈述旨在让其他人揣摩你的私下想法而无

须你明示。这是让其他人用你的视角来看待事物的间接方式。

当芭芭拉说“我们来检查一下流程”时，她的确在表述自己的观点并真诚发问。但是，在她认为大家看法一致前，她只从弗兰克与桑迪那里获得回答，他们两人赞同她的私下想法。当芭芭拉提议团队列举方案的利弊时，她还没有来得及听取团队的反应就已经继续往前推进了。

2. 隐瞒相关信息

因为取胜是最为重要的，你会分享支持你观点的信息，但你会隐瞒那些与你的观点相悖的信息。芭芭拉隐瞒了她的个人看法，使对话陷入争执之中，这表现为大家不再倾听彼此的观点。因为她隐瞒了这一信息，她错失了机会去了解 CIO 团队成员的看法是否与她的看法一致。如果是这样的话，他们可以就此做出改变。但因为芭芭拉头脑中所采用的价值观是保持正确，一旦她与大家分享了这些信息，就有可能给其他人大开绿灯，允许他们的看法与她相左。

3. 用词大而化之，没有就重要词汇的含义达成一致

当你做出泛泛陈述如“我认为听取那些发言不多的同事的看法是有好处的”时，团队并不明白你所谈及的对象究竟是谁。其结果是，一些你认为发言太多的成员会继续滔滔不绝，因为他们认为自己的发言不够踊跃。引导师、咨询顾问、培训师等经常用这些大而化之的表述，因为他们担心如果说出某个人的具体姓名，这会引发对方防御性反应。

4. 对推理秘而不宣；没有询问其他人的推理过程

你并未揭示你这么说以及这么问的缘由。分享你的推理会让你在那些挑战你想法人的面前变得脆弱，这会减少让你的看法占据上风的机会。询问他人的推理可能浮现出那些与你的观点相左的看法，并增加他们要求你去解释你的观点的概率，这些都会削弱你取胜的概率。

在整个案例中，芭芭拉并未分享她的推理与意图：她在试图引导 CIO 团队做出决策，而这个决策是她所在的咨询团队认可的但不能明说。当然，芭芭拉没能分享这一意图，因为如果她这么做的话，她将揭示出她秘而不宣的策略。许多引导师和咨询顾问采取同样的行事方式。这是单边控制策略的主要组成部分，这给你和你服务的团队带来许多问题。

5. 关注立场而非利益

如果你只关注某个具体的解决方案而不是努力去满足客户的需求，那么你和团队会陷入立场的争执之中，而未能制定出可满足团队需求的解决方案并获得团队成员的承诺。

芭芭拉关注公布结果这一立场，并试图让 CIO 团队采纳这个方案。当她让团队列举方案利弊时，她在鼓励 CIO 团队关注立场，而不是利益。

6. 基于未经检验的假设与推论行事，就如同这些是真的一样

因为你认为你明白这一局面并且坚信你的理解是对的。你认为完全没有必要对你做出的任何假设或推论予以检验。其结果是当你的假设或推论被证明是错误时，你做出了错误的决策。

当芭芭拉认为，我本可以抽出时间做些事，这样桑迪也可以获得一些支持，以及当桑迪的眼泪就要掉下来，她认为“不要！他们马上就要调转枪口对付她”时，她认为桑迪需要她的支持（桑迪的观点与芭芭拉的立场一致）。无论是何种情形，她没有询问桑迪是否需要她提供支持。当芭芭拉认为“乔这家伙根本还没明白其中的利害关系！这家伙真是一个麻烦”时，她对乔做出了负面推论。当芭芭拉认为弗兰克需要“拿出点领导风范来啊”以及“这家伙完全没救了”时，她对弗兰克做出了负面推论。最后，她认为弗兰克“显然认为我是一个白痴，他可不想公布那些结果”时，她做出了未经检验的推论。

7. 控制对话

为了确保获胜，你试图让对话行进在你认为的正确轨道上。你让大家讨论你认为有关的话题并进一步深化你的观点。当人们偏离这个话题也就是你所定义的话题时，你会想方设法把他们拽回到原来的话题上。结果是，你所服务的团队并没有收集到所有的相关信息。

芭芭拉只听到苏珊与弗兰克的观点，虽然她提问“团队的看法如何”，但她决定团队应该谈论这个话题从而巧妙地控制了对话。当她回答麦克的提问“其他人在我们这种情况下会怎么做”时，她采取了同样的方式，哪怕她认为如果回答这个提问她会失去团队的支持并打破自己的中立角色。

8. 回避困难话题，或旁敲侧击或顾及颜面

因为你希望尽量避免负面情绪的表达，你不想触及那些让团队或你不舒服的话题。结果是，你并未帮助团队找到问题的根本原因，而这些问题依然会降低团队和你的有效性。

芭芭拉给团队带来了不便讨论的话题。她认为团队应该公布调研结果，但她认为自己不便说出这一点，因为她在这次会议中承担中立角色。

单边控制模式的结果

心智模式会影响行为，而这些行为可带来结果。单边控制模式将带来三类结果：① 绩效；② 工作关系；③ 个人幸福感。遗憾的是，单边控制模式所带来的结果正是你尽力希望避免的。原本你可达成不错的绩效，现在你得到的却是暗淡无光的结果。原本你希望改善彼此的工作关系，你现在所获得的是紧张的工作关系。原本你希望提升幸福感，现在你给自己和他人带来的却是压力。图 3.4 总结了这些结果。

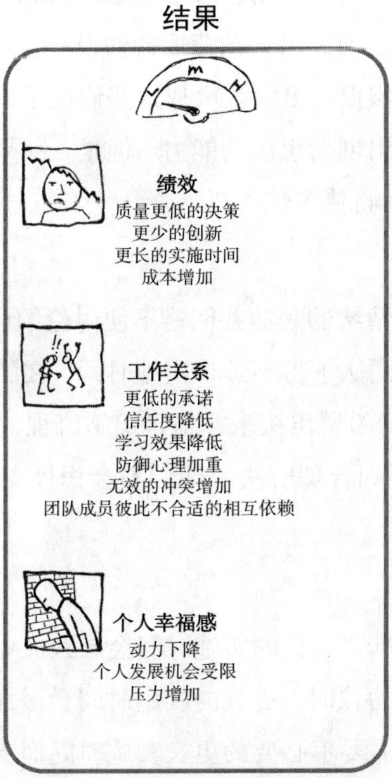

图 3.4　单边控制模式带来的结果

绩效

你试图表现良好，这样你可以更好地帮助你所服务的团队表现卓越。但如果你基于单边控制模式行事，你会削弱你的成果。

质量更低的决策与更少的创新

你的引导所做出的决策质量将影响你帮助团队的方式。哪怕引导师并未就团队决策的内容提供观点，但引导师依然与团队一起持续并深入地参与到他们应如何共同推进所在的流程决策之中。如果你是作为提供某个主题专业知识的咨询顾问，你会深度参与到团队决策内容的讨论之中。

为了做出高质量的决策，你需要相关信息并准确理解你和团队所面对的局势。这包括理解必须满足的不同团队成员的需求，这样你可以做出干预来满足这些需求。这要求你对客户保持透明，无论你观察到团队中发生了什么以及你为何采取这些干预措施。你也需要对他们的想法心怀好奇，包括检验你对团队做出的推论。遗憾的是，如果你是基于单边控制模式行事，这些都无从谈起。结果是你的决策质量将因为不合适的信息与未经检验的假设而打折扣。

创新要求创造一些新颖、富有原创色彩与创意的构思。在引导过程中实施创新，你需要了解并挑战那些束缚你之前做出干预背后的假设。但如果你是基于单边控制模式行事，你将难以识别出自身的假设，更别说挑战这些假设了。对团队成员的想法与关切保持开放，有助于提升你引导出创新想法的能力。但是，如果你是基于这样的假设“我了解情况，但他们不了解”，你将错失这些机遇。

更长的实施时间

当你寻求尽量减少负面情绪的表达并回避不便讨论的话题时，你有可能帮助团队更快做出决策，但这也可能使团队不得不延长实施时间。在团队做出决策之前没有得以解决的问题，在实施阶段都会纷纷冒出头来并拖延实施流程，直到这些问题最终得以解决。如果团队成员的需求没有得到合理解决，他们不会积极支持实施或在会后采取阻止措施。

成本增加

糟糕的决策、更少的创新、更长的实施时间会导致成本增加。当团队需花费额外的时间来重新回顾之前达成的协议时，更长的实施时间会增加成本。如果你在实施阶段与团队一起工作，团队会因为需要不必要的更长实施时间而支付你的费用（采用直接或间接的方式）。

在芭芭拉的案例中，她自身对于获胜的价值观以及她对于自身立场是正确的这一假设，导致她提出分析方案的利弊这个流程，这让她把 CIO 团队的注意力放在立场上。团队成员坚持各自立场并为各自的观点辩护，这不合适地拖慢了决策流程并降低了团队就如何富有创意地解决这个挑战的能力。

工作关系

工作关系是受到单边控制模式影响的第二种结果。单边控制模式减少了大家的承诺，降低了团队学习效果并让大家不合适地依赖彼此。

更低的承诺

当人们认为某个决策会满足他们的需求时，他们会对这个决策做出承诺。由于单边控制模式减少了人们需求得到满足的机会，其中也包括你的需求，这一控制模式减少了大家的承诺。你和团队关注立场，而不是这些立场背后的利益。这导致你和团队是基于互为竞争的解决方案做出决策，而不是基于如何满足所有识别出来的利益。在多大程度上这个解决方案没能满足人们的利益，在多大程度上大家就会减少对这个决策做出的承诺。

如果你与团队做出的决策无法满足团队成员的需求，你可能发现自己在监督团队成员的表现并确保大家兑现这些承诺。这既可能是你因大家中间休息时没能准时返回到会议现场而需要把大家召集回来这样的小问题，也可能是大家与你一起工作时只是走过场这样的大问题，因为他们并未就这个流程做出真正的承诺。

让 CIO 团队关注方案的利弊，芭芭拉增加了团队将自己的想法局限在仅有两个互为对立的解决方案的可能性，她还减少了某些团队成员对这个决策做出承诺的可能性。

信任度降低

如果团队成员不再信任你，你就无法有效地引导下去。如果有任何团队成员认为你偏向某些团队成员，或者认为你不能理解团队成员，或者认为你的干预不是那么有效，或者认为你采取的行动与你同意扮演的角色并未保持一致，你将失去他们的信任。从单边控制模式出发，这将增加你基于未经检验的假设及没有解释你干预措施背后的推理或意图行事的概率。

单边控制模式让你不再信任团队成员，反过来，这会让团队成员不再信任你的概率得以增加。在多大程度上你对团队成员的动机做出负面归因并没有检验这些假设，在多大程度上你对他们的不信任感将得以增加。

离开引导角色而没有与大家就此达成一致并分享自己对于团队是否应该公布调研

结果所持有的观点，芭芭拉所面对的风险是失去团队的信任。她曾一度担心出面分享自己的观点而会让她丧失团队的支持，但她依然照做不误。如果芭芭拉在会议中以咨询顾问的身份出现，那么她分享自己观点的这种做法将显得更为合适。但对于实质性中立的引导师而言，这种做法并不合适。

学习效果降低，防御心理加重，无效的冲突增加

为了提升有效性，你需要与团队一起学习或从他们那里学习，包括现场学习，这样你可以马上调整自己的做法来满足团队的需求。遗憾的是，单边控制模式降低了你的学习效果。当你自认为了解情况而与你看法有别的团队成员是错误的时，你就无意从他们那里学习了。相反，你把自己的推论与假设看成事实，这只会增加误解，因为你将自己的情绪与行为看成情有可原，所以你认为自己不是问题之源，你反倒会因自己的错误和防御心理而责备大家。

芭芭拉对于乔的观点缺乏好奇心，私下里她并不赞同乔的观点，她的推论是“乔真的是个麻烦”，这让她和团队无法从她对乔的担心中了解到更多的信息。

类似地，未经检验的假设和归因会让你做出防御性反应。当你告诉自己有关某人的行动以及他们为何这么做的负面故事时，你很容易生成防御心理。当弗兰克要求休息一会儿时，而芭芭拉却联想到“显然他认为我是一个白痴，他可不想公布那些结果”，你可以在芭芭拉案例的结尾处看到防御性反应开始出现。

当人们采取的行动与解决方案不相一致的时候，人们会陷入冲突之中。如果你从单边控制模式出发，你会把冲突看成如何获胜而不是有待大家一起解答的谜题。如果你未能有效地参与到冲突解决之中，你会对此采取回避的态度，你试图熨平冲突或以争斗的方式宣告结束。如果你没能解决冲突，那么你将以面对僵局或冲突升级或任何一方都不满意的折中结果而结束，而失败的一方会感到索然无味或寻求挽回损失。

芭芭拉提议的利弊分析导致更低质量的决策和学习效果减少，这个提议所构建的对话也给团队带来无效的冲突。通过把人们框定在非此即彼、非赢即输的定式中，讨论将导致冲突升级。

团队成员彼此不合适的相互依赖

当你帮助团队时，他们依赖于你。你有他们所需要的专长来打造更为有效的团队。挑战在于如何帮助团队不再过多地依赖你，除非必要。最为理想的情况是，正如发展型引导一样，你的目标是当你离开时，团队具备更高的能力而减少对你的依赖。这意味着团队成员可以直接管理彼此的工作关系，而不是依赖于你作为中间人。当你采用单边控制模式时，你不再关注是否需要减少大家对你的依赖，你更为关注的是如何让你的观点占据上风。

当芭芭拉转为支持桑迪的观点时，她认为桑迪无法在团队中靠自己站稳脚跟，这不经意地造成了大家过多依赖于她的局面。那些认为其他人需要我们的帮助，如果没有我们的帮助，他们无法有效行事的看法是基于单边控制模式的假设，也就是一厢情愿地认为只有我们了解情况并看重尽量减少负面情绪的表达。换言之，我们经常认为我们的工作是避免团队成员受到他人的伤害，而不是帮助他们学习如何针对他人的无效行为做出有效回应。

个人幸福感

第三种结果是个人幸福感降低，包括动力下降、个人发展机会受限、压力增加。单边控制模式可导致你所希望帮助的团队中出现工作关系紧张、工作成果难如人意及工作情绪不高的局面。如果你分享自己的想法，这会让人感到压力倍增并带来负面的后果。如果你对他人做出未经检验的推论和归因，这会导致你或他人陷入防御之中并让大家的压力陡增。当芭芭拉做出未经检验的推论时，她认为弗兰克把她看成白痴，这让我们窥探出其幸福感降低了。

放弃—控制模式

还有一种单边控制模式，称为放弃—控制模式。有时，当人们认识到因使用单边控制模式而带来的糟糕结果时，人们转为使用放弃—控制模式。遗憾的是，他们经常只是从一种控制模式转换到另一种控制模式。

放弃—控制模式的核心价值观是：① 每个人都参与界定目标；② 每个人都要获胜，不能输；③ 表达你的情绪；④ 抑制你的理性推理（intellectual reasoning）。放弃—控制模式的假设与单边控制模式不同之处在于为了让人们取得学习效果，参与并做出承诺，他们必须自行找到正确答案。当然，正确的答案是你已经找到的答案。当其他人没有得出你所希望看到的答案时，一个常见的策略就是旁敲侧击或借助引导式提问来帮助他们自行找到答案。当芭芭拉写下“要引导团队朝着我们认为正确的方向前进但不要表现出我们所持有的立场”的目标时，这就是她使用的策略。放弃—控制模式的结果和单边控制模式的结果一样：糟糕的结果、紧张的工作关系与幸福感降低。

放弃—控制模式中的旁敲侧击策略是单边控制模式中的一种。我认为，放弃—控制模式是基本型单边控制模式的一个分支或变形。

引导师或咨询顾问经常在单边控制模式与放弃—控制模式之间摇摆。如果你服务的团队让你感到沮丧，因为他们一直难以行进在正确的轨道上，你就会采用单边控制模式的方式进行干预，以便让他们迷途知返。如果这一策略不奏效，你会转为采用放弃—控制模式，并对自己私下里这样说："他们看来并不需要我提供的帮助。我会让他们在迷途上再走上一段。最终，他们会因进展甚微而感到沮丧不已并发现有些事情不对劲。"

在单边控制模式中，你控制着一切；在对立模式中，你放弃控制。但是，无论你采取控制或放弃单边控制模式，两种模式在本质上都是实施单边控制。

单边控制模式如何强化其自身

怪异的是，单边控制模式正好导致并强化你极力希望避免出现的结果。为了努力保持正确并获胜，你不仅没有做出高质量的决策，反而做出了无人愿意落实的糟糕决策。你不仅没有改善与他人的工作关系或提升个人满意度，反倒生成了防御、紧张的工作关系并给自己和他人带来压力。

正如最初的单边控制模式导致你取得这些糟糕的结果一样，这一模式也会让你坠入强化版的恶性循环之中。正如图 3.1 中的反馈箭头所示，当你面对糟糕的结果时，你的沮丧会强化你的单边控制模式。你坚持其他人而不是你是问题之源，而你的情绪与单边控制式的行为是情有可原的。你不仅没有思考你在糟糕结果中的责任，反倒继续展现单边控制模式的行为。你认定，如果坚持的话，你最终会取得好的结果。但是用力越猛，只会导致出现更多的糟糕结果。你越一意孤行，结果也越糟糕。

虽然你原本并不希望造成这些糟糕的结果，但这一局面是可以预测的。正如系统论专家所言，系统设计如此完美，系统会得到其本该得到的结果。你的单边控制式的操作系统让你在取得糟糕的结果上表现得非常有效与熟练。让事情变得更为挑战的是，你通常并未察觉你正在使用单边控制模式。这就如同电脑中好的操作系统一样，它们只在后台快速运行而不为你所觉察。

如果你觉察到你是糟糕结果的始作俑者，你有可能将问题的成因归咎于低效的策略或行为。所以，你会对此做出修正。例如，如果你试图让团队承认他们的所为是低效的，你会考虑采用旁敲侧击的策略，通过一系列提问旨在帮助他们理解你的暗示所在。如果你发现团队对你的旁敲侧击式的提问无动于衷，你会改变策略，转为直接告诉他们。在你看来，他们的所作所为没有效果。但是，从旁敲侧击式的提问转为告诉他们你的观点，这只不过是采用一种单边控制模式取代另一种而已。这两种模式都会带来糟糕的结果，因为它们无法改变问题的根本成因。

问题的根本成因是你的心智模式。只要你继续采用单边控制模式，你就无法为自己或你所服务的团队始终如一地带来你所需要的结果。

我们如何学习单边控制模式

如果 98%的人在面对挑战局面时会采用无效的单边控制模式，那我们是如何采用这一无效模式的呢？途径有二。

其一，绝大部分人在与人的社会交往过程中，学会使用单边控制模式。我们求学的学校使用单边控制模式，而学校的老师会示范单边控制模式的行为。虽然我们可能对此表现出叛逆行为（我在校长办公室里待的时间远比我应该待的时间要长），当结束高中学业时，我们对此已经习以为常。当我们开始自己的第一份工作时，我们非常善于委婉地表达自己的观点，隐瞒那些与我们的需求有违的信息，引导对话绕开那些我们不想涉及的话题。

我们所加入的组织建立在单边控制模式之上并对此给予奖励。领导力与管理的研究与实践从控制行为开始。这一传统延续至今。但是，今天的组织使用更为微妙的语言来隐瞒这一做法。**请记住，我们中很少有人会刻意采用一套导致糟糕结果的操作系统，但不管怎么说，这一切发生了。随着时间的变化，我们学会了如何更好地使用这一操作系统。**

其二，我们学习单边控制模式有更为深层次的原因。我们的大脑在挑战环境中习惯于启动单边控制模式。简而言之，我们的大脑运作机制就是对威胁做出即刻反应。这甚至发生在我们还没有来得及进一步思考这一威胁为何的情况下。我将在第 12 章进一步解释情绪对于大脑的影响。

你可能好奇，为何我们的大脑是如此设计的：有时我们会出现行快于思的局面。从进化的角度讲，答案是这有助于我们生存下去。当我们的祖先遇到体型巨大、颇具威胁的动物时，如果他们马上做出反应，无论是逃跑还是战斗，而不是思忖这就究竟是什么动物时，他们的生存概率要大得多。从风险管理的角度来讲，这是合理的。例如，如果你从显而易见的威胁中逃出去，但这一威胁被证明只不过是一场虚惊，那你的损失不过是上气不接下气而已。但是如果你没有来得及跑开而那威胁为真，那你将面对丢掉性命的危险。所以在事关生存的事情上，我们宁愿大脑的运作程序出错，也不能不做出反应，无论这意味着逃跑还是战斗。尽管在今天的办公室环境中，很少有威胁我们生命的大型物体存在，但我们的大脑依然会对今天的“威胁性”刺激做出反应，正如我们的生存受到威胁一样。

回到我们的电脑比喻上。你可以说我们依然在使用过时的生物硬件，虽然有时会出错，但我们无法替换这一硬件（至少到目前为止，我们难以做到，我可不想成为试验品）。相反，我们可以改变思维方式，这样我们就可以更好地应对过时的硬件；我们可以通过改变我们的心智模式来升级操作系统的软件。

从单边控制模式转为交互学习模式

为了改善引导效果，你最为挑战但也是最为有力的工作是对你的思考方式进行深刻反思。这意味着识别并探讨驱动你行为背后的核心价值观与假设并理解它们与你所标榜的价值观与假设有何区别。就你践行的价值观与假设是如何提升或降低你的有效性予以有力反思并建立或采用一套新的价值观和假设来提升你的有效性。对于专业引导技巧而言，更为有效的价值观与假设是交互学习模式。

理解单边控制模式是如何工作的，可直接帮助你或你的团队取得他们期盼的结果。降低有效性的单边控制模式也会降低寻求你帮助的团队的有效性。在多大程度上你可识别出团队成员的心智模式与技能是如何削弱他们的有效性的，在多大程度上你就可帮助他们带来其所寻求的根本性改变。

在第 4 章中，你将看到交互学习模式有别于单边控制模式并了解这如何让你和你所服务的团队取得更好的结果。

小结

你的思维方式决定你的引导方式或咨询、教练、培训、调解方式。你的心智模式决定你的行为，而你的行为决定结果。在挑战性局面之中，当其他人所持观点有别时，我们中的大部分人会使用类似的无效心智模式——单边控制模式。单边控制模式的核心是“我了解情况，而你未必；我是正确的，而你是错误的；我要赢”。单边控制模式造成了你极力希望避免的后果：糟糕的绩效、紧张的工作关系、幸福感减少。当你采用单边控制模式时，你降低了自身的有效性以及你所服务的团队的有效性。

只是改变你的行为并不足以摆脱单边控制。从单边控制走向更为有效的交互学习模式，这要求你转变你的心智模式——驱动你行为的核心价值观与假设。这个话题将在第 4 章中谈及。

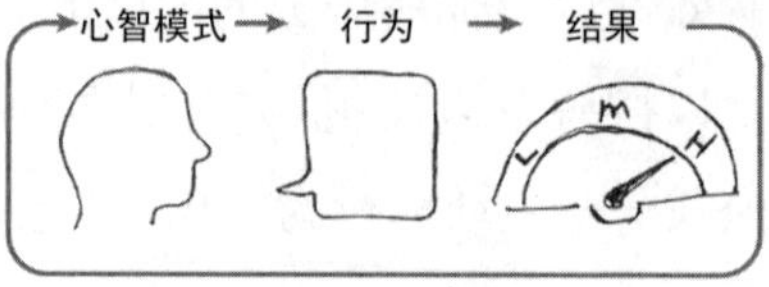

第 4 章

引导时采用交互学习模式

在之前的章节中，我介绍了单边控制模式会削弱你所帮助的团队的能力。在本章，我将介绍另一个选项——交互学习模式。专业引导技巧中所介绍的一切都基于交互学习模式。在使用专业引导技巧中的引导角色时，你的最大财富就是采用交互学习模式，当然这也是你需要面对的最大挑战。

在本章中，我们将主要讨论你如何更为有效地使用交互学习模式，而不是团队自身如何使用交互学习模式。请记住，交互学习模式同样适用于你所帮助的团队。如果他们选择使用这一模式，他们将极大地改善团队的绩效成果。如果你想了解团队使用交互学习模式的细节，请参照我的另一本著作《聪明的领导，更为聪明的团队》。

交互学习模式

如同单边控制模式一样，交互学习模式也是从心智模式开始的，然后是行为，最后是结果（见图 4.1）。与单边控制模式不一样的是，交互学习模式可带来良好的绩效、良好的工作关系与更高的幸福感。[①]

交互学习模式改编自阿基里斯与舍恩（1974）的研究成果。他们建立这一模型并将其称呼为模型 II（Model II）。创办行动设计（action design）的罗伯特·帕特南，戴安娜·麦克莱恩·史密斯和菲尔·麦克阿瑟对此予以调整并称之为交互学习模式（mutual learning models）。

---

① 本章的部分内容改变自《聪明领导，更为聪明的团队》一书中的第 3 章。

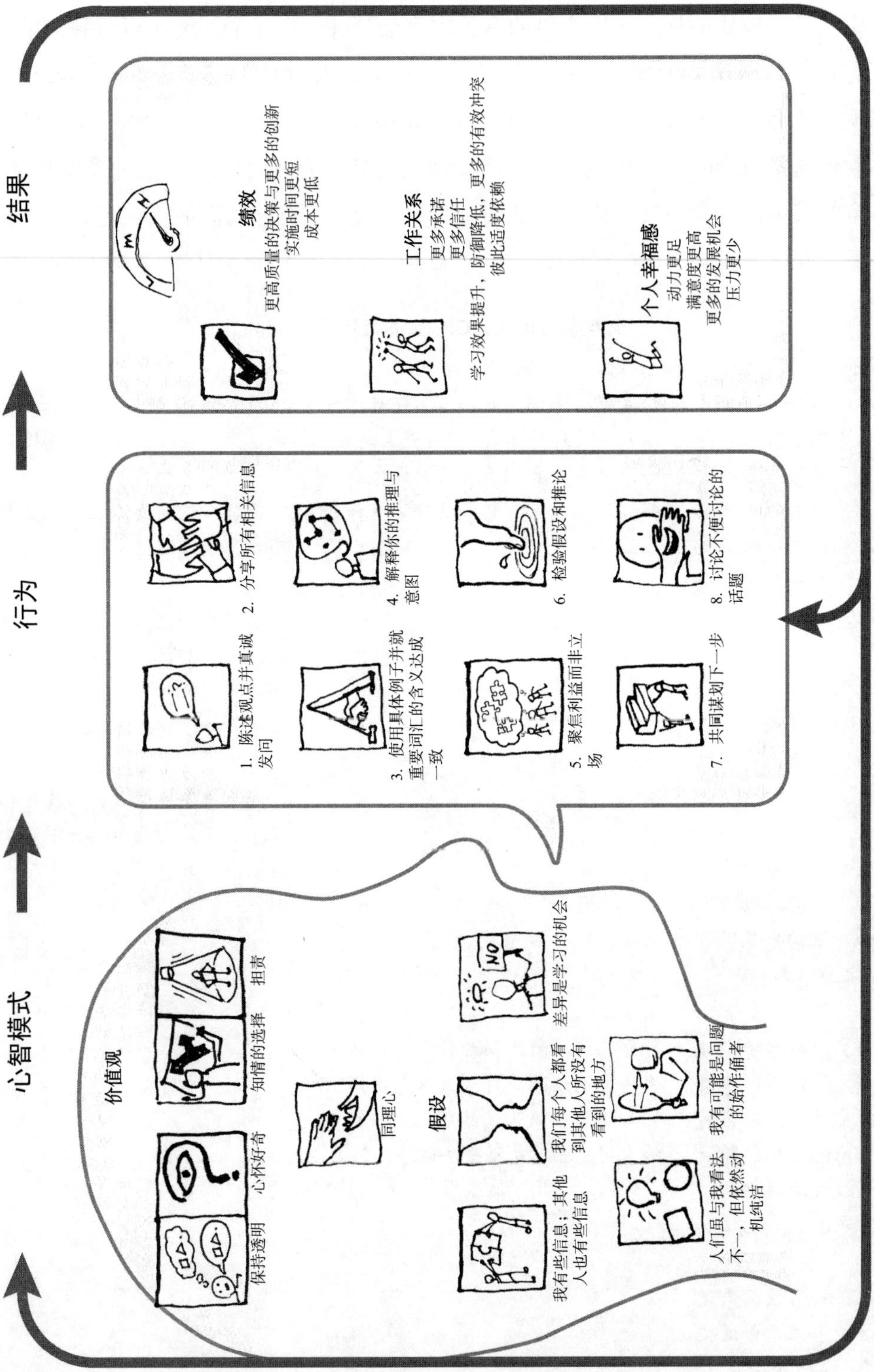
心智模式
价值观
保持透明
心怀好奇
知情的选择
担责
同理心
假设
我有些信息；其他人也有些信息
人们虽与我看法不一，但依然动机纯洁
我们每个人都看到其他人所没有看到的地方
我有可能是问题的始作俑者
差异是学习的机会
行为
1. 陈述观点并真诚发问
2. 分享所有相关信息
3. 使用具体例子并就重要词汇的含义达成一致
4. 解释你的推理与意图
5. 聚焦利益而非立场
6. 检验假设和推论
7. 共同谋划下一步
8. 讨论不便讨论的话题
结果
绩效
更高质量的决策与更多的创新
实施时间更短
成本更低
工作关系
更多承诺
更多信任
学习效果提升，防御降低，更多的有效冲突
彼此适度依赖
个人幸福感
动力更足
满意度更高
更多的发展机会
压力更少

图 4.1　交互学习模式

为了便于你了解交互学习模式在实际中是如何运用的，CIO 调查反馈说明了如果芭芭拉使用交互学习模式的话，左边栏目的有关内容会是什么样子的。位居对话右侧的点评说明了芭芭拉诊断出来的单边控制心智模式与行为以及她将如何使用交互学习模式与行为来实施干预。点评中的粗体字说明了具体的单边控制模式与交互学习模式的要素。当你读到这些内容时，你可能感到奇怪，询问芭芭拉为何会说出或想到这些内容。我将在本章的其余部分介绍交互学习模式时解释这一点。现在让我们借用芭芭拉的案例来了解一下交互学习模式。

交互学习模式：CIO 调查反馈

芭芭拉的想法和感受	对　　话	
哦，我本以为今天下午才会讨论这件事呢。我从未想过他们会自己把这事给捅出来。这搞乱了所有的日程安排。我需要确认一下他们是想现在讨论还是等到计划安排后再讨论。	**麦克：**天啊，我们可不能让这玩意儿流传到外面去，这可是火药桶，一点就着。我们看上去就像傻瓜一样。我本人可不想和这件事有什么瓜葛。	芭芭拉基于这样的核心价值观：团队应做出**知情的选择**。 芭芭拉认为麦克在关注立场而非利益并做出假设。
麦克对此已经有了自己的立场，他认为如果他们公布数据的话，他们看上去就像个傻瓜。		芭芭拉基于这样的心智模式：**我有些信息；其他人也有些信息**。她对麦克的推理感到好奇，于是收起了自己的判断。
我想知道他背后的担心和利益是什么。我想知道为什么他认为如果他们分享了数据，结果会变得更加糟糕。		芭芭拉发现了乔行为中降低讨论有效性的要素。她对乔的推论感到好奇，于是收起了判断。
乔也表明了他的立场。他对员工做出负面归因。难道他认为数据无效？如果乔和麦克坚持他们的立场，并且总是做出未经检验的推断，这次对话不会有什么效果。	**乔：**这正好说明为什么我们从来无法完成这项工作。大家都习惯坐在那里指手画脚，然后把责任推卸给上司，而不是动手去做事。	
我应该现在就干预还是先听一听桑迪和弗兰克会说些什么？好了，桑迪发言了。		

桑迪：等一等，这些结果真是让人震惊，我们不应该放任不管……

乔开始中途打断她的话，她将话头又拉了回来。如果她不讲完，她不会善罢甘休。我要听一听她的意见，不管她说些什么。否则讨论会变得更加低效。

乔：但我们可不能让那些人替我们做出决定。

芭芭拉：桑迪，刚才乔发言时，你的话好像还没有说完，是吗？

桑迪：是的，他打断了我的发言。

芭芭拉：乔，你可以让桑迪说完吗？

乔：当然。

桑迪也表明了她的立场。她的观点与麦克和乔不一样，她在提问，但是听上去有些反问的味道。

桑迪：员工早就知道他们在想些什么。我们为何还要遮遮掩掩？如果连团队都没法面对真相，我们还有什么权利继续做下去呢？

芭芭拉认为桑迪的行为让谈话变得更加低效。

让我看一看团队是否现在可以开始对话。如果他们同意，我会建议他们关注利益并且说出他们背后的假设，这样他们就能检验彼此的推理。

芭芭拉：我们在这里检查一下流程。我认为是否要分享结果这个对话对你们而言很重要。在我们进一步讨论之前，我们先看一下大家是否都准备现在就开始讨论此事。每个人都清楚分享结果对于大家意味着什么，这非常重要。这样，当你们讨论是否要公布结果时，大家的讨论可以建立在更加知情的基础上。有人有不同意见吗？

芭芭拉计划让团队成员做出**知情的选择**来决定如何推进讨论，并且她主张大家运用流程，这正是她作为引导师的角色的一部分。

芭芭拉检查是否有不同意见。

（大家点头同意。）

好吧，大家对结果还有什么问题吗？

（大家说“没有”。）

那么，你们现在的想法如何？是继续对话，还是留待以后，或采取另一种方式？

就如何推进，芭芭拉给予团队**知情的选择**。

苏珊：我们现在就开始吧。

（桌边有些人表示赞同。）

好的，每个人都想现在讨论。现在我可以建议流程了。

弗兰克：我认为我们现在应该花些时间在这上面，这件事很重要。

我想麦克认为如果他们分享结果，他们看上去会像个傻瓜。但我觉得现在就提问这点，显得为时过早。等到他们讨论利益点时再提问，时机会更好。

芭芭拉：好的。到目前为止发表意见的人是乔、麦克、桑迪，他们都已经表明了自己的立场，你们或者不赞同分享结果，我说的对吗？

（大家同意她的看法。）

芭芭拉认为麦克有一个假设，但是决定不在此刻进行检验。

我提问这一点的原因是我认为我们的讨论会卡在这里，因为你们马上就会开始据理力争并坚持自己的立场：或者分享结果或者不分享结果。

但你们的立场也有可能出现冲突，哪怕你们的基本利益点或需求是可以共存的。所以，通过一起探讨大家的利益点，我们更有可能制定出一个符合各方利益的解决方案来。

芭芭拉在主张一个不同的流程时，**解释了她的逻辑。**

鉴于此，我现在推荐另一个不同的流程，看看大家的意见如何。我建议你们作为一个团队列出你们立场背后的利益点或需求所在。也就是说，你们每个人说出你们在处理数据的这个问题中你们希望能解决什么需求。例如，麦克，你刚才谈到分享结果这个想法时，你觉得自己看上去就像个傻瓜。看上去你在意的一点是，不管最终是否分享信息，你希望分享的方式要让团队看上去精明强干而不是难以胜任。我是否正确理解了你们的利益点？

麦克：是的，我可不希望我们看上去像傻瓜一样。

芭芭拉：所以我们可以将大家所有的利益点都写在白板上。然后你们可以向大家澄清一下每个利益点对于你意味着什么，这样每个人都能用同样的方式来理解它们。你们每个人都可以向彼此提问，为什么这个利益点对你而言非常重要？然后，我会让大家讨论白板上列出的某个利益点是否与随后的解决方案一致。假设你们每一个人都认为白板上的每个利益点都是合情合理的，我们就会采用头脑风暴找到满足每个利益点的方法。对于我的建议，你们有什么问题吗？

好提问，即使它有点反问的味道。

我想知道乔的看法是什么。

乔：为什么我们不直接列出赞同和反对看法呢？

芭芭拉认为差异意味着学习的机会。

芭芭拉：根据我的经验，仅仅列出赞同和反对的看法只会鼓励大家去寻找更多的理由支持自己的立场。每方都想列出更长的清单，两边都想说服对方是错的。我希望大家用不同的方式来做事。通过关注你们的利益点，我想让你们暂时将注意力从是否分享结果这件事情转移到通过数据反馈流程来识别出你们希望满足的需求是什么。然后你们就知道分享结果与否对于满足你们的需求有无帮助了。乔，你认为呢？

芭芭拉**将保持透明与心怀好奇结合在一起**，通过主张流程并解释她的逻辑，然后询问乔的反馈。

所以，他们之前有过类似的经历。

乔：听上去你好像光临过我们以前的某些会议一样。我会试一试，但我不能确定我们能否弥补我们之间的差距。

芭芭拉：我同意，乔。我想现在就知道如何弥补差距还为时过早。通过列出你们所有的利益点，我们可以发现造成这些差异的成因是什么。然后你们就会有更好的办法决定是否要缩小差距，以及如何缩小差距。

我要确保我在解决问题之前，先征询他们的意见。

芭芭拉：还有提问和担心吗？（大家摇头表示没有）我和每个人都确认了一下，看大家是否都愿意运用这个流程：乔、桑迪、麦克、弗兰克、苏珊？（每个人都点头。）

知情的选择。芭芭拉认为人们需要做出知情的选择，这样大家才会对她提出的流程产生内在承诺。

提出的这个问题事关我的角色。我应该担任一个立场中立的引导师。如果我回答了他的提问，我就没有履行我的角色承诺。但麦克的提问也很有道理，需要给予回复。我先讲一讲有哪些选择和我的担心，看看他们的意见。

麦克：我想听一听顾问认为我们该做些什么。你们和许多组织都合作过，其他人在我们的情况下会怎么做呢？

芭芭拉认为**分享所有相关的信息**可以让小组做出更好的选择。

芭芭拉：你的提问很合理，我应该给出一个答案。在我作为顾问给出答案之前，先让我总结一下我们当下的处境，然后我们作为一个团队来看一看如何回答这个提问。

芭芭拉认为他们需要**共同做出决定**。

团队和我都同意我在今天的会议中作为中立的引导师，也就是说我不能介入你们讨论的内容中。如果我回答了你的提问，那么我就介入内容中了。大家有不同的看法吗？

我们每个人都有可能看到其他人所没有注意到的信息。芭芭拉分享了她所看到的情况并了解其他人是否有不同的看法。

我同意。

麦克：这是内容，但我们请你们顾问过来也是希望你们来帮助我们。

芭芭拉：我同意。所以我有两个选择。弗雷德和爱丽丝可以回答你的提问，而我仍然作为实质性中立的引导师。或者我退出引导师角色，而作为引导型顾问出现在各位面前并在引导中分享我对这个话题的看法。在引导你们对话的同时，只要团队同意我可以参与到内容的对话中，我对担任引导型咨询顾问这个角色没有问题。

芭芭拉**分享了相关信息**，以便让小组可以做出**知情的选择**。

我想强调的另一点是，今天你们使用的核心价值观和基本规则就回答是否需要分享结果以及如何分享结果这个问题提供了指引。如果大家感兴趣，我会很乐意给大家解释如何运用核心价值观来指导你们做出决策。

所以，基于以上各点，大家是希望我继续作为一个中立的引导师还是转换成一个引导型顾问？

交互学习模式的价值观

交互学习模式有五项核心价值观（见图 4.2）：保持透明，心怀好奇，知情的选择，担责与同理心。

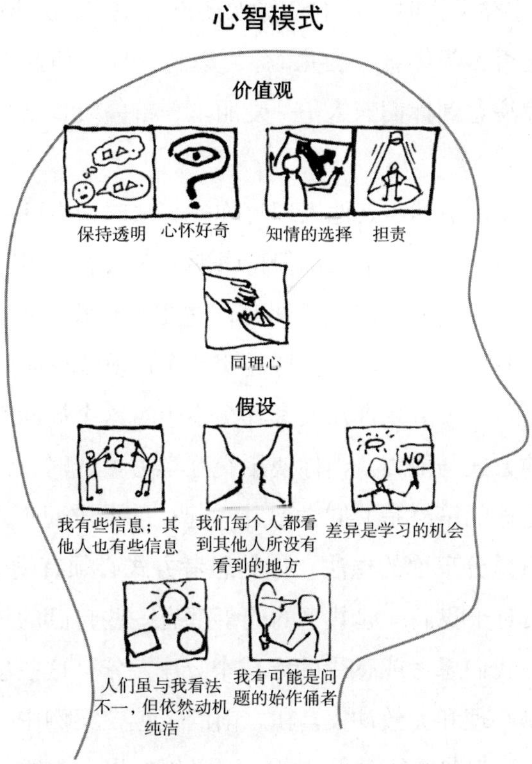

图 4.2　交互学习模式的核心价值观与假设

保持透明与心怀好奇：打造理解的共同基础

保持透明与心怀好奇将帮助你去建立一个共同的信息与理解基础，从而把你和你所服务的团队连接在一起。你所做的一切都有赖于这两者的结合。当你保持透明时，团队可了解你在做些什么以及这么做的原因。当心怀好奇时，你可了解团队成员在想些什么、感受如何以及这么做的原因。

保持透明意味着你与合适的对象在合适的时间分享所有的相关信息，包括你的想法、感受、策略等。这意味着你可以解释为何这么说、为何这么问及为何这么做。

如果你认为会议偏离轨道，而你希望让其重回正轨而不是单方面转向你认为应讨论的话题，你可对团队这么说："一旦你们开始谈及员工人数，这看上去偏离了今年所识别出来的主要目标，而这个目标大家已经达成一致，那就是讨论如何达成这个目标。大家是否有不同看法？如果没有，我的理解是你们同意在这次会议中不去讨论如何实现这个目标。大家是否有不同看法？"

如果你认为某位成员的发言被打断，你可以如同重新设计的CIO案例中的芭芭拉那样去表述："桑迪，刚才乔发言时，你的话好像还没有说完，是吗？"

如果你询问团队是否希望休息一会儿，你可以解释你为何这么询问。你可以说："我之所以这么问是因为我注意到你们三人——爱丽丝、布鲁斯和昆站了起来并开始四处走动。"

你珍视透明，因为你认识到当其他人理解你的想法时，你可增加信任度而其他人可更为有效地对你做出回应。如果每个人都保持透明，那么你和团队可打造一个共同的信息池并一起往前推进。当人们所持观点不同时，这尤其有效。

如果你采用单边控制模式，你难以保持透明。你必须分享那些与你的解决方案相违的信息，说明你这么提问的缘由并告知大家其实你想对这个局面实施单边控制。分享这些信息会削弱你获胜的方式与能力。当你使用交互学习模式时，你必须保持透明，这可提升你的有效性，因为你的策略是共同学习并一起往前推进而不是控制局面。

但保持透明并不只是分享你的想法。你的思考方式必须有助于你分享自己的想法。有时，我们中的每个人对于我们一起共事的同事都有一些自己的想法与感受，但这些想法与感受并不适合按照我们思考或感受的方式来分享。分享这些想法不是保持透明，而是在对方那里生成防御心理和无效冲突。在之前的芭芭拉案例中，她的问题不是隐瞒了自己的看法——当时她认为弗雷德没希望了，而是她的思考方式是无效的，这点她却没有与大家分享。除非芭芭拉将她的心智模式转为交互学习模式，否则她的思考方式将继续妨碍她保持透明。

好奇是保持透明的同伴。当你保持透明时，你会分享信息，这样其他人可了解你的想法。当你心怀好奇时，你可以就他人的想法提问。

如果你意识到你只拥有拼图的一部分，而与你共事的团队拥有其他的拼图块，你就会心怀好奇并希望知道更多的信息。你会意识到你对他人的了解至多不过是有依据的推测而已。如果你真的想知道实情，你必须询问他们。

保持好奇的运作机理颇为简单：就不明白之处发问。有时，你不过是询问大家希望做出什么样的选择，正如芭芭拉所询问的那样："那么，你们现在的想法如何？是继续对话，还是留待以后，或采取另外一种方式？"有时候，你的提问不过是为了理解导致对方这么提问的缘由是什么。如果你好奇为何团队成员询问一个在你看来大家还不太明白的问题，与其直接回答，不如发问："你为何有这样的提问？如果我明白了缘由，我可以更好地回答你的提问。"

培养好奇的心智模式比理解其中的机理更为困难。在你面对挑战的局面时，我们通常认为我们的理解是正确的；那些持有不同看法的人是错误的。作为应邀而来帮助他人的专家，我们难以看到他人的视角，而这一问题会被知识的诅咒进一步恶化。我们的专业知识让我们更加难以从非专家的角度考虑这个问题。

我对这一诅咒非常了解。我曾经就提升团队的有效性撰写过三本不同的书籍。你手中的这本书或你屏幕上读到的这本书，是这些书籍中一本的第 3 版。我自认为是团队有效性的专家并长于帮助大家做到这点，所以，每当客户对于如何提升有效性持有不同看法时，我不得不从内心深处表现出心怀好奇。《塔木德经》中有这样的表述："谁是智者？是从所有人那儿学习的人。"我对此牢记在心，询问自己："我在这种情形中可以从客户处学到什么？无论是我的研究、我自身还是我帮助他们的方式？"

正如我们好奇为何其他人难以理解在我们看来再显而易见不过的事物那样，一旦我们不再心怀好奇，我们将变得沮丧不已。这将导致我们给出的提问是反问句，不过是为了强调某个观点，却不再有任何的好奇心，诸如"你真的认为员工会接受你们不去公布调研结果吗"。

保持透明与心怀好奇的威力。这部分的脚注所引用的研究成果表明，保持透明与心怀好奇可带来交互学习模式的三大成果，我将在本章的随后部分讨论这些成果。这三大成果是绩效提升、更好的团队关系、更多的幸福感。对于使用交互学习核心价值观给领导与团队所带来的结果，还有更多的研究成果，但对于引导师或咨询顾问而言，研究成果却不多。即便有，这些有关引导师与咨询顾问的研究成果也不是那么深刻。但是，我的客户发现，一旦他们使用交互学习模式的核心价值观，就可带来积极的成果，这与他们所承担的角色无关。正如你帮助团队使用交互学习模式核心价值观那样，他们将为自己带来积极成果。所以在本书中，我将从不同的角度去总结所有这些研究成果并向大家说明使用核心价值观所带来的结果。让我们首先从保持透明起步。

- 那些更为透明的领导可以在他们的下属心目中建立更多的信任。

- 领导保持透明与更高的员工敬业度和工作满意度联系在一起。
- 当领导更为透明时，其跟随者将更愿意接受艰难的组织变革，这是减少实施时间的关键。
- 那些互相分享更多信息的团队绩效更佳。
- 当团队成员彼此更为透明时，他们将打造更为协作的文化，并认定他们的团队更为有效。
- 在层级悬殊的团队中，那些地位不高的团队成员如果有更多发言机会，那么团队更有可能在推进新技术变革上取得成功。
- 如果团队成员彼此分享更多信息，那么无效的冲突会更少。
- 如果大家可清晰地分享他们的推理过程，那么医生团队可更为准确地诊断病情。

对于那些心怀好奇的人员而言：

- 当他们在面对不确定性的时候，他们会有更多的包容度。
- 他们更善于察觉对方的情绪并与其他人建立关联。当工作关系出现怀疑或各种复杂情绪时，他们在工作中依然怡然自得。在情绪激动的局面中，他们依然可保持开放态度并积极参与其中。相比于那些不是那么心怀好奇的人来说，他们更愿意接纳冲突。
- 他们不仅提问很多，也愿意分享自身的信息作为回应。
- 他们对于其他人的需求与兴趣更为好奇，更有可能在谈判中为双方争取更多的收获。
- 他们可体验更多的幸福感。在他们的生活中，他们感受到更多的满足和意义。
- 他们在想法上不是那么教条，更愿意考虑不同的观点，更愿意考虑对方推理的有效性。

相反，对于那些不是那么好奇的人而言，一旦他们了解到新的信息与他们的看法不相一致时，他们会感到备受威胁。他们会很快从信任转为不信任，并采用非黑即白的思维方式。这让复杂多变的管理局面变得更为艰难。

将保持透明与心怀好奇结合起来。我将保持透明与心怀好奇放在一起讨论，这是因为每一方都无法离开另一方。研究表明，在更为有效的团队中，团队成员会在保持透明与心怀好奇之间来回移动，而不会陷入其中任何一种模式中。如果在你的引导角色中，你能做到既保持透明又心怀好奇，那么你可了解对方的思路，而对方也可了解你的思路。这样所构建的共同理解将为你做出高质量的决策并赢得承诺奠定基础。

知情的选择与担责：为了做出更好的决策并获得承诺

基于透明与好奇所构建的共同信息池虽必要，但还不足够。你和团队的成员还需要将这些信息转化为高质量的决策并生成承诺。这才是知情的选择与担责所发挥的作用。

知情的选择意味着基于相关信息做出决策并尽量发挥其他人做出决策的能力从而建立内在承诺。当你看重知情的选择时，你所带来的局面是决策，是基于你和团队汇聚在一起的信息。不仅你是知情人，那些与你一起工作的人也是知情人。当大家做出知情的选择时，他们对决策拥有更多的内在承诺。

当你与团队一起工作时，你所做出的许多决策是与团队共同做出的，这是因为你是第三方而团队最终对影响他们的选择担责。但是，知情的选择并不意味着团队做出的决策需要达成一致。引导这一领域的来源可追溯到参与式决策制定中。这就让一些引导师误将达成一致的决策看成最终目标。他们曾不现实地主张团队做出的所有决策需要建立在一致的基础上。我曾经是这一观点的拥趸者。随着时间的流逝，我意识到，如果你坚持要求团队采用统一的决策规则来做出所有的决策，无论规则是什么，这一想法没有考虑到团队的复杂性。某些决策并不需要达成一致才可实现有效推进。有些时候哪怕是高绩效团队也无法达成完全一致，但团队依然需要做出决策以便往前推进。

交互学习模式并没有要求你所服务的团队使用任何特定的决策规则。团队可使用各种决策方式，既可以是领导自己做出决策，而无须咨询其他团队成员，也可以是大家就决策达成一致。**区分交互学习模式与单边控制模式不是团队所使用的决策规则，而是团队领导及其成员在决策前、决策中及决策后所使用的心智模式。**交互学习模式意在保持透明、心怀好奇、担责、同理心的同时充分发挥知情选择的最大优势。

当你基于单边控制模式行事时，你将知情的选择看成威胁你获胜的障碍：如果人们拥有知情的选择，他们的选择会与你的期望不相一致。但如果你基于交互学习模式行事，你会将知情的选择看成促成高质量决策并对此做出承诺的良机。

在你的引导角色中，你在整个对话中给团队提供知情的选择，而不只是在谈话结束之机。在本章早先提及的 CIO 团队调研反馈案例中，每一次当芭芭拉分享其对于下一步举措的想法及她在询问团队如何推进时，她都给团队提供了知情的选择。如果你看重知情的选择，你可将其嵌入这些“微小”的决策中。

担责是知情的选择的伙伴。当人们做出知情的选择或与其他人一起做出决策时，他们需要为那些决策担责。在你的引导角色中，你为你自行做出的决策或与团队一起做出的决策担责。当你担责时，你可满足这些期盼：

- 为了组织的福祉，你心甘情愿地接受职位本身赋予你的职责。人们期待你给客户及客户所隶属的组织或组织所属的环境带来福祉。
- 你期待你的名字与你的行动、言辞或做出的反应公开地联系起来。
- 你期待向你的团队或与你共事的人去解释你的信念、决策、承诺或行动。

让你的名字与你的行动、言辞或做出的反应公开地联系起来，这意味着人们可轻而易举地知道你说了些什么、做了些什么，或者判断出你说了些什么、做了些什么、做出了什么样的决策。这类担责可用微小但非常有力的方式展现出来。这就是“这件事决定了”和“我做出了决定”之间的区别，也是“不要告诉任何人这是我说的”或“如果你向任何人提及这一点，请让他们知道我是怎么说的”之间的区别。

担责意味着人们期待你向其他人解释你的理由、决策和行动。只是告诉团队你说了些什么或你做了些什么或你决定了什么，这是不够的。你需要解释导致你这么说、这么做、做出这一决策背后的依据是什么。芭芭拉向麦克解释，如果她没有获得团队的一致赞同，她为何不能直接提供建议时，她向大家展现了这点。通过帮助其他人理解你的想法，你减少了大家对你的意图编撰故事的机会。

有的人会说：“对于那些位高权重者而言，我们会给出解释；但对于那些人微言轻的人而言，我们不会给出解释。”在你的引导角色中，你不仅需要向聘请你的人做出解释，如团队领导、你的上级等，你也需要向团队成员做出解释。

如果你基于单边控制模式行事，你会试图让其他人担责，而不是让你来担责。或者你甚至不会让团队担责，因为你不希望让他们为你担责。但当你转为采用交互学习模式时，你不仅希望其他人担责，而且你也希望你能出面担责。你没有将担责看成负担，而是将其看成为了帮助你自己或其他人达成结果而做出的光荣承诺。当芭芭拉解释了她一旦回复了麦克的提问，这将让她与团队达成的协议不相一致，她在这点上保持了透明，其实她也在为团队担责并帮助团队就其所扮演的角色做出知情的选择。

知情选择与担责的威力。研究表明，当团队享有知情的选择并愿为此担责时，他们的业绩更佳，工作关系更好，幸福感也得以提升。如果有了知情选择：

- 当人们参与到决策中时，他们会做出更多承诺。他们的满足感也将得以提升，而他们会参与得更早、更深。他们越早参与到有关变革流程的决策之中，他们就越有可能接受这个决策并可做出更好的调整。
- 高管团队采用参与式决策，也就是给大家提供更多知情的选择，这可带来更多的有效决策与更好的组织绩效。当团队成员更早地参与到决策之中时，将获得更多信息，团队的绩效更佳。

- 高管团队分享的信息越多，协作越多，一起共同做出决策，那么组织绩效将更好，更利于吸引并留住人才，经理与员工之间的工作关系也将更佳。
- 当团队成员参与到决策之中时，他们的工作满意度会更高。

担责：

- 当团队与个人更愿意担责时，他们的绩效会更好。
- 一旦责任感得以增强，团队将更为仔细地考虑各种信息并更细心地审查信息。
- 当人们对决策的理由担责时，他们会做出更为准确的决策。

担责也影响团队成员之间的关系：

- 那些担责的人做出带有偏见性决策的概率更少，而判断性色彩也会更少。
- 当人们对其达成的决策担责时，他们对其他人的态度与个性做出不合适的推论与归因的概率也将更少。

同理心

同理心是第五项核心价值观。这也是所有核心价值观的情绪黏合剂。同理心由三个部分组成。当你基于同理心时：

1. 你了解与你共事的人员所需面对的痛苦。
2. 无论是从认知角度还是从情绪角度来讲，你的内心会与他们的痛苦联系在一起。
3. 你对他们的痛苦做出回应。

当提及痛苦时，我谈及的是人们日常所遭遇的挫折和挑战，他们在情绪上需要做出艰难的决策以及面临由此带来的压力。同理心意味着你暂时收起判断，这样，你可真诚地理解他人并理解他们所处的情境。这并不意味着你需要为解决其他人的问题担责或怜悯他们。

在你所扮演的引导角色中，同理心可让你在有可能抽身而退或备受挫折的情境中帮助团队。如果没有同理心，交互学习模式将变得空洞与僵硬。人们将只会把你看成照章办事，虽用词正确，但缺乏真心实意。但当你表现出同理心时，其他人将把你看成真正关心他们并行事慷慨的人。当你给客户提供艰难反馈时，他们依然会把你看成值得信赖的人。

同理心可对你使用其他核心价值观带来影响。当心怀同理心时：

- 你可保持透明，不是因为你想告诉大家你在想些什么，而是因为你希望他们可正确解读你的行为。

- 你对他人心怀好奇，不是因为你希望用他们做出的回应来表明他们是错误的，而是因为你希望能从他们的视角来理解这一情境。
- 你给大家提供知情的选择，不是因为知情的选择可带来更多的承诺，而是因为知情的选择是尊重他人的基石。
- 你让自己和他人担责，不是因为你认为他们无法完成这项工作，除非你也加入其中，而是因为担责是尊重他人做出的承诺并共同达成结果的方式。

保持同理心并不意味着你去拯救他人，去替他们做一些本该由他们自己负责的事情，而且这些事情也应该由他们自行负责。这体现在之前的案例中，芭芭拉试图出面保护桑迪抵御来自其他人的攻击，而不是帮助桑迪如何自行保护自己。这并不意味着你拒绝保持透明、担责或不想提供知情的选择，不过是因为你害怕大家在面对重要而艰难的对话时感到不适。**仅仅因为这些信息难以入耳而采取知情不报的方式，这不是心怀同理心，而是冷酷。**真诚的同理心包括分享那些难以听到甚至难以入耳的信息，因为你希望让对方做出知情的选择，这样他们可改善绩效、改进工作关系并提升幸福度。采取这一方式，同理心意味着暂时收起你对他人做出的判断，其中包括他们缺乏听取不利信息或艰难反馈的能力，哪怕你坚持让大家彼此担责。

第一个听取我介绍同理心这一核心价值观的客户是负责研制电脑芯片的高科技公司中的工程师负责人。他们所在的组织通过缜密的研发占据大部分市场份额。其公司文化推崇强硬行事。我颇为担心这些领导人会对同理心这一价值观表现出嗤之以鼻。让我感到惊讶的是，他们对此非常欢迎，这也让我松了一口气。他们看到，如果只关注逻辑但缺乏同理心的话，这会导致整个工作场所充满紧张与不信任，会让工作更加难以开展。

我刻意选择了同理心而不是移情或理解这些词汇，因为我希望突出源自内心的价值，或者更为准确的说法是，情感在决策中的重要性。直到最近，许多人，其中也包括我自己，认为思想与情绪在高质量的决策中互相角力。我们的思想代表着逻辑与分析，我们认为这是决策中的唯一要素，而我们的情绪不过是干扰或影响我们的思路。在这个模型中，考虑自己或他人的情感只会损害纯粹基于逻辑的决策质量。

有些人认为将思想与情绪整合到决策中，比起只关注逻辑而言，这样可以生成更好的决策。但之前的研究并未支持上述观点。现在我们知道这个看法是正确的。近来神经科学的研究表明，如果团队领导与成员关注他们的想法与情绪，他们可以做出更好的决策。17 世纪数学家与哲学家帕斯卡曾如先哲般地预言："心灵有其理由，但理性并不知晓……我们知道真理，这不仅是因为基于理性，也是因为这源自我们的内心。"

同理心的威力。虽然哲学与宗教在过往的数千年里对同理心的美德推崇备至，研究人员只是到了最近才开始才发现同理心在工作中是如何发挥作用的。例如：

- 当人们在回应中表现出同理心时，这会减少惩罚性行为并避免该行为所带来的更多负面后果。
- 谈判者如果同理心不足，就不大愿意与对方一起共事，而取得的共同成果也会大为减少。
- 早期研究发现，同理心可提升大家对于组织做出的承诺。

在我的经历中，如果你在引导时心怀同理心的话，这将给客户营造利于学习、利于成长、产生更好绩效的安全心理环境。他们可更快地识别出阻碍客户达成所期待结果的潜在问题，而这些问题之前是不便讨论的。一句话，同理心可在你和团队之间营造信任，这对于帮助团队成长非常重要。

同理心的障碍。我们中的一些人比起其他人来说，天生更富同理心。但是，对于我们所有人而言，一旦我们感到沮丧、失望或恼怒时，我们将难以保持同理心。当这样的情况发生时，我们会自然地将自己与他人或他们的痛苦隔离开来，告诫自己这个家伙不值得对他表现出同理心。正如黛安・伯克所说："阻碍同理心的主要障碍是我们头脑中的判断。判断是隔离彼此的主要工具。"当我们在团队中从事引导时，这些障碍是指我们试图去思考或传递的判断性信息。

"你的痛苦没有那么严重。"你所服务的团队有可能面对一系列挑战与挫折。你的职责是带着这样的理解去了解每个人所遭遇的痛苦——痛苦对于他们而言是真实的、巨大的，而不是去判断他的遭遇是否值得你表现出同理心。

"你是问题的始作俑者。"在这个判断性说法中，只有完美无缺的人才能赢得你的同理心。如果他感到沮丧，因为团队没有将他纳入关键的问题解决会议之中，而你观察到他在会议中习惯性地打断他人的发言并否定他人的建议，你可能对自己说："是的，难道仅仅因为他们没有把你纳入会议中来，你就可以表现出这么强势吗？"这可能让你无法在回应中心怀同理心。但我们中的绝大部分人对自己所面对的挑战或多或少肩负一定的责任，哪怕不是大部分责任。如果你仅仅将同理心给予那些没有造成问题的人，你将把你所服务的绝大部分人摈弃在外，其中也包括你自己。交互学习模式意味着你在回应时心怀同理心，哪怕他们的确是这些问题的始作俑者，尤其是当他们正在引发问题时。

"你的表现看上去就像个受害者。"按照定义，受害者就是无法帮助自己的人。当人们贬低自己帮助自身的能力或责怪自己犯错时，人们会表现出受害者的样子。这不是说他们没有遭遇痛苦，而是说他们没有看到他们的能力与责任对于问题的影响。如果你认为那个人如同受害者那样去表现，你可能变得愤怒或对他感到同情，哪怕事实并非如此。

无论是哪种情况，你可能无法心怀真诚的同理心对他们做出回应。在最初的案例中，芭芭拉把桑迪看成受害者，无法在对话中坚持自己的观点。她试图对桑迪提供单方面保护，这让其他团队成员把芭芭拉看成她在问题上持有自己的立场。

在我幼年时，我经常对我的老师以及学校的行政管理人员感到沮丧不已。我的学业不错，但我对老师的教学方式感到不满，认为学校的政策并未充分考虑学生的利益，对学生的关注点也缺乏回应。我发现自己经常试图给学校带来一些组织变革，当然这些想法也经常遭到否决。学校的行政管理人员拒绝了我提出的请求；他们对我的关注丝毫没有表现出任何的同理心。当然，从积极的一面来看，我所遭受的挫折激励我成为组织心理学家。

15 年之后，我在一个高管培养项目中为学校主管与校长授课。我教授的课题是管理变革与冲突。我记得当我看到整班的学校行政负责人时，心中暗想，最终，风水轮流转，终于轮到你们来听我授课了，现在我重权在握。我很快把自己与需要我帮助的人隔离开来，哪怕他们并没对我做任何事情。其结果是，他们并未学到他们本应收获的内容，也没有获得本应得到的同理心，我的评分结果也表明了这点。

回头来看，我意识到寻求报复的想法占据了我更多心思，而不是同理心。所有上述信息都说明了人们必须赢得你的同理心这一糟糕的假设。如果别人必须从你这里赢得同理心，那就不是同理心了。

当你假定自己不得不在表现出同理心或让某人担责之间做出选择时，你就陷入了非此即彼的思维中。交互学习模式可让你摆脱困境，转而采用二者皆可的思维。展现同理心并不意味着给某人提供免费的通行证。你可以在展现同理心的同时依然让对方担责。

好消息是你可以表现出同理心，哪怕你对这个人或团队所遭遇的痛苦情形并不特别了解。**这是因为同理心无关问题解决。你所需做的一切只不过是倾听，展现你对他人的关注并提供适当的帮助即可。**

交互学习模式的假设

与核心价值观一起，当你采用交互学习模式行事时，在其背后依然有一套假设。请回顾一下图 4.2 中的核心价值观并留意五个假设。

我有些信息；其他人也有些信息

带着这样的假设，你承认其他人也拥有一些相关信息。与单边控制模式不同，其中你假设自己拥有所有你需要的信息。在交互学习模式中，你假设因为人们承担不同的职责并享有不同的经历，他们自然享有不同的信息。这些信息可能与你所拥有的信息相同或保持一致，或互为补充，但也有可能与你所拥有的信息出现冲突。基于这样的假设，你可帮助团队将所有相关信息汇聚在台面上。

我们每个人都看到其他人所没有看到的地方

如果我们每个人都拥有不同的信息——因为我们所擅长的专长领域不同、责任有别、经验不一，那么我们眼中的事物与其他人看到的不一样，这合情合理。哪怕你或团队参加同一个会议并听到相同的信息，交互学习模式依然承认你们中的每个人可能看到这些信息带来的不同影响或后果。基于这个假设，你可以帮助团队发现其他人所没有注意的地方。

如果某一信息只为一个人所拥有，那么团队面临的一个难题是他们没有对此给予足够的关注。团队更易关注那些不止一个人关注的信息。但当团队将哪怕只有一人关注的信息也整合进来时，团队可做出更高质量的决策。帮助团队在决策中整合所有的信息是你的引导角色中非常重要的一部分。

差异是学习的机会

如果采用单边控制模式，你或者不愿探讨差异，因为你知道自己是正确的，所以你从差异中不能收获什么，或者你希望让对方看到他们是错误的。但当你采用交互学习模式时，一旦看到彼此看法不一，你会心怀好奇并探讨差异背后的原因。无论你发现自身与团队之间的差异或团队中的差异是什么，你意识到这是一个创意过程的开始，这将有助于产生更好的解决方法。越早发现其中的差异，你越有可能投入更多时间用于探索或解决这些差异。

人们虽与我看法不一，但依然动机纯洁

因为你假设存在不同观点，这非常自然，这个想法有助于产生更好的结果：你可以与他人持有不同的看法，但依然坚信每个人在看待这一局面时动机纯洁。这个假设与同

理心的核心价值观共同发挥作用，两者的本质都是收起判断，目的是进一步了解相关情况。其结果是，与单边控制模式不同，你并没有在质疑或回避可能的糟糕动机上花费更多时间和精力。在之后的案例中，与之前的案例不同的是，芭芭拉并未做出这样的归因：乔是麻烦的制造者，也没有因弗兰克不公发布结果而对他做出没有希望的归因。

当你基于这个假设行事时，某些神奇的情况出现了，在这个世界上让你感到比较麻烦的人越来越少。这不是因为你在内心中驱离那些讨厌鬼，而是因为当你改变自己的心智模式后，你就可改变自己的行为，而这可以改变其他人对你做出回应的方式。

我有可能是问题的始作俑者

在交互学习模式中，你承认自己可能恰好是你抱怨不已的问题的始作俑者。你把自己和团队之间的工作关系看成一套复杂的因果关系而不是单行线，其中对方行事低效，而你却能做出有效回应。正如其他人的思考方式与行事方式有可能低效一样，你也会如此。你发现其他人的低效行为可能正好是你低效心智模式和行为所造成的结果。你认识到你对他人的低效行为所做出的反应既可利于提升交互学习，也可阻碍之。

在单边控制模式中，其他人必须发生改变。在交互学习模式中，你意识到每个人所扮演的角色阻碍团队达成其目标。其结果是，每个人，其中也包括你，都需要做出改变。

交互学习模式的行为

交互学习模式的行为将这个心智模式转化为行动。在交互学习模式中，你所产生的行为非单边控制模式所为。你可分享与这一情势有关的所有信息，找出其他人的思考方式，检验你或其他人所做出的假设，找到满足其他人利益的解决方案，提出那些不便讨论的话题并共同谋划下一步的行动。

这不是把交互学习模式核心价值观与假设放在一边，然后将八种行为放在另一边的一一对应关系。许多行为源自核心价值观与假设的结合。图 4.3 说明了八种交互学习模式的行为，而这与八种单边控制模式的行为相对立。在这部分，我将简单介绍这些行为。在第 5 章，我们将详细探讨这点。

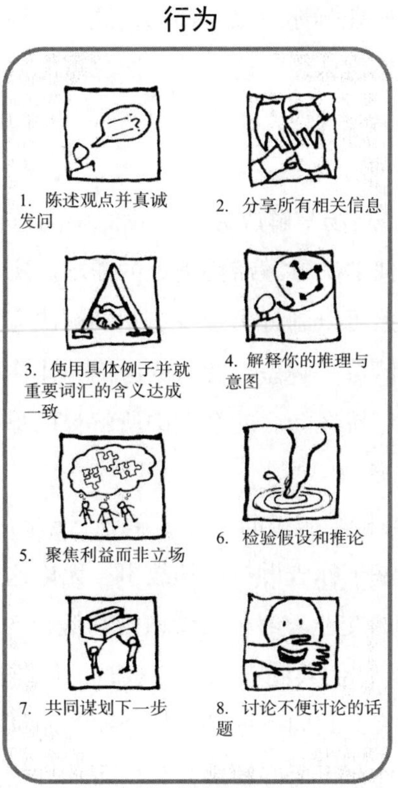

图 4.3　交互学习模式的核心价值观和假设

1. 陈述观点并真诚发问。这种行为要求你将保持透明与心怀好奇结合起来并基于人们持有不同信息这个假设行事。在你看来，差异是学习的机会。你分享自己的观点（使用 2 ~ 5 的行为来解释你的观点）并邀请他人考虑你的观点或给出相关提问。其结果是，你可迅速了解你或他人在看待同一件事情上哪些有别，哪些一致。在第二个案例中，一旦芭芭拉想了解其他人对她的表述有何看法，她就在展现这种行为。

2. 分享所有相关信息。保持透明意味着分享所有相关信息，这样，每个所涉及的人可享有共同的信息池，据此他们可做出决策，理解决策并实施决策。芭芭拉就大家所关心的利弊分析，以及是坚守还是违背其引导师角色所带来的不曾预料的后果分享了相关信息。

3. 使用具体例子并就重要词汇的含义达成一致。展现这种行为意味着你和你所服务的团队使用相同术语来称呼同一事物的概率大为增加。这是将保持透明与担责结合起来并将差异视作学习机会。当芭芭拉指出她会暂时脱离中立引导师角色时，她表现出这种行为。她当时回答了麦克有关在她看来团队应该做些什么的提问。

4. 解释你的推理与意图。正如我在第 1 章中所介绍的，人们与生俱来就会赋予意义。这种行为有助于帮助人们理解你给出这样的评述、这样的提问、采取这样的行动背后的缘由。这可减少人们就你这么做、这么说编撰故事的概率，这些故事很有可能并不准确。分享你的推理与意图是对其他人担责的根本方式。当她介绍需关注利益而非立场的理由时，芭芭拉表现出这种行为。

5. 聚焦利益而非立场。立场是解决方案。我们中的每个人会为满足自己的需求而找到解决方案。利益只是任何解决方案需要满足的需求。聚焦利益可让你和团队在大家立场互有冲突的情况下，依然可以制订出量身定制的解决方案，并且让大家对此做出承诺。通过聚焦利益，你和团队可了解差异背后的原因，让你和团队解决这些差异。做到这点是可能的，这就如同芭芭拉在随后的案例中所解释的那样，人们的利益往往是一致的，哪怕他们的立场互为冲突。

6. 检验假设和推论。当检验假设时，你了解到自己的想法是否准确。这可确保你基于有效信息行事，而不是基于你告诉自己的故事，无论这个故事是否为真。当你展现这种行为时，你在使用所有的交互学习核心价值观与假设。

7. 共同谋划下一步。当你们共同谋划下一步时，你与其他人一起谋划而不是为了其他人而谋划下一步行动方案。共同谋划是保持透明与心怀好奇的方式，可让你和他人做出知情的选择。这不仅让你获得更好解决方案的可能性增加了，还可让人们对其付诸实施做出承诺。芭芭拉与团队一起共同谋划下一步，询问团队成员是否希望往前推进抑或采取不同的方向。

8. 讨论不便讨论的话题。不便讨论的话题是那些会对团队结果带来负面影响的话题，这些话题经常在许多场合中被讨论，除了团队内部没有讨论之外，而原本这是有效解决这些问题的合适场所。当你展现这种行为时，你在践行所有的交互学习核心价值观与假设以及交互学习模式的行为。在芭芭拉的最初案例中，她所面对的不便讨论的话题就是作为咨询顾问她应如何影响团队，但与此同时又该如何体现自己作为中立的引导师的作用。在芭芭拉随后的案例中，她将这个话题摆上台面并与团队一起设计解决方案。

请记住**交互学习模式的行为是必要的，但并不足以达成更好的结果。**这些行为需要与交互学习模式一起使用才有效。如果没有这一心智模式，这些行为的有效性将降低，这是最好的一面；如果是最差的一面，那这将变成单边控制模式的工具。

交互学习模式的结果

你和你所服务团队使用交互学习模式的心智模式及由此所带来的行为与单边控制模式是相对立的。如同单边控制模式那样，我们可以同样审视三种结果：绩效、工作关系与幸福感（见图 4.4）。

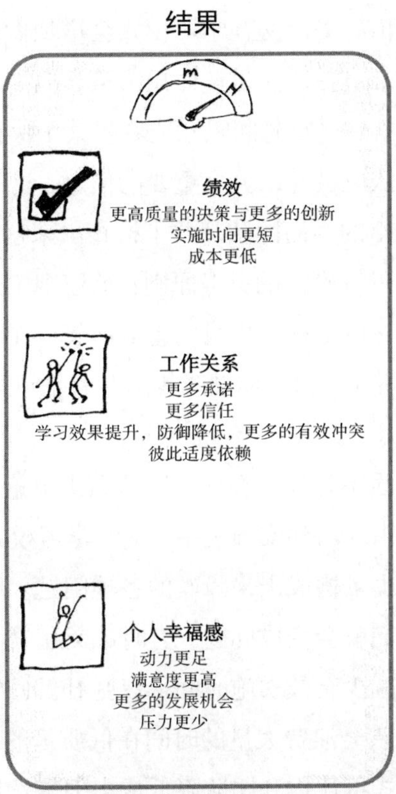

图 4.4　交互学习模式的心智模式与行为带来的结果

绩效

无论你的引导角色是什么，如果你与团队一起工作，他们总是寻求更好的绩效。哪怕团队成员关注他们的工作关系与个人的幸福感，不过是因为这些因素或早或迟对绩效带来负面影响。采用交互学习的心智模式并展现出相应的相关行为，你可帮助团队用多种方式改进绩效：更高质量的决策、更多的创新、更快的决策与实施、更低的成本。

更高质量的决策与更多的创新。当你使用交互学习模式并展现相关行为时，你可与其他人一起做出更高质量的决策，因为你更有可能发现相关信息并就所处局势建立共识。另外，你将决策看成每个人利益的代言人，而不是将其看成获胜或与团队成员一起合谋取胜的方式。

你可以帮助与你一起共事的团队做出更有创意的决策，不仅富有新意而且带有原创构思。当你发现自己所采纳的假设在毫无必要地约束解决方案时，你可暂停这些假设或采用不同的假设取而代之，这样，你可做出更有创意的决策。交互学习模式赋予你发现这些假设并了解这些假设是如何毫无必要地约束高质量决策的能力的。

实施时间更短。某些人担心采用交互学习模式会增加做出决策的时间。我的回应是“这要看你与什么相比了”。难道让团队迅速做出决策，但需事后多次碰头，因为大家并未就实施真的做出承诺，这不是更花时间吗？或者将某个决策迅速付诸实施之后却随后发现必须多次返工，因为团队成员并未分享重要的信息，这不是更花时间吗？或者因为计划是基于不正确的假设做出的，而团队却并未检查出来这点，这不是更花时间吗？

交互学习模式采用系统思维模式的思考原则：欲速则不达。我第一次学习这个原则是从父亲那里学到的。他是一位工程师出身的企业高管。在我家的地下室里，在一张巨大的工作台上方的横幅上写道：“如果你没能找出时间把事情一次做对，难道还能找出时间第二次把它做对吗？”

欲速则不达意味着终点线不是发生在你和团队做出决策之时，而是你们将决策有效地付诸实施之际，哪怕你并未参与到实施之中。交互学习模式减少了决策与实施的整体时间，这是因为你和团队解决了构成未来障碍的各项问题。你们知道如果这些因素在实施前没有得以解决的话，它们就会变成问题。有时，交互学习模式在做出决策阶段会花费更多时间，但这可以通过减少有效实施时间得以弥补。另外，有时交互学习模式也可在决策中节省时间；某些团队会浪费大量的时间在低质量的决策上。

成本更低。交互学习模式可让你和团队降低成本但依然保持高质量的决策。有时降低的成本来自更短的实施时间，包括花费更少的时间在会议上。有时，成本节省表现为更多富有创意的解决方案的衍生产品。有时候，成本节约是工作本身的目的，就如同改善工作流程的精益或六西格玛一样。

工作关系

成果的第二个领域体现在工作关系上。在此，交互学习模式可带来更多的承诺，加深彼此的信任程度，提升学习效果，让彼此感到适宜的互相依赖，这可减少防御并让冲突更为有效。

更多承诺。交互学习模式的行为可给决策与团队自身带来更多的承诺。所谓承诺，我的意思是许诺采取某项行动来支持某件事情。生成承诺是一个简单的流程，哪怕不是一个容易的流程。当团队成员认为，他们的利益被得以考虑，他们就会做出承诺。当你采用交互学习模式时，你对他人的利益心怀好奇并共同设计解决方案予以解决。

更多信任。信任是建立关系的基石，但你无法直接培养信任。当人们互为依赖、共同冒险时，信任才得以建立。他们发现依赖与冒险是值得的，他们的最好期望得以实现。最初，你和团队可能给予彼此一定程度的信任，但最终信任是需要付出努力才能赢取的。

交互学习模式的核心价值观与假设为更多信任提供舞台。当你假设人们虽不同意你但依然动机单纯时；当你假设差异是学习的机会，你是基于慷慨大方与信任的精神行事时，你增加了团队成员信任你的机会。这是因为你对自身的意图保持透明并对他人心怀真诚的好奇，也是因为你对他们担责并试图帮助他们做出知情的选择。

学习效果提升，防御降低，更多的有效冲突。作为引导师、咨询顾问、教练与培训师，能力提升取决于你在此时此刻向你所服务的团队学习或与他们一起学习。毫不奇怪，所有的交互学习的核心价值观、假设与行为共同提升了学习效果。当你保持透明并心怀好奇时，你了解到团队对于你与他们一起工作的想法是什么，你也了解到你将如何更加有效。因为你保持同理心并假设你错失了某些事项，你也是问题的始作俑者。人们虽与你看法不同，但依然动机单纯，你可让冲突变得有效，因为你了解造成冲突的原因并一起就如何减少或去除那些成因而达成一致。这让你的学习方式不至于陷入防御之中，你也不太可能让团队成员陷入防御之中。

彼此适度依赖。无论你扮演的引导角色是什么，你所服务的团队依靠你的帮助才变得更为有效。你的挑战是帮助他们，但不要让他们过多依赖你。保持对你的适度依赖可让团队有效地开展工作，哪怕你结束了团队的引导工作之后。

当基于担责的核心价值观行事时，你不仅自身勇于担责，并且你还要求团队成员照此行事，因此你增加了团队对你适度依赖的可能性。确保担责的一个主要原则是**所有人都直接分享彼此希望大家听到的信息并为此担责，**而不是让你来分享团队成员的信息。一句话，你不要像中间人那样行事。我将在第 13 章中讨论这个话题。

个人幸福感

第三种结果是个人幸福感，包括动力更足、满意度更高、更多的发展机会、压力更少。因为交互学习模式可改善你努力帮助的团队中的工作关系，你在工作中可体验到更多满足，动力也更足，而团队成员也是如此。

交互学习模式可缓解你的压力与焦虑。交互学习模式可让你去分享你的思考内容，其方式就是你的思考方式，而不是花费时间或精力思忖如何表述你的思考内容，而让客户陷入防御之中。与其让你对团队成员的看法感到焦虑，不如采用交互学习模式，这样你可了解他们的想法并减少让你内心感到焦虑的故事。虽然引导是非常具有挑战性的工作，但应保持并提升你的心理健康，而不是降低。

交互学习模式的强化循环圈

如同单边控制模式一样，交互学习模式可生成强化圈。但与单边控制模式不一样的是，这是良性循环圈。第一种强化循环圈发生在三种结果之间。与团队的良好合作关系可影响你帮助团队达成更好绩效的能力。更好的绩效可提高你的幸福感，因为你的部分幸福感来自你帮助团队达成所需结果的能力。你的压力与焦虑得以缓解，这会为你的绩效带来正面影响。

在第二种良性循环圈中，你通过交互学习模式所达成的结果得以强化，这是因为你使用了交互学习模式的心智模式并展现出相应的行为。图 4.1 展现了这两种强化循环圈。哪怕面对挑战性局面，你使用交互学习模式越多，你上手越快。

是否有的时候单边控制模式效果更好

这是一个普遍并且非常重要的问题。如同其他人一样，你可能也会这么想。在有些情境中，需要使用单边控制模式：有时候，没有足够的时间让团队做出决策；有时候，这是属于我的决策而不是团队的决策；还有时候，哪怕时间还有，团队和我也无法达成一致。

如果你也这么想，你就是将交互学习模式与达成一致的决策规则合并在一起了。如同我在本章中知情的选择部分中介绍的那样，**交互学习模式并不要求你使用任何特定的决策规则**。你可使用所有的决策方式，既包括个人做出决策而无须咨询他人的建议，也包括团队就做出决策达成一致。**区别交互学习模式与单边控制模式的不是你所使用的决策规则，而是你在决策之前、之中、之后所采用的心智模式**。这就意味着你对自己决策的推理保持透明并对你所做出的决策是否给他人带来不利影响心怀好奇。

虽然交互学习模式并不要求你使用任何特定的决策规则，但你的特定引导角色的确为你提供选项并约束你在决策中的参与程度。如同引导型领导的角色允许位居高位的领导可以为团队做出决策一样，引导师的角色禁止你哪怕就讨论的内容提供观点，更不用说参与到实际的决策之中。如果你担任引导型顾问，团队聘请你来就团队讨论的内容分享观点，但最终团队自身负责做出决策。

但是，当你使用流程来帮助团队解决内容上的话题时，你的确可在决策中扮演一定角色。作为引导师，你应邀作为团队的流程专家；团队期望你可建议团队一起工作的流程。作为引导型顾问，这关乎你所擅长的领域，你有可能被看成战略规划、流程改善或继任者计划的流程专家。在这些领域中，团队依然期待你去提出团队共同工作的流程。

在你的引导角色中，需要你做出许多微小的决定并付诸实施，正如你无须事先征得团队许可就能实施干预。在单边控制模式中也没有必要这么做，你只须事后解释你的决定并寻求反馈即可。有许多时刻，当你身处例行公事的局面时，你没有必要积极征询他人看法或解释你为何需要询问团队的看法，因为这些都是显而易见的。

有效使用交互学习模式意味着你所展现的行为在特定的场合中是合适的。总的来说，你所面对的局面越是不那么例行公事、利害攸关、可能让人情绪激动、观点相去甚远或出现某些不曾预料的事情，这时，你就越是需要展现交互学习模式的行为。哪怕你并未积极展现交互学习模式的具体行为，一旦需要，你依然可采用交互学习模式的心智模式，并随时准备表现这些具体行为。

小结

在第 1 章，我介绍了交互学习模式是专业引导技巧的基石。你在担任引导师时所表现出的一切都是源自这一方式。交互学习模式的心智模式与行为可带来三种结果：绩效更好、工作关系更佳、幸福感更强。单边控制模式与交互学习模式之间的差异不在于其使用的决策规则，而在于运用决策模式时使用的心智模式。在第 5 章，我们将详细探讨交互学习模式的八种行为，并学习如何在团队引导中展现这些行为。

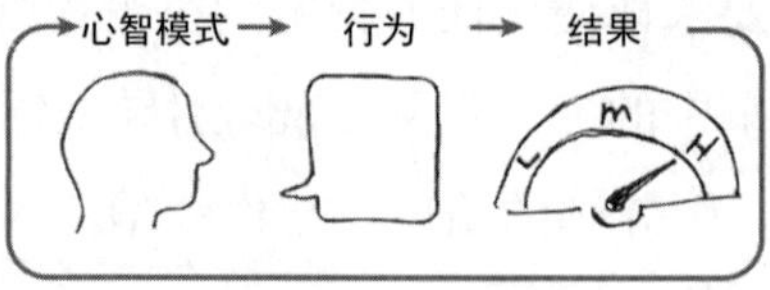

第 5 章

交互学习模式的八种行为

在本章中，我将介绍交互学习模式的八种行为并说明每种行为的含义，阐述如何利用这些行为来打造更为有效的团队。①

展现八种行为

交互学习模式的八种行为介绍了可改善团队流程并产生三种交互学习模式结果的行为。这三种结果是绩效更好、工作关系更佳及幸福感更强。这些行为直接来自交互学习模式核心价值观与假设。

行为的三个目的

这八种行为（见图 5.1）可达到数个目的。其一，这些目的可指导你在引导中展现所需要的行为。为了确保团队更为有效，你需要有效行事。你通过展现这些行为来指导你的对话，提升你自身的有效性并帮助团队更好地达成其目标。通过示范这些行为，你向团队成员展示了他们应该具备的行为。

其二，这些行为可帮助你诊断团队行为并实施干预。通过不断熟悉这些行为，你可观察正在互动的团队并立刻识别出团队因没有展现出这八种行为中的一种或多种而造

① 本章的一部分改编自《聪明的领导，更为聪明的团队》。

成了他们的有效性降低的情况。随后你将展现这些行为对团队实施干预并帮助他们提升有效性。

行为

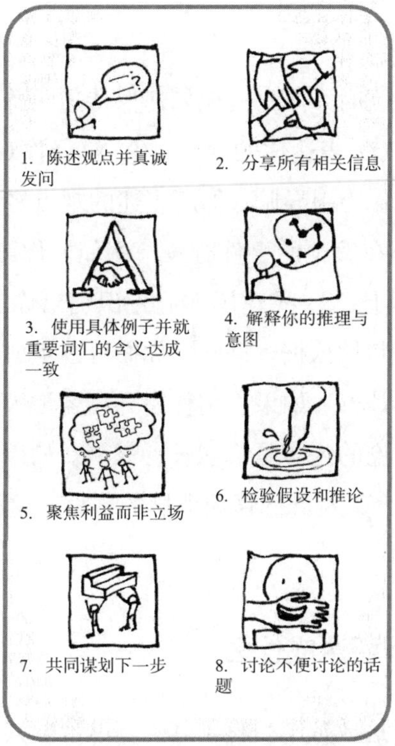

图 5.1　交互学习模式中的八种行为

最后，这些行为可用作你所服务团队的基本规则。如果你采用专业引导技巧这一引导方式，那些适合你引导角色的行为也将对团队成员奏效。一旦团队理解了这些行为并对展现这些行为做出承诺，那么这些行为将成为团队的基本规则，也就是团队成员对于彼此互动方式的期望。这将帮助团队就如何改进流程分担职责，这也是发展型引导的目标之一。换言之，当团队对于这些作为彼此互动的基本规则的行为做出承诺时，你可以帮助团队学习如何展现这些行为，就如同你示范的那样。你可指导自己的行为并将这些行为用作诊断和干预的框架，从而能更好地改进这些行为。

在本章，我将首先关注如何展现这些行为，也就是利用这些行为来提升你的有效性。在随后的章节中，我们将探讨如何展现这些行为来做出诊断并实施干预，以及如何把这些行为作为基本规则来使用。

虽然这些行为被编上数字，但这并不要求你按照这一特定顺序来展现这些行为。你因需而动。许多时候你需要在同一时刻展现数个行为。我把这些行为看作多种方式组合而成的曼妙舞步，如何翩翩起舞，视具体场合而定。

行为 1：陈述观点并真诚发问

当你陈述观点并真诚发问时，你在展现如何保持透明并心怀好奇。**当你展现出这种行为时，你在做三件事情：① 表达你的观点；② 解释你观点背后的推理过程；③ 就你的观点询问对方的看法。**作为引导师，你所表述的观点经常与你建议团队所需遵循的流程或与你观察到团队中正在发生的事件有关。例如，你可能这么说："第一步，无论你们达成一致的解决方案是什么，我建议你们先识别出你们认为需要满足的需求是什么。这将给你们提供一个评判的依据。据此，你们可以生成并评估潜在的解决方案。大家对于首先厘清标准有何异议？"如果你担任引导型咨询顾问，你需要就团队讨论的内容发表看法，因为他们所讨论的内容是你擅长的领域。如果你担任这一角色，你可能这么说："我建议你们让部门负责人自行管理他们的预算。这样，他们可享有与他们职责匹配的权责与决策自主权。"

陈述观点并真诚发问可达成什么

陈述观点并真诚发问可达成数个目标。其一，可帮助其他人理解你的想法并帮助你理解其他人的想法。当你陈述观点时，其他人可以理解你的想法是什么。当你发问时，你能理解他们的想法是什么。当现场的每个人都可理解其他人的想法时，你和团队将拥有做出更好决策的相关信息。

如果你只是探询，你就无法帮助其他人理解你的推理过程以及你为何这么发问。无论是陈述你的观点抑或发问，如果仅仅使用其中一种方式，这些都是就对话实施单边控制；会引发对方的防御性行为。

其二，陈述观点与真诚发问可将会议从一系列的点评转向焦点对话。当你观察团队开会时，你不难发现当人们轮流表述自己的想法时，大家的点评并没有建立在之前其他人的发言基础上。在某些场合中，他们的发言甚至与其他人的发言毫无关联。这种情况之所以出现，部分原因是当某位团队成员结束发言时，他没有询问其他人的看法。如果你结束自己的发言时能给出清晰的提问，那么这个提问可以马上促成对方针对你的提问做出回应。如果每个人在其陈述之后都紧跟类似的提问，那么团队将生成焦点对话。

其三，这种行为将加速你和你所服务团队的学习速度。交互学习模式的一个假设就是差异是学习的机会。**交互学习模式的原则之一就是将差异为我所用。**当你分享观点与推理并询问对方的看法时，团队成员可决定他们是否赞同你的推论或对其中的部分推论是否持有不同看法。通过识别团队成员彼此的看法在何处存有差异，你可以帮助团队探讨导致这些不同推论的原因为何。是因为他们享有不同信息？是因为他们基于不同的利益点？是因为他们使用不同假设或价值观？是因为他们对某些话题所设置的轻重缓急次序看法有别？

无论你承担的引导角色是什么，你需要知道团队是否赞同你的观点。如果不赞成，原因是什么，知道这些非常重要。如果他们并不赞同你的观点，他们将很难接受在此基础上你提出的行动方案或建议。

某些引导师、咨询顾问、培训师试图回避或尽量减少团队中的差异，包括他们与团队之间的分歧。如果你试图尽量减少差异，你可能担心的是如果大家聚焦在不同的观点上，这会引发不必要的冲突或防御性行为，而你无法对此做出有效应对。你可能错误地认为如果首先关注共同基础，你可以培养团队应对差异的能力。这将导致你花费不必要的时间在团队已经达成的共识上，而这会减少团队识别差异以及解决差异的时间。越早识别其中的差异，你就能越快帮助团队解决这些差异。

最后，陈述观点并真诚发问可减少防御性行为。如果你仅陈述观点而没有真诚发问，其他人所做出的回应方式也将是陈述他们的观点，这将导致你采用同样的方式做出回应，最终形成负面强化循环。在这个循环之中，每个人都在陈述自己的观点并尽力说服他人。但当你陈述观点并真诚发问时，其他人会将你的发问看成邀请他们来分享不同的观点，而不是将其看成挑战。由此，他们不太可能做出防御性回应，而你提升学习效果并减少防御性反应的能力取决于你如何发问。

确保你的发问真诚。并不是所有的发问都满怀真诚。只有真诚发问才可提升学习效果并减少防御性行为。满怀真诚的发问就是你的提问意在了解你所不清楚的地方。而一个并非真诚的发问或反诘问句则是你针对对方陈述中的某点内容所给出的婉转提问。这样的发问如“你为何不尝试一下我的方式，看看这个方式是否奏效”，这不是真诚发问。相反，真诚发问可能是“如果你尝试我建议的方式，你认为将发生什么样的问题”。请注意，在真诚的发问中，你并未将你的观点嵌入其中。

真诚的发问与不真诚的发问之间的差异绝非仅仅是遣词造句的不同，而是你的意图与你希望带来的回应方式之间的差异。如果你的发问不真诚，人们可从中推断出你试图用提问的方式来做出判断或劝服他们，而这样的推断经常是准确的。在极端的情况下，如果你连续给出几个不真诚的发问，其他人会认为你在审讯他们，他们将变得非常警觉，不再分享信息并陷入防御之中。

不真诚的发问的一种形式被称为旁敲侧击。当你采用旁敲侧击时，你采用间接的方式提出话题或主张你的观点。采用旁敲侧击的一种方式就是通过你的发问来让其他人看到你的观点，而你无须直接挑明。例如，你可能这么问："你是否认为这是一个好的想法，如果我们……"而私下里，你对自己说："我认为这是一个好的想法，如果我们可以……"

你可能采用旁敲侧击的方式，因为你担心如果你明确地分享你的观点，这将影响或减少来自他人的反馈。但采用旁敲侧击的方式传递你的看法。这会让人们认为你不过是用提问的方式来陈述你的观点而已，而人们的猜测通常是正确的。这会让人们采用防御的方式做出回应，因为你并未对你的想法保持透明却要求对方就他们的观点保持透明。陈述你的观点并真诚发问，你就不容易让对方陷入防御之中。

决定你的提问是否真诚。当我们对那些与我们看法有别的人感到沮丧时，我们的提问往往并不真诚。我们通常认为那个人或不理解这一情境或完全错误或动机可疑，或三者兼而有之。你如何判定这个提问是真诚还是不真诚？如果对于下列提问你的回答都为"是"，那么你的提问就是不真诚的：

- 我是否已经知道提问的答案？
- 我的提问意在了解人们是否会给出正确的回答或我偏爱的回答？
- 我的提问是否意在表明某个观点？

来尝试一下"你这个白痴"的测试吧！检验你的提问是否真诚的另一种方式是使用我称之为"你这个白痴"的测试。这是一个想法实验，你可以私下里在你头脑中进行。以下是操作步骤。

1. 私下里对自己说出你准备好的提问。例如，团队成员刚对你说过，他们并不需要在达成会议目的上花费时间，因为大家都知道会议目的并已经达成一致。但你注意到团队为了推进项目的进程花费了太多的时间，这是因为团队还没有就其目标达成一致。这时，你会情不自禁地询问："那你们是如何看待团队为了完成任务而花费了这么多时间的？"

2. 在自己私下提问的结束之处加上"你这个白痴"的表述。现在对自己说："那你们是如何看待团队为了完成任务而花费了这么长时间的，你这个白痴？"

3. 如果这个提问在"你这个白痴"作为结尾时依然顺畅，那么就不要提问了。这真的是在陈述你的观点，采用的是目的非常明确的反诘问句。如果你这么提问的话，人们会听到"你这个白痴"这句话，哪怕你没有说出来。请把不真诚的发问改为透明的陈述，你可恰当地表述你的观点、解释你的推理并马上紧跟一个真诚的发问。你可能这么说："我认为就会议的目的达成一致而花费一些时间，从长期来看，这反倒会节约你们的时间。在之前的会议中，当你们因为没有完成任务感到沮丧时，你们并未就会议的目的达成一致。你们是否有不同的看法？如果你们已经就会议的目的达成一致，那么你们可以马上发现对方的谈话是否偏离会议目的，这可节约团队的时间。如果你们能确保大家就会议的目的达成一致，那么对话将非常简洁。你们对于我的提议有何看法？"

在这一行为中，我们将探讨如何陈述你的观点并真诚发问。但我们还没有全面探讨当你解释自己观点背后的推理时该说些什么。行为 2～5 将回答这个提问。

对什么心怀好奇

当你真的保持心怀好奇时，你自然而然地会找到你的提问。这里有一些提问的例子有助于发问。

创建共识的提问。就某一情境或问题达成共识是有效解决问题并做出决策的基础。这开始于询问团队成员他们是如何理解这一局面以及他们的看法与其他人有何不同：

- 当某某这么说的时候，你的看法是什么？
- 你是如何看待这一局面的？
- 你和其他人对这一局面持有不同看法，你是怎么看的？

用于探讨推理过程的提问。团队成员所偏爱的解决方案与决策来自他们的推理。这包括他们所考虑的相关信息与利益，以及他们所持有的假设与价值观。除非团队成员将他们私下的推理过程公之于众，否则其他团队成员难以理解彼此的推理。这些提问可帮助其他人解释他们的推理过程并对你的推理做出回应：

- 你能向团队解释一下你是如何想出这个解决方案的吗？
- 在解决这个问题时，你认为比较重要的相关信息、利益、假设与价值观是什么？
- 你对某某的推理有何不同的看法，如果有的话吗？
- 鉴于你对某某的相关信息、利益、假设或价值观持有不同看法，你们将如何一起设计一种方式用于判定哪些观点需要被考虑在内来推动问题的解决呢？

获取支持的提问。在对话结尾处，团队需要知道他们能否获得足够的支持来做出决策。随后的这些提问将探讨这个话题。如果当前这些支持还不存在的话，团队需要付出哪些努力才能赢得这些支持。

- 你愿意支持这个建议吗？

- 如果有什么疑虑的话，你对支持这个建议的疑虑是什么？
- 你还需要得到什么信息才能支持这个决策？
- 基于你在组织中扮演的角色，你愿意支持这个决策并付诸实施吗？
- 你愿意接受这个决策所带来的影响吗？

总体目的之提问。有时你知道自己应心怀好奇，但你并不确定应对哪些因素心怀好奇，这些提问可适用于众多场合。

- 你是如何看待这种情况的？
- 你是怎么想的？
- 你能再多谈谈你对这点的看法吗？
- 导致你这么想的原因是________。

行为 2：分享所有相关信息

行为2意味着你与团队分享你手头上所有的相关信息。当你分享所有的相关信息时，你不仅保持透明，而且对团队担责。分享所有的相关信息也是为了确保团队成员享有共同的信息池，据此大家可做出知情的选择。如果团队成员做出决策，但随后发现你为了避免他们做出知情的选择，你采取了没有分享相关信息的方式，那么他们将感到沮丧不已、愤怒或不满。落实决策时，他们不会对此做出承诺，他们甚至会从中抽身而退。如果你听到团队成员中有人说“假如你在决策前分享这些信息的话，我可能不会同意那么做了”，那么你有可能隐瞒了一些信息。

什么是相关信息

相关信息指的是任何影响你或他人做出决策、你将如何推行这个决策或你对这个决策的想法与感受的信息。分享相关信息并不意味着在对话中你需要说出你对这个话题所知道的所有信息或任何进入你头脑中的信息。在任一情境中，你需要对什么是相关信息做出判断。

遗憾的是，在面对挑战的局面时，人们往往会采用单边控制模式。这会让你刻意选择隐瞒某些信息，从而让你表述的内容与你的想法和感受之间存有差距。分享相关信息意味着采用更为有效的方式来减少这一差距。

以下是判定你是否分享所有相关信息的几条原则：

- 分享与你的引导角色一致的信息。
- 分享自己知道的信息，让其他人分享他们知道的信息。
- 分享与你观点相违的信息。
- 分享你的感受。

分享与你的引导角色一致的信息

如果你担任引导型咨询顾问、培训师或教练，那你在内容上的擅长是你需要分享的相关信息。这也是团队聘请你的原因。但正如我在第 2 章中所介绍的那样，如果你担任引导师，你去分享你在内容上的专长将与你所担任的角色不相一致，除非你与团队已经明确地达成一致。有时，你需要暂时离开你作为实质性中立的引导师这一角色来分享你在某个特定话题上的专长。如果你去分享信息的话，哪怕是相关信息，这依然与你的角色有所冲突。你所面对的风险是降低你的可信度以及团队对于你的信任度，而这还损害了你的有效性。这对引导型教练同样适用。

分享自己知道的信息，让其他人分享他们知道的信息

分享你知道的信息，但不要替别人分享他们的信息。当你分享本应由其他人分享的信息，你在越俎代庖。这会减少他们的透明度与责任感，并不恰当地将其转移到你的肩头。另外，因为这不是你所熟知的信息，你无法完全回答人们就这一信息背后的推理所给出的提问。例如，如果某高管要求你在引导中向他的团队传递他的目的，你就是在越俎代庖。

其他人所要求你分享的信息通常是相关的。但这不是你的信息，这是他们的信息。解决这个问题的方式是与那些希望你替他们分享信息的人进行交流。我们将在第 13 章讨论这个话题。

分享与你观点相违的信息

分享相关信息包括那些并不支持你所推荐的解决方案的信息。如果你认定团队能多花费一些时间在现有议程上，而不是讨论所有预设话题的话，团队的收获会更大，那么你可以分享你的推论并解释未能完成预设议程所带来的潜在风险。如果你担任某个特定

绩效管理咨询计划的引导型咨询顾问，而你本人强烈支持这个计划，那么你也需要分享其中可能的挑战。当你分享与你推荐的解决方案有违的信息时，如果在特定的情境之中表述，这情有可原。你可以这么说："哪怕在使用某某绩效管理计划中会遇到许多挑战，就总体而言，我认为这对你而言是最好的方案，理由是……"

分享你的感受

在单边控制模式中根本就没有情绪的地位，尤其是负面感受。但在交互学习模式中，情绪是对话与问题解决的必要组成。当你适度分享自己的感受时，你其实在分享相关信息中非常必要但又往往被人忽略的部分。你在团队面前示范有效行为，虽然这些行为在团队看来有点违反直觉。分享你的感受可帮助人们更好地理解你是如何看待对话的内容的。

当团队做了某些事情，你是否感到惊讶，无论你感到愉快或不愉快？当团队看似没有履行他们对你的承诺，你是否感到沮丧？你是否对团队所面对的挑战感同身受？情绪是人们再自然不过的重要组成部分。分享感受可帮助你所服务的团队更好地理解你，对你做出回应。

分享感受的真正挑战是你能有效地分享你的情绪。正如亚里士多德在《尼各马可伦理学》（*Nicomachean Ethics*）中写道："发脾气不难做到，但对合适的人，用合适的方式，基于合适的理由发脾气，就不那么容易做到了。"有效地分享你的情绪意味着你所表达的情绪是基于在你或团队之中发生的事情，而不是基于假设、推论或你对团队做出的归因。这意味着你不仅要适度分享你的情绪，还要适度分享你对这种情绪的感受。当你感到愠怒、生气或恼火时，这些都是基本情绪不断升级的表现。只有少数几次我对所引导的团队感到非常生气，但哪怕是这些场合我也依然无法找到证据。面对情绪艰难的局面时，相比于那些有据可查的场合，单边控制模式会把我们引向负面情绪更为强烈而积极情绪更为微弱的局面之中。我们将在第 12 章讨论如何面对你的情绪与团队成员的情绪。

随后的三种行为是有关分享信息的方式。

行为 3：使用具体例子并就重要词汇的含义达成一致

在任何对话中，确保每个人所谈及的是同一件事情，这非常必要。这意味着就相同的事情大家使用相同的表述。行为 3 可确保做到这点。

当我们没有就重要词汇的含义达成共识时，原因有三：① 我们使用不同词汇称呼同一事物；② 我们使用相同词汇称呼不同事物；③ 我们未能准确表达出我们本想表述的内容。为减少这个问题的出现，你可采取如下步骤：

- 怎么想，怎么说。
- 提及姓名。
- 使用具体例子。

怎么想，怎么说

引导师、咨询顾问、教练与培训师有时未能做到确切地表达自己的真实意图。我们使用间接语言并造成误解。培训师经常这么询问学员他们是否完成了某项任务："你们是否有机会做……"我也习惯这么询问，直到一组由警察负责人组成的团队打破了这个习惯。我曾帮助他们学习如何管理冲突，开场时我的提问是"你们之中有多少人有机会阅读我要求你们阅读的文章"，让我感到惊喜的是，所有 50 双手都举了起来。"那太棒了！"我说，"在我所服务的团队中，你们是第一个所有人都阅读这篇文章的团队。"其中一位警察负责人打断了我。"罗杰，你并没有询问我们是否阅读过这篇文章。你只是询问我们是否有机会阅读这篇文章。我们当然都有机会啦！""你是对的，"我回答，"让我再来一次。你们之中有多少人阅读过这篇文章？"这一次，只有 1/3 的人举手。那时，我才意识到我先前的提问"你们是否有机会做……"存在问题，因为我试图为那些没有完成这项任务的人挽留颜面。但是这么做，我并未就我真正希望给出的提问来询问大家，我也没有让大家为此担责。

"你们阅读了这篇文章吗？"直接说出这句话并不难，但愿意说出这句话，你可能需要改变你的心智模式。与其将直接询问大家是否阅读过这篇文章看成为难大家，还不如将这个举动看成你在采用交互学习模式时保持透明、担责、心怀好奇并富于同情心。

提及姓名

如果你希望团队理解你在谈论谁，提及姓名将起到作用。如果你关注为何艾琳或爱德华没有分享其观点以及为何琼反复提及这个话题，你可以说"让我们听一下那些还没有发言的人有何看法"，但这并未告诉人们你希望从谁那里听取发言。哪怕你说"艾琳与爱德华，我希望听取你们的想法"，你依然漏掉了琼的言论在阻碍他们的发言。为了保持透明并担责，你可以说："我还没有听到艾琳与爱德华的想法。琼，你在这个话题上已有数次发言，我是否漏掉了什么？如果没有，你是否愿意让艾琳与爱德华分享他们对于这点的看法？”

如果你担心照着我的建议去表述会带来什么问题的话，那可能是因为你将我的表述看成批评琼或你是基于“公开表扬，私下批评”这一原则行事。遗憾的是，这一原则也是基于单边控制模式的假设：讨论你对于他人行为的关注就是批评，而在团队中开展批评与尽量减少负面情绪的表达这一原则是互为冲突的。这一原则是基于保护你自己或他人的颜面。但是正如你转为使用交互学习模式那样，你开始从不同的视角来看待这一情境，这可能是你错失的学习机会或帮助团队成员理解他们的行事方式是如何降低团队有效性的机会，哪怕他们不是刻意为之。

使用具体例子

奇怪的是，人们对于使用最频繁的词汇的含义经常持有不同的看法。在战略会议中，人们经常就战略给出不同的定义。在人力资源会议中，人们经常就担责给出不同的定义。人们就准时开始会议也有不同定义。在你的引导角色中，你可能使用你的领域中的术语，而这与该术语的通常含义有所不同。

判定你所使用的词汇的含义与其他人所指的含义是否相同的方式之一就是举例说明。如果你认为团队需要就做出的决策达成一致，那么有可能大家对于达成一致产生不同的理解。对于某些团队成员而言，这意味着该决策获得简单多数的支持即可；对于其他人而言，这意味着需要获得绝大部分人的支持；而对另外一些人而言，这意味着获得所有人的支持。当团队第一次同意就做出的决策达成一致时，当你发现这个决策获得大部分人支持但不是所有人的支持时，你就会发现人们对此的定义是不一样的。

为了厘清达成一致的具体含义，你可以这么说：

> 当我说达成一致时，我的意思是获得所有人支持而不是大多数人的支持。在实际工作中，这意味着你们中的每个人都表态支持这个决策，无论你在组织中的角色是什么。如果决策中涉及信息技术部分，支持意味着你，普拉迪普，作为 CIO，将在实施中担当重任。对于安吉与尤瑟夫来说，作为市场和营销负责人，支持意味着你们的团队将使用新系统。按照我对于达成共识的定义，这并不意味着你不能告诉你的直线下属，你对决策实施没有任何疑虑；而意味着你可以这么说“哪怕我依然对此有所疑虑，但我支持付诸实施的决策”。大家对于达成一致还有什么不同看法？

请留意就具体行为给出例子是解释定义的一部分，例子有助于说明这不是什么。

行为 4：解释你的推理与意图

人们天生喜欢给他人的行为与言辞赋予意义。如果你不解释你的推理，团队成员就会将你做出的推理给出他们的解释，而他们的解释可能与你的原意相去甚远。解释你的推理与意图，意味着解释你说出的这番言辞，或提问，或采取行动的原因。推理与意图类似，但也不完全相同。你的意图是你做事的目的，而你的推理则代表你所使用的逻辑性思考流程。依据相关信息、价值观、假设与利益，你使用这个流程得出结论并提出解决方案的建议。

解释你的推理与意图包括将你的私下推理公之于众，这样，其他人可以看到你是如何得出结论的。如果他们在你推理的某处地方持有不同的看法，他们可询问你。这就如同你的五年级老师告诉你："把你的作业给我看一下。"如果你的数学题答案与她的答案不一样，她可以了解你是使用了错误的信息，使用了错误的公式，还是计算出错。一句话，她可看到什么地方她的推理与你的不一样。

为了明确地突出你的推理，你可以这么陈述或提问：

- "我这么提议的原因是……"或"我这么提议是因为……"
- "我这么说的理由是……"或"我这么说是因为……"
- "我这么询问的理由是……"或"我这么问是因为……"
- "我这么做的理由是……"或"我这么做是因为……"

例如，你可这么说："与其让团队解决你们所提出的每个担心，我的建议是我们先找出每个人的担心是什么，并马上排好你们希望解决这些担心的顺序。我之所以这么建议是因为这样可以让你们马上看到所有的担心，并能够按照最为合理的顺序来解决它们。大家对此有什么疑虑吗？"

对你的策略保持透明

你需要保持透明的最重要的一项策略是你所采用的影响团队的策略。这包括你帮助团队解决问题的流程，你是如何从一个话题转为另一个话题的，甚至包括你是如何应对团队中的有效或无效行为的。在你所扮演的引导角色中，你需要对设计团队流程以及管理团队流程担责。如果团队并不知晓你为何要做这些，那么你没有对你所使用的策略保持透明。在第 3 章中，芭芭拉的策略是使用单边控制模式，她发现自己难以在团队中分享这项策略。

如果你没有对你所使用的策略保持透明，团队成员可能心生疑虑，认为你试图操纵他们，哪怕你并没有这样的意图。当你对自己的策略保持透明时，团队成员就能理解你采取行动的缘由了，而你也可与他们建立起信任来。

通常你没有分享你的策略的原因是你认为那涉及的细节太多。当你基于单边控制的心智模式时，你会对你使用的策略采取秘而不宣的方式，因为一旦分享的话，你担心这会削弱你付诸实施的能力。如果人们知道你的策略，他们可能不一定会追随你。

采取透明度实验

这里有一个简单但非常有力的三步思考实验，你可借此判别你是否在使用单边控制模式。我称其为透明度实验。为了说明如何开展这一实验，我会用使用一个我喜欢的策略性例子但人们却没有对此做出解释。这个例子就是如何使用三明治方式给出负面反馈。下面是判断你是否使用单边控制模式的三步骤。

1. 识别你在对话中用到的策略。在三明治方式中，当你需要给出负面反馈时，你所使用的策略是先从正面点评入手，这让对方感觉比较舒适，也容易听取你的负面反馈，而不至于陷入防御之中。随后，你给出负面反馈，这是你此次谈话的目的。最后，你会给出一些积极反馈，这样可让对方带着自尊离开会场，而不是对你心怀不满。

2. 想象一下你向对方解释你的策略。另外，请想象一下你询问对方这项策略是否对他们适用。让我们想象一下你对团队使用三明治方式给出负面反馈："我之所以把大家召集到这里，是因为我需要给你们提供负面反馈，我想让你们知道我的谈话策略并看其是否奏效。

首先，我准备给大家一些正面反馈，这样，可让你们感觉更为舒适并做好准备接受负面反馈。其次，我将给你们提供负面反馈，这是我今天把大家召集到这里的原因。最后，我将给你们提供正面反馈，这样，大家可感受更佳而且不会对我感到不满。这项策略对大家有效吗？"

3. 请注意你的反应。如果你发现自己仰头大笑，嘲笑自己这个想法的荒谬性，或者你认为你绝不会使用这项策略，那么你很有可能发现了这是让你无法保持透明的单边控制模式策略。你之所以对你的单边控制模式策略采取秘而不宣的方式，是因为你知道这些策略奏效的前提是其他人并不知晓你在做些什么或他们同意你玩这场游戏。

解决方案不是对你的单边控制模式采取秘而不宣的方式，而是转换你的心智模式，这样你可以使用交互学习模式策略，当你与其他人分享你的策略时，这可让你更为有效。

行为 5：聚焦利益而非立场

聚焦利益是分享相关信息的另一种方式。所谓利益，指的是人们在特定情形中所拥有的需求或渴望。解决方案或立场是人们满足利益的方式。换言之，人们的利益让他们主张某个特定的解决方案或立场。聚焦利益是因为人们的立场经常处于冲突之中，哪怕他们的利益可以互为兼容。通过聚焦利益，你让达成一致或找到问题的解决方案变得可行，哪怕大家的立场互为冲突。

如果你是采购汽车团队的成员之一，你希望购买本田雅阁，而另一位团队成员希望购买丰田普锐斯，这些都是立场。如果询问你“本田雅阁有什么地方对你而言非常重要”，你的回答可能说明了你的利益，也就是你所希望满足的需求。你可能说，你想购买本田雅阁是因为性能可靠、保养成本低、再售价格高。这些是你希望满足的需求。如果我询问团队中提议购买丰田普锐斯的那位员工认为该车什么特点重要，她可能说，她想要一辆油耗低，哪怕在拥挤的地方也容易驾驶的汽车。如果你们认同对方的需求是合理的且都值得考虑，那么随后你们的共同任务就是找到一辆可以满足大家需求的汽车。因为团队经常试图找到解决方案，而不是在预先界定好的两种可选方案中做出选择，所以发现利益将帮助他们就如何满足大家的需求而生成富有创意的解决方案。

解释你的利益是分享你的推理的关键。当你推荐团队使用特定流程来讨论问题或当你就团队所面对的问题推荐解决方案时，作为引导师，你没有明说的意图是你所提供的建议可满足团队的利益。当你展现这种行为时，你需要明确地陈述你的利益。

作为引导型咨询顾问，你可以这么说：“我之所以推荐你考虑这个解决方案是因为我认为它满足了你所关注的两项利益，解决方案必须控制在当前预算框架内且一旦预算在随后的数月中做出调整，那么该解决方案也需做出相应的调整。我是否正确理解了你的利益，如果我说的没错，那你是否认为该解决方案满足了你的利益呢？”

以下是帮助团队基于利益来制定解决方案的四个步骤：

步骤 1：识别利益。要求团队成员尽可能重复多次来完成这句话：“无论我制定的解决方案具体情况如何，这个方案需要……”将大家的回答整理成利益清单。如果人们依然在识别立场而不是利益，向他们发问：“你的解决方案对你而言，你看重的是什么？”这可帮助他们识别潜在的利益。

步骤 2：就解决方案中的利益点达成一致。在这个步骤中，你可帮助团队澄清每个利益点的含义并就哪些利益点需在解决方案中加以考虑达成一致。你可这么提问："在制定解决方案时，是否有些利益点我们认为不应该考虑在内？""考虑"并不意味着每个人认为的特定利益点都非常重要，而只是将其看成与此相关。最终，团队没有必要制订出满足所有相关利益点的解决方案，虽然那是非常理想的结果。这一步结束后，团队将拿到一个理想解决方案必须满足的利益清单。

步骤 3：制定满足利益的解决方案。帮助团队生成解决方案可尽可能地满足众多利益，最为理想的是，满足所有的利益。在这一步，你可以这么说："让我们尽可能找出多种解决方案来满足大家的所有利益。现在你们不需要对任何方案做出承诺，你只需要把这些方案放置在桌面上。"团队开始尽可能寻找多种解决方案。这时，你可帮助团队尽可能尽情发挥，在彼此想法的基础上不断构建新的想法，所寻找的解决方案需要尽可能覆盖大家所列举出来的利益。如果团队成员所构想的解决方案无法满足大家认可的利益点，你可帮助大家探讨所提议的解决方案是否存在一些相同但非必要的假设。例如，如果大家的提出的方案都是假定这项工作只能由全职员工来负责完成，你可提问他们这个假设是否必要。如果不是，要求他们考虑其他解决方案，而无须考虑这个假设。如果还不能奏效，可要求团队将不同的利益点排序或赋予权重，找到的解决方案必须满足最为重要的利益点。

步骤 4：选择解决方案并付诸实施。最终选择的解决方案并不能确保团队的各方利益都能被满足。但是，这的确提升了你帮助团队找到每个人所支持的解决方案的概率。

行为 6：检验假设和推论

在行为 4 中我向大家介绍了人类天生喜欢赋予意义。行为 6 解释了你是如何赋予意义的。一不小心的话，你将给自身和你所服务的团队带来麻烦；你对自己所赋予的意义予以检验的方式可帮助团队变得更为有效。

你可赋予好几种意义。当你做出假设时，你认为这是真的，无须证明。当你做出推论时，你是基于你所知道的事情对于某个未知事件得出结论。最后，当你做出归因时，你就某人的动机做出推论，认定为何这人按照某一特定方式行事。以下是说明三者之间差异的例子：

1. 假设：团队领导将主持会议（因为那是团队领导做的事情）。

2. 推论：团队领导没有告诉大家需要做些什么，所以，她没有主持会议。

3. 归因：团队领导没有主持这次会议，因为她不关注该项目。

假设、推论和归因的工作方式相同。如果你基于这些行事并认为你是正确的，但结果却证明你是错误的，那么你将给自己和团队带来麻烦。每个人都会做出假设、推论和归因，那不是问题所在。问题是你对此缺乏觉知。如果你没有觉察到你正在做出假设或推论，那么你就无法在你采取行动之前检验这是否正确，而这一举动会带来糟糕的后果。在这部分，我会使用推论这个术语来替代冗长的短语——假设、推论或归因。

行为 6 使用了数项技巧。第一项技巧是当你做出推论的时候，能觉察到你在做出推论。第二项技巧是决定是否就你做出的推论予以检验。当然，对所有推论做出检验，既没必要，也无可能。如果你决定对你的推论予以检验，第三项技巧是你的检验方式不要让对方陷入防御之中。

我们将从第一项技巧开始，通过使用推论阶梯这个工具来觉察你是如何赋予意义的。

你是如何赋予意义的：推论阶梯

为了理解我们是如何赋予意义的，让我们考虑一下被称为泰伊的引导师是如何对谢里尔做出高阶推论（high-level inference）的。谢里尔是他所引导的团队成员之一。下面的左边栏目介绍了泰伊与谢里尔的对话及他的想法与感受。我们将用这个例子来解释推论阶梯并说明如何检验你所做出的推论。

做出高阶的未经检验的推论

引导师的想法与感受	对　话
我需要一些具体例子，否则这会陷入“你说 A，他说 B”的讨论之中。	**泰伊**（引导师）：“谢里尔，刚才你说吉姆与莉娜拖慢了你的市场推广项目。你能举出一些具体例子说明他们做了些什么或没有做什么，导致你认为他们拖慢了你的项目？”
好吧，摇摇头，这是你的选择。我只是想帮助你。我会继续往前的。	**谢里尔**（团队成员之一）：[摇摇头] 不。我之前告诉过你，但是你没有做出回应。他们知道自己做了些什么。
	[20 分钟过去了，团队对话继续进行。]
谢里尔在这 20 分钟里一言不发。我能做的一切就是要求她举例说明吉姆与莉娜是如何拖延她的市场推广项目的。她有些愠怒，所以坐在那儿一声不吭。我要把她重新拉回到对话中。	**泰伊**：让我们听取其他人的看法把。谢里尔，你对莉娜与吉姆的建议在下个季度启动市场推广项目有何想法？

引导师的想法与感受	对　话
现在我不开心了。你有问题。你在发火。现在你根本就不想让吉姆与莉娜的项目启动。你只是在想如何报复莉娜与吉姆，因为他们没有支持你建议。	**谢里尔：**无论他们做什么，都没问题。我真的不介意。
好了，我给了你机会。我没事了。	**泰伊：**好的。

我将借用推论阶梯来说明你是如何赋予意义的（见图 5.2）。这部分内容改编自阿基里斯与舍恩以及《行动科学》中的研究成果。如同真的阶梯一样，你从推论阶梯的底部开始攀爬而上。

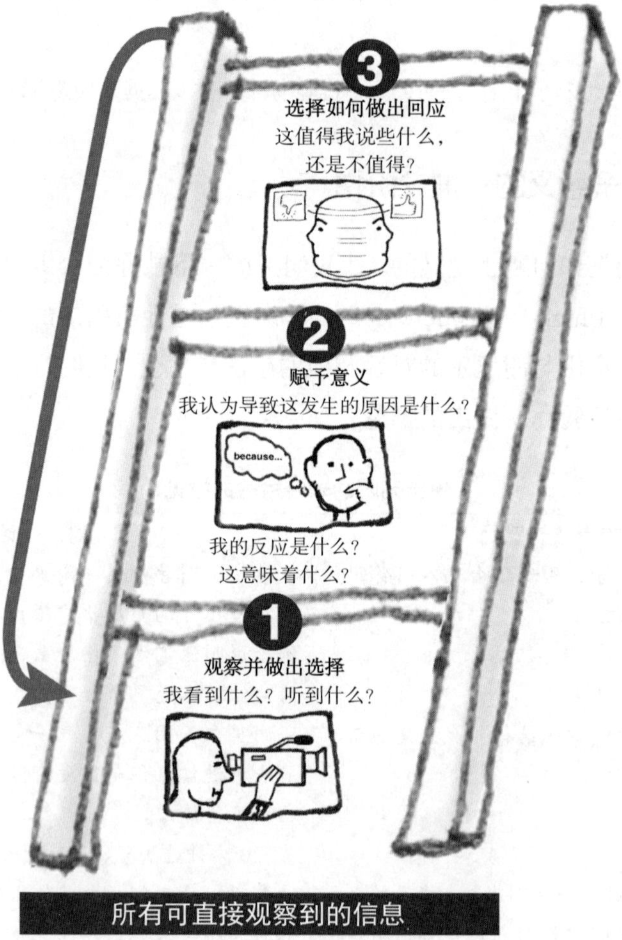

图 5.2　推论阶梯

资料来源：改编自阿基里斯（1985）《战略、变革和防御性惯例》。

在推论阶梯的底部是所有你可观察到的信息。当你攀登阶梯时，你会登上三级台阶：① 观察并选择信息；② 赋予意义；③ 决定如何做出回应。让我们从底部开始并讨论每部分。图 5.3 说明了泰伊与谢里尔的对话中所用到的推论阶梯。

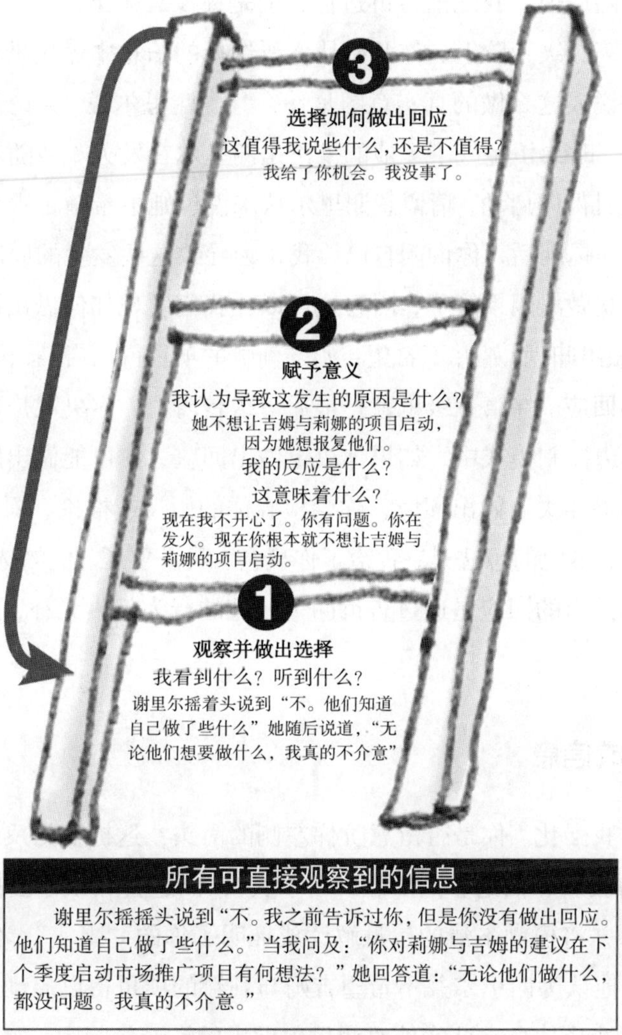

图 5.3　泰伊的推论阶梯

所有可直接观察到的信息。在对话或会议中，你将面对许多直接可观察的信息。你可以把直接观察到的信息看成你在拍摄录像中所记录的一切。其中包括人们说了些什么，他们的非言语行为、试算表与其他文件等，无论是复印件还是屏幕上显示的信息。在这个例子中，泰伊和谢丽尔所说的一切都是可直接观察的信息，所以他看到谢里尔在摇头。

观察并做出选择。在第一级台阶上，这就如同你在回答自己的提问："我听到了什么？看到了什么？”所谓“如同”，指的是你在做这些时是下意识的。哪怕是在一对一的对话中，需要你关注的信息太多了。所以，你只能观察并选择某些信息而忽略掉其他信息。在这个例子中，泰伊注意到谢里尔摇着头说“不。他们知道自己做了些什么”，但他没有注意到她随后说“我之前告诉过你，但是你没有做出回应”。

赋予意义。在第二级台阶上，你开始从你所选择的信息中做出推论，例如，我的反应是什么？他这么说或这么做的真实意图是什么？当谢里尔说“无论他们做什么都没问题。我真的不介意”时泰伊生气了。他的推论是谢里尔在发火。他随后推断谢里尔不希望吉姆与莉娜的项目得以启动。请留意谢里尔从未说过她不希望吉姆与莉娜的项目得以启动。回答了自己的提问后，你询问自己，我认为导致这些发生的原因是什么？从人的角度来说，我们喜欢做出因果解释，因为这可以让我们发现如何做出回应。在这个例子中，泰伊对谢里尔做出归因，她并不希望吉姆与莉娜的项目得以启动，因为她在实施报复。

选择如何做出回应。在第三级也就是最后一级台阶上，你决定是否做出回应以及如何做出回应。在单边控制模式中，如果你决定做出回应，你可能做出陈述或提问。在交互学习模式中，如果你决定做出回应，你会检验你的假设或推论，看其是否准确。

在这个例子中，泰伊的想法是，我给了你机会。我没事了。他的选择是不做出回应。泰伊也有可能选择做出的回应是通过告诉谢里尔她的行为于事无补，这个回应也没有起到什么帮助。

你的推论变成信息

推论阶梯可自我强化。你是否留意阶梯左侧的箭头？这被称为反射循环。这是将你做出的未经检验的假设、推论、归因看成“事实”，而这会导致你去搜寻那些可证实你的“事实”的信息并将模糊不清的信息解读成证明了你的“事实”。例如，泰伊会使用他的推论，也就是他认为谢里尔并不希望吉姆与莉娜的项目得以启动，并从他与团队未来的互动中系统地选择信息来证实他对谢里尔做出的推论与归因。如果谢里尔的言辞模糊不清，泰伊有可能将其解读成另一个可资证明的例子。这个反射循环可导致你生成你认为的构成结论的可靠基础。但是，你生成了大量未经检验的推论，而这些推论有可能是完全错误的。

走下推论阶梯：让你的推论得以检验

使用推论阶梯的主要原则与使用真正的阶梯一样：不要攀登更高台阶，除非有必要。

如同真正的阶梯一样，你爬得越高，越危险。一旦我们做出的推论距离信息过远，我们就不必要地登上了过高台阶。我称其为高阶推论。你可能听说过其他人做出这些高阶推论。设想一下你就如何改进某个项目给团队提供建议，一位团队成员回应道："你不过是在尝试怎么让我失败罢了！"你可能这么想，他是如何得出这一结论的？这与我的本意相距甚远。在第 3 章中的 CIO 案例中，芭芭拉做出了数个高阶推论，其中的一个恰好在案例结尾处。当弗兰克说"我们现在休息一下吧。我们仔细考虑一下这个问题，下午再讨论"时，芭芭拉的想法是，"那很好，显然他把我看成白痴，不想向员工公布访谈结果"。她的推论是弗兰克显然认为她是一个白痴，这距离她得出结论所用到的信息非常遥远。与之类似，在上述例子中，泰伊的高阶推论是谢里尔希望吉姆与莉娜的项目失败，而他做出的高阶推论的结论是谢里尔在寻求报复。

当你做出高阶推论时，你的最后推论被许多其他中间推论所支持。这就如同纸牌屋那样，一旦某个中间推论是错误的，那么逻辑就会出现塌陷，而最终得出的推论也就无法得到支持。有一个诊断术语可用于描述那些习惯性地依据很少信息或毫无根据地做出某种高阶负面推论（以及归因）的人——偏执狂。当然，我们所有人都会在某个时刻做出高阶推论，尤其是当我们面对挑战性局面时，其中包括那些让我们感到焦虑的场合。虽然你可能对其他人（她对我露出了迷人的微笑，她被我吸引）做出正面的高阶推论，但在挑战性场合中，你多半会做出负面的高阶推论（这就如同在芭芭拉的案例中那样：弗兰克要求休息一下；他显然认为我是一个白痴）。

经过练习，你做出需要降低的高阶推论的概率会更少，但有时你依然会做出高阶推论。为了检验这些推论而不至于让其他人陷入防御之中，你需要认识到你何时做出高阶推论并将其转化为低阶推论。我称其为走下阶梯。图 5.4 说明了两步骤流程。第一，当你赋予意义并决定如何做出回应之前，你可询问自己，这个人说了些什么或做了些什么让我这么认为？这可让你退回到原来的台阶上并重新审视你做出推论时所用到的信息。你可能意识到这个人并没有说出你所认为的言辞或你没有注意到他表述过的言辞。在泰伊的案例中（见图 5.5），他会发现谢里尔曾说过"我之前告诉过你，但是没有回应"。

第二，询问自己"使用交互学习模式这种方式，哪种解释更为接近信息并表现出宽宏大量的态度"。换句话说，如果采用交互学习模式及以宽宏大量的态度作为你的指引，那么哪些推论是合理的呢？我并没有要求你抛弃现实或表现出天真烂漫。你的新推论依然需要与信息吻合。在泰伊的案例中，他可能得出的推论是谢里尔对吉姆与莉娜感到有些沮丧，他对自己也感到沮丧，因为谢里尔之前提出了她的担心，但泰伊没有帮助她在团队中解决这个问题。

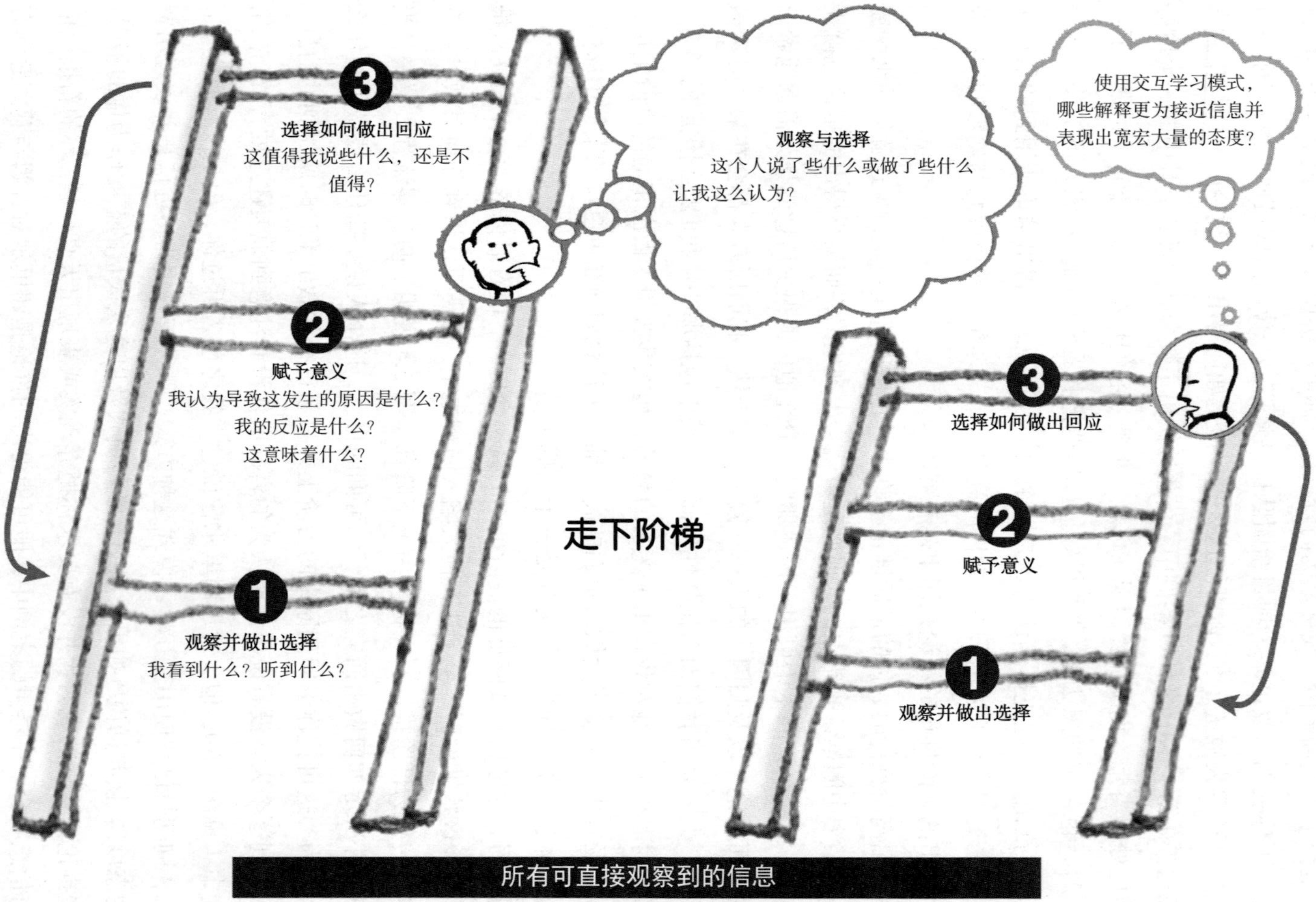
走下阶梯
3
选择如何做出回应
这值得我说些什么，还是不值得？
2
赋予意义
我认为导致这发生的原因是什么？
我的反应是什么？
这意味着什么？
1
观察并做出选择
我看到什么？听到什么？
观察与选择
这个人说了些什么或做了些什么让我这么认为？
使用交互学习模式，
哪些解释更为接近信息并表现出宽宏大量的态度？
3
选择如何做出回应
2
赋予意义
1
观察并做出选择
所有可直接观察到的信息

图 5.4　走下推论阶梯

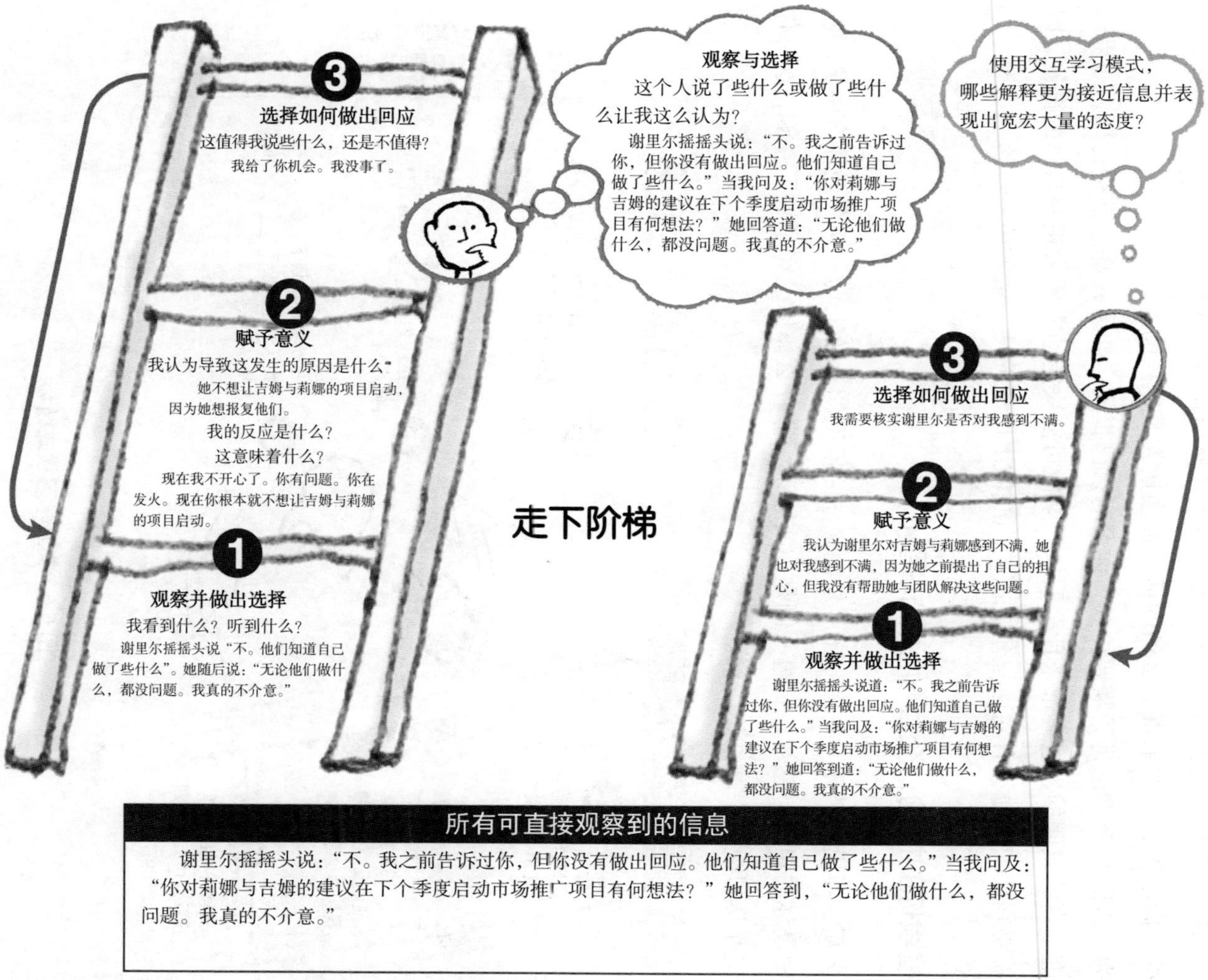

图 5.5　泰伊走下推论阶梯

决定是否需要检验你的新推论

当你基于交互学习模式做出新推论并表现出宽宏大量的态度时，你可决定是否想要对此做出检验并看其是否为真。你可能决定这依然值得检验或觉得没有必要。你无法对每个推论做出检验，如果真那么做的话，你会让大家抓狂的。

为了判断某个推论是否需要检验，你可对自己提问，如果我基于推论行事，如果这个推论是真的或假的，这会带来什么后果？泰伊可能决定他需要去检验自己的推论，因为他需要判定如果他没有对谢里尔之前的担心做出回应的话，会发生些什么。

检验你的推论：交互学习模式循环

交互学习模式循环（见图 5.6）是检验你的推论的有效工具。这个循环有两侧。左边一侧是你的想法与感受，右边一侧是你实际说了些什么。你已经了解了左侧，这是你使用交互学习模式中的推论阶梯。

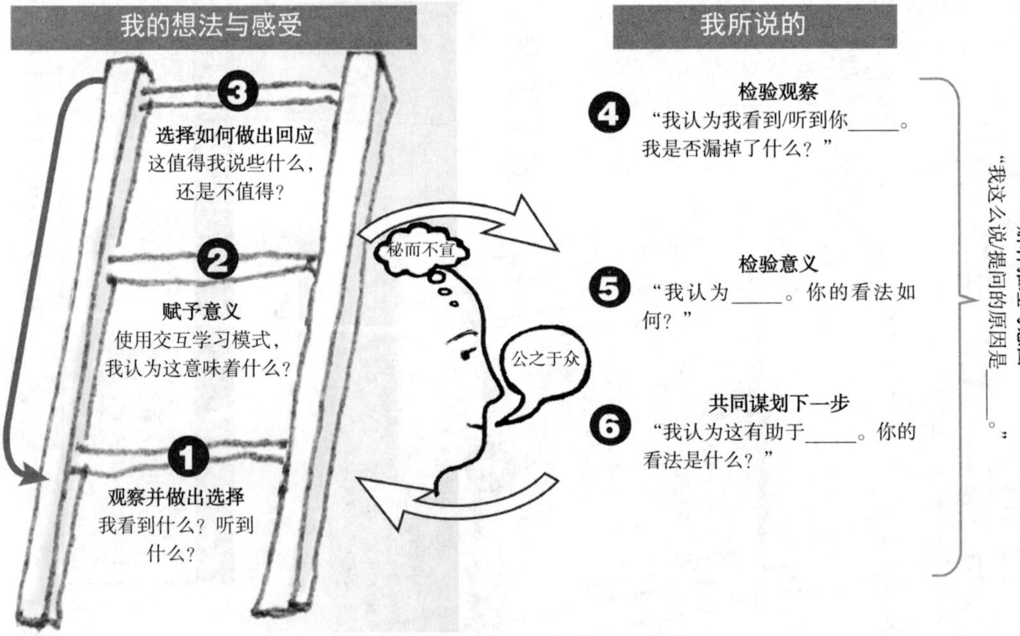

图 5.6 交互学习模式循环

一旦你完成了左侧步骤，右侧就很容易完成。你可将你在左侧的想法与感受与右侧进行分享（见图 5.7）。这是该循环的工作方式，让我们借用泰伊的例子一步一步地说明如何使用。

步骤 4：

“谢里尔，你说你之前告诉过我有关吉姆与莉娜做了些什么，让你认为他们在拖延你的项目，但我没有做出回应。我的理解对吗？”[如果谢里尔说“是”，泰伊继续。]

步骤 5：

“我认为你之所以感到沮丧是因为我没有听从你的意见，也因为吉姆与莉娜的所作所为。这是否就是你的感受？我理解的对吗？”[如果谢里尔同意这是她的感受，泰伊继续。]

步骤 6：

“我并不是不想做出回应或让你感到沮丧。我的建议是我们回到之前你的担心上，看看吉姆与莉娜的想法是什么。你觉得如何？”

交互学习模式循环使用了绝大部分八种行为

交互学习模式循环强有力的部分原因是这个循环使用了绝大部分八种行为。在循环的步骤 4 中，你可以通过使用具体例子来检验你的观察，这样你可以就重要词汇的含义（行为 3）达成一致并分享所有的相关信息（行为 2），这些信息将让你做出推论。在步骤 5 中，检验你的意图，就如同检验你的推论与假设一样（行为 6）。在步骤 6 中，你们共同决定如何往前推进（行为 7，我们将在随后部分讨论）。步骤 4、步骤 5、步骤 6 中每一步骤都有两部分。在第一部分，你陈述观点。在第二部分，你真诚发问。（行为 1）。最后，循环的右侧说明，“解释你的推理与意图”（行为 4）。通过使用交互学习模式循环，你就可自然而然地使用交互学习模式这一方式。

请注意用词。你不必使用诸如推理或推论这样的词汇。如果这些词汇听上去不那么自然或像行话一样，那么你可以这么说“我认为……”、“听上去好像……”或类似的表述。在尊重词汇原意的基础上你依然可以找到自己的表述方式。

使用交互学习模式循环做出诊断并对团队实施干预

在本章之初，我曾说过，你可以使用八种行为来指导自己的行为并用于诊断团队中的行为或实施干预。无论你诊断出的行为或干预的行为是什么，无论你扮演的引导角色是什么，交互学习模式循环是你诊断并实施干预的基本工具。交互学习模式循环构建了你思考与表述想法的方式。从第 7 章到第 10 章，我将向你展示如何使用这个循环来对团队做出诊断并实施干预。

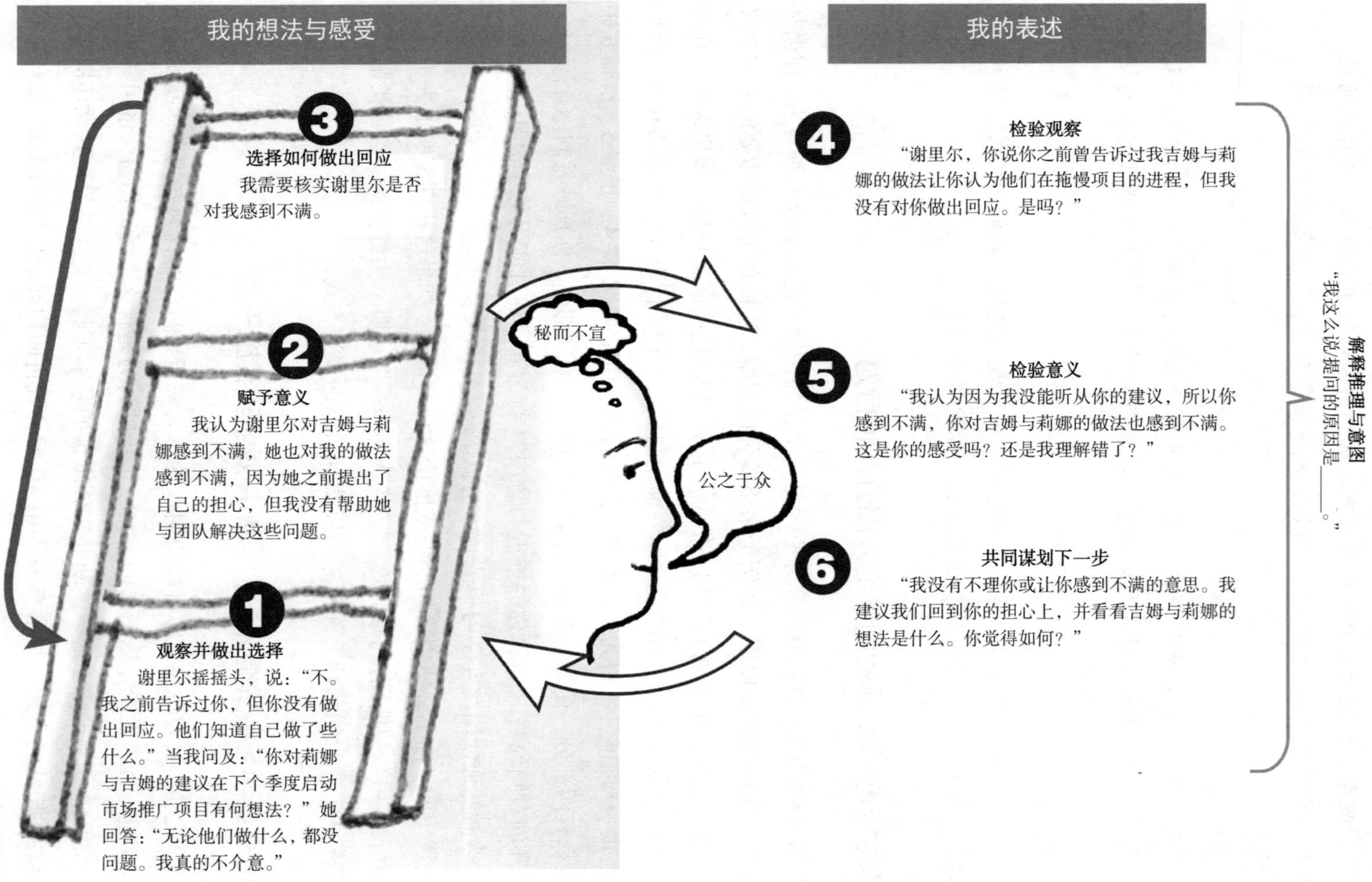

图 5.7 使用交互学习模式循环

行为 7：共同谋划下一步

共同谋划下一步意味着你和他人一起做出决策，而不是你为他们做出何时向前推进以及如何推进的决策。当你们共同谋划下一步时，你必须对你的策略保持透明，大家一起就流程共同担责并帮助团队做出知情的选择。

共同谋划下一步是行为 1 的具体体现：做出陈述并真诚发问。在共同谋划中：① 你首先陈述团队应如何推进的看法；② 解释你的推理过程，其中包括你的利益、相关信息与假设；③ 询问对方是否持有不同的看法；④ 共同找到解决方案并考虑团队成员的利益、相关信息与假设。

共同谋划下一步可以简单到这么说："我的建议是我们在这个时间点先休息 15 分钟。从早上忙到现在，正好时间过半，外面有些点心，大家有异议吗？"

你可以和团队共同谋划许多事情。我们将讨论四种主要类别：

1. 开始会议：目的与流程。
2. 何时转移到下一个话题。
3. 如果有人发言脱离轨道。
4. 如果有人对于事实持有不同看法。

开始会议：目的在流程之前，流程在内容之前

有效的会议必须有达成一致的目的与流程。除非会议是临时召开的，目的与流程应该在会议之前达成一致。这有助于与会者就议程上的事项做好准备，他们甚至可以根据会议的议题决定是否需要出席会议。

会议可以有不止一个目的，不同的会议话题可反映不同的目的。如果你担任引导师或引导型咨询顾问，你负责推荐利于达成会议目的的流程，你甚至有可能参与到会议目的的制定中。

有效的会议开始于达成一致的目的与流程，你可能需要重新回到目的与流程并在会议中对目的与流程做出修订。有时团队发现他们需要达成另一个目的，这样才能达成会议原本设定的目的。有时，团队发现他们用于达成目的的流程无法解决所有的问题，而这些问题必须通盘考虑后才可达成目的。

无论你最初设定的目的与流程是什么，或者你们在会议之中修订了会议的目的与流

程，关键的一点是你需要与团队一起谋划。哪怕你是起草建议方案的人，你也应该与团队分享会议的目的与流程，并解释你构建会议目的与流程背后的理由。你可以这么询问：“你们认为需要做出哪些改变才能达成预设的目的与流程？”

就某人发言是否跑题达成共识

让团队聚焦在讨论的话题上，这是你引导角色中的重要一部分。但是，你可以采取单边控制的方式做到这点。例如，假设团队在讨论如何挖掘现有客户的销售潜力。如果团队成员依冯说“我认为我们开设发票的流程存在问题”，而你的回应是“那是另一个话题”，那么你在对这个对话实施单边控制。你的表态假定她的言辞与当前话题无关。如果她认为自己的发言与话题有关，她有可能不再参与到会议中。其结果是，团队并没有从她提供的信息中获益并采取行动。另外，她可能最终对团队所决定的行动方案不做出任何承诺。

如果你展现出共同谋划下一步的行为，你可以这么说：“依冯，我没有看到你所关注的开设发票流程与提升现有客户销售额有何关联。可能我错失了某些信息。你可以帮助我理解你是如何看待二者之间的关系的吗？”当她回复之后，你和团队成员可能了解到二者之间的关联，而这些你们可能之前并未考虑到。例如，该组织的开设发票流程可能造成了时间滞后，这让销售人员无法及时拿到客户库存的实时信息。如果二者有关联的话，团队可以决定是现在讨论依冯的想法还是随后讨论更为合适。如果大家觉得二者关联度不大，你可以询问团队是否要讨论这点或在什么时候讨论这点。

设计检验事实差异的方式

有时团队会陷入困顿之中，因为他们没有就什么是事实达成一致。如果无法就什么是事实达成一致，那么团队做出的决策很难让大家对此做出承诺，因为这是相关信息中的重要组成。遗憾的是，当团队发现自己身陷这一窘境时，他们经常会生成升级循环，每位团队成员都试图让其他成员信服自己的立场是正确的。每个团队成员都会提供证据来支持自己的立场。每个人都会怀疑对方的立场，而没有人愿意提供削弱自身立场的证据。哪怕分歧过后，失败者依然认为自己的立场是正确的。

当你帮助团队共同检验他们对于事实的分歧时，你在帮助团队往前推进，这种推进的方式是所有团队成员对于什么是事实达成共识。当我考虑这种行为时，我想象出来的画面是两位科学家持有互为对立的假设，他们都在分头设计各自的实验以便检验他们的假设。为了开展实验，他们需要共同设计。只有这样，实验才能满足他们的共同标准，让他们愿意接受源自该实验所产生的数据与结果。

请考虑一下某 IT 领导团队的案例。大家就现有 IT 支持团队为了响应并解决员工遇到的 IT 问题所花费的时间发生分歧。作为引导师或咨询顾问，你可能这么开场："你们将如何一起设计一种方法来找出当前响应时间是多少？"你可以首先帮助团队设计一个共同方案并就一些关键词汇如当前响应时间、解决方案等达成一致。随后，你可以询问团队如何分析手头上的信息并收集新的信息来回答团队的提问。

重要的是让团队共同设计方案来回答这些提问。如果团队没有做到这点，哪怕产生了结果，某些团队成员依然会认为团队使用的样本代表性不足，或没有收集到正确的数据，或数据分析有误。重要的是让团队事先就什么样的结果可让团队采取行动达成一致。例如，相比于 IT 员工为团队解决问题所占用的时间，哪些 IT 问题会占用更多的时间，这样大家可就需要解决的问题达成一致。

相比其他问题而言，有些分歧容易解决。例如，决定特定备忘录中需说些什么，这可能简单到只需要大家一起审视打开的文件即可。就之前会议中的发言达成一致则需要与多人讨论并重构对话。更为困难的是决定推行某个策略或政策会带来哪些影响。如果某个选择所带来的影响比较大，团队成员可收集其他组织实施类似策略或政策的信息；或者你可帮助团队通过使用系统思维模型来模拟这个政策带来的影响。

共同谋划的程度

无论你的引导角色是什么，总存在共同设计连续体。在连续体的一端，你独自设计下一步，而无须听取来自团队成员的反馈，除非你询问他们的关注点是什么。这通常是比较简单的举措，如提议休息一会儿或推荐团队收集所有相关信息来做出决策。在连续体的另一端，你和团队成为全面的合作伙伴，大家一起谋划下一步。这经常发生在当团队认识到他们需要对会议的目的做出改变或他们对现有的会议议程是否能帮助到会议的目的提出质疑时。

行为 8：讨论不便讨论的话题

不便讨论的话题与团队任务有关且会给团队结果带来负面影响，但人们感到他们无法在团队中进行公开讨论，否则会带来负面后果。人们经常在会议前或会议后与那些持有类似观点的人谈论不便讨论的话题，却没有在团队会议这一场合中讨论。

你的引导角色的一部分就是帮助团队解决这些降低团队有效性的不便讨论的话题。我们将在第 10 章中讨论如何做到这点，也就是如何对交互学习模式的行为采取干预措施。目前，让我们聚焦到你与你所服务团队面对的不便讨论的话题上。

以下是你所服务的团队需面对的不便讨论话题的例子：① 团队始终未能兑现承诺，这让你在会议中难以有效地履行你的职责；② 团队坚持要求你分享你对于这个话题的看法或要求你的表现方式超出你的引导角色；③ 你的推测是哪怕借助你的帮助，团队也并不具备所需的知识、技能或动力来完成既定的目标。请记住，这些话题本身并不是不便讨论。你们就这些话题是否不便讨论做出了选择。

没有讨论不便讨论的话题所带来的问题

当你基于单边控制模式的心智模式行事时，你带来了不便讨论的话题。如果你看重尽量减少负面情绪的表达，你在关注如果是你提出这些挑战性话题，其他人可能陷入防御之中，你也可能陷入防御之中，而这会对你与提供帮助的团队之间的工作关系带来负面影响。让人哭笑不得的是，正是因为你极力回避这些不便讨论的话题，反而造成了你尽力避免的负面影响。

如果你看重尽量减少负面情绪的表达，你希望顾及对方颜面，通常这也是顾及你自身的颜面。简言之，你将不便讨论的话题看成给对方找麻烦而不是心怀同理心。但如果你没有讨论不便讨论的话题，你就没有与他人分享相关信息并帮助他们做出知情的选择。由此，你可能引发你尽力避免的问题，虽然这让人有点哭笑不得。你不仅没有做到心怀同理心，你反而给他人带来了问题。简言之，你没有帮助团队做出知情的选择，这是残忍而不是心怀同理心。

最终，如同你也是基于单边控制模式的“想赢，不要输”的价值观，你可能担心，提出不便讨论的话题会减少你取胜的概率。

一句话，单边控制模式鼓励我们公开表扬、私下批评，但这回避了与团队不便讨论的话题。

如何提出不便讨论的话题

使用交互学习模式意味着提出不便讨论的话题所在的场所中存在相关信息，而且出现在现场的人能解决这个问题。如果不便讨论的话题涉及团队和个人，那么你可以向整个团队提出。

讨论不便讨论的话题并不需要涉及新的心智模式或行为。我之所以将这一行为单独列出，不过是因为这一行为让人感到难以使用。但为了展现这一行为，你需要采用我们之前讨论的交互学习模式的心智模式与行为。假设你可能错失了某些信息，而其他人看到了这些信息，而你可能造成了你私下抱怨不已的问题。你也假设其他人的动机是单纯的，你对他人和你自己都心怀同理心，你看重这一价值观。当你提出并讨论不便讨论的话题时，你会与团队分享那些相关信息，但这些信息比较具有挑战性，这样，你可以和团队共同做出知情的选择，以便决定某些事情是否有不同的做法。你陈述观点并真诚提问，使用具体例子，就重要词汇的含义达成一致，分享你的推理与意图，聚焦利益，检验你的假设、推论并与团队共同谋划下一步计划。

这里将介绍你可以如何提出团队中不便讨论的话题，如团队没能完成工作，这让你难以履行你的角色：

> 我想提出这个问题，这个问题让我无法帮助大家达成你们的目标。我注意到在过往的三次会议中，作为团队，你们没有完成指派的工作坊任务，虽然你们承诺在会议前完成。其结果是我无法有效地帮助到你们在会议中做出决策。大家是否愿意讨论这个话题？[如果大家点头，继续。]好，我想提议我们可用于讨论这个话题的流程，并了解这个流程对我们是否适用。首先，我想提供这个问题的几个例子并了解大家对此是否有不同的看法。我想确保让大家就发生的一切达成共识后再往前推进。其次，如果我们对发生的一切达成共识，我希望探讨一下造成这些行为背后的原因是什么。我也有可能做些事情让你们难以完成这项任务，对此我持开放立场。再次，我希望大家识别出解决方案需要达成的利益。最后，我希望大家制订出的解决方案可针对问题的根本成因并满足大家的需求。大家对这个流程是否还有什么担心或想提出改进建议？［如果没有，继续。］好，大家是否愿意使用这个流程？

请留意，当我提出不便讨论的话题时，我与团队一起设计下一步行动计划，陈述我的观点并真诚发问，解释我的推理并识别大家的利益。

学习如何展现这些行为

行为就如同你起舞的舞步。我已逐一讨论这八种行为，目的是向你们说明如何逐一展现这些行为。其实，这些行为的威力在于共同使用它们，这就如同你将舞步运用不同的方式组合在一起并在舞池中翩翩起舞一样。当你展现这些行为时，你总是在同一时间里综合展现这些行为。

当你开始使用这些行为时，你可能感到有些不自在。你可能感到这有些不像平日的你；相反，这看似在模仿你从书中读到的内容（其实，你真的拥有这些行为）或你在工作坊中听到的内容。这些不自然来自多个渠道，主要是你尝试着将左边栏目的句子翻译成使用带有行为语法结构的句子，或者试图将这些行为与你日常的表述模式、遣词造句结合起来，并试图将所有这些整合在一起，这样你可以按照正常的语速谈论。

在使用这些行为中找到你自己的声音，这需要练习。借助不断练习，你可以发现你能使用这些行为，这就如同你能以正常语速交流一样。

小结

在本章中，我介绍了八种交互学习模式行为，这是专业引导技巧的核心。我说明了如何使用这些行为将交互学习模式心智模式付诸实践。在第 6 章中，我们将探讨如何打造有效团队以及如何帮助团队设计团队，从而更为有效。我们已经讨论了三个主要因素中的两个：① 交互学习模式；② 一系列交互学习模式行为。

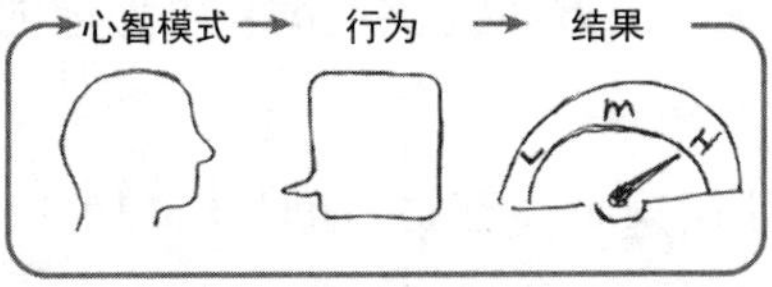

第 6 章

设计和打造有效团队

在本章，我将介绍如何运用团队有效性模型（The Effectiveness Model，TEM）来帮助你所服务的工作团队（group）和团队。我将首先介绍在工作中运用团队有效性模型的重要性，无论你承担的角色是引导师、咨询顾问、教练还是培训师。然后，我会界定工作团队和团队之间的区别，这对于你所服务的工作团队和团队，以及你如何与他们开展合作都非常重要。在本章的结尾处，我将介绍团队有效性模型，以及如何运用这个模型来设计工作团队和团队并对其做出诊断和实施干预。

即使工作团队和团队有相同的工作任务，他们也可以采用不同的设计方式。有些设计可带来更好的结果。如果你帮助一个新团队设计他们的工作方式，或者帮助现有团队找到更为高效的工作方式，显而易见的是，团队的设计方式对于可实现的结果将产生重大影响。但是，如果你不是基于这种方式来帮助团队的话，那你为什么会在乎这个问题呢？如果团队设计不良的话，拙劣的设计会阻碍你为团队达成的结果所付出的努力，包括你为团队提供引导和咨询服务的能力。团队设计虽然是隐性的，但是塑造系统的强大力量。如果你不了解系统的运作方式，你就无法与其一起有效工作。[1]

团队有效性模型是如何帮助你及你所服务的团队的

如果你正在致力于打造高效团队，那么你需要一个说明高效团队模样的模型。无论

① 这部分改编自《聪明的领导，更为聪明的团队》中“交互学习模式设计”。

你与整个团队开展合作，还是和团队领导或其他团队成员开展合作，你都需要这个模型。**一个好的团队有效性模型可在三个方面提供帮助：作为你的设计工具、诊断工具及干预工具。**

作为设计工具，你可以使用这个模型来帮助新组建的团队更为有效地设计自身的结构。这些工作是我们组建新团队的一部分，也应该是其中的一部分。作为诊断工具，你可以使用这个模型来帮助现有团队提升他们的有效性。你和团队可以将模型中的要素与现有的团队设计及运作机制进行比较，找出团队需要弥补的差距。作为干预工具，你可以使用这个模型来观察团队中的互动。如果你观察到一些行为让你推断出该团队设计低效的话，你可以和团队检验你做出的推论，看大家是否认同你的看法；如果是，询问他们是否希望重新设计团队的要素。

在了解团队有效性模型之前，我们首先需要了解工作团队和团队之间的区别。这个区别会影响工作团队和团队，以及你与团队成员的合作方式。

工作团队和团队的区别

作为引导师、咨询顾问、教练或培训师，你有可能与不同的团队一起合作。我以前曾经交替使用工作团队和团队的不同表述方式，但现在我希望对此予以区分。这不是一个无关紧要的抽象练习。工作团队和团队差异明显，这一差异要求我们对工作团队和团队采取完全不同的设计方式及共事方式。现在让我们区分一下二者的不同。

打造团队的要素是什么

团队研究专家理查德·哈克曼（J.Richard Hackman）界定团队的标准有四项：

1. 围绕团队任务，团队成员相互协助。
2. 团队成员知道谁是团队成员。
3. 团队成员知道团队的权责范围。
4. 在一段时间内，团队成员比较稳定。

相对于名义上的团队，哈克曼使用真正团队这个术语来定义那些达到标准的团队。在哈克曼使用真正团队这个术语之处，我会使用团队这个术语。让我们一一探讨打造团队的这些标准。

围绕团队任务，团队成员相互协助。我认为互相协助是识别团队最重要的标准。要想成为**一个团队，必须存在需要完成的工作任务，且这项任务只有依靠团队成员彼此互相协助才可得以完成**。团队研究专家鲁斯 · 瓦格曼（Ruth Wageman）将协助定义为“为了完成某项工作，这项工作在多大程度上需要多位成员主动交换彼此提供的帮助与资源”。

很多所谓的团队并不需要大家互相协助就能完成任务。例如，在很多资深销售团队中，每位团队成员只需要负责组织的部分产品线或服务在世界某个地区的销售工作。这就如同体操队比赛只有个人比赛项目一样，大家的绝大部分工作都是彼此独立的，无须依靠彼此的协助就可完成自己的工作。在月底或季末，他们只需向团队领导汇报自己的销售业绩，然后领导将他们那个时间段的销售业绩汇总求和即可。但是，如果销售团队采取团队的方式来开展工作的话，那么他们需要共同规划如何给客户提交建议书并一起与潜在客户会面，每位成员贡献自己的独到知识、技能和资源来共同达成业绩，这意味着团队内部存在明显的协助关系。因为团队的相互协助对于如何设计团队以及你与之共事的方式带来重大影响，所以我们将在随后再次讨论这个话题。这里先让我们来看一下团队的其他三个标准。

团队成员知道谁是团队成员。如果大家依靠互相协助才能完成工作的话，那么他们必须知道谁是团队成员，谁不是。一项研究表明，当被问及时，只有不到 7%的高管团队能就团队成员的身份达成一致。与我曾经合作的高管无法确切地告诉我他们所领导的团队究竟是由哪些人组成的。

在我的经验中，如果团队成员身份不明确的话，团队之中就会出现两个子团队：核心团队成员，每个人都知道自己是团队成员；另一批团队成员，他们甚至连自己都不清楚自己是否为团队成员之一。团队成员身份不明的原因有几个：例如，领导从未正式组建团队，他不过是将某个团队成员转任新的角色而已，但他不愿意让这些人离开他所领导的团队或进入他所领导的团队。他或者把某个人放置在团队之外，但从组织关系上讲，那人却隶属这个团队。不管出于什么原因，角色不明拖累了团队。如果你提供咨询服务的团队成员身份不明的话，当你给团队提供帮助时，这会拖你的后腿。

团队成员知道团队的权责范围。因为团队享有部分决策权，团队成员需要知道决策权力的边界在哪里。他们可以做出哪些决策？哪些决策需留给领导做出？团队是否仅仅能做出与任务执行有关的决策？抑或团队可以做出与监督和管理工作流程和进展有关的决策？有关团队设计、所处情境或设定整体方向的决策呢？上述所谈及的每个领域都给团队赋予了更大的决策权力。如果没有明确达成一致，团队成员在行使权力时或出现没有有效行使权力的情况，或出现滥用的情况。

在一段时间内，团队成员比较稳定。最后，团队成员在一段时间内需保持相对稳定。在主流文化中，我们相信频繁更换团队成员可给团队注入新的想法与能量。这个观点颇为有趣，但调研结果不是这样的。团队成员需要花费一定的时间才能做到互相了解并就目的达成共识，明确开展合作以及将达成的协议付诸行动并持续改善的方式。如果团队成员频繁加入或离开团队，团队就无法从大家达成的共识中获利。团队成员要么花费太多时间来融合新成员，要么由于没有足够时间来融入新成员而被拖累进度。

为什么互相协助如此重要

互相协助如此重要的原因是，一旦这个话题未能得到有效管理，这将变成很多工作团队和团队问题的根源。当团队成员互相协助时，他们需要依赖彼此的互相协助来达成共同的结果。这让团队成员对其他成员如何开展合作产生期待。这些期待让大家彼此担责。如果成员的期待或担责没有实现的话，这会降低他们达成目标的能力，并且对工作关系和个人的幸福感带来负面的影响。

工作团队和团队通过在团队成员之中分配集体任务来完成工作或避免这些问题，其中，他们既需要互相协助，也需要协调彼此的工作。需要管理的互相协助类型和程度、协调的类型都会影响团队设计的很多要素。随着互相协助的程度不断提升，大家对于彼此的期望和担责程度将随之提升。团队成员需要协调的程度越迫切，协调的难度也就越大；一旦他们没有做到的话，这将对他们的绩效与工作关系带来巨大的负面影响。如果团队的要素设计良好，也就是说，如果这些要素能够支持所需的协助与协调，那么互相协助的团队就可以达成更好的结果。

请参看图 6.1 中展示的不同类别的互相协助。在设计团队的要素时，某类协助就会应运而生，而每类协助都会以不同的方式影响团队。让我们首先来定义一下每个类别并了解它们的运作方式。两个主要的协助类型是结构型协助和行为型协助。第一个结构类型是结构型协助，如同它的名字所显示的，指的是如何设计并构建团队的要素以便团队成员相互合作来完成任务。

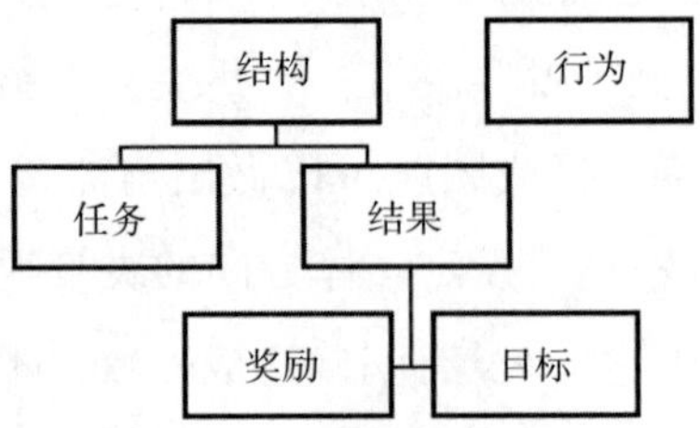

图 6.1 互相协助的类型

结构型协助分为两类——任务型协助和结果型协助。任务型协助指的是团队工作中的各项要素的设计在多大程度上可以让团队成员必须依靠彼此互动才能完成任务。例如，某个销售团队真的如团队那样完成销售任务。结果型协助又分成两类。目标型协助指的是在多大程度上绩效是以团队为单位，以个人为单位，还是将这二者结合在一起来衡量？当我们以团队为单位来衡量，而不是以个人为单位来衡量时，一个团队的目标型协助就会相应增加。例如，如果一个销售团队的目标只是专注在他们自己的那部分目标达成上时，那么他们的目标型协助就比较低；如果他们专注在团队的整体目标上，那么目标型协助就会比较高。结果型协助的第二个类别就是奖励型协助，也就是在多大程度上单个团队成员所获得的奖励取决于其他成员的表现。如果一个团队成员的年终奖金仅仅取决于他本人的表现，那么奖励型协助就比较低。如果他所获得的奖金取决于团队的整体表现，那么奖励型协助就比较高。例如，如果销售团队成员仅仅根据他自己所负责的那部分的工作表现来获得奖励，那么奖励型协助就比较低；如果他们的奖励是基于团队的整体销售业绩，那么奖励型协助就比较高。

如果你想去创建任务型协助或结果型协助，那么你需要设计不同的团队要素，而这些要素将以不同的方式影响团队。你可以通过改变工作方式来设计任务协助的程度；当然，你也可以通过改变任务完成所产生的结果来设计结果协助的程度。

另一个主要协助类型是行为型协助，是指为了完成任务，团队成员相互之间实际配合的程度。区分结构型协助和行为型协助非常重要，因为设计高结构型协助团队，如任务型协助、奖励型协助和目标型协助，这并不能确保团队成员在行为上也互相协助，反之亦然。有时结构型协助比较少的团队会选择一起合作，这反倒产生了比较多的行为型协助。

当你试图帮助团队提升有效性时，你应该首先审视其互相协助的状态。这包括需要完成的团队任务、在团队中是如何设计任务协助和结果协助的，或者需要设计提升团队三种结果的方式。

团队并不比工作团队更好，合适就是最好的

一个运行良好的工作团队并不需要变成一个团队。工作团队可以表现良好，团队也可以表现良好。一个单位（团队或工作团队）表现是否良好，并不取决于这是一个团队或一个工作团队。工作团队和团队的区别在于其设计不一样。**如果将工作设计成需要团队完成，那么团队成员就需要围绕团队的工作任务互相协助，那么这就是一个团队；如果完成一项任务不需互相协助，那么这只是一个工作团队而已。**团队或工作团队是否有效运作，部分取决于工作设计与团队成员工作之间的匹配程度。如果成员所需完成的工

作任务需要他们互相协助，但他们在行为上不是这样的，那么这就不是一个高效团队，虽然这依然是一个团队。

遗憾的是，自从团队这个概念从 1990 年变得流行起来以后，很多组织将团队看成默认的设置，即使这项任务以工作团队的形式出现更好。简单地告诉一个工作团队他们是一个团队或鼓励他们像一个团队那样行事并不能真正打造一支团队。

决定采用工作团队形式还是团队形式，这是一个重要的决定，它会影响工作团队或团队的许多设计要素，也会影响达成目标的能力。通常，需要完成的任务不会预先确定协助的程度，特别在知识工作者之中，任务的设计可以带有少许协助，也可以带有许多协助。重要的是，在需要完成的任务和所需协助的程度之间存在良好的契合度。

一旦契合度不高，你马上就会察觉出来。当工作团队勉强组成一个团队时，团队成员会觉得没有必要参加团队会议。他们把这看成浪费时间。参加会议时，他们会感到沮丧，因为他们所需要解决的问题并不需要他们太多参与，他们花费时间讨论如何一起解决的问题却未必需要他们出面协调。所以，他们经常对讨论的议题漠不关心，除非讨论与他们的业务有关。如果他们参与讨论，他们只关心自己的利益点，而不是其他成员的利益点或者所属组织的利益点。在其他时间里，他们或默不出声或忙于刷屏。因为他们并不认为会议议程中所包含的事项会对他们带来任何影响，所以他们既不好奇，也不担责。

当然，如果原本就应该是一个团队，结果却被设计成了协助很少或没有协助的工作团队，你也可以马上辨别出来。团队虽花费时间聆听最新进展，却无法解决那些影响团队的议题。团队成员对其他成员感到沮丧，因为他们无法从那些人那里获得所需信息、支持与资源。因为他们无法通过相互间协助来直接解决问题，他们的挫败感也就日益加深了。相反，他们只有通过大家的共同上司出面予以协调或采取一事一议的特殊方式才可找到解决办法。

一个更好的提问：什么样的任务才需要团队

到目前为止，在讨论互相协助时，我好像默认工作单位不是团队就是工作团队，但这显得过于简单。即使一个团队需要完成一项主要任务，他们面前依然还有数项任务等着他们去完成，其中的某些任务需要团队互相协助，而某些任务则并不需要。与其询问我们是一个团队还是一个工作团队，还不如问“围绕什么样的任务我们需要搭建一个团队；围绕什么样的任务，我们需要搭建一个工作团队”。视工作任务的不同，你可以选择设计团队要素或工作团队要素来体现不同层次的相互协助程度。例如，高效团队采取不同的方式来解决问题或做出决策，这关乎所需解决的问题是否需要相互协助。

互相协助将如何影响你和团队及工作团队之间的合作

无论你是与工作团队还是团队共事，无论团队成员管理其协助水平如何，这些都将以多种方式影响你和他们之间的合作。首先，这会影响团队对你做出回应的方式。如果与你合作的工作团队成员认为领导所要求的协助比实际所需要的更多，那么他们将把你与他们之间的合作看成另一个毫无必要的互相协助的例子，于是他们也许会采取冷漠的态度或对你感到沮丧。其次，如果团队或工作团队成员相互间的合作或达成绩效出现问题，互相协助的问题也许是根本原因，而你需要和他们一起探讨。最后，如果工作团队或团队新组建不久，并且寻求你的帮助来让其更好地运作，你所需要探讨的第一个问题就是任务需要何种程度的互相协助。

在本章的末尾，我将介绍如何帮助团队和工作团队找到完成任务所需要的合适的协助水平，以及如何据此设计工作团队和团队的要素。因此，我们需要首先了解工作团队和团队有效性的要素。

团队有效性模型

到目前为止，我仅大致提及了团队有效性模型。现在我想在具有普遍意义的团队有效性模型与具体打造有效团队的团队有效性模型之间建立起连接。请记住团队有效性模型既适用于团队也适用于工作团队。

如何打造一个好的团队有效性模型

模型和理论对你的工作是必不可少的。正如统计学家乔治·博克斯（George Box）所说："所有的模型都是错误的，但有一些模型是有用的。正如某些团队比其他团队设计得更好，团队有效性模型也是如此。如果你所使用的模型构思精巧，提高你的引导水准并帮助团队改善的机会就会增加。一个设计良好的模型可以提升你设计、诊断和干预团队的能力。正如同社会心理学家库尔特·勒温（Kurt Lewin）所说："没有什么比一个好的理论更具实践指导作用的了。"以下是团队有效性模型的介绍。

团队有效性模型是一个规范性模型（normative model），目的是向你展示一个有效的团队应该是什么样子的。与之相反，一个描述性模型（descriptive model）会解释团队是如何运作的，而不是他们应该如何运作。其目的不是用于帮助你去识别团队运作是否有效，以及如果运作不甚有效的话，又该如何采取行动。描述性团队模型的一个好的例子就是广泛引用的塔克曼（Tuckman）四阶段团队发展模型。基于他对 50 个接受观察的工作团队的研究，他发现了团队发展的四个阶段：形成、震荡、规范、运作（他后来又增加了一个阶段：解散）。他并没有介绍这些接受观察的工作团队应该如何演变，而是介绍它们实际上是如何演变的。遗憾的是，很多团队理论的使用者将塔克曼的描述性模型视作为规范性模型，误以为团队若想做到高效，就必须经历上述四个阶段。因为很多描述性模型识别出很多无效行为，如果将描述性模型和规范性模型搞混了，你会降低团队的有效性。相反，规范性模型使你能够去观察团队的运作方式，并且识别出团队当前运作方式与理想运作方式之间的差距。

团队有效性模型是一个因果关系模型。它介绍了团队要素之间如何互动来产生团队的结果。如果你看到某种结构、流程或行为时，这个模型可以让你预测出接下来团队中会出现什么。它也可以让你去帮助团队做出根源性分析，由此你可带来问题解决所需的改变而不仅仅针对问题的症状。也就是说，一个因果关系模型可以帮助你去找到问题的杠杆点，由此你可以提升团队的有效性。为了确保团队有效，简单列举团队需要做的五到七件事情，这不是因果关系模型。虽然这或许容易理解，但是对于你理解团队为何无效却并无多大帮助。

团队有效性模型是内在统一的。如果一个模型是内在统一的，那么它的所有组成部分都互相契合，不会出现冲突。内在统一性非常重要，这可确保你在使用这个模型实施干预和开展设计时，不会给你或你所帮助的团队带来冲突。

团队有效性模型是相对全面的。它囊括了研究发现的有效团队的大部分构成要素。如同很多其他模型一样，它以简化的方式描述了事物是如何运作的，但又识别出可解释有效团队的大部分要素。

团队有效性模型：全景图

团队有效性模型（见图 6.2）定义了：① 有效团队所达成的结果；② 为达成这一结果所需具备的要素；③ 如何设计这些要素；④ 这些要素彼此如何关联。虽然它被称为团队有效性模型，但对于相关团队和工作团队同样适用。那是因为让**工作团队和团队有效的要素是相同的，不同的是要素设计的方式。**你可以在不同的团队和工作团队中使用团队有效性模型，其中包括领导团队、职能团队、跨职能团队、项目团队和特别行动工作团队等。它设计的初衷是让工作团队和团队来讨论工作问题并且做出决策。无论团队成员源于组织的哪个部门、多个部门或多个组织，你都可以使用团队有效模型。

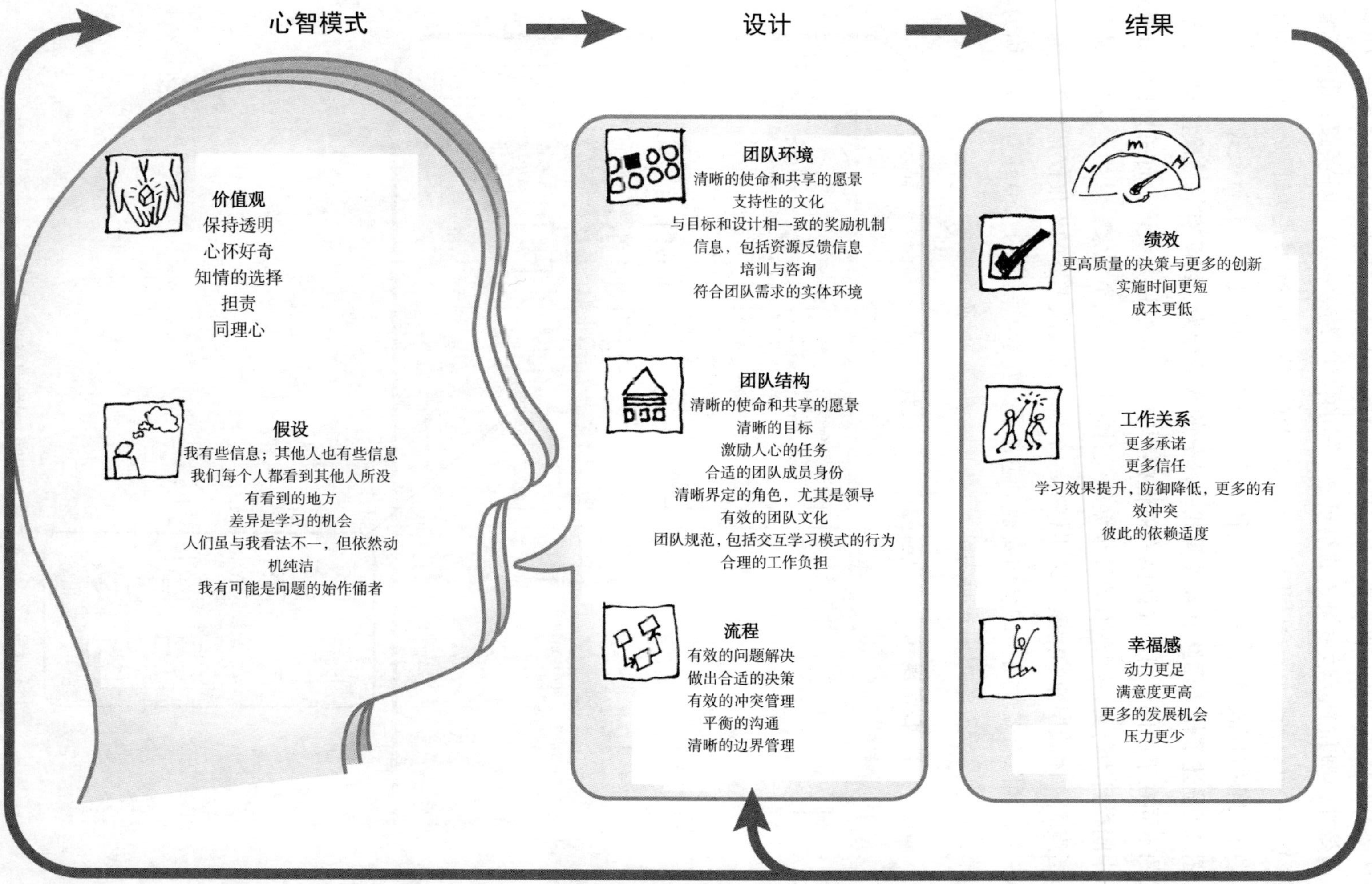
心智模式
设计
结果
价值观
保持透明
心怀好奇
知情的选择
担责
同理心
假设
我有些信息；其他人也有些信息
我们每个人都看到其他人所没
有看到的地方
差异是学习的机会
人们虽与我看法不一，但依然动
机纯洁
我有可能是问题的始作俑者
团队环境
清晰的使命和共享的愿景
支持性的文化
与目标和设计相一致的奖励机制
信息，包括资源反馈信息
培训与咨询
符合团队需求的实体环境
团队结构
清晰的使命和共享的愿景
清晰的目标
激励人心的任务
合适的团队成员身份
清晰界定的角色，尤其是领导
有效的团队文化
团队规范，包括交互学习模式的行为
合理的工作负担
流程
有效的问题解决
做出合适的决策
有效的冲突管理
平衡的沟通
清晰的边界管理
绩效
更高质量的决策与更多的创新
实施时间更短
成本更低
工作关系
更多承诺
更多信任
学习效果提升，防御降低，更多的有
效冲突
彼此的依赖适度
幸福感
动力更足
满意度更高
更多的发展机会
压力更少

图 6.2　团队有效性模型

团队有效性模型由三部分组成：心智模式、设计和结果，并且整合了交互学习模式。**团队有效性模型和交互学习模式的结果是一样的：① 绩效；② 工作关系；③ 幸福感**（请参考第 4 章有关交互学习和团队有效性模型的结果和心智模式）。但是，在团队有效性模型中的心智模式代表的是集体的团队心智模式，而不是个人心智模式。

图 6.3 描述了作为团队有效性模式一部分的八种行为。团队有效性模型和交互学习模式的不同在于中间栏目：在团队有效性模型中，中间栏目为设计，而在交互学习模式中，中间栏目为行为。团队有效性模型的设计栏目包括三个要素—情境、结构和流程。这包括组织和团队层面的因素，说明打造一个高效的团队需要的不仅仅是高效行为。在图 6.3 中，团队有效性模型的结构要素中包含了交互学习模式的八种行为，这被称为团队规范，也就是交互学习模式行为。

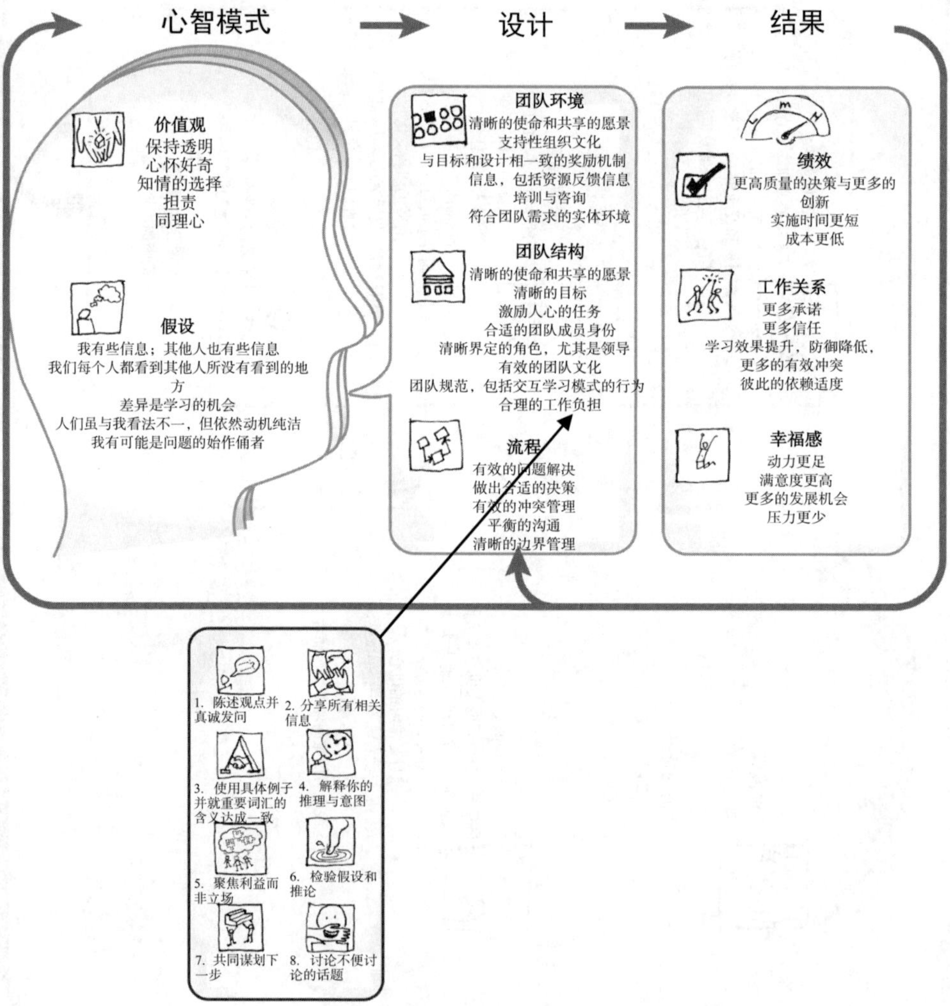

图 6.3 八种行为是团队有效性模型的一部分

你设计团队时的心智模式是什么

你的思维方式决定了你的设计方式。如果人们在设计时采用的是单边控制的心智模式，那么他们就会将单边控制模式的要素嵌入团队结构和流程中去。这会产生团队原本极力避免的结果：绩效糟糕、工作关系不佳、团队成员幸福感降低。

以下是使用单边控制的心智模式导致低效团队设计的两个绩效管理的例子。

- 很多团队都有领导评估直线下属表现并给其提供反馈的绩效管理流程。这个流程的设计思路是：与下属会面前，你先评估那个人的表现并且列举支持你结论的例子。你与下属会面沟通前，你的领导批准了你对下属的评估结果。这种事先审批的做法是为了确保领导能比较公平地分配绩效评定等级。但这种做法让你难以对下属的想法心怀好奇，因为一旦发现你漏掉了下属表现的一些重要事项，你要回到你的领导那里纠正你之前的评估结果，并且告诉他这个人的评级应该更高。如果一个绩效评估流程是这样设计的，你了解下属想法的兴趣必然让步于捍卫你之前的评估结果了。
- 在很多团队中，领导对直线下属的评估信息源于下属的同事或其他经理。但在评估流程中，领导不会与下属分享这些信息及信息的来源。所以，其他成员以及与下属共事的同事不用对下属的评估结果担责。

这些例子表明单边控制的核心价值观和假设是如何嵌入团队设计之中的，而这些设计又是如何带来了不曾预想的负面后果的。我的观点是**团队设计的每个要素都反映了这一要素的设计者的心智模式。**

正如领导常常并不清楚他们是如何运用自己的心智模式来设计自身行为的，他们也不清楚他们是如何运用自己的心智模式来设计团队的。他们并不是有意通过团队设计削弱团队有效性的，只不过他们的操作系统就是这样运作的。当团队没有始终如一地遵循他们所标榜的价值观时，领导会大吃一惊。团队设计反映并强化了一套有别于领导所标榜的价值观和假设。

除了结构和流程之外，团队设计还包括塑造团队存在的情境，所以本章剩下的部分会将团队设计中的挑战细分为三个话题。图 6.4 说明了心智模式和团队设计之间的关系并为后续讨论埋下伏笔。

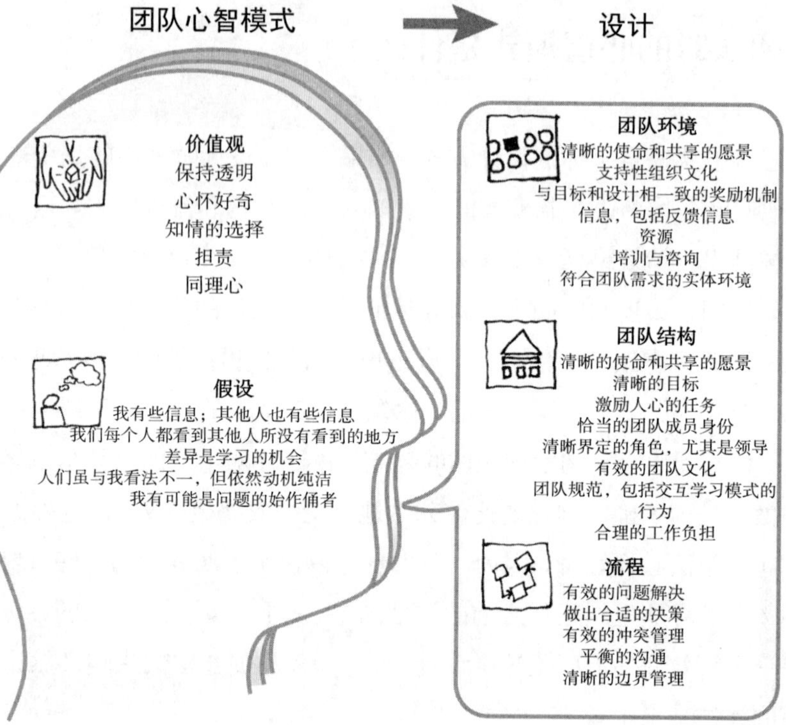

图 6.4　团队心智模式和设计

团队结构、流程和情境

团队结构组成了团队特征中相对稳定的部分。当想到结构时，人们首先想到的是组织结构：谁向谁汇报。但团队结构也包括使命和愿景、任务、成员及每位成员所承担的角色。

团队流程指的是如何完成某件事情，而不是做了什么。为了做到有效，一个团队必须管理若干流程，从问题解决到边界管理。结构是一个稳定、重复出现的流程，来自团队成员彼此以相同方式持续互动。

团队情境的要素通常由所属组织设计或源于所属组织，并且这些要素会影响团队的运作。团队情境的要素包括清晰的组织使命和共享的愿景，支持性组织文化，在多大程度上组织的奖励系统与团队目标及团队的工作方式保持一致。

总体来说，位于组织层级结构中更高层级的团队享有更多权力来设计团队要素。工作团队也许有自己的问题解决、决策流程以及团队目标和角色设定，但这些都需要由领导团队为他们做出决定。位于组织更高层级的团队通常享有更大的能力去影响他们工作所处的情境。

让我们一起来探讨一下团队结构、流程和情境对于团队结果的影响以及交互学习的心智模式和互相协助是如何影响团队设计的。当你阅读有关结构、流程和情境的文字时，请记住团队本身就是一个系统。为了达成最好的结果，组成团队的所有要素必须保持一致，其中包括与团队的心智模式保持一致。

团队结构

以下是打造高效团队结构的要素：① 清晰的使命和共享的愿景；② 清晰的目标；③ 激励人心的任务；④ 恰当的团队成员身份；⑤ 清晰界定的角色，尤其是领导；⑥ 有效的团队文化；⑦ 团队规范，包括交互学习模式的行为；⑧ 合理的工作负担。

清晰的使命和共享的愿景

使命是团队的目标。团队的使命回答了这个提问："我们为什么存在？"团队通过完成各种目标来实现使命，而各种目标又是通过完成各项任务得以达成的。使命澄清了团队为什么存在，而愿景则描绘了团队看上去应该是什么样子的，以及应如何行事来达成其期望完成的使命。使命和愿景一起为团队提供了意义，并且可以激励和指引团队的工作。很多团队将使命和愿景的陈述张贴在他们的会议室中，但使命和愿景的价值在于团队成员为了实现这些使命和愿景所做出的共同承诺，而不是将它们张贴在墙上。

最后，制定并确认使命宣言，这是团队领导的责任。但是，采用交互学习模式的领导不会简单地制定一个引人注目的使命宣言，然后指望团队扬帆起航。因为他们采用交互学习模式，所以领导对于使命是什么，以及为什么是这个使命而不是别的什么使命保持透明。他们对于其他人的使命观也心怀好奇，并寻求将他们的关注点与想法整合进来。如果领导未能将其他人的提议纳入使命中，领导有责任解释其理由。领导也会要求团队成员担责，请他们说出是否对领导和团队共同制定的最终版本的使命宣言做出承诺。仅仅因为团队成员是团队中的一员就假定他们对使命肩负承诺，这是一个太不靠谱的假设，有待检验。

最后，使命和愿景都是个性化的。使命和愿景需要直接告诉那些需对其做出承诺的团队成员。如果团队成员没有对使命做出承诺或努力去实现使命的话，那么交互学习模式的领导会心怀同理心而不是将其视为不服从或对组织的背叛。

清晰的目标

团队目标必须保持足够清晰，这样团队对其含义才能达成一致并且可用于衡量进展。有效团队的目标必须与组织使命、愿景保持一致。与研究结果保持一致，在交互学习模式的团队之中，无论目标是由领导设定还是与团队成员共同设定，目标背后的原因都清晰明了。为了增强目标的互相协助，目标达成是以团队为单位进行衡量的，而不是以个人为单位来予以衡量。

激励人心的团队任务

即使团队成员互相协助，如果团队任务不足以激励人心，那么团队成员也会变得懈怠。打造激动人心的团队任务不是因为领导多么富有个人魅力，或引人注目，或因为出色表现而给出的奖励，而是团队任务设计本身。有些任务设计无法激起大家的兴致，而另一些任务设计却让任务变得激励人心。

研究表明，一项激励人心的团队任务需要满足一定条件：

- 可让团队成员使用多种技能。
- 这是一项完整而有意义的工作，其结果清晰可见。
- 其结果将产生重要的后续影响，既有可能是对客户而言，也有可能对组织中的其他人而言。
- 可赋予团队成员重要的自主权来决定如何完成任务，这样他们感到自己是工作的拥有人（ownership）。
- 可定期给予团队成员可信的反馈，这样他们可以知道团队的工作进展。

对于团队领导来说，提供知情的选择意味着让团队成员共同设计任务。很难知道团队成员具备哪些技能及他们将如何使用这些技能，他们眼中的有意义的工作是什么，他们定义的自主是什么。与团队一起共同设计任务、心怀好奇，团队就可增加让这些任务满足以上条件的机会。

为了提高任务的互相协助程度，团队设计的任务最好让多位团队成员主动交换他们的帮助和资源来完成这项工作。

恰当的团队成员身份

有效团队对其成员的资格精挑细选。当然，团队成员可给团队带来用以成功完成任务所需的合适知识和技能组合。但是，我们依然可以通过许多团队成员的个性特征来预测团队的表现。其中包括个性因素如团队成员的亲和力、认真程度、对于经历的开放程度及对于团队工作的偏好。

如果团队任务需要团队成员互相协助才能完成的话，那么选择那些愿意在一起工作的团队成员就显得极为重要。研究显示，拥有平等价值观的团队比拥有精英领导价值观的团队可带来更多的互相协助。那些喜欢独立开展工作的团队成员不太容易受到提倡合作的组织或团队价值观的影响。遗憾的是，喜欢一起合作的团队成员会受到个人主义思想的影响并变得比较利己。这个例子表明建立一个互相协助的团队是一项多重任务，意味着你需要考虑团队成员的个性化特征、团队设计和团队所处的情境。

团队还要决定团队规模的大小。当有人询问林肯一个男人的腿应该有多长时，林肯的回答是“……长到足以让他的身体能接触到地面”。同样，对于提问“一个团队需要多少成员”，答案是“足以完成任务”。如果成员数目超过完成任务所需，那么团队将花费不必要的时间在协调任务上而不是直接用于工作上。另外，随着团队规模的扩大，团队成员会对工作失去兴趣并减少自身的努力。但是，研究并没有显示团队规模和团队绩效之间存在直接关系，这或许是因为团队的规模大小取决于团队任务。

正如我们之前讨论过的，一个团队必须清楚谁是团队成员，而团队成员也必须保持足够稳定，以便他们有足够的时间学习如何一起合作。

清晰界定的角色，尤其是领导

在很多团队中，大家认为只有正式领导才能为团队负责并且只有正式领导才可承担这一角色。正式领导，我指的是团队的负责人。其结果是，正式领导主持会议、设定团队日程、引导讨论方向并且确定下一步。团队成员虽然参与其中，但将领导角色留给正式领导。这就是我所说的“房间里只有一位领导”的心智模式。如果你给这类团队提供咨询服务，即使团队达成他们的目标，你会发现团队成员过于依赖正式领导。

在使用交互学习模式的团队中，团队成员的角色流动性更大。团队成员也许会轮流主持会议，主动担责来协调会议议程并确定下一个步骤。更加重要的是，领导角色并不仅局限于正式领导。他们共享角色、共担职责。他们的假设是，一个人可以看到其他人看不到的事情，每位成员都需要为团队正常运转担责。当一位团队成员看到团队中出现降低有效性的事情，他有责任在团队中提出这个问题，不管他是一位团队成员还是正式领导。

研究显示，当团队的工作任务需要更多协助时，领导力行为对于团队的有效性将带来更大影响。这是合乎情理的，因为团队任务如果需要更多协助，那么团队需要更多协调。

有效的团队文化

文化影响力巨大但是无形的。团队文化是一套为团队成员所共享并指导他们行为的基本价值观和信念。团队文化会影响团队处理诸如质量、时机、权力等问题或者其他与团队工作相关的问题的方式。例如，与我合作过的一个团队相信，如果你给聪明的员工提供合适的信息并且让他们自主做事的话，那么他们会成效卓然，而且他们始终坚持照此行事。结果是，极少有人投诉管理过细；大家享有极大的自主权。相反的情况是，有些组织认定他们必须准确无误地告诉员工需要做些什么或者需要严密监督什么，否则就会带来负面后果。在这些组织中，员工并不享有自主权，也没有积极性。

形成团队心智模式的核心价值观和假设也是团队文化的一部分，我会将其拿出来单独讨论，因为它们是基础，这会影响团队如何融入文化的其他各个方面。**改变团队的心智模式就是改变团队的文化，**这句话非常有道理。

你可以通过聆听成员谈论他们的价值观或信念来了解团队文化。我们所标榜的价值观与信念与我们的行动并不相符，但我们通常对此没有察觉。我们可以通过观察团队的文化衍生物，包括团队成员的行事方式来推测构成团队文化的价值观和信念，文化衍生物是一种文化产物，包括公司政策、程序或成员所创造的结构等。

文化影响团队所做的一切，并且通过政策和行为得以强化，但其运行时通常不为团队所觉察。因此，文化难以识别，也难以改变。

交互学习模式的团队深知文化的威力。他们了解团队的思维方式就是团队的行事方式。所以，他们会讨论想要打造的文化，并且了解该文化与他们现有文化之间的差别。他们能清晰地识别出团队当前所采纳的核心价值观和假设，并且公开讨论它们是促进还是阻碍了团队的步伐。他们总是询问自己："我们将要采取的决定和行动是否与我们倡导的价值观和假设保持一致？"这通常涉及讨论不便讨论的话题。当找到现有文化和期待的文化之间的差距后，他们共同设计方案来弥补这个差距。

团队规范，包括交互学习模式的行为

规范是团队成员对于彼此如何表现的共享期望。规范是将团队文化付诸行动。团队可以就每件事做出规范，包括发邮件要抄送给谁，如何管理时间及会议中谁先发言等。

一个非常容易观察到的规范是时间。（在世界范围内，不同的文化对于时间的观点是不一样的）。例如，我所合作的领导团队非常看重准时，并且将准时看成尊重他人的表现。所以他们的规范之一就是会议总是在设定好的时间准时开始，哪怕有人缺席。和我合作的其他团队则对时间有着不同的价值观与假设。他们制定的是另一种规范，会议需要等所有人都到齐了才开始，即使时间晚了 15 分钟。

遗憾的是，团队规范通常没有被清晰地制定，正如其背后的价值观和假设一样。这时，团队发现他们所采用的一套团队规范随着时间的流逝、莫名其妙的演变而不再满足团队的需求。

许多团队的规范是团队正式领导的权威，相对于其他团队成员，他可以采用不同的一套规则来行事。他可以控制会议或“一言堂”，打断其他人，或者当他认为有人讨论跑题时，他可以转换话题。其他成员也许认为这种行为并不有效，但他们不会提起这个问题。而交互学习模式的团队的一个假设就是所有的团队成员，包括团队领导，都需要按照相同的基本规则行事。也就是说，被团队成员视为低效的行为，对于团队领导同样适用。这并不会改变领导决策的权威，它只要求领导在决策中展现有效的沟通行为。

八种交互学习模式的行为——当团队采用时——将交互学习模式的核心价值观和假设付诸行动而成为团队规范。因为交互学习模式的团队对于他们所采用的规范保持公开透明并对是否采用做出知情的选择。一旦看到有人的行事方式与团队期望不符时，他们可以让每位团队成员为此担责。实际上，在交互学习模式的团队中，有人看到出现违反团队期望的行为时，所有团队成员都对此做出反馈，这是团队规范。这样，团队成员通过支持彼此展现他们所赞同的行为来分担责任，这会带来更好的结果。

合理的工作负担

虽然发达的科技让我们可以高速地完成很多任务，但并没有提升我们的思考速度，或者让我们彼此开展有效的讨论，而这是领导和团队的最为核心的两项任务。高效团队有能力预测何时他们的时间吃紧，他们的工作质量将受到影响。更为重要的是，能够讨论不便讨论话题的团队可以在看到这个问题时明确地提出这个话题。

团队流程

流程指的是如何完成某件事情，而不是做了什么。为了确保有效，一个团队必须管理这些流程：① 问题解决；② 决策；③ 冲突管理；④ 沟通；⑤ 边界管理。最主要的流程是问题解决和决策。

有效的问题解决

团队花费很多时间用于问题解决。问题指的是期待的结果和现有状态之间的差距。问题解决是团队用来弥补差距的系统方法。

团队有很多解决问题的系统流程，如精益生产、六西格玛，以及其他持续改善的方法。但只有当成员愿意保持透明、心怀好奇、担责并且对彼此抱有同理心时，这些方法才会行之有效。如果团队成员隐瞒某些信息，或者认为他们是对的而其他人是错的，这些问题解决的流程就会变成单边控制模式角逐的战场。使用某种问题解决流程的团队虽在技术层面变得更为熟练，但无法提出和讨论富有挑战性的议题。结果是，他们最终无法获得解决的问题的所有相关信息。

做出合适的决策

当初次学习交互学习模式时，人们通常都会误以为所做出的决策需要达成一致，实际上并非如此。使用交互学习模式的团队和使用单边控制模式的团队的区别并不在于他们所采用的决策方式，而在于他们的心智模式。

交互学习模式和单边控制模式有相同的决策规则：① 团队做出的决策需达成一致或按照其他规则，如授权给部分团队成员做出决策；② 与团队讨论之后，团队领导做出决策；③ 与个别团队成员讨论之后，由领导做出决策；④ 不与团队成员讨论，领导独自做出决策；⑤ 领导将决策授权给团队或某成员。现在我们可以来看一看领导在做出决策时，如果分别采用单边控制模式和交互学习模式会带来哪些不同的结果。

如果领导运用单边控制模式来就决策达成一致意见，他会这么想："我如何让团队成员接受我已经找到的解决方案呢？"如果他采用交互学习模式，他会这么想："我如何确保我们的决策是基于所有的有效信息并且满足所有利益相关者的需求呢？"这个解决方案也许是他们在会议前想出来的，或者是某团队成员提议的，或者由团队成员在会议中共同构建出来的。

如果领导采用单边控制模式，他会认为他理解现有局面而且他的理解是正确的。如果其他人的观点或解决方案与他不同，他会私下质疑其他人的动机并且贬斥他人的观点。但如果领导采用交互学习模式，他会认为其他人可能看到他没有注意到的事情。他们会公开质疑对方，并且尝试从不同的观点中获益。

很多时候，领导需要独立做出决策而无需咨询他人，但这并不意味着采用单边控制模式。如果他们只考虑自己的利益，并且认为他们拥有大部分或所有做出可靠决策所需的信息，或者他们没有告知下属他们做出的决策，更不用说他们是如何做出决策的，那么他们是在采用单边控制模式行事。在同样的情境中，如果领导像管家那样行事，考虑所有利益相关者的利益，做出决策时承认他们所拥有的信息并不全面，并且对他们的下属承担告知义务，那么他是在采用交互学习模式。他会告知下属他做出决策背后的原因。他们关注决策是否会造成一些问题，并且认识到在某些情况下他们无法更改决策。

如果一位采用交互学习模式的领导已经做出了决策，他会告知大家。如果他已经做出了决策，他不会再去花费时间收集信息。他知道走一遍收集意见的流程，然后让他们执行领导已经做出的决策，这种行为只会让大家感到虚伪，而不是带来承诺。他们知道如果在收集信息时缺乏真诚的好奇心或者对变革并未保持开放，那只是操纵而已，这会减少团队的信任和承诺。

团队成员无需参与所有的决策之中，他们也不希望如此。但他们期待团队领导能透明待人，告知大家他是否做出了决策，或者他在多大程度上可以接受大家的意见。团队成员也希望领导不要浪费大家的时间，在已经做出决策事情上继续收集意见。

团队如何做出决策也反映出该团队是否对团队内外的人员负责。在某些组织中，领导团队需投票表决是否选择一个内部候选人担任人事经理。一位团队成员就候选人表达了他的担心，但由于没有具体信息来支持他的担心，他被要求回避投票。第二位团队成员说他对于这位候选人过往一年中采取的某些行动表示怀疑，当总裁询问他是否与这位候选人沟通过他的怀疑时，他的回复是"没有"。总裁随后说"那你的投票也不算数"。团队成员因此就担责获得了一个教训：他不可以对员工隐瞒一些反馈信息，却把同样的信息用于投票反对那位员工的晋升上。

有效的冲突管理

有效的团队会把冲突看作团队生活中自然而然的一部分。他们认为当人们主张不同的解决方案又无法将其都付诸实施时，冲突发生了。交互学习的心智模式让团队更易管理冲突。因为大家认为差异是学习的机会，他们并不会固守自己的立场并尝试赢得冲突。他们也不会试图避免冲突或者只是接纳其他人的立场。

相反，他们心怀好奇，与他人深度接触，发现他们不同观点的来源，并且尝试去弥补差距。弥补差距并不是妥协。当你妥协时，你依然还是基于立场行事，试图让你的利益最大化。当你弥补差距而不是扩大差距时，即使你们的立场是对立的，你知道自己的假设和其他人的假设差异在哪里，你们的共同利益是什么。这使得团队诞生的解决方案不是通过互相妥协得出的。因为团队成员相信没有人拥有所有的拼图块，人们虽提出不同看法，但他们的动机依然单纯。他们可以解决利益重大的冲突，而不会让其对大家的工作关系带来负面影响。实际上，采用交互学习模式的团队经常报告说，在解决利益重大的冲突之后，他们的工作关系变得更好了。需要更多协助的团队也需要更多管理冲突的技巧。

平衡的沟通

团队需要沟通以便让团队成员获得所需的信息，这样团队可以就讨论的话题达成共识。如果没有共识，团队成员将走向不同的方向而且产生冲突，哪怕他们意图良好。

交互学习模式为平衡和有效的沟通提供了基本原则和具体指南。所谓平衡，指的是团队成员可以直接从信息源头那里获得信息并且与需要解决问题的人员直接沟通。在很多团队中，团队沟通所采用的假设是大家对领导担责。因此，每当挑战性局面出现时，领导就变成了沟通的中枢。每位成员都与领导分享相关信息。但在交互学习模式中，沟通所采用的假设是每个成员对整个团队负责。所以，团队成员与相关成员直接分享他所知道的信息。领导不再作为彼此有冲突的成员的调解人。

采用交互学习模式的团队可就更多事项予以沟通。他们能够沟通在其他团队看来不知道如何沟通或不愿沟通的问题。因此，他们可以讨论阻碍团队有效性的议题，而其他团队不行。最后，因为他们了解思维和情绪对于做出好的决策非常重要，作为解决问题和决策的一部分，他们也谈论自己的感受，从而让大家加深彼此的了解。

互相协助的程度也会影响团队的沟通。研究显示，协助程度比较高的团队相对于协助程度比较低的团队而言，他们会分享更多信息。另外，当大家拥有不同信息时，如果团队协助程度高，那么相比于协助程度比较低的团队而言，这些信息对于绩效的影响更大。

清晰的边界管理

每个团队都需要知道如何与其所隶属的上级组织开展合作，以及如何与组织外的个人和团队开展合作。这就是团队的边界管理。当团队与其他团队开展合作时，它必须知道：① 与其他团队分享什么信息以及从其他团队处获得什么信息；② 针对某项任务，它的职责到哪里结束，其他团队的职责从哪里开始；③ 哪些团队可以做出哪些决策。如果团队没有管理好这些边界，那么它就无法获得完成任务所需的足够信息，或者所接受的任务超出了其专业或职责的范围，或者也有可能以其他团队完成了他们的工作而告终。最后，团队就无法对自己的权责范围给予合适的掌控。

当团队成员就这些事项和其他团队寻求共识时，他们通常以同事的方式进行。没有一个团队享有单方面决定这些议题的权力。在交互学习模式中，如果一个团队无法就某些议题与其他团队达成共识，那么他们不会将这些问题采取单方面升级到更高领导的方式。他们会共同将这个问题提交给双方的正式领导。幸运的是，采用交互学习模式的团队不大可能将这些边界冲突一起升级，即使其他团队不了解交互学习模式。

团队情境

每个组织的团队都受到所在组织的影响，哪怕最高层领导团队也是如此。如果所在组织的情境包括如下内容，团队会更加高效：① 清晰的使命和共享的愿景；② 支持性组织文化；③ 与目标和设计保持一致的奖励机制；④ 信息，包括反馈信息；⑤ 资源；⑥ 培训与咨询；⑦ 符合团队需求的实体环境。

团队在组织中的层级不一，其影响或控制团队情境的能力也不一样。在任何情况下，交互学习团队都可以对影响其工作的所在组织的环境施加更多影响。这意味着当团队享有权力时，他们可以改变策略，如果没有权力，他们可以影响策略。如果两者都不可行，他们可以寻找创意性方法来尽量减工作团队带来的意想不到的负面后果。

清晰的使命和共享的愿景

一个组织的使命和愿景可以如同一把撑开的大伞那样发挥作用。显然，团队的使命和愿景必须与所在组织保持一致。但是，团队有时也会发现团队之外的人员的行事方式与组织所倡导的使命和愿景相违。当这种情况发生时，交互学习模式的团队愿意心怀好奇，与其他人接触时带有同理心。

当组织的使命出现重大变化时，团队将面临挑战。一个医疗保健供应商在转变成为值得信赖的护理机构时，发现其使命和愿景的变化导致组织的主要结构发生改变，这就要求其领导团队必须与组织内其他的主要领导重新界定团队的角色和汇报关系。

支持性组织文化

正如每个团队都有自己的文化一样，组织也有自己的文化。在一个拥有支持性文化的组织中开展工作的团队其保持高效的概率将更大，因为团队成员共享指导组织行为的基本价值观和假设。当团队的文化与所在组织不相符时，即使与其他团队开展简单合作都会变得艰难。

很多组织所倡导的价值观和假设与交互学习模式保持一致。但很少有组织的行事方式能够始终如一地与之保持一致，即使我们把那些倡导这些价值观和假设的组织包括在内。在实践中，绝大部分组织的文化或多或少与单边控制模式类似。一位组织发展经理告诉我，在纸面上，他的组织拥有伟大的文化，但领导和团队不知道如何身体力行。他认为交互学习模式是将组织从迷人但抽象的文化转为行动的一种方法。你所帮助的团队也许处于相同情境。

你所帮助的组织也许倡导单边控制文化。如果是这样，挑战就不仅仅是培养一些新的行为以便将文化付诸实践了，还包括改变那些植根于组织深处的价值观和假设。改变团队的文化是一项艰巨的挑战，改变所在组织的文化则更加艰难，哪怕你仅仅考虑的是组织的规模。如果你所合作的团队的级别足够高，那么他们也许会认为交互学习模式的核心价值观和假设反映了他们组织希望追寻的文化。如果是这样，请这个团队示范价值观和假设，这对于那些学习这些价值观和假设的人来说是一个好的开端。

即便团队所处的位置难以正式改变所在组织的文化，当他们与团队之外的人士合作时，他们可以影响那些人的思维和行动。与我合作过的许多领导告诉我，在非常具有挑战性但卓有成效的会议结束之后，有人会找到他并询问："你是如何做到这些的？我尝试了好几个月想要和那个工作团队达成共识，而你却在几小时之内就做到了。"通过示范成功的交互学习模式并且让其他人看到结果，其他人就会对如何达成类似结果感到好奇。这是团队成员解释他们做了些什么以及背后的心智模式的良机。

与目标和设计保持一致的奖励机制

为获得更好的组织绩效而设计的奖励机制并不那么直接，最好的方式取决于互相协助的类型。如果团队任务与互相协助无关，那么奖励是以个人为基础还是以团队为基础都没有关系。如果任务涉及的协助程度比较高，以团队为基础的奖励对于达成更好的绩效则非常必要。面对需要互相协助的工作任务，以团队为单位的奖励机制会比以个人为单位的奖励机制起到更好的效果。但如果团队任务是混合型的，有些任务需要互相协助，有些不需要互相协助，那么奖励机制不会带来更好的表现，即使它与团队开展工作的方式保持一致。总体而言，很难让混合型的团队变得高效。

发生在某财务公司平面设计团队中的案例说明了团队奖励是如何影响团队绩效的。这个设计团队声名卓著，曾获得行业大奖。在项目中，大家密切协助，互相支持，毫不介意荣誉归属。团队领导基于团队的整体表现给予奖励，该奖励机制的设计与上述研究结果保持一致。但人事部门改变了奖励机制，要求给每位成员的表现予以打分并且将个人表现排序，然后基于个人的成效给予奖励。团队变得非常关注谁做了些什么，原本在团队中自然协作的工作变成了讨论焦点。对他们而言，新的奖励机制削弱了团队有效性，于是他们找到人事部门表达了他们的担心，并希望他们提出的意见能得以满足。遗憾的是，人事部门坚持说该团队不能采用以团队为基础的奖励机制。他们不得不在团队中分配绩效工资，但他们无法做到在所有成员间公平分配奖金。最后，大多数团队成员离开了这家公司而选择自行创业了。

奖励必须与组织倡导的价值观保持一致。当我将交互学习模式介绍给某全球性石油公司的领导时，我先向他们展示单边控制模式。我询问："有人知道这个模式吗？"一位领导回答说："当然，这是我们每天使用的模式。"另一位领导补充说："使用？我们还因此得到奖励呢！我本人这么多年来一直因展现这种行为而受到奖励。"组织一直担心其领导团队推行的举措所带来的结果，但其并没有认识到正是组织设计的奖励机制强化了单边控制模式的结果。

通常，组织希望创建一种文化，但往往奖励与文化相反的行为。组织鼓励员工保持透明和担责，但与此同时人力资源政策却禁止他们讨论薪水。领导虽然收到评估其领导力的调研报告，但这份评估报告是匿名的，领导无从得知谁说了些什么，而且说了这些话的员工也不必为他们的表述准确性担责。最后，当大家看到组织所推崇的重要事项与其奖励或禁止的事项之间存在的差距时，冷嘲热讽就出现了。冷嘲热讽是员工淡漠或离职的第一步。

交互学习模式可识别组织系统如何奖励无效的团队行为，并且尝试改变这个系统。即使一个团队无法改变或影响这个系统，他们也可以讨论这个系统所带来的负面后果，并且探讨尽量减少负面影响的方式。

信息，包括反馈信息

每个团队都需要从所在组织获得信息，以便完成任务并改善其工作方式。信息是知情选择的命脉。

系统信息。当组织采用更为复杂的综合性规划系统时，领导团队拥有越来越多的实时信息，包括财务信息、供应链信息、生产信息、销售和服务信息、客户关系信息及人力资源信息等。该综合性规划系统可以让团队与组织中的其他人开展有效合作，或者与组织外的客户与供应商开展合作。当然，团队利用信息的能力取决于他们获得信息的途径、信息质量以及在多大程度上收集了团队所需要的信息。

来自其他团队的信息。很多团队需要的信息并不存在于信息系统内，而存在于那些与团队合作的其他团队中。不管团队与其他职能部门合作，还是与供应商或者客户合作，它的成功取决于获取所有信息并做出高效决策的能力。与我合作过的很多领导都抱怨其他团队未能提供他们所需要的信息。他们的推论是那些人在隐瞒信息。当一个团队对于信息保持透明时，一旦他们对于其他团队的利益点心怀好奇，或者当他们对于其他团队的处境更加富有同理心时，这些都会发生改变。当其他人认识到你希望利用这些信息来为他们提供服务而不是针对他们时，他们就更愿意与你分享你所需要的信息了。

来自同事的反馈。一个组织让团队失败的最有效的方法之一就是隐瞒来自团队成员的反馈，或者创造一个不透明或不担责的反馈机制。在本章之前的部分中，我曾经介绍过经理不愿意给他的直线下属提供反馈的案例来说明这个问题。在交互学习模式中，一个简单的原则是这样的：**如果你对那些与你直接共事的人所做的工作有所担心时，你有责任与他们直接分享你的疑虑，无论他们享有的权利比你多，比你少或与你一样。**你不能放弃职责或者将其授权给他人。对此你责无旁贷。

调研反馈。在一个领域中，几乎所有组织都没有展现透明和担责，那就是 360 度调研。在 360 度调研中，领导或团队从完成调研问卷的人员那里知道他或团队的表现。如果调研反馈是针对个别领导的，那么他将收到一份匿名的汇总评分，评分来自他的平级、下属或你的内部与外部客户。团队领导的反馈很容易识别，因为他通常只有一位领导，而且这位领导正式负责绩效评估。如果这是给团队提供的反馈，那么团队会收到来自其他团队、团队的直线下属或团队的内部与外部客户的匿名反馈。同样，你可以识别出来自团队领导的评分。但是，即使团队成员也不知道其他的团队同事在评估项目上是如何给自己评分的。

即便能够改变，这些举措也让团队很难改进其工作方式或合作方式。如果团队成员不知道其他成员对团队的看法，那么具体谈论改善团队有效性的不同举措就会变得非常困难。而且你也很难表现出好奇，因为一旦有团队成员询问其他人在某个项目上究竟是如何评分的，他们就违反了个人反馈必须保持匿名的规定。保持匿名会导致缺乏透明度、丧失好奇心、无法做出知情的选择和心怀同理心。保持匿名是基于这样的假设——匿名可促使事实产生并可给提供反馈的人和接受反馈的人保留颜面。但没有任何研究表明保持匿名会确保反馈的真实性，所以人们依然会乱填一气，因为他们不必为反馈结果担责。研究显示，360 度调研并没有带来行为改变。

当团队在 360 度调研中使用交互学习模式时，所有团队成员完成调研问卷后，可要求下属、同事、客户及担任团队领导的经理也完成调研问卷。当调研结果给到团队之后，每位团队成员的反馈会注明姓名。团队之外的人也要求写下他们的名字，这样当团队成员有疑问时，他们可以跟进。这种做法可让调研保持透明和担责，并可心怀好奇地询问团队成员做出如此反馈的原因是什么，团队需要做些什么才能变得更加高效。这样的对话才是推动团队做出改善的对话。它会让人感到不适吗？是的，在开始会让你感到不适，但这样做的目的**不是让你感到舒适，而是确保有效，即使这会让你感到不适。**

只有当提供反馈的人可以被识别出来，团队才能采取具体的行动实施改变。如果团队成员之间互不信任，无法对反馈保持透明和担责，那么你也许找到了团队所面临的最大问题了。一旦解决这个问题，其他的团队问题也就迎刃而解了。如果团队成员认为他们首先应该相互建立信任，然后才能开始使用交互学习模式，那么他们就混淆了原因和结果，也就无从建立或重建信任了。当团队成员冒险让自己变得脆弱（如让自己保持透明）并且确保其他人不会利用他的脆弱来打击他时，信任才得以产生。

如果技术不可行，你可花些心思琢磨如何主动揭示自己的身份。汤姆担任某市政图书馆的总监，当他参加同事的 360 度调研时，他发现调研要求保持匿名，即便他希望能在反馈中署名。为了保持透明和担责，他在提供评述的空白处写下自己对于同事的评估，并且在每句话的开头都写上“汤姆认为……”

资源

除了信息之外，团队还需要其他资源，包括技术、物质性资源。对于虚拟团队而言，资源还包括可以让他们跨时间、跨空间的合作技术。虽然使用交互学习模式并不能提升团队获得额外资源的能力，但可以增加机会让团队理解提供这些资源的理由。

培训与咨询

团队需要培训与咨询来定期提升他们的技能并且帮助他们解决问题。但是，一个团队接受的培训或咨询也许与交互学习模式并不吻合。很多团队领导告诉我，他们在职业生涯中的某个阶段中所学到的各种单边控制模式的技巧可能来自内部或外部的咨询顾问。他们经常谈到负面反馈的三明治方法，你只有在对话临近结束时才知道其他团队成员的真实看法并通过反问句来让人们猜测你的想法。

通常，组织内部的人事部门和学习发展部门虽倡导交互学习模式，但他们所提供的工具和技术却是单边控制模式的。一个组织形容自己的绩效管理流程是与员工开展对话，但从不教授团队领导如何就他们对下属做出的推论表示好奇，也不教授他们如何就下属对领导制定的发展计划做出的反应表示好奇。

交互学习模式团队在培训和咨询方面采用的方式与团队关注团队策略时所使用的方式一样。他们通过询问这是否与策略保持一致来评估他们所做出的每项决策。如果不一致，他们会做出不同的决策。在培训和咨询方面，交互学习模式评估培训产品或服务并且提问这是否与核心价值观和假设保持一致。他们知道如果使用了没有保持一致的培训或咨询服务会带来问题。

符合团队需求的实体环境

温斯顿·丘吉尔曾经说过：“我们打造建筑，然后建筑塑造我们。”实体环境对于在其中开展工作的团队有微妙但强大的影响。一家消费品公司在设计新的办公场所时，希望能增加成员彼此的合作。为此他们设计了封闭和开放的空间来满足不同领导的需求。在靠近楼梯旁的非正式咖啡区域带有舒适的桌椅以便大家随时开始或继续谈话；一个非常明显的开放式楼梯鼓励大家一起行走，比起乘电梯，大家互相碰面的次数更多。人们可以预订会议室，其他会议室也可随时预订。所有这些环境的决策都源于组织鼓励团队内与团队间的合作和随时对话的价值观和假设。

与之相反的例子来自一家职业发展组织。他们搬入一个新的办公楼后将大部分会议室分配给了主要领导，而其他人则无法随时开会了。还有更糟糕的案例。某农业设备制造商发现重新设计办公楼之后却无法找到员工可以开会的地方了。

一个团队的空间配置反映了空间设计人的价值观和假设。如果团队对于空间有控制权，那么必须确保空间反映了团队希望合作的方式。如果团队没有控制权，那么应该尝试影响那些决策或做出一些临时调整，以便实体环境促进而不是阻碍团队开展合作的能力。

跨组织的团队和工作团队

为了简化如何打造团队有效性的讨论，我假设所有的团队或工作团队都是为同一组织工作的。显然实际情况可能并非如此。也许你所帮助的团队由来自不同组织的成员组成，如行业协会、社区管理的特别行动工作团队或处理环境问题的工作团队等，也包括来自商业、劳动、环保组织和政府机构的代表，他们对于某个议题有相同的兴趣。

跨组织团队的结构和流程要素与其他团队类似。但是，跨组织团队会受到团队内代表不同组织的组织文化的影响。总之，跨组织团队在一个复杂的组织情境中运作，这使得与这些团队开展合作变得更加富有挑战性。

帮助设计或重新设计团队或工作团队

通过了解团队有效性模型以及一个团队所需的互相协助程度会如何影响它的设计，你可以帮助团队或工作团队。流程的区别在于与你所合作的团队是组建不久还是已经成立很长时间。

帮助设计一个新建团队或工作团队

以下是设计一个新建团队或工作团队的步骤。

1. 就团队使命、愿景、心智模式和文化达成共识。这四个要素组成了用于设计团队其他要素的基石。团队设计其他要素，这样他们可以达成使命并与团队愿景、心智模式和文化保持一致。

2. 就达成使命的主要任务达成共识。这包括由个人或团队的子团队完成的任务并需要涵盖所有团队成员。

3. 就这些任务需要哪些团队成员达成一致以便获得所需的互相协助。对于一个既定团队而言，尤其是对于那些领导团队而言，在设计时或多或少会考虑互相协助的程度。如果团队成员没有就他们在何处开展协助或如何开展协助达成共识的话，那么这些不一致就会渗透到团队的其他要素之中。与我合作过的一个领导型团队中的领导认为团队任务需要的协助程度比较高，但大部分成员认为只需要相对低的协助程度即可。注意到其中的差异，团队领导在一个会议中宣布："我们必须确定我们究竟是一个体操团队还是一个曲棍球团队？"

团队在组织中的层级不同，团队需要开展协助的任务也不同。工作团队的协助是围绕生产组织的产品和服务或支持他们的职能部门展开。但领导型团队并不生产产品或交付产品，他们只是做出决策来界定产品和服务，以及组织如何运作来实现生产和产品的交付。高级领导型团队通常需要就如下的任务互相协助：设定组织的使命和愿景，界定组织层级的策略，批准主要资本开支；推动整个组织层面的变革；确保组织的领导力；担任组织文化的看护人。

4. 在任务中设计合适的协助程度。将使命、愿景、心智模式和团队文化作为基石，设计任务的运作方式以便这项任务拥有合适的协助程度。有四种设计团队任务的方式可用来提升或降低团队的协助：

- **设计任务完成的实体技术。**团队可以在设计实体技术时，让团队成员必须同时工作或必须互相交流来完成任务，这样可以提升协助程度。同样，团队也可以在设计任务时减少或避免同时行动，如安装生产线。
- **为完成任务分配职责。**为了最大化促进互相协助，所有团队成员可以共同负责完成所有的任务。为了减少互相协助，可以安排个别成员负责完成某个特别任务。
- **建立规则和流程。**为了加强互相协助，团队可以建立规则和流程以便让成员分享信息、促进相互沟通及共同解决问题和做出决策。为了减少互相协助，团队可以建立另外一套规则和流程。
- **分配任务完成所需的资源。**为了加强互相协助，可以让团队成员必须分享彼此的资源来完成任务。为了减少协助，团队可以将资源分配给个别成员来完成他们的任务。

5. 设计其余的团队结构和流程要素。一旦完成四个基础性要素和任务的设计后，团队需要设计其他要素使之与其保持一致。其他要素的设计在前面几个步骤中业已完成。例如，分配任务的职责自然需要设计团队角色。设立规则和流程自然需要设计更好的沟通渠道、冲突管理和问题解决。

帮助重新设计现有团队

当你重新设计现有团队时，一开始，你需要确定现有状态和理想状态之间的差距。以下是步骤。

1. 运用团队有效性模型就结果的要素、设计、心智模式等在哪里存在差距达成共识。识别出有重大差距的要素。当你考虑团队规范时，记得要包括八种交互学习模式的行为。

2. 从团队结果的要素开始分析，然后回溯到设计和心智模式并开展根本原因分析。就第一步中识别出来的团队结构、设计和情境要素是如何减少团队结果的达成共识。在要素之间绘制箭头来显示它们之间的关系。然后，就团队在第一步中识别出来的心智模式要素是如何影响结构、设计和情境要素的达成共识，并绘制箭头来显示它们之间的关系。

3. 确定和重新设计根本原因的要素。在设计栏目中，问题的根源通常包括模糊的使命和目标、团队任务、角色和决策权。任何识别出来的心智模式要素都是根本原因。当你识别出根本原因时，看一看所需的协助程度和团队任务设计的方式之间的配合程度。请记住，互相协助并不是模型中的要素，它嵌入要素之中并贯穿整个模型。同时，请记住，重新设计心智模式要素是在改变团队文化；让团队成员同意改变其心智模式只是前提，这还不足以改变文化。

4. 确定和重新设计非根本原因性要素。即使团队成员转变为交互学习的心智模式，仍然有团队结构、流程和情境的要素需要重新设计。确定做出改变之处，心智模式的改变和结构、流程、情境的改变一起可以大幅降低或消除第一步中所列出的差距。

如果你也希望关注团队的优势，你可以将步骤 1 到步骤 3 再做一次。这样，你可找到那些在现状和理想状况间没有明显差距的团队要素。

在我的经历中，无论团队是新组建的还是希望提升其有效性，无论团队成员的观点是否相似或不同，这个流程需要花费三天的时间（视团队规模大小而不同）。这是值得投入的时间。团队设计是什么水平，团队绩效就是什么水平。

小结

在本章中，我介绍了如何运用团队有效性模型来帮助新组建的团队和现有团队取得更好的结果。一开始，我介绍了如何利用一个好的团队有效性模型来帮助你设计有效团队、做出诊断并对团队实施干预。然后，我介绍了团队和工作团队之间的区别，其中主要区别在于团队有一个团队任务，而且团队成员必须依靠彼此的互动与协调才能完成任务。团队的互相协助非常重要，因为不良的协助是很多团队和工作团队问题的根源。虽然现在非常流行团队这个说法，但团队并不比工作团队效果更好。重要的是任务和团队设计或工作团队设计之间的匹配程度。

我介绍了团队有效性模型，这个模型展现了团队的心智模式与设计（结构、流程和团队情境）是如何产生团队结果的。团队有效性模型结合了交互学习的心智模式、结果和行为。最后，我介绍了帮助你设计新团队或工作团队取得良好结果的流程方式，以及如何帮助现有团队或工作团队设计团队要素以便改善结果的流程。

在第 7 章，我将讨论如何对团队做出诊断并实施干预，以及如何发现团队中发生了什么，如何实施干预。

第 2 部分

对团队做出诊断并实施干预

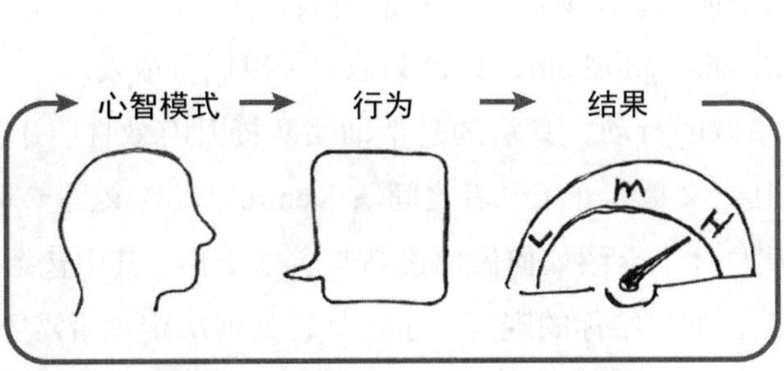

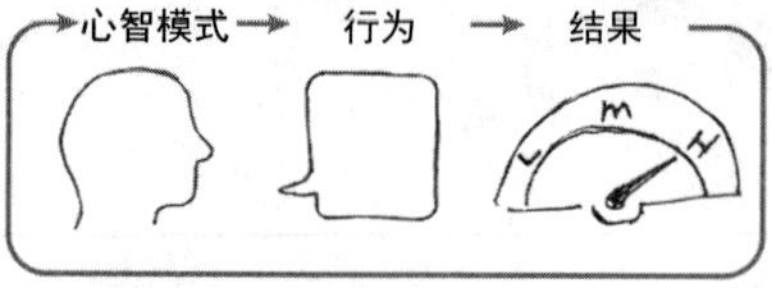

第 7 章

使用六步骤交互学习模式循环实施诊断和干预

你是如何观察互动中的团队并找出其中究竟发生了些什么来提升或降低团队的有效性的？这是诊断团队行为的关键提问。当你找出问题所在，你会说些什么来帮助团队变得更为有效？这是对团队实施干预的关键提问。如果你担任引导师，那么回答这两个关键提问将成为你的主要任务。如果你担任其他引导角色，回答这两个提问也将成为你服务好客户的核心。

在引导中，诊断是你观察团队的行为并推断其含义的流程，这基于团队有效性模型。诊断一词源于希腊语 diagignoskein，其含义是“予以区分或发现”。在引导中，干预就是基于你的诊断所采取的行动，其目的是帮助团队提升有效性。干预一词来自拉丁语 intervenire，inter，其含义是“介于二者之间”；venire，其含义是“来到”。

在本章，我将从总体上介绍如何做出诊断与实施干预。其中包括在观察互动中的团队时你需观察些什么，如何给你的观察赋予含义，如何决定是否需要采取干预措施等，最后我将介绍如何实施干预。我还将重新介绍交互模式学习循环，这是我用于检验推论与假设的工具，也是指导你做出诊断与实施干预流程的主要工具。

你需要诊断什么

在帮助团队实施有效干预之前，你必须诊断团队中发生了些什么。为了做出诊断，你需要使用两套知识与技能。其一，你需要知道关注什么。当你观察互动中的团队时，你可以关注许多行为。但在任何时刻，你所能关注的行为都是有限的，某些行为较之于其他行为更为重要，因为这些行为反映了那些能够显著影响团队有效性的互动因素。为了能快速理解哪些行为值得你去关注以及为何是这些行为，你需要在头脑中构建打造有效团队与无效团队的模式。

好消息是对于需要关注什么，其中的大部分已经为你所知了：

- **单边控制模式**介绍了低效团队的心智模式、行为与结果。
- **交互学习模式**介绍了高效团队的心智模式、行为与结果。
- **团队有效性模型**介绍了构建团队或团队有效性所必需的设计要素并整合了交互学习的心智模式、行为与结果。

当你使用专业引导技巧时，你可使用这三个主要诊断框架来诊断团队行为。

其二，无论你观察到的具体行为是什么，你需要一个诊断流程，也就是观察并赋予你所看到的行为含义的方法。好消息是你已经学习了这个流程，即交互学习模式循环左侧的内容。

当你把观察与赋予意义的流程结合起来时，你就得到了图 7.1 中所描述的内容。单边控制模式、交互学习模式、团队有效性模型中的每个要素都有与之相关的行为。这些是你在交互学习模式循环中步骤 1 所需关注的行为。当你看到这些行为时，你可推断与这些要素相关的含义。请看以下的例子。

团队有效性模型中的一个要素是“清晰地界定团队角色，尤其是领导角色”，这可以让你关注团队中有关角色不够清晰的议论。如果你听到某个团队成员说“我负责预算”，而另一位团队成员说“不，那是我的工作；你只是负责做预测而已”，你可从中推断出他们对于各自的角色并未明确达成一致。

交互学习模式中的两种行为是分享所有相关信息并解释推理与意图。如果你听到团队成员中有这样的议论，你可能推断珍妮并没有分享所有的相关信息或解释她是如何得出这个结论的。

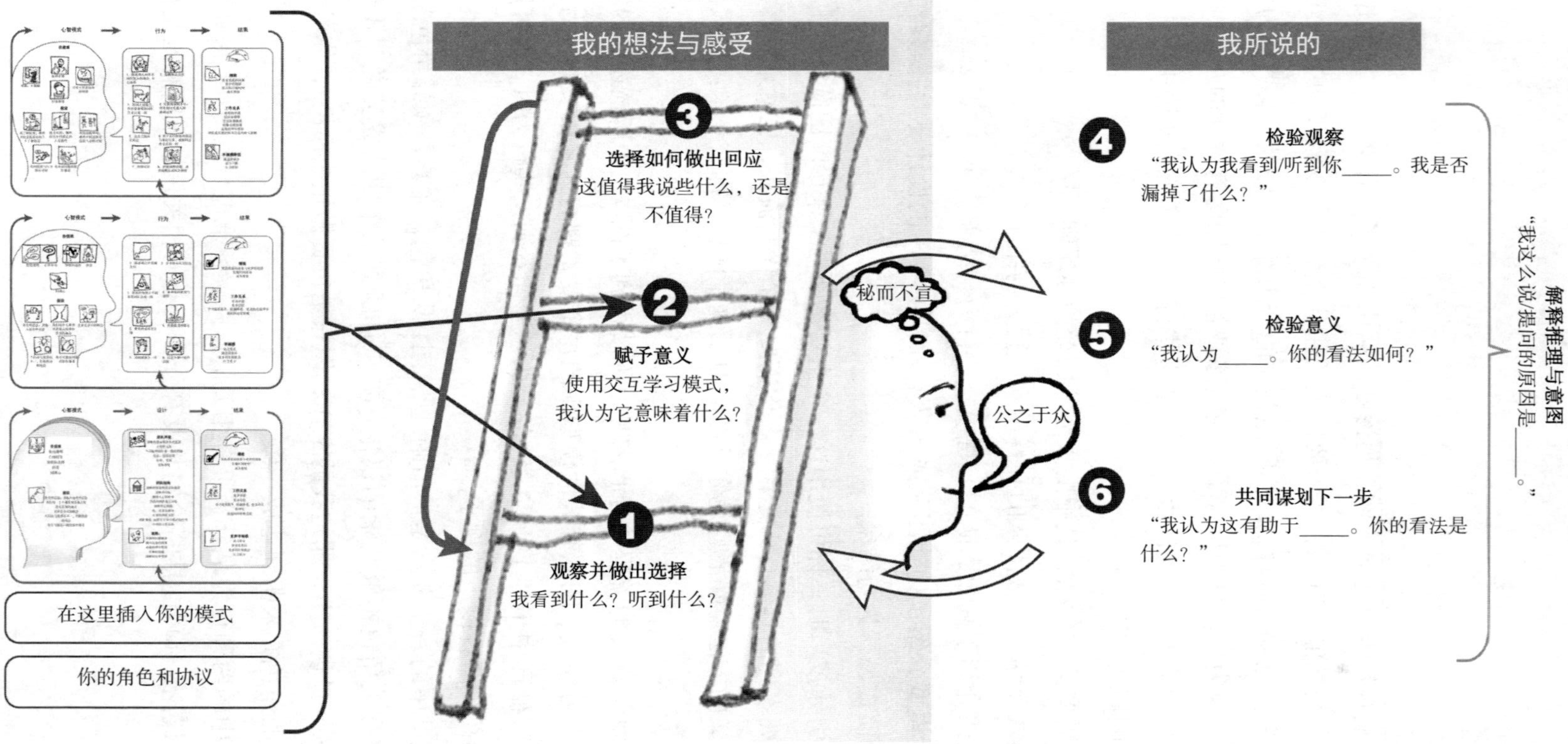

图 7.1　诊断团队时关注什么

珍妮："我认为重组不会发生。"

里奇："为什么？我所交谈的每个人都说这会发生。"

珍妮："那让我这么表述吧，不是每个人希望重组发生。"

交互学习心智模式的一个要素就是假定我有可能是问题的始作俑者。如果你听到团队成员中有这样的议论，你可能推断林认为她不是问题的始作俑者。

贾马尔："你是对的，林，我的团队延误了设计文件的交付。但造成问题的部分原因是你的团队不断修改设计规格。我们只好一次又一次地重新设计这些文件。"

林："那是你们团队的工作，贾马尔。客户有权力改变他们的想法。我们只是为了满足客户的要求。你的工作是在节点之前完成工作。"

你需要干预什么

当结束诊断开始实施干预时，你需要将干预付诸实施。为了做到这点，你使用了交互学习循环的右侧，也就是将你的想法公之于众。你检验你的观察与你认为你所观察到的情况是否一致，检验其含义与你所认为的含义是否一致，并与团队一起决定如何往前推进。当你实施干预时，你使用了第 5 章介绍的交互学习的心智模式与行为。

让我们了解一下交互学习循环中的诊断与干预步骤。

交互学习循环

交互学习循环是诊断行为并随后对此做出干预的结构化方式。交互学习循环（见图 7.2）共有六步：三步用于诊断，随后的三步用于干预。诊断步骤（1 ~ 3）为秘而不宣，代表你头脑中的想法。干预步骤（4 ~ 6）为公之于众，代表你实际上对团队说了些什么。

交互学习循环可用于帮助你做出低阶推论并检验这些推论是否准确。在干预步骤中，你重复诊断步骤。你公开陈述你的私下想法并询问团队的看法与你的看法是否一致。

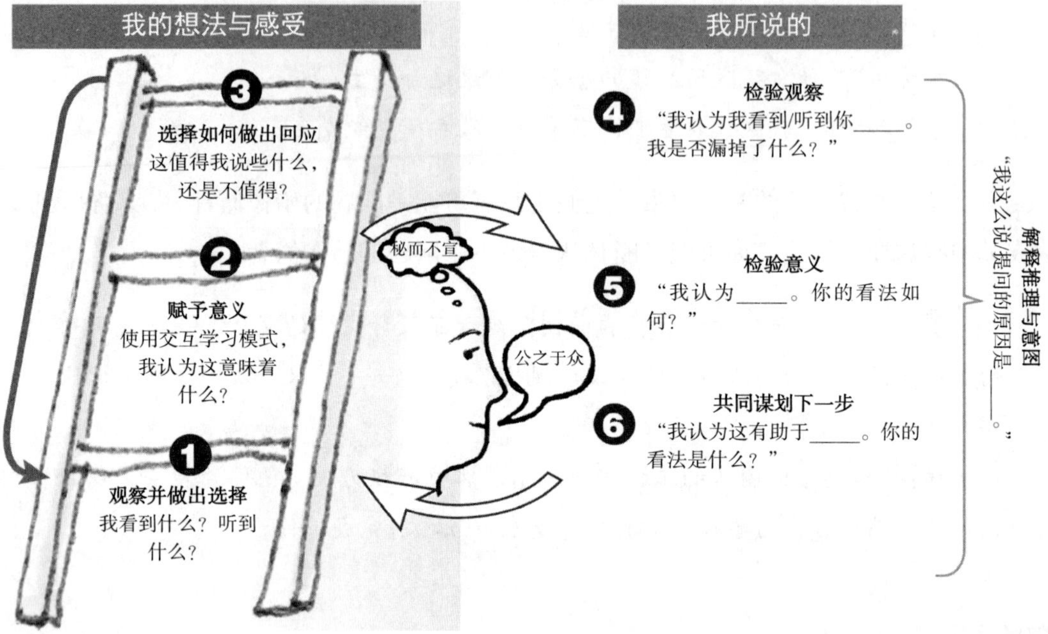

图 7.2 交互学习循环

以下是诊断步骤与干预步骤的总结。

步骤 1：观察并做出选择

在步骤 1 中，你直接观察团队的行为。这些可直接观察的行为包括人们逐字表述的内容与他们所采取的非言语行动。我把可直接观察的行为看成我在拍摄视频时所记录的一切。例如，我可能观察到以下这些互动。

唐：我认为新项目的启动必须推迟到第四季度。

莎伦：那太迟了。一定不能迟于第二季度启动。

唐（音量提高）：无法那么快启动。

莎伦（揉了揉眼睛）：但我们无法承担那么迟才启动所带来的后果。

步骤 2：赋予意义

在步骤 2 中，你从行为中推断意义。推论是你基于已知的事情对于未知事情所得出的结论。在这个例子中，我的推论是莎伦与唐的行为与交互学习模式的行为并未保持一致。例如，他们陈述自己的立场（在第四季度或在第二季度启动项目）而没有分享他们的利益点。他们没有解释表述背后的理由。我可能从莎伦揉眼睛这个动作推断出她对唐的言论感到沮丧。

步骤 3：选择如何做出回应（是否干预、如何干预及为何干预）

在步骤 3 中，你决定是否干预、如何干预及为何干预。在这个例子中，我需要决定在步骤 2 中得出的推论是否能支持我做出干预或我依旧保持沉默。莎伦和唐都在关注立场，或未能解释他们的推理，或莎伦看似对我应干预的问题感到沮丧。如果我决定这么做，我必须设计干预措施，我需要决定向谁说出我的点评，我需要说些什么，何时说。在这个例子中，我决定去解决他们只关注立场这个问题。

步骤 4：检验观察

在步骤 4 中，你可公开描述你所观察到的行为以及导致你做出干预的原因。随后你可询问团队成员，他们的观察是否与你有别。此时，我可能这么说："唐，你刚才提到我们应把新项目的启动推迟到第四季度，是吗？莎伦，我刚才听你提到新项目需要在第二季度启动，我的说法正确吗？"如果他们同意我的描述，我已经准确地描述了他们的行为。那么我将前往步骤 5。

步骤 5：检验意义

在步骤 5 中，你与团队成员分享你在步骤 2 中私下做出的推论，看他们是否会得出不同的推论。我可能这么说："唐和莎伦，在我看来，你们好似在陈述立场而没有解释导致你们采取这样立场背后的原因。你们怎么看？"如果我选择指向行为而无须点名，我可能这么说："唐和莎伦，在我看来，你们似乎说出了你们想要什么，但你们没有解释是什么原因导致你们选择这样的解决方案的。你们是否有不同的看法？"无论情况如何，无论唐或莎伦的看法有何区别，我会开始步骤 6。

步骤 6：共同谋划下一步

在步骤 6 中，你和团队成员共同决定下一步可做些什么。我可能这么说："唐和莎伦，我认为如果你们能识别出你们提议的解决方案所需满足的利益点，这对大家会有所帮助。大家对此有何异议？"假定他们同意这么做，循环重新开始，我会继续观察他们的行为（以及其他团队成员的行为）是有助于提升团队的有效性还是阻碍团队的有效性。

分享你的推理与意图

在步骤 4、步骤 5、步骤 6 中，你可分享你的推理与意图。这有助于团队成员更好地理解你为何采取干预措施，尤其是你为何要求他们重新以特定的方式来设计行为。例如，在步骤 4 中，你可这么说：“我注意到某些事情在拖慢团队的进程，我想听听你们的反应。”或者在步骤 6 中，你可这么说：“你们是否愿意分享你们的利益点？我之所以这么问，是因为如果你们能识别彼此的利益点，那么你们将更快地找到解决方案以满足你们不同的需求。”

在引导团队的过程中，你可以不断重复六步骤循环。在发展型引导中，随着时间的推进，团队将学习自行做出诊断并实施干预从而减少对你的依赖。在基本型引导中，团队通常依赖你做出诊断与实施干预。

小结

在本章，我介绍了如何使用六步骤交互学习模式循环来实施诊断与干预。使用步骤 1 到步骤 3 对团队中出现的行为做出诊断，使用步骤 4 到步骤 6 实施干预。这个循环的构想是当你使用干预步骤时，你向团队陈述你在诊断步骤中的私下想法，并检验团队成员所看到的事情是否与你观察到的一致，所赋予的意义是否与你认为的一致，并同意下一步的举措。为了找出诊断什么，你可使用单边控制模式、交互学习模式以及团队有效性模型来寻找行为并推断行为背后的意义。

在第 8 章，我们将详细探讨如何对团队做出诊断。

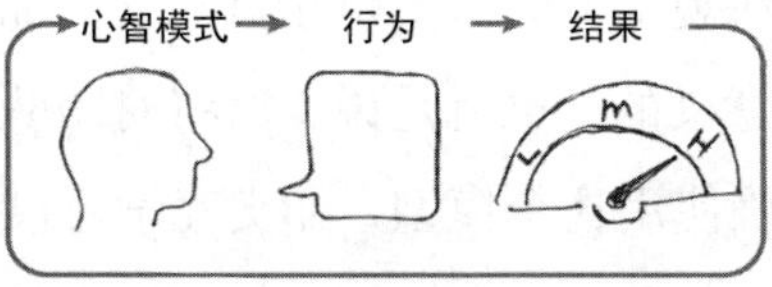

第 8 章
如何对团队做出诊断

在本章，我们将详细探讨如何对团队做出诊断。我将介绍如何使用交互学习模式循环：① 观察并做出选择；② 赋予意义；③ 选择如何做出回应。我还将介绍当做出诊断并实施干预时你可能遇到的挑战。

步骤 1：观察并做出选择

诊断团队行为开始于直接观察。这看似显而易见，但其影响深远。对于团队成员而言，为了理解你做出诊断和实施干预的缘由，你需要将自己的行动建立在每个人可以观察到的团队互动的这些原始材料上，也就是团队说了些什么，做了些什么。

记住行为就是行为

观察行为意味着听其言，观其行。步骤 1 要求你能记住团队成员究竟说了些什么以及相随的非言语行为。挑战在于记住行为而无须改变它们或添加什么意义。

当你看到某个团队成员在揉眼睛时而将她的行为描述为沮丧或不耐烦，如果你在描述可直接可观察的行为而不是推断意义，那你的做法就过头了。

你是无法直接观察到对方感到沮丧或不耐烦的，你只能从中做出推断。但你可以观察到人们揉眼睛、双臂交叉在胸前或提高音量。与之类似，你无法直接观察到人们聚焦立场或对相关信息秘而不宣。你只能从具体的言辞或行动中推断出。做好步骤 1 意味着训练自己能够区分行为与从行为中得出的推论。

在实践中，你很难做到在观察行为时不赋予其意义。你之所以注意到某些行为，是因为这些行为在你看来是有意义的。也就是说，这将对团队流程带来影响。你使用头脑中的诊断模型，当然你也应该使用这个模型，如交互学习模式的行为与团队有效性模型等来关注并识别重要的行为。

让我们假设费利佩对团队制订的计划做出的回应是这样的："我敢说，不是每个人都愿意支持我们的计划。"如果你采用专业引导技巧，你会发现他的表述意味深长，因为这说明他还有一些相关信息没有与团队分享（哪些人不支持这项计划及原因等）。相反，如果你采用的是另一套诊断概念的引导方式，引导师可能对相同的一句话做出另外的解读，或许你认为费利佩在贬低这项计划。

对于有些人来说，一旦为行为赋予意义，我们就难以记住导致我们做出这样解读的具体行为。我们可能记得某位成员感到沮丧，但无法回忆起是她揉眼睛的行为导致我们做出这样的推断的。我们的大脑天性善于赋予行为意义，这是因为行为的意义看起来对我们更为重要，而不是行为本身。但在你的引导角色中，你需要记住行为，这非常重要。这是你做出推断、实施干预的原始材料。如果团队成员不同意你做出的推论，而你却无法回忆起你做出推论所依据的行为，那你就无法解释你是如何依据这些信息做出推论的。

使用诊断模型来决定需要寻找哪些行为

当你观察团队互动时，哪些行为会引起你的关注？你可关注海量的行为，但这超过了你（或任何人）的认知处理能力，你无法捕捉团队中出现的每个行为。哪怕你是一台超级摄像机，能记住每位成员所说的每句话或采取的每项行动，但这也无法告诉你哪些行为是重要的，或者你可以如何利用这些信息。你需要一种方式对团队成员的话语或行动予以分类并编码，这样，你就可以关注少量但重要的行为类型。

正如我之前所说的，单边控制模式、交互学习模式、团队有效性模型是我们识别那些对于团队的流程与结果产生重要影响的行为的三个诊断模型。如同图 8.1 所展现的那样，你可以使用这些诊断模型中的步骤 1 来关注某些行为，然后你可以使用步骤 2 对你所观察到的特定行为赋予意义。这样，步骤 1 与步骤 2 将紧密地联系在一起。

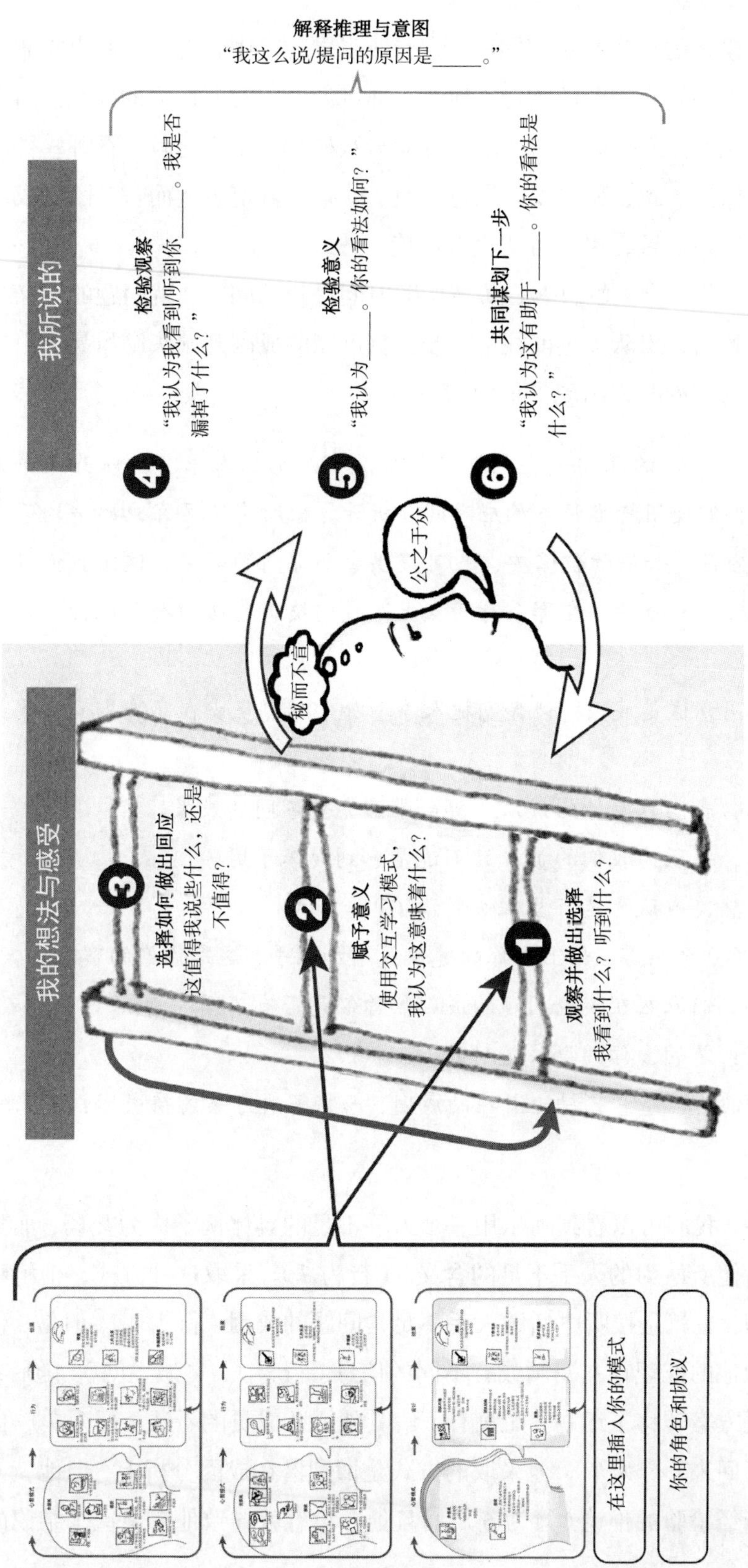

图 8.1　使用模型做出诊断

使用交互学习模式的行为来观察团队。在专业引导技巧中，交互学习模式的八种行为是你观察团队行为并做出诊断的关键。你将八种行为看成观察行为的模板。当观察团队成员时，你在大脑中将团队成员的话语与行动与八种行为予以比较，看哪些行为与交互学习模式的行为保持一致，哪些没有保持一致。就某一特定表述而言，团队成员的行为可能与八种行为保持一致，也有可能没有保持一致。

试举一例。某团队在尝试解决客户等待服务时间过长的问题。就问题的定义与解决方案的标准达成一致后，团队决定前往下一步：就可能的成因开始头脑风暴。当数位团队成员识别出可能的成因时，出现了下面的对话。

> **阿尔：**一个可能的原因是我们在工作日没有足够的人手。就以昨天早上10:00为例，我们使用标准服务响应时间分析计算出所有地区客户的平均等待时间超过20分钟。如果你们需要，我可提供每个部门的数字。这比我们可接受的标准多出了15分钟。在那个时间点上，我们接听电话的人手比标准少了10%。
>
> **泰德：**我同意这是成因。让我们把人手增加10%，至少在高峰期间需要这么做。
>
> **苏：**是的，我同意泰德的说法。那会带来完全不同的效果。
>
> **山姆：**嗯，我认为我们的员工只不过是感到疲倦了。
>
> **阿尔：**当然，我认为是有些人快崩溃了。
>
> **米娅：**阿尔，还有苏，听上去你的建议是增加人手，这是你们的解决方案，但我的理解是我们依然在谈论问题的成因。你们是否有不同的看法？
>
> **阿尔和苏：**是的，你的说法是对的。
>
> **米娅：**你们是否愿意只讨论潜在的成因，而将解决方案留待成因识别出来之后再讨论？

分析上述对话，我们可以看到阿尔用一个人手不足的具体例子作为开场，而且还提供了数据并描述了他所认为的人手不足的含义。（行为3）。采取这种方式，他解释了自己看法背后的推理，也就是接听电话的人手不足是问题的成因（行为4）。但是，他并未询问大家是否认为他的推理存在漏洞或有不同的信息（行为1，真诚发问）。随后，泰德和苏通过讨论解决方案转移了话题，而没有了解其他团队成员的看法（行为7）。山姆将讨论的话题又拉了回来（行为7），他采取的方式是回到潜在成因分析上，但他就人们快要崩溃了做出了未经检验的推论（行为6），而且他并没有就导致他得出这个结论的成因分享具体的例子（行为 3）或推理（行为 4）。与阿尔一样，他没有询问其他人是否拥有不同信息或持有不同看法（行为 1）。

在米娅对于阿尔和苏的两个点评中，米娅给出了他们在讨论解决方案的具体例子（行为 3）来说明他们改变了团队讨论的话题（行为 7）。请留意，当米娅陈述阿尔与苏看似脱离讨论轨道时，米娅特地询问他们是否有不同的看法（行为 1）。当他们表示同意后，米娅询问他们是否愿意重新回到问题成因的讨论上（行为 7）而不是直接告诉他们偏离了讨论主题，需要重新回到讨论主题上。米娅的行为与交互学习模式的行为保持一致；她也使用了这些行为来要求阿尔与苏与这些行为保持一致，虽然他们没有展现这些行为。

使用团队有效性模型来观察行为。团队有效性模型提供了更多可以关注的行为。只有当团队有效性模型中的每个要素就位之后，团队方可正常运作。因为团队有效性模型的心智模式栏目与结果栏目和交互学习模式保持一致，唯一的区别在于团队有效性模型的设计栏目需要从团队情境、团队结构与团队流程上予以分析。例如，在团队情境中，你可以寻找行为来说明团队没有从上级组织中获得合适的信息或其他资源。在团队结构中，你可以寻找行为来说明团队没有清晰的目标和团队角色，甚至没有就哪些人是团队成员达成一致。在团队流程中，你可以寻找行为来说明团队并无有效流程用于问题解决、做出决策和如何与其他团队管理组织边界。

再举一个简单的例子。请看一下有关讨论财务报告的团队的对话。

> **雅克：**这些数据无法汇总在一起。报告中还有空白单元与栏目没有求和。肯，你应该负责做最后的检查，这是怎么回事？
>
> **肯：**我只负责处理文字部分。表格是从你那里拿来的，那是你的工作。

你可能从观察肯与雅克的互动中做出合理的推断，他们没有就自己在这个项目中的角色与职责予以明确的厘清。

使用心智模式来观察行为。观察团队成员的行为就是去了解他们所表现出来的是单边控制模式要素还是交互学习模式要素，这是更有力、更深刻的诊断，因为心智模式经常涉及问题的根本成因。在这里，你可找到团队成员用于指导其行为及设计团队结构与流程要素的核心价值观与假设。观察并对团队成员的心智模式做出干预，这是发展型引导的关键所在。

请考虑这样一个例子。这是一场对话，其中某位团队成员试图说服对方接受某个特定的解决方案。如果某位团队成员这么说：“你就是没有搞明白。你们建议的方案根本不起作用!”我们可能认为这个团队成员的行为反映了他的核心假设，那就是他对于当前局面的理解是对的，而其他人的不同看法是错误的。当然，你需要更多的表述来做出这个推断。

使用其他模型来观察行为。你可以使用交互学习模式循环与任何其他你手头上有的模型来诊断团队的表现，只要这些模型的概念可以与具体的行为连接在一起。如果你在引导战略规划会议，你可以将交互学习模式循环与战略规划模型搭配起来使用。如果你是精益或六西格玛的咨询顾问，你可以将交互学习模式循环与这些模型或流程结合起来使用。如果你在帮助团队解决冲突，你可以将交互学习模式循环与你管理冲突的流程结合起来。

例如，如果你在帮助团队学习并使用问题解决模型，你可以将这个模型与交互学习模式循环结合在一起使用，看团队是否有效地使用问题解决模型。问题解决模型虽存在许多不同类型，但几乎所有这些模型都包括需按照一定顺序遵循执行的步骤。例如，一个简单的问题解决模型会用到以下七个步骤：① 就问题陈述达成一致；② 制定解决方案的评估标准；③ 识别问题的根本成因；④ 头脑风暴潜在的解决方案；⑤ 依据标准选择最佳的解决方案；⑥ 实施解决方案；⑦ 评估实施。

对于每个步骤而言，团队需要采取具体的行动。鉴于此，你可以使用问题解决模型来观察团队的行为，看其是否有序地遵循问题解决模型的步骤以及是否有效地执行每个步骤。在第 11 章，我将介绍如何将交互学习模式循环与其他模型结合起来使用。

使用你与团队达成的协议来观察行为。你与团队就你如何帮助团队达成的协议会影响你关注的行为。如果团队寻求你的帮助是因为团队成员认为没有争辩是无法解决冲突的，那么你就需要寻找那些与团队诊断有关的行为。如果团队寻求你的帮助是因为他们花费了不少时间用于方案的讨论却从未实现，那么你就需要寻找与该诊断有关的行为。但正如我在第 13 章有关订立合约中所讨论的内容，虽然客户与你达成了共识并明确了需要你关注的行为，但这并未限制你的观察与诊断范围。为了与交互学习模式保持一致，你需要关注团队中出现的所有行为，这样就可以帮助团队识别出哪些行为降低了其有效性，证实或否定团队的自行诊断并帮助团队成员就是否改变做出知情的选择。

你与团队就你的角色及你和团队一起共事的方式所达成的协议有助于你去寻找与你们的协议保持一致或不一致的行为。例如，如果你同意担任实质性中立的引导师，那么一旦出现团队成员询问你对于他们正在讨论的某个话题的看法，你就知道这个请求与你们事先达成一致的角色不相一致。

步骤 2：赋予意义

在交互学习模式循环的步骤 2 中，你使用诊断模型就你在步骤 1 中所观察到的行为赋予意义。

做出推论

正如我在第 5 章中所介绍的那样，做出推论就是你基于已知的情况对于未知的情况得出结论。例如，如果观察到团队领导在桌子上敲打着铅笔头并说“继续说，继续说”来作为其对直线下属的解释所做出的回应，你做出的可能推论是那位领导有点儿不耐烦。你无法直接观察到他的不耐烦，但你可以从你观察到的行为被赋予的意义中推断出来。

无论你的引导角色是什么，你需要做出推论，因为推论可赋予行为意义，你可以将此用于决定是否帮助团队以及如何帮助团队。如果在上述的例子中你对领导敲打着铅笔头并说“继续说，继续说”的推论是鼓励其直线下属继续发言，那么你的可能选择是不用实施干预。但是，如果你的推论是领导希望加快谈话速度，而其他团队成员并不想这么快时，你可能做出干预。

做出推论可节约你的时间，因为你可以归总大量行为并言简意赅地传递其中的精髓。“她非常生气”，相比于你去描述让你推断经理生气背后所依据的大量行为（“她大声叫嚷嚷”“你破坏了整个项目”，“她把报告扔在地板上”，“她冲出办公室，把门砰地带上”），这是更为精确、恰当的说法。与之类似，与其说“当我看到弗兰克走进办公室并脱下大衣时，时钟指向 10:15。他本应在 8:00 出现在办公室”，不如说“弗兰克今天早上迟到了”。

当你与团队一起工作时，你可以做出不同的推论。以下是一些主要类型。

就行为的原因做出推断。你用推论来识别行为背后的原因。当汽车修理工听过引擎运转的声音以及你对引擎怠速的抱怨后，他宣布“这辆车的时限到了”，他从这些表象推断出问题的成因。与之类似，当你认为团队的讨论缺乏聚焦，因为你观察到他们无法在一小时之内得出结论，你就所观察到的行为做出因果推论。因果推论是你得出导致某些事情发生的原因。你需要做出因果推论，因为团队只有在识别出问题成因之后才可解决流程问题，但问题的成因往往无法通过直接观察得到。

就情绪做出推断。有时你需要对团队成员的情绪做出推论。你注意到有些人给出了一系列提问后团队成员没有回答，他们的回应方式是退回到座位上，双臂交叉在胸前，脸上肌肉紧绷，眉头紧皱。你可很快从其行为中推断出他们生气了，当然或许还反映出其他情绪。

就情绪做出推论（并采取干预措施）是基于行为的线索，你不仅拓宽而且深化了你对团队的观察方式和帮助方式。因为我们的情绪来自我们的经历，嵌入团队成员情绪之中的是他们与团队有关的经历，而正是这些经历让他们感受到自己的情绪。当你关注团队成员的情绪时，你在关注那些他们非常看重的事情。当你关注这些时，你在关注团队有效性的第三个标准，也就是团队成员所体验到的幸福感。就情绪做出推断并实施干预，你可以马上发现团队尚未解决的重要问题，诸如尚未满足的利益、对他人做出的未经检验的假设或不便讨论的话题等。

当你基于团队成员的行为推断出的情绪与你期盼的情绪之间存在不一致的任何时候，你的机会降临了。例如，如果你推断某位团队成员正在生气而你对此感到惊讶，你会对自己这么说："基于我所看到的发生在团队中的行为，我无法理解大家心怀怒气做出回应的原因。"你可以考虑以下几种可能性。其一，你可能错失了发生在团队之中的重要行为。如果你观察到这种行为，你可能就不会对那位团队成员生气感到惊讶了。其二，虽然你可能并未错失团队中与你所推断出的情绪有关的任何行为，但在这个案例中，你可能认为这位团队成员的情绪是否与他还没有来得及在团队中表达出来的担心有关，或者与团队之外发生的某些事情有关。最后，你有可能对团队成员的情绪做出不正确的推断。

在发展型引导中，你可以将情绪看成帮助团队成员探讨其心智模式的好机会。嵌入在每种情绪中的是心智模式的要素。通过识别团队成员的感受，你可以帮助他们探讨他们的价值观与假设是如何导致他们为该局面所赋予的意义的，而其回应方式又是如何产生情绪的。你还可以帮助他们探讨他们的情绪是依据发生在团队中的哪些事实或基于哪些与团队无关的事件，又或者基于他们所做出的未经检验的假设与推论。

关注情绪是你将同理心带入引导中的一部分。无论团队成员是否觉察到他们的情绪或表达出情绪，情绪是团队对话的一部分。通过关注他们的情绪，你可证实他们的感受，帮助他们认识到他们的情绪是再自然不过的一件事情并赞同讨论情绪，因为这是建立有效团队工作关系的一部分。

但你还可以走得更远。你可以帮助他们看到他们的想法是如何影响他们的情绪的，而他们的情绪又是如何基于未经检验的假设与归因的。如果真是这样，通过改变他们的想法，他们就能对自己的情绪做出新的选择。简言之，通过帮助团队成员对其情绪及情绪的来源更为了解，你可以强化他们对自己的回应做出选择的能力。我们将在第 12 章中更详细地讨论这些话题。

我想指出的是，当你对他人做出的推断是基于他们的肢体语言时，你要小心。许多书籍介绍了肢体语言的相关内容，如某人手臂、头、手摆放的位置等及这些位置的意义。在交互学习模式中需要明确的是，某个特定行为并不意味着只有一种意义。依据文化的不同，同一肢体语言可有不同的意义。如果每次你看到我的手臂交叉放置在胸前，而你的推断是我陷入防御之中或我不愿理睬你的观点（如同某些书籍所介绍的），这未必正确。与其说我陷入防御之中，不如说我感到有点冷，我把手臂交叉在胸前是为了取暖。这不是说我从未陷入防御之中，而是说我容易着凉，所以我会把手臂交叉放置在胸前来取暖。还有些人把手臂交叉放置在胸前，不过是因为他们感到这样的姿势非常舒服。

归因动机。有时你对动机做出归因。这是你对人们的动机做出的因果推论，诸如他们为何做这些事情。假设某位引导师正在帮助陷入冲突之中的高管团队。在某个节点上，作为团队领导的汉斯说："我们为何不把这个问题先搁置一下，这样我们可以更深入地思考。"这会让引导师这么去想（虽然他不一定说出来）——汉斯的典型做派。这与时间无关；他只不过是不愿面对难题罢了。一旦这么想，引导师就将汉斯的动机归因为他不想面对难题。

归因经常涉及高阶推论。一旦对团队成员做出归因，你就有可能开始将其行为解读成与你所归因的动机保持一致。与你做出的其他推论一样，你需要检验你的归因。

做出价值判断。许多推论也涉及价值判断，即遭到质疑的行为究竟是积极的还是消极的。如果你在观察某个对话时想"鲍勃讨厌琼"，那么你就不仅在总结大量行为，而且很有可能在暗地里表明你并不认同鲍勃的行为。在高管团队的例子中，引导师对于领导的动机归因包括对其负面归因，因为引导师并不赞同领导回避挑战性话题或对此用错误的解释来加以掩饰。

就立场和内容做出推论

当你服务团队时，你对流程和对话做出推论。

就立场和内容做出推论。就流程做出推论与对话的质量及团队的流程与结果有效性有关。当你私下得出的结论是团队成员的所作所为与交互学习模式的某种特定行为或心智模式保持一致或没有保持一致时，当大家在团队有效性模型中的某种要素诸如边界管理方面遇到困难时，当团队未能遵循问题解决模型中的某些方面时，当你认为大家的所作所为未能与你所使用的团队流程模型保持一致时，你在做出流程推论。

在做出流程推论时，你的关注点并不在对话的内容上。换言之，你感兴趣的是团队成员如何讲述他们的要点。无论团队是在谈论市场份额丢失的问题抑或员工保留的问题，你可做出相同的推论：团队成员在关注立场而非利益。

就内容做出推论。同样，就内容做出推论事关对话的实质性含义。例如，请考虑有关达成项目截止时间的互动。

谢丽：如果我们希望在下周二之前向总部提交最终报告，那么在周五下午5:00之前我们必须拿到你的成本预测，你能确保在该时间节点前提交吗？

路易斯：这很有挑战，我只能尽力而为。

对于路易斯做出的回应，我的推断可能是他虽然做出承诺要付出努力，但他并没有保证达成时间节点。如果做出了这一推论，基于交互学习模式循环的步骤 3，我可能决定做出干预，检验他是否确保达成时间节点。就内容做出推论并据此做出干预，我将帮助团队成员澄清其意义。

在就内容做出推论与团队流程之间存在某种关联。如果我决定就内容做出的推论实施干预，那么未经检验的推论会对团队的流程造成负面影响。

就其他人做出的内容推论做出推论。有时候，当你观察某个对话时，你会认为团队成员在做出推论；也就是说，你的推论是其他人对对话的内容也做出了推论。

以下是谈论绩效的对话中的简短互动。

艾利克斯：桑迪，我对你管辖两个区域有点担心。我想和你沟通一下此事，看我们是否就解决措施达成一致。

桑迪：哼，如果我无法管辖这两个区域，我不知道谁还有能力管。

在此，我的推论是，桑迪觉得艾利克斯认为他无法管理好这两个区域，虽然艾利克斯本人没有这么说。

当你推断某个团队成员就内容做出了推论而未经检验的话，那么你可以决定做出干预。这样，团队成员就不会继续他们的对话，而这个对话有可能建立在不正确的推论基础之上。在这样的情境中，你既做出了内容推论，又做出了流程推论。你的推论是团队成员没有正确地推断某个特定含义，你的推论还包括如果团队成员这么做的话，他们没有对这个推论做出检验，这种做法与检验假设与推论的交互学习模式行为并未保持一致。

承认我们做出的推论是推论

每个人都会做出推论。交互学习模式循环中的步骤 2 要求你承认你在做出推论时就内容与流程做出了推论。正是这一认识让你去反思你所做出的推论是否可以找到信息予以支撑，并决定你是否需要对此实施予以检验。如果没有这一认识，你会假定是你的推论是正确的，而你可做出干预却无需对此做出检验。因为你将自己未经检验的推论看成有效的，一旦你的推论有误，那将带来负面的后果。

想象一下在你引导的团队中，每当有人发言后，胡安都会发言。你的推论是胡安说得太多了，但你并没有觉察到这是你做出的推论。你可能这么说："胡安，你能否能让其他人分享他们的想法？"如果你的推论并不正确，其他团队成员可能这样回应："没有啊，胡安说得不多。他虽有点儿多嘴，但我们需要他的信息来做出决策。"如果采用交互学习模式，你可能承认你觉得胡安说得太多了，但这只是一个推论（和一个判断），还需要你与其他团队成员对此予以检验。你可能对团队说："我注意到在过去的 10 分钟里，胡安在每人发言之后都跟着发言。大家是否有不同的看法？如果没有，我的担心是大家是否觉得他的这些发言与讨论有关，或者你们中间是否有人还没有来得及分享你们的想法。"

在观察与推论之间摆动

在实践中，你并不总是从交互学习模式循环的步骤 1 移动到步骤 2，然后再移动到步骤 3。有时候，你会用诊断模式来观察行为，就行为的意义做出推论，然后又回过头去观察行为来证实或否定你使用的假设，一直持续到你决定是否实施干预为止。例如，你可能观察团队并推断团队中存在不便讨论的话题。如果你不能确信这点，那么你可能继续观察团队中的互动并寻找更多的信息来证实或否定你的推论。如果你认为有足够的信息来做出推论，那么你可选择实施干预。

做出低阶推论与高阶推论

就如同真实的阶梯一样，你在推论阶梯上攀爬得越高越危险。当你使用专业引导技巧时，你没有必要依据过高的推论来诊断行为。依据不必要的高阶推论会降低你实施干预的有效性，因为团队成员会推断出你所给出的推论与这些信息无关。为了解决这个问题，你可采用交互学习模式的八种行为来生成低阶推论。

在第 5 章，我介绍了低阶推论与高阶推论的区别。当做出低阶推论时，你针对你所观察到的行为只须稍许添加一些意义。当做出高阶推论时，你就团队成员的感受、行为的成因、他们的动机，以及你对这些事情的判断赋予更多的意义。高阶推论真的是由数个推论组成的，每个推论都堆积在之前的推论基础之上。如果先前的任一推论有误的话，那么所有位居其上的推论将坍塌下来，就如同纸上谈兵一样。

表 8.1 说明了引导师就内容与流程做出的三层推论。所观察到的行为被用于生成位居表底部的推论。请留意，中阶推论与高阶推论的假设嵌在这些推论之中，你无法将这些推论与可以观察到的信息直接联系起来。

表 8.1 引导师的高阶推论、中阶推论与低阶推论

引导师的高阶推论	雷斯利并不希望杰克的项目取得成功（内容推论） 雷斯利试图操纵杰克（流程推论）
引导师的中阶推论	雷斯利不想把她手下的任何手人派去支援杰克，因为她认为杰克的人手足以完成这个项目（内容推论） 雷斯利不愿意告诉杰克她的担心（流程推论）
引导师的低阶推论	雷斯利希望晚一点儿派一位全职员工去支援杰克（内容推论） 雷斯利提问但没有解释背后的推理 她没有分享自己所关注的利益点（流程推论）
团队成员可观察到的行为	**杰克**：我真的需要一位全职员工专注在这个项目上。 **雷斯利**：这个项目何时启动？可以再等两个月吗？等到下个季度再开始，可以吗？ **杰克**：这个项目需要马上启动。我无法再等那么长时间。 **雷斯利**：我知道你的一个手下有这方面的经验；能不能让吉尔抽出部分时间参与这个项目并一直做到下个季度？ **杰克**：我认为她不想那么做。 **雷斯利**：就不能调动更多的人让每个人负责这个项目的一部分而非要一位全职员工不可？

有时候，你需要做出高阶推论来作为你诊断的一部分。在发展型引导中，如果你就作为团队成员的心智模式一部分的核心价值观或假设做出推论的话，那么你在做出高阶推论。假如你从员工的行为中推断出他希望就对话实施单边控制模式以便确保他的解决方案得以通过，那么你其实是在对其行为的成因做出高阶推论。

信任、权力与控制、公平、防御等问题经常涉及基于团队中的行为做出相对高阶推论。在多大程度上你认为这会给团队的有效性带来明显的影响，并且你与团队达成一致去探讨这些问题，你应该尝试考虑做出这类推论。

当你做出高阶推论时，高阶推论需要与你所观察到的行为合乎逻辑地关联起来。在高阶推论中，你其实在做出系列嵌套推论，任一推论都是继续在更高层级上做出推论并添加更多意义，对动机做出归因，对你所观察到的行为做出判断。为了便于团队成员理解你是如何得出高阶推论的，你必须全面解释你的推理过程。这意味着你需要描述推论流程中的每个步骤，从最接近你所观察到的行为那层阶梯开始，你不能通过跳过某些推论来得出结论。如果你无法在诊断—干预循环中的步骤 2 做到这些，当你采取干预措施时，你就无法解释你的推理过程。

步骤 3：选择如何做出回应

诊断的最后一个步骤是决定是否实施干预、为何实施干预以及如何实施干预。这是介于循环的诊断部分与实施部分之间的转换阶段。在实践中，干预意味着你参与到团队的对话中，以便让对话变得更为有效。所谓干预，就是陈述、提问或展现出非言语行为，其目的是帮助团队。

步骤 3 非常重要，因为在实际工作中，不能每次看到团队成员行事无效，你就冲上去对其实施干预。如果这么做的话，团队将无法完成任何实质性任务，而你也会对他们感到沮丧不已。所以，你需要一种方法来决定这是否值得你实施干预。

决定是否需要实施干预

基于一个或多个诊断模式，你在步骤 2 中推断出团队有效性可以得到提升，你在思忖是否需要实施干预。团队成员的所作所为可能与交互学习模式或与交互学习的心智模式中的要素不相一致，或者其行事方式说明团队有效性模型中的某个要素出现了问题，或者他们的所作所为与你的模型中的一个或多个要素不相一致。

你可询问自己如下问题来帮助决定是否需要实施干预。

依据我所观察到的行为是否足以做出可靠的诊断？

有时你需要重复交互学习模式循环中的步骤 1 到步骤 2，只有这样你才能确信你所做出的推论是否值得检验。如果你认为团队成员聚焦在利益而不是立场上，但你对此并不十分确定，那么你就需要再观察团队一段时间来证实或否定你的假设。

但是，稍后实施干预也存在潜在的不利因素。如果一直等到你确信你所观察到的情况为事实的时候才实施干预，团队成员可能认为你在拖慢团队进程，没有尽早实施干预。另外，尽早实施干预可以让团队知道你对于他们的期望，以帮助团队成员更早地觉察到其行为是否有效。如果你在引导初期声明为何有时你没有实施干预（虽然其他人认为这是比较合适的时机），那么可减少这些潜在问题的发生。你也可以邀请团队成员对彼此做出干预。

没有实施干预在多大程度上阻碍了团队的有效性？

并不是所有的无效行为对于团队的有效性都会产生相同的影响。例如，在某个团队中，汤姆没有全面解释其推理和意图。哪怕他的所作所为与行为没有保持一致，但你也有可能选择不去实施干预，除非你观察到团队中的其他行为让你认定这个问题的出现与他分享他的推理有关。你可能注意到其他团队成员就汤姆的动机做出负面归因。

有时候，你决定实施干预，因为你预见到这种行为将给团队带来负面影响。假如你的推论是某个团队成员制订的计划明显基于一些未经检验的推论，那你实施干预的时机来了。做出这一判断要求你理解无效的团队流程是如何与各种负面的后果存在因果关系的。重要的是你这时的想法是“当我看到在该条件下发生的这种行为时，我能预测这将给团队带来负面的影响”。

阻碍团队的行为可对团队有效性的三种结果带来影响。这三种结果是：① 卓越绩效；② 有效的工作关系；③ 个人幸福感。请记住这三种有效性结果可帮助你决定某个问题是否严重到需要你做出干预。

是否存在有效的行为让我想去认可并予以强化？

虽然本章近乎所有的篇幅都在强调如何识别降低团队有效性的行为，但帮助团队成员看到他们开始使用交互学习模式的行为以及该心智模式的要素也非常重要。这只需要你指出团队成员说了些什么以及这会带来什么样的不同就可以了。

如果我不实施干预，会有什么样的后果？

如果你不实施干预，可能带来积极与消极的后果。你需要考虑两个问题。第一个问题，如果你不实施干预，团队成员会这么做吗？专业引导技巧的原则之一是减少大家对你作为引导师的不必要依赖。换言之，不要插手团队可自行解决的问题。

如果团队成员可自行实施干预，这个原则确保你不必插手此事。在任何节点上决定团队可以做什么，不能做什么，这需要你对此做出持续检验。

不实施干预可以作为你做出进一步诊断与发展团队的策略。如果你认为团队成员具备发现自身低效行为并对其实施干预的技能，那么你可以允许他们先自行实施干预。尤其在发展型引导中，你可能做出的决定是不需要马上实施干预，以此来判断团队成员是否能自行实施干预。如果团队成员的确可以有效实施干预，那么你便了解到团队已经具备了对无效行为或问题进行诊断与实施干预的能力。

第二个问题是，如果现在不实施干预，那么你随后实施干预并依然可帮助团队规避因无效行为带来的任何负面后果的概率有多大？无效行为削弱了团队结果。但在某些情形中，如果你没有实施干预，可能给团队带来大量的负面后果，而且会马上发生。例如，团队的流程会变得越来越无效，团队决策的质量会降低，或者他们对于决策的实施没有给予足够的承诺。

再来看一个例子。某个团队做出了决策，但没有意识到大家还没有达成一致看法就准备前往下一个议题的讨论。如果你做出的决定不是马上实施干预，那么团队将认识到如果没有达成一致看法，他们就无法承诺资源并将这项决策付诸实施。

相反，如果团队成员在讨论某个问题时没有具体举例说明他们的观点，而你也没有立刻采取干预措施，其后果可能不那么严重。团队成员有可能难以理解彼此究竟在说些什么，其结果不过是对话耗时且不得不延长。因为不曾分享具体例子而导致结果变得恶化之前，你当然还有机会对此做出干预。但是，如果没有给团队成员提供具体例子导致大家强化彼此的立场并做出负面归因的话，那么这种做法带来的后果将变得更为严重。

因为团队流程会不断重复自身，就如同游乐场中的玩具木马一样，你还有多次机会对同样无效的行为或模式实施干预。如果团队成员就某个话题没有检验推论，他们有可能在整个讨论过程中，不对手边的这些问题以及其他问题的推论予以检验。但是，一旦团队依据低效的流程（诸如未经检验的假设）做出决策的话，如果不在那个时间点上做出干预，你可能不再有第二次机会来帮助团队成员去处理他们决策中的内容部分。

我是否需要和团队订立合约来做出这种干预呢？

你和团队订立合约的一部分是描述你将采取的干预措施。在基础型引导中，你与团队订立的合约不包括你对团队的基本互动因素或团队成员的心智模式做出干预。哪怕你看到团队中出现了某些问题，你也没有必要出面解决这些问题，因为团队需要达成其预设的目标。

但是，如果你需要做出的干预在你与团队订立的合约中并未载明，那么你就需要与团队重新订立合约。

我是否具备做出干预的技能？

对于某些干预而言，诸如对防御性行为做出干预，需要更高的技能。为了确保有效，你必须在你的技能范围内实施干预。但这也并不意味着在你还没完全胜任之前你应完全回避干预。如果真是这样，你就无法在变得更为有效之前承担合理的风险——为团队示范这一行为值得尝试。但是，你需要控制风险，这非常重要。你选择的干预措施必须切合你现有的技能水平。如果你决定采取的干预对你而言又新又难，你可以这么开场：“我准备在这里冒点儿风险并尝试一些之前未曾尝试的技巧……”

在各种可能的干预措施中做出选择的原则

任何时刻，你都有机会做出多种干预，那如何决定采取哪种干预措施呢？这里没有唯一正确的答案。哪怕面对相同的局面，不同的引导师可能采取不同的干预措施。另外，做出某种干预并不意味着摈弃其他的干预措施。事实上，不同的干预措施是互相连接并内嵌在彼此之中的。例如，你可以从干预交互学习模式的行为入手，这意味着讲授八种行为中的一种，随后，你可以对团队成员的心智模式做出干预。这里没有简单不变的规则可一成不变地决定需要采取什么样的干预措施。当然，我们依然可以找到一些原则来帮助你做出决策。

你有不止一次机会。干预不是仅有一个步骤的解决方案。仅靠一次干预就可单刀直入问题的成因并帮助团队做出改进，这十分罕见。请不要误解我的意思；我热爱深思熟虑的干预手段，也就是能够清晰解决团队问题的干预措施，非常有力且富有同理心。但是，如果只考虑理想的干预措施，那么你会对自己施加不必要的压力，因为你不得不费心琢磨如何一开口就能一语中的。让人哭笑不得的是，你越是关注如何将事情一次做对，就会让你越分心，而原本你是有能力把这件事情做对的。

相反，我发现如果你把干预看成由一系列逐步展现出来的步骤组成的，反而对你有所帮助。我先从一个干预起步，随后根据团队成员的回应，我再移向其他相关的干预上。每次做出干预时，我会更为了解团队成员对于我的干预方式的想法与感受，所有这些可让我可更好地构思我随后的干预措施。一旦我这样去思考我的工作方式，我也对自己展现出了同理心。

首先解决对你的引导角色的担心。如果团队成员直接或间接地对你的引导角色表现出担心的话，这是你在开展其他干预之前首先需要实施的干预。人们可能担心你对某些团队成员更为关注或你参与到内容的对话中（如果你的角色是引导师），或者担心你与某些团队成员合谋，或者担心这个流程不能帮助他们达成目标。

我将这种情形称为引导师检查。在对弈中，如果对手想吃掉你的“王”，你接下来的唯一做法就是让你的“王”摆脱这种局面。如果你无法让你的“王”摆脱被将的局面，那你的“王”将被吃掉，而你只能举手投降。如果我将对弈比喻中不合适的输赢要素搁置在一旁，那么你的引导角色将面临同样的处境。如果团队成员没有解除对你能否帮助他们的疑虑的话，那你是无法履行你的引导角色的。

如果团队成员质疑你的角色和你的表现，这也比较危险，但只有鼓励他们具体描述他们对你的具体担心，你才可解决这些疑虑。第 12 章讨论了如何处理你或团队成员的情绪。

考虑担任基础型引导师还是发展型引导师。对于某些引导而言，相比于发展型引导，你更愿意在基础型引导中实施干预。请记住，在基础型引导中，你在暂时帮助团队改进其流程以便他们可以完成一些重要任务。在发展型引导中，你虽然依旧在帮助团队完成任务，但除此之外，你在帮助他们学习如何自行推进工作，包括如何反思其思考方式。基础型引导与发展型引导并不是互相隔离的两个类别，它们构成了一个引导的连续体。

基础型引导。在基础型引导中，你实施的干预聚焦在帮助团队如何完成手头上的任务，包括管理团队流程与结构，对行为做出干预，关注完成团队任务所需要的团队有效性模型中的要素，如清晰目标与合适的团队成员资格等。当你帮助团队成员清晰地说出他们正在忙碌的工作的核心价值观与假设时，你不太可能对其心智模式做出整体干预。你也没有对团队有效性模型中的要素如团队文化等实施干预，部分原因是你并未与团队订立这样的合约，所以你无法实施干预。还有一种可能原因是你在帮助团队完成具体任务时并不需要这么做。

发展型引导。当引导更为关注团队的发展时，你将实施更为全面的干预，教授团队概念与技巧来改进团队流程，其中包括帮助团队更为胜任地展现这些行为。例如，如果你发现自己就相同的交互学习模式行为实施干预，那么可能让你开始对其心智模式实施干预，否则你无法理解导致人们继续保持与交互学习行为不相一致的行为背后的考虑。

在基础型引导中，当冲突在团队中出现时，你可能选择的干预方式是要求团队成员关注利益、检验假设并分享其推理。而在发展型引导中，你不会仅仅止步于此，你会审视团队冲突的模式以及团队成员是如何生成该冲突的。这么做，你将帮助团队成员在总体上学习他们是如何生成无效冲突的以及他们将如何对此做出改变。

先关注宽度，再关注深度。在任何一点上，你的干预方式可以是关注干预的宽度抑或关注干预的深度。当首先关注宽度时，你可以马上发现团队中每位成员的想法。当关注深度时，你可以就某个话题进行深入探讨，有时候你只需在干预中关注一位或数位团队成员。**原则是先关注宽度，再关注深度。**

例如，如果某个团队在讨论实施组织变革中所遇到的障碍，先关注宽度这意味着你可以这么说："请房间中的每位同事快速列举出你们认为需要解决的障碍。我们会列出一个清单。当完成清单之后，你们可以决定首先详细讨论哪些障碍。"如果你首先关注干预的深度，你可以这样说："让我们一一讨论你们认为需要解决的障碍是什么。大家希望讨论的第一个需要克服的障碍是什么？"一旦有人提出了障碍，你会要求大家详细讨论。先关注宽度让你和团队能快速识别出团队需要解决的障碍，随后大家共同设计最为有效的方式来予以解决。如果一开始就关注深度，那么团队将花费大量的时间在第一个人所提出的障碍上，而团队可能认为这个障碍未必排序靠前，提出这个障碍的人可能也是这么想的。先关注宽度，你可帮助团队在会议中更为有效地共同设计下一步的举措。

决定干预对象的原则

决定如何干预的一部分是决定干预对象。你会对那行表现出不合适行为的团队成员实施干预，还是对那些不合适行为的承受者实施干预或对整个团队实施干预？以下是帮助你做出决策的几个原则。

对那些拥有信息的人实施干预。基本原则是对那些拥有相关信息以便对你的干预做出回应的人实施干预。如果你对交互学习模式的行为实施干预的话，这通常意味着你对那些未能与交互学习模式行为保持一致的人实施干预。如果你的推论是某些人还没有与团队分享其推理过程，你将对其实施干预，因为她是解释其推理的最为合适的人选。如果数位团队成员关注立场而非利益，那么你可以对他们中的每个人实施干预，你可以逐一称呼他们的姓名并请他们发表看法。

当你对行为模式实施干预时，这个行为至少出现过两次或三次，你可对造成该模式的所有团队成员实施干预。其一，你识别出整个模式，这样团队成员会理解你为何实施干预。其二，按照他们造成该模式的顺序，你可说明每个成员在其中的影响。这可让团队看到该模式是如何演变而来的。

识别相关人的姓名。这看似简单易行，**但当实施干预时，你直接称呼团队成员的姓名这点非常重要。**这意味着保持透明、担责并让团队成员做出知情的选择。某些引导师观察到某些团队成员的举动在他们看来未必有效时，他们采取笼统的方式解决团队中出现的问题："我注意到某些团队成员关注立场而非利益。我认为如果你们能关注利益的话将更有帮助。"这些引导师如果不提及具体人员的姓名的话，那么他们就可以避免让人们感到窘迫或把他们置于聚光灯下。但因为这些团队成员的姓名没有被直接提及，他们可能并不知道引导师在谈论他们，这让引导师无法获知这些团队成员是否同意自己做出的推论。结果是，这些团队成员可能并没有对引导师的干预做出回应，或者因为他们并不理解"某些团队成员"指的就是自己，或者因为他们并不同意引导师对他们的行为做出的推论。

还有的时候，你并不需要在干预中涉及具体的团队成员，因为你在关注团队流程和结构。你可以这么说："解决这个问题的方式是什么？"当你向整个团队发问时，如果有团队成员赞同你的说法，你可这样询问："是否有人对这个提议有什么担心？"

决定做出什么样的干预

决定如何实施干预的一部分涉及决定采取什么样的干预措施。决定如何干预，这取决于你做出的诊断。我们已经介绍了部分干预措施：① 识别出与八种交互学习模式行为不相一致的行为；② 识别出与交互学习心智模式中的要素不相一致的行为；③ 识别出团队设计要素并未解决或没有得以有效使用的行为。在这部分，我将介绍你可以做出的其他干预措施。

管理团队流程和结构。如果对团队流程或结构实施干预，你可与团队决定在干预中使用什么样的流程与结构。因为这是你作为引导师的擅长领域，你与团队共同做出决策，包括关注可满足团队需求的流程，无论是涉及具体的问题解决流程，还是战略规划流程或其他流程。在更大的团队中，管理流程还涉及鼓励大家发言并监督他们的发言时间等。

关注结构包括帮助团队澄清会议目标与议程，建议哪些人员参与，以便生成有效信息，并预估多少时间可用于各种讨论等。

教授用于提升团队流程的概念和技巧。有时候，你可能需要教授团队一些改变流程的特定方法或技巧。这样他们可以决定是否使用该方法。当你解释交互学习模式的心智模式与行为，或者询问团队成员他们是否希望在引导及引导结束后依然这些技巧时，你就是在这么做。其他例子还包括教授团队如何使用团队有效性模型或一般的问题解决模型。

从技术上来说，当你做出这种干预时，你其实在履行引导型培训师的角色。如果你的关注点在于如何提升团队流程，这个干预措施依然与你的引导角色相符。但是，如果你所教授的概念与团队的话题实质有关（如市场营销方式或方法、产品研发等），你就逾越了引导师的角色而变成引导型咨询顾问了。

就内容提出建议。对内容实施干预时，就团队如何解决一些问题的实质方面你与团队分享某些信息或提出建议。如同我们在第 2 章中所谈及的，这类干预是引导型咨询顾问的主要工作，从技术角度来说，这与你的引导师角色不相符。

但是，正如我在第 2 章中所谈及的那样，**如果有关团队内容的讨论涉及如何有效管**

理团队流程，那么你没有必要依然对内容保持中立，因为你是流程专家。结果是，与团队或组织流程密切相关的内容方面的建议得以提出，从引导角色出发，你依然可以对那些与团队行为紧密相连的行为进行干预。

如果团队几经尝试，都未能成功地识别出满足所有团队成员利益的解决方案，引导师也可参与到内容的讨论中。若能首先得到团队成员的许可并在事后询问你所提出的解决方案是否满足团队成员的利益，你可以提出建议来。

以下是你对这样的局面实施干预的方式："塔瓦娜，你说你发出备忘录的目的是让部门知悉已经取得的进展。我的理解对吗？［继续，假定塔瓦娜赞成这种说法］泰德，你说你发出备忘录的目的是避免让大家得出错误的结论，认为团队已经做出决策。我的理解对吗？［继续，假定泰德赞成你的说法］如果团队发出备忘录清楚地说明备忘录反映了团队当前的想法，但团队还没有做出决策，这是否满足大家的利益？"

重新框定。重新框定式的干预帮助团队成员改变他们对某件事所赋予的意义。当某个事件的意义发生改变时，团队成员的回应与行为也发生改变。例如，团队成员经常就给予彼此负面反馈感到勉强，这是因为他们关注团队成员的颜面而不愿伤害彼此。我经常帮助团队成员解决这样的尴尬，采取的方式是帮助他们重新界定"关注"的意义。我的建议是真诚关注团队成员，这意味着给他人提供有关他们行为的反馈。这些反馈信息必须有效，而接受这些反馈信息的人可就他们是否改变其行为做出自由并知情的选择。另外，我认为对信息采取秘而不宣的方式才会对团队成员造成伤害，因为这无法让大家就是否改变其行为做出知情的选择。当你帮助团队成员重新框定事件的意义后，你在帮助团队改变他们心智模式中的某些假设或价值观。

你的引导角色与表现。有关针对引导师的干预中，你的角色和表现是讨论的主要话题。可参考在本章的早先部分所介绍的有关引导师检查的案例。这类干预的主要目的是识别你的行事方式是否无效；如果真是这样，你和团队可以做些什么来继续有效工作。

诊断行为中的挑战以及如何管理这些挑战

当培养诊断技能时，你可能面对数个挑战。其中一些挑战是引导中与生俱来的挑战，而其他一些挑战则与使用交互学习模式有关。

以下是一些常见挑战与如何管理这些挑战的建议。

在不同层面同时观察并赋予意义

当观察团队并试图去理解正在发生什么时，你所赋予的意义取决于你关注的层级。你可在三个层级上审视行为：行为与互动、行为的模式与行为的结构。无论你关注的是哪个层级，你可从相同的可直接观察到的行为开始。所以，当你审视这三个层级时，你不是在审视不同的事物，而是用不同的方式来审视同一事物。你所关注的层级影响你对团队实施干预的方式。当你从只是关注行为或互动转为关注行为的结构时，你做出的诊断与实施的干预可带来明显效果的能力将得以提升。

行为与互动。在第一层级上，你会关注行为与互动。关注这一层级，你会注意谁说了些什么，对谁说，其他人的回应方式如何，团队成员使用了哪些交互学习模式的行为或没有使用哪些交互模式的行为。

假设在某个团队对话中，团队领导在会议开场时与一线员工沟通他所发现的问题："解决这个问题的方式是升级大家的软件系统。"IT 总监回应道："没有必要。我们不准备做那些事情。"你注意到当团队领导结束发言后其他团队成员揉了揉眼睛，但你一言未发。看到这一行为与互动，你的推论是，无论团队领导还是 IT 总监在聚焦立场而非利益，而其他团队成员还有些相关信息秘而未宣。

你采取的干预措施是要求他们关注利益而非立场并分享所有的相关信息。

行为的模式。在第二层级上，你关注的是行为模式。你会关注你在第一层级上所观察到的行为并关注该行为是如何再次发生的。另外，你也关注其他的行为与互动及其是如何再次发生的。

继续上述例子。你开始注意到这类互动发生的频率以及在互动发生时所出现的条件。例如，你可能注意到当 IT 总监分享了团队给 IT 部门造成这些问题的信息后，团队领导和 IT 总监在关注立场。你可能还注意到只要团队领导开启新的对话，团队成员就保持沉默，可一旦 IT 总监开始讲话，他们就会发言。

这让你在实施干预的时候可描述行为模式与互动。比起单一识别无效行为，这是更为有力的干预。

行为的结构。在第三层级也是最深层级，你注意到行为背后的结构。与关注行为与互动或模式不同，关注结构意味着就团队的部分运作方式提出因果解释。该因果地图使用团队有效性模型，嵌入其中的是交互学习模式。通过关注结构，你可帮助团队看到他们所使用的心智模式是如何导致他们构建团队中的要素，反过来又对团队行为产生影响并导致绩效降低、工作关系紧张及幸福感减少的。通过向团队描述因果地图，你可与团队检验其有效性，而团队可就其做出的改变来减少的负面结果做出选择。

在结构层级上，你的推论可能是团队成员认为 IT 总监的动机可疑，因为他们认为他有可能不会批准 IT 申请单。你的推论也可能是团队成员试图基于尽量减少负面情绪表达的核心价值观行事，所以，他们不愿陈述有别于 IT 总监的观点，如果他们自身所需的 IT 支持处于危险境地的话。所以，他们的回应是通过非言语的行为表现出来。你的推论可能是由于他们没有向 IT 总监提出他们的担心，他们生成的循环让 IT 总监做出的决策没有得到来自其他团队成员所提供的全面看法，这会导致做出低质量的决策，并让团队成员继续对 IT 总监感到沮丧。IT 总监虽然发现团队成员持有不同看法，但并未提出公开讨论此事，他担心这种做法会进一步加剧负面情绪，这也是问题的成因。

通过对因果结构实施干预，你可帮助团队成员探讨他们的思维方式是如何导致该行为出现以及其又是如何造成不曾预想的后果的。大家都极力维护现有系统，这反倒让每一方都不太满意。你可帮助团队探讨那些让他们的行为变得肤浅且无效的模式背后的互动因素。这意味着你要参与到发展型引导中并对心智模式实施干预。

以对话的语速做出诊断

为了有效引导，你要能以对话的语速做出诊断（干预）。当团队中无效行为发生时，你已经注意到团队中的无效行为是什么以及如何做出干预，可如果你的干预总是存在延迟，那么你会让团队感到沮丧不已，而他们的这些行为也会卷土重来。

当你首次使用交互学习模式循环并试图做出诊断、实施干预时，延迟就会出现。团队中的对话进展飞速，当你推断出需要就某些行为实施干预时，你已经错失了紧随其后的数个表述。如果能坚持练习，你就能够马上将交互学习模式的行为与团队成员的表述匹配起来。

需不断关注团队

引导、咨询、教练、培训对于智力、体力提出较高要求的原因之一是，如果你履行职责的话，你必须持续关注团队中的互动。你在提供咨询或培训时，你需要学会持续观察团队，与此同时，你还需参与到内容的讨论之中。除非你与搭档一起并且你们可彼此互为依赖，否则你一刻也无法从团队的讨论中抽身而出。

提升关注团队的能力的方式之一是减少充斥在你头脑中的各种干扰。这可能意味着在与引导无关的问题发生之前解决这些问题或将这些问题暂时搁置起来，直到你完成引导工作。如果可能的话，在引导中不要回复语音留言、电子邮件、短信等，这是减少干扰的主要方式。不断练习你的诊断技能并提高你长时间关注某事的能力，这是第二种方式。随着诊断行为能力的提升，你可花费更少的精力并可在疲倦之前更长时间地关注团队。当然，你可向团队成员解释你可能暂时没有跟上他们发言的思路并要求他们重复其之前的表述。

好消息是，正如之前所介绍的那样，哪怕你错失了某些表述，很有可能你还有机会再次观察到这些现象的发生。这对你而言是幸运的，但对团队则未必如此，因为无效的行为再次出现了。

对模糊不清感到自在

有时，你可能无法就团队中发生的一切都赋予含义。你可能感到有些不确定、迷惑或不知所措，你不知道如何帮助团队。对于哪怕富有经验的引导师而言，这也是非常自然的感受，尤其是当你开始与团队一起工作的时候。对于模糊不清与困惑的自然反应就是试图加以控制。挑战在于你要学会在模糊不清的情况下安之若素，不要急于做出推论或诊断从而过早地施加控制。不成熟的行为诊断会减少你理解团队局面中重要方面的机会。

团队行为有时看似模糊不清，原因是你所观察到的是复杂模式，但团队只是展现了其中一部分。这就如同侦探小说，你只有阅读到最后一页方知故事的原委，而只有当你看到整个团队的互动模式，你才可以对此做出解读。有时，你可能感到困惑，因为你错失了模式的开场部分，这就如同你错失了电影的开场部分一样。团队成员之间发生的冲突虽然在会议中会表现出来，但苗头可能在会议之前就已经出现了。除了接受模糊不清与困惑是不可避免的之外，你可尝试就这种局面赋予意义，方式是就团队中发生的事件生成不同的假设，并通过观察行为对其证实或证伪。当然，你也可以与团队成员分享你的困惑并邀请他们共同做出诊断。

减少认知偏差

认知偏差发生在团队成员的思维方式始终与客观现实的某些方面出现系统性扭曲。系统性偏差降低了决策与行动质量。认知偏差的一部分源自我们关注了什么，我们没有关注什么，我们是如何记忆的，我们是如何做出推论和推理的。认知偏差代表人类的先天特性。虽然我们中的一部分人相比于其他人展现出更少的认知偏差，但我们都难逃认知偏差。

从 20 世纪 70 年代开始，心理学家识别出许多认知偏差。以下是认知偏差的几种类型，这些认知偏差与你的引导角色尤为相关。

- **基本归因错误：**当你解释其他人的行为时，认知偏差表现为过于强调个人因素而忽略情境因素。作为引导师、咨询顾问或教练，认知偏差削弱了你的帮助作用，因为你没有那么关注团队结构或情境对其行为的影响。
- **证实性偏差：**证实性偏差表现为选择性寻找或解读信息，其方式为证实你的假设、推论或猜测。推论阶梯中的反射循环说明了证实性偏差是如何工作的。这就是为何有这样的说法："我们看到的不是事物原本的样子，而是我们认为的样子。"
- **晕轮效应：**晕轮效应表现为将你对某人个性中的某些正面或负面看法延展到其个性的其他方面。这导致你采用更为单一的方式来评估团队成员并将他们或看成积极的或看成消极的。

从总体上了解你的心智模式与思考流程可减少导致你产生认知偏差的可能性，并让你能更好地帮助团队做出决策。通过识别系统性个人偏差与人为因素（渴望掌控或得到赞同、担心错误等），你便可开始监督自己的行为。另外，通过与你共事的搭档一起讨论这些问题，你们可从对方那里获得反馈并降低因你的问题影响团队进步的概率。

被内容所吸引

在你的引导角色中，你需要关注对话的内容来帮助团队成员解释他们的观点并检验他们对于问题做出的假设与推论是否成立。挑战是既要关注内容，但又不能陷入内容之中，这会让你丧失帮助团队的能力。

一旦被内容所吸引，你就不会再关注团队的流程。你可能发现自己也参与到了内容的对话之中，而这对于你的引导角色并不合适。如果对内容感兴趣，你可能被内容所吸引；或者对内容不熟悉，你试图理解这是怎么回事；或者感到自己被团队流程弄得束手无策，所以你希望使用内容来作为你的避难室。

避免被内容牵着走的方式之一是关注内容，但你的目的依然是审视其流程。当你关注团队时，你在寻找团队成员是否展现出交互学习模式的行为。如果你的推论是他们没有做到这点，那么你可更为关注他们所讨论的内容，特别是关注潜在的流程问题是否影响到内容的讨论。整个团队对话就如同表演一首音乐曲目，其中团队流程是旋律，而内容是具体的音符。你可关注整首曲目的表演，直到某些音节出现怪异，这时你会转为细心倾听某个音节。

被你的诊断框架所局限

你的有效性部分取决于你的诊断框架的范围（有效性）。工具定律认为，如果你手中仅有的工具是锤子，那么你眼中所见到的一切都是钉子。如果把这条定律用于诊断之中，你会自然而然地将你所观察到的行为嵌入你手中的诊断框架之中。例如，如果你能诊断出团队成员的所作所为与交互学习模型不相一致，但你无法使用团队有效性模型对其做出诊断或从心智模式上予以诊断，那么你可能继续做出干预，但你的干预仅能针对行为的部分原因，而无法针对问题的根本原因。另外，如果你有偏爱的诊断框架，你可能寻找机会使用这些框架，哪怕另一个框架可能更合适。

所有这些做法都会降低你帮助团队的能力。挑战在于你要具备诊断与团队有效性相关的广泛行为并使用同样广泛的干预方式对这些行为实施干预的能力。

小结

在本章，我们详细探讨了交互学习模式循环的诊断步骤，包括：当你观察团队的时候，如何使用不同模型指导你去观察什么；如何使用模型来对你的观察赋予意义；如何决定是否干预，为何干预，以及如何干预。我们也探讨了做出诊断与实施干预中遇到的不同挑战。

在第 9 章，我们将详细探讨如何依据之前的诊断合乎逻辑地实施干预，包括识别你在交互学习模式循环的每个诊断步骤中究竟需要说些什么。

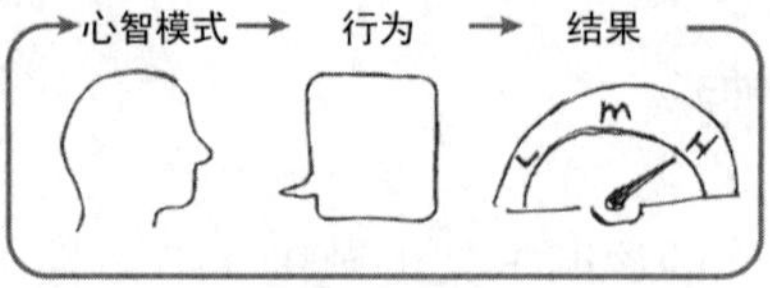

第 9 章

如何对团队实施干预

在之前的章节中，我们探讨了如何使用交互学习模式循环以及其他模型对团队做出诊断。在本章，我将介绍一旦你决定实施干预时，你如何使用交互学习模式循环与各种模型实施干预。我将介绍干预的每个步骤并解释说些什么、如何说、何时说及不说什么。在本章结尾处，我将介绍如何在实施干预时选择你的用词。

实施干预步骤的主要要素

交互学习模式循环的干预步骤有几个主要考虑要素。只有理解这些要素，你才能更好地理解整个交互学习模式循环是如何构建的以及使用该循环的逻辑。

与诊断步骤并行的干预步骤

交互学习模式循环中的实施干预三步骤与诊断三步骤并行（见图 9.1）。一句话，在实施干预的步骤中，你将诊断步骤中私下做出的推理公之于众并与团队成员一起检验他们是否赞同你的看法。

- 在步骤 4 中，你向团队介绍你在步骤 1 中私下观察后得出的结论，这是导致你采取干预的原因。你做出检验，看团队是否同意你的观察结果。
- 在步骤 5 中，你介绍了你在步骤 2 中私下得出的推论并与团队成员进行检验，看他们是否同意你的推论。

- 在步骤 6 中，你与团队共同谋划下一步。

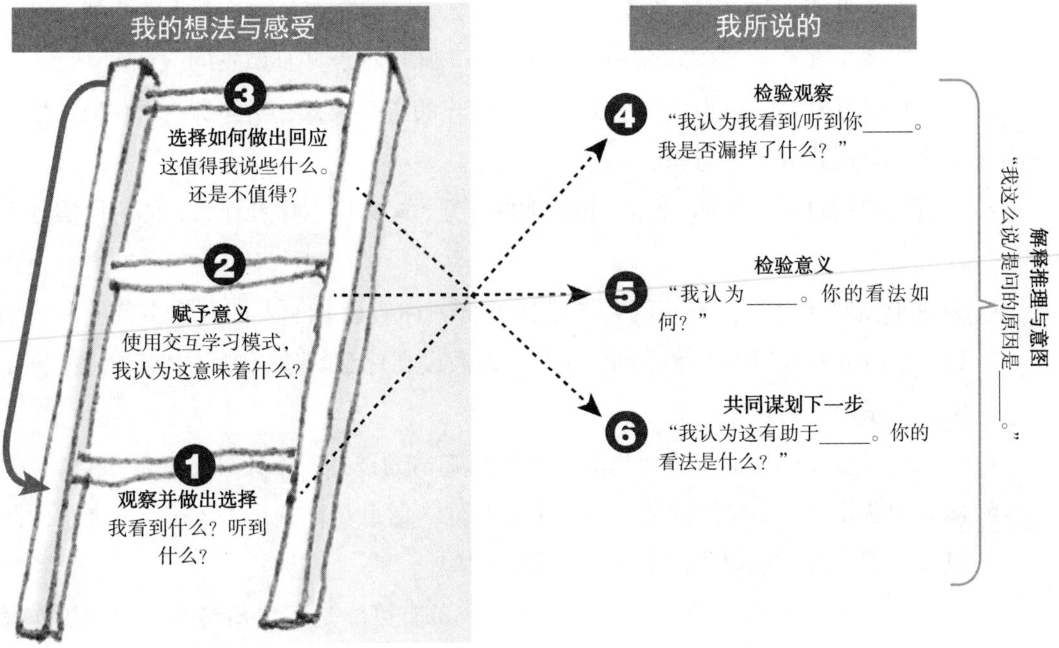

图 9.1　交互学习模式循环中平行的诊断步骤与干预步骤

假定团队成员已经同意基于你的干预对其行为做出改变，这个循环将再次启动，你可观察到团队成员事实上是否改变了他们的行为。你继续使用交互学习模式循环来判定是否有任何团队行为需要你继续实施干预。

交互学习模式的行为与心智模式嵌入干预步骤中

交互学习模式的心智模式与行为嵌入循环的干预步骤中。

在步骤 4 中，当你介绍了你所观察到的行为时，你在展现交互学习模式的行为，"举出具体的例子并就重要词汇的含义达成一致"。

- 在步骤 5 中，当你分享你的推论时，你在展现这一行为——"检验假设与推论"。
- 在步骤 6 中，当你与团队成员共同谋划下一步骤时，你展现出这一行为："共同谋划下一步。"
- 从步骤 4 到步骤 6。你在展现交互学习模式中的行为"解释推理与意图"。在步骤 4 中，你使用这一行为简单地解释了你为何做出干预。在步骤 5 中，你解释了团队成员的行为是如何无效的。在步骤 6 中。你解释了你所建议的下一步是如何打造更为有效的流程的。

- 从步骤 4 到步骤 6，每个步骤都分为两部分：第一部分，解释自己的看法，有时会添加额外的推理；第二部分，真诚发问，了解团队成员对你观点的看法。这两部分组成了交互学习模式循环的行为——“陈述观点并真诚发问”。

因为交互学习模式的行为采用了交互学习模式的心智模式，当你实施干预时，你在使用交互学习模式的价值观与假设。

- 你对这些信息保存透明：你所观察到的情况，这对你意味着什么，你为何实施干预等。
- 你对干预对象是否持有不同看法心怀好奇。你假设其他人拥有你不曾拥有的信息，他们可能看到你不曾看到的事情。你假设在你和其他人观点中存在的差异是你们的学习机会。
- 你让团队成员就他们推进讨论的方式做出知情的选择，你让自己也是如此。
- 你对团队担责，你往前推进的方式是检验你的信息与推论是否正确。你要求团队成员担责，方式是对你的真诚发问做出回应。
- 你在实施干预时心怀同理心，承认团队成员有可能是不曾预料的后果的始作俑者。你也认为自己有可能是你所观察到的问题的始作俑者。

同理心是实施干预的基本要素。让团队成员同意展现行为，当他们表现出与交互式学习模式不相一致的行为时同意你实施干预，这并不困难。但当你开始对他们的行为实施干预时，这对团队成员来说就不那么容易了。他们对自身的无效感觉不佳，认为自己被你实施的干预置于聚光灯下剖析。如果你把团队成员主要看成对其行事有效做出承诺，那么你可能把干预看成纠正团队成员违章行为的警察。如果他们依然行事无效，你可能变得沮丧，因为他们并未掌握请你帮助他们学习的技能。在这点上，你的干预将从帮助转为伤害。

相反，如果你将团队成员看成大家在一起工作但缺乏必要的技能与心智模式，那么你会将干预看成为他们提供（或教授）必要的技能与心智模式。如果他们依然行事无效，对他们心怀同理心，思考他们在学习技能时遇到的挑战，就如同你在学习时遇到的挑战一样。

使用交互学习模式循环实施干预的例子

下面是使用交互学习模式循环来实施干预的简单例子。三位高管在讨论如何重新设计组织的绩效管理系统。右边栏目展示了对话，而左边栏目展现了引导师对于对话的感受。

接下来让我们来详细讨论一下实施干预的步骤。

使用交互学习模式循环实施干预

引导师的感受	对　　话
我的推断是劳尔只是陈述了立场并开始讨论提前做好绩效管理预算的利益点（步骤2）。我在考虑是否需要实施干预，要求劳尔澄清其利益点。我想再看一下其他人如何回应，假定他已经识别出利益点（步骤3）。	**劳尔：**我认为绩效管理系统需要对工资总额设置一个上限并对于获得奖励的人数事先约定一个比例，这样我们可以对大家的表现进行一个强制性分布。只有这样我们才能提前做好预算。
我在考虑是否要求凯特征询一下其他人是否同意这个假设（步骤2）。我决定不去实施干预，因为她已经清楚地陈述了她的假设，下一个人可能对此做出回应，我无须采取干预（步骤3）。	**凯特：**但强制性分布假设只有事先确定比例的一批人是绩效优秀者。这难道不是很虚伪吗？我们一方面期待组织中每位员工表现优秀，但另一方面却在设计一个系统，认为所有人表现优秀是不可能的。
我的推论是安德鲁可能讨论另一个话题并单方面设计对话的下一步（步骤2）。我需要听下一个人的发言，看对话是否能回到原来话题上（步骤3）。	**安德鲁：**凯特，如果每个人都是虚伪的，那是员工本人。还记得去年他们是如何抱怨他们的经理没有给予其足够自主权的吗？可一旦给予他们自主权，他们又在抱怨他们的经理离他们太远。
我的推论是劳尔会如安德鲁一样继续讨论不同的话题（步骤2）。我决定实施干预，因为我的理解是团队看似没有回到头先讨论的话题上（步骤3）。	**劳尔：**是的，无论我们做些什么，他们总认为不对。
我简单解释了实施干预的理由并随后简短地描述了我所观察到的信息并检验劳尔与安德鲁是否有不同的看法（步骤4）。	**引导师：**我想检查一下，看对话是否依然行进在正确的轨道上。刚才你们在谈论强制性分布。安德鲁，你说的是"凯特，如果每个人都是虚伪的，那是员工本人"。你继续说明这点。劳尔，你说你同意这种说法。安德鲁、劳尔，我有错过什么吗？
既然劳尔与安德鲁同意我已经准确描述了他们所讲述的内容，那我可前往这个循环中的步骤5。	**劳尔与安德鲁：**没有，你说的是对的。
我分享我从步骤2中得出的私下推论，也就是我并未看到安德鲁与劳尔的表述与他们发言之前的表述之间存在什么关系。我想了解一下他们是否看到其中的关系而我却没有看到（步骤5）。	**引导师：**安德鲁、劳尔，我没有看到你们的言论和对话与强制性分布之间的关联。你能给我们解释一下其中的关联吗？如果有的话。
既然劳尔与安德鲁同意我已经准确地描述了他们所讲述的内容，我可前往这个循环中的步骤5。	**安德鲁：**嗯，这是一个不同的话题。我们必须找到方法来让人们承担更多的职责，但我认为这不会影响我们对于是否需要强制性分布的决定。

引导师的感受	对　话
我分享我从步骤2中得出的私下推论，也就是我并未看到安德鲁与劳尔的表述与他们发言之前的表述之间存在什么关系。我想了解一下他们是否看到其中的关系而我却没有看到（步骤5）。	**劳尔**：是的，我同意。
安德鲁同意他的表述代表了不同的话题，但不应影响现在讨论的话题（步骤5）。	**引导师**[面对整个团队]：你们有些什么想法？你们是希望继续有关强制性分布的话题还是转为讨论责任的话题？
既然劳尔同意了，我可前往步骤6。	**劳尔**：让我们还是回到强制性分布这个话题上吧。
我询问团队是否希望重新回到强制性分布这个话题的讨论上，还是继续讨论责任改变的话题（步骤6）。	**引导师**：好的，大家是否还有不同看法？
我了解团队是否达成共识（步骤6）。	**所有成员**：没有。
我要请凯特开启下一步的行动，把团队拉回到原先的话题上（步骤6）。	**引导师**：好的，凯特，话题转移之前，你是最后一个发言的人。你是否想重复你刚才所说的内容，这样大家可做出回应？

步骤4：检验观察

在步骤4中，你向团队介绍你在步骤1中观察到的信息，正是这些信息导致你实施干预。你对此予以检验，看团队是否同意你的观察结果。分享你的观察结果意味着分享你直接观察到的信息。正如我在第5章中描述的那样，直接观察到的信息包括任何你可在视频上捕捉到的内容，包括所有团队成员的言语与非言语行为。

从称呼团队成员姓名开始

当你开始步骤4时，你可称呼团队成员的姓名。这样，团队成员才知道你在对谁说话。如果在陈述时能有这样的表述，如“我认为我听到你说的是……”或“我认为你说的是……”，这会有帮助。使用这样的表述可使你通过引用团队成员的表述来完成你的陈述，而这恰好是你在步骤4中需要做的。

分享你的观察，无须添加意义

重要的是分享你的观察，无须做出推论或归因。如果你能很好地完成循环中的步骤 1，那就不会带来问题。如下举例说明你可与团队一起分享关于你的观察的陈述并检验团队是否赞成。避免做出推论或归因最简单的方式是重复你听到的团队成员的表述。一旦添加推论或归因，你就从观察转移为解读。视频只是记录你的观察；它并不做出解读。

在分享你的观察中嵌入推论

推论的本质	引导师的陈述
高阶推论与归因	
你的推论是安德鲁在单方面转换话题，因为他想控制当前局面。	“安德鲁，你在改变讨论的话题。我认为你想控制对话。”
中阶推论与归因	
你的推论是谈论责任归属与谈论强制分布不是一个话题。你认为其中的原因是安德鲁没有听到凯特的发言。	“安德鲁，你改变了讨论的话题。我认为你没有听到凯特的描述。”
低阶推论与归因	
你的推论是讨论责任归属意味着没有讨论强制性分布这个话题。	“安德鲁，我认为你在谈论与凯特不一样的话题。”
可直接观察的信息	
“安德鲁，你刚才说‘凯特，如果每个人都是虚伪的，那是员工本人。还记得去年他们是如何抱怨他们的经理没有给予他们足够自主权吗？可一旦给予他们自主权，他们又在抱怨他们的经理离他们太远。’”	

重要的是分享你的观察而无须做出推论或归因，因为你所观察到的信息是你实施干预的基础。如果团队成员没有如你那样看到你所观察到的信息，他们有可能并不赞同你基于观察的信息做出的推论。

考虑如何解释你将做出的干预

在步骤 4、步骤 5、步骤 6 中的任何一步，你都可以解释你为何实施干预。从图 9.1 中可以看到，三个干预步骤中归总的那句话“解释推理与意图”，以及开场白“我这么说/这么问的原因是……”这是交互学习模式循环中的重要部分，因为这可帮助团队成员更好地理解你将如何帮助他们。

在步骤 4 中，你简单地解释一下你将实施的干预措施，然后再分享你直接观察到的信息，这会很有帮助。你可以这么说来开始你的干预“我想检查一下对话是否依然行进在正确的轨道上”，然后开始描述你观察到的行为。当开始描述需要你分享并检验大量行为的复杂模式时，这颇有帮助。你可这么说：“我注意到团队中的行为模式，而该模式让大家难以达成共识。请允许我分享一些我的观察结果，你们可以检验一下，看是否赞同我的看法。”这一陈述可马上帮助成员理解你为何实施干预，以及你准备与他们核对一下他们对此的理解与你是否一样，这可让团队成员更为安心。如果没有这样的陈述，你虽然可描述并检验许多行为，但团队成员可能依然好奇你这么做的目的是什么。

做好准备：团队成员可能持有不同看法

做好准备，团队成员的看法可能与你的看法并不一样。第 2 部分的步骤 4 涉及提问，看你是否准确捕捉到大家表述的内容。如果你询问“我是否错过了你们所说的什么内容”，而对方回复“是”，那么你随后可追问“我错失了什么”。发现错失的内容，这不是失败；相反，这是成功。使用交互学习模式循环意味着你可以很好地了解其他人的看法与你有何不同。

当对方告诉你她实际上说了些什么时，你便可决定有无必要继续实施你的干预。如果实际的说法让你无法得出对方的表现与交互学习模式循环行为没有保持一致的推论，你可以停止实施干预。你可这么说：“如果依据我所认为的表述，我会实施干预，但基于我实际听到的内容，就没有必要这么做了。”

有时候，在对方说完之后与你开始实施干预前的这段时间里，你可能忘记了对方究竟说了些什么。如果出现这种情况，你可以这么说：“谢乐尔，你可以再重复一下你刚才的表述内容吗？我想跟上你的说话节奏，但我忘记你究竟说了些什么。”团队成员并不期待你完美无缺；偶尔要求人们重复一下他们之前的说法，这无伤大雅。

步骤 5：检验意义

在步骤 5 中，陈述你在步骤 2 中私下做出的推论并与团队成员检验一下，看他们是否得出了不同的推论。正如我在第 8 章中所介绍的，你可以检验许多种推论中的一种：团队成员的表现是否与交互学习模式行为或心智模式的要素保持一致，是否就团队有效性中的要素达成一致，是否就你的引导角色达成一致，是否就使用其他模型如流程改善模型达成一致。你也可以检验团队成员是否就讨论的内容做出推论。

与团队公开检验推论可避免让你单方面基于不准确的推论行事。这可帮助你避免第

8 章中介绍的证实性偏见（confirmation bias），让人坠入自我实现的预言中（self-fulfilling prophecy）。一旦真的是这样，你会生成你所期望看到的行为。

正如我在第 5 章和第 8 章中所介绍的那样，对你的干预而言，避免做出不必要的高阶推论，这非常重要。在安德鲁与劳尔（见图 9.1）的案例中，引导师做出的推论是安德鲁的表述看似与凯特的表述无关，这是低阶推论。你没有必要做出高阶推论来对共同谋划的下一步行为做出干预。

有时候，尤其是在发展型引导中，你的确需要做出高阶推论，如有关团队成员的心智模式。在一定环境中，你可能不仅推断出安德鲁的表述与凯特无关，而且安德鲁之所以发表这番言论是在刻意将对话的主题从凯特的话题上移开，因为他发现这个话题颇具挑战性。

但是，做出高阶推论时，你需要分享导致你这么做的信息。这些信息可能来自之前的团队对话，在对话中团队与你一起探讨安德鲁经常转换话题而没有与大家核对的原因。你还需要看到该行为的模式，然后才能做出高阶推论。如果安德鲁在会议中只有一两次转移了对话的话题，那么这些信息可能并不足以做出高阶推论。另外，当做出高阶推论并实施干预时，你需要与团队达成一致。我将在第 13 章中讨论如何订立合约。

当你就团队成员的动机和情绪做出高阶推论或归因时，你可归因于这个人，但不能归因其个性。例如，你可以这么说，“大卫，基于你刚才所说的，我的推论是你不同意的理由是你并不相信露辛达会帮助你完成这个项目。我的推论有问题吗”，而不是“你根本不信任露辛达”或“你不太容易信任别人”。其中的差异非常重要。前一陈述与你所观察到的行为紧密相关。这是就特定情形中的可信任的行为做出归因，而不是笼统地做出概括并暗示这个人的个性就是不信任他人。另外，将行为归因于人的个性，你其实在暗示他很难做出改变，因为人的个性相对稳定。结果是，相比于之后的陈述而言，前一陈述不太可能带来防御性行为。

有时候，你陈述的推论可帮你识别出团队成员没有展现出来的行为：“布雷特，你的说法看似立场而不是利益。你是否有不同的看法？”如果你想强调团队同意使用交互学习模式的行为，那么你可这么说：“布雷特，团队同意使用的行为之一是聚焦利益而非立场。你的表述听起来是在聚焦立场。你的看法呢？”

做好准备：团队成员的看法与你的看法不一样

做好准备，团队成员的看法有可能与你的看法不一样。步骤 5 的第 2 部分涉及询问团队成员，看你做出的推论是否准确。如同步骤 4 一样，如果你问“我的推论有问题吗”，而对方回复为“是”，那么你可紧跟着询问他做出的陈述的含义是什么。在这里，发现团队成员的含义与你的看法不同，这不是失败；这是成功。

如果团队成员不同意你做出的推论，你是就内容还是就流程做出的推论予以检验，这会影响你的回应方式。如果你就内容做出的推论予以检验，如某人用语中某个词语的意义，你有可能接受他的解读，如果他的解读在你看来是靠谱的解释。你之所以接受其解读，因为除他以外的其他人无法独立判断出他的意图。

但是，如果你就流程做出推论，例如，某个团队成员的所作所为与交互式学习模式的行为不相一致，那么你可采用不同的解读方式。作为流程专家，你拥有相关的信息并可合乎逻辑地解释你这么做出推论的理由。例如，如果在步骤 5 中你分享了你的推论，你认为阿迈勒陈述了观点但没有真诚发问。阿迈勒并不赞同你的推论，你可这么说：“阿迈勒，你可以解释一下你是如何看待你的陈述既是陈述又是真诚发问的吗？这样的话，我才能理解我们彼此的看法有何不同。”在听取阿迈勒的解释后，你作为流程专家可以解释为何你认为他的理解有偏颇之处。当然，你也可以从他的解释中了解到他的确有过真诚发问，但你错失了这个发问。

不要用提问的方式来陈述你的推论

某些引导师在实施干预时习惯采用提问的方式。引导师可能这么提问来开启其干预：“安德鲁，你是否发现自己跑题了？”埃德加·沙因认为提问总的来说是有帮助的：“因为提问可以鼓励甚至强迫客户保持自己的想法。如果目标是帮助客户解决其自身的问题而自行担责，那么提问是沟通该期望的最好方式。”

我赞同沙因帮助客户自行担责的目标，对于选择发展型引导的团队而言，如果希望精进诊断自身行为的技能，提问的方式是合适的。但是，我也看到了提问的方式所带来的潜在问题。其一，这要求你隐瞒有关信息。如果你认为“我听到路易斯谈论过××内容，这让我得出推论‘路易斯不想解释他的推理’，”但你对团队说“你认为路易斯在解释她的推理吗”或“你们是怎么看待路易斯的说法的”。那么你其实没有分享有关信息，并且你在旁敲侧击。除非你陈述了相关信息，否则你无法检验团队是否与你持有相同的观点。

这就带来了第二个问题：团队感到被操纵了。如果团队的回复是“是的，路易斯分享了他的推理”，那么除非你分享了不同的看法或放弃干预，否则你需要继续给出引导型提问，直到团队找出答案。最终，团队可能认为你在搜寻所谓的正确答案，但基于某种原因，你不想与他们直接分享。

最后，使用提问的方式向团队发出的信息是团队需要就其观察结果担责，但你并不需要为你的观察结果担责。这与交互学习模式的原则及作为引导师本应带头示范有效行为的原则不相一致。所以，除非团队理解你的提问是为了帮助团队学习如何诊断其自身的行为，否则，更为有效的方式是分享你就团队成员的行为得出的推论并询问他们的看法是否和你的一样。

考虑解释你为何检验推论

正如我在步骤 4 中介绍的那样，在步骤 4、步骤 5、步骤 6 中的任何一步中，你都可以解释为何实施干预。在步骤 5 中，解释你担心的潜在后果是你实施干预的原因，有时这样做会有帮助。

你可能这么说："我检验推论的原因是，团队成员虽然提出了这些问题，但没有跟踪到底并得出结论。我认为这是造成你们之前提及的无法达成一致结论并感到沮丧的主要原因。"如果团队成员做出未经检验的推论或假设，你可以这么说来给出解释："我的推论是，你认为这个问题需要使用现有的人手予以解决。我的推论正确吗？我提出这点是因为如果证明我们的假设并不正确，那么你们最终所得出的结论将让其更加难以付诸实施。"

步骤 6：共同谋划下一步

在步骤 6 中，你与团队成员共同决定下一步如何行动。下一步如何行动，这取决于你和团队观察到的行为是什么，以及你们达成一致的推论是什么。如果你实施干预的原因是团队成员做出未经检验的推论，你可能建议团队成员检验其推论。如果你实施干预的原因是团队成员并不清楚他们的角色或对于他们的角色看法互为冲突，那么你可建议大家花些时间来澄清他们的角色。如果你实施干预的原因是你观察到的行为导致你做出团队成员想要尽量减少负面情绪表达的推论，那么你可能建议团队成员讨论导致他们持有该价值观的原因是什么并解决与此相关的不曾预料的后果。

当共同谋划下一步时，有时你会提出下一步的行动计划，有时你会询问团队成员的建议，或者你们共同制定下一步的行动计划。如果你来提出下一步的行动计划，你可能这么说："我认为检验你们的推论是否正确，这会有帮助。大家对此有何异议？"如果你要求团队成员提出下一步的行动方案，你可能这么说："爱德华和依兰，考虑到你们对于截止时间持有不同的看法，在你们看来，我们下一步采取什么行动会有所帮助？"如果你们共同制定下一步的行动计划，你可能这么说："考虑到大家都认为无法在剩余的时间内达成会议的目的，我的建议是我们一起花些时间共同决定如何最大限度地利用好余下的时间。大家是否有不同的看法？"

考虑解释共同谋划下一步的理由

在步骤 6 中，你可能希望解释你要求对方采取下一步行动计划的理由，包括改变他的行为并与交互学习模式的行为保持一致。总的来说，在步骤 6 中，你可能并不需要解释太多，尤其是当你在步骤 4 或步骤 5 中已经这么做了的话。如果你在步骤 5 中还没有解释做出未经检验的推论所带来的潜在问题，那么你可以在步骤 6 中这么做。你可以这么说："我之所以提出这个建议是因为通过检验你们做出的推论，我认为可以确保你们设计的解决方案是基于准确的信息基础上的。"

如果他们需要支持，帮助他们设计下一步

当团队成员选择重新设计他们的行为并采取下一步行动时，有时他们需要你的支持。如果他们已知晓交互学习模式的行为，他们就可以知道如何检验推论，如何关注利益，如何陈述他们的观点并真诚发问了。你可以帮助团队成员重新设计他们的行为，或者教练他们，或者示范行为。当然，你也可与他们共同设计如何帮助他们。你可能这么说："你们需要什么样的帮助？如果需要的话，我可以教练你们或为你们提供示范。"

哪怕团队成员重新设计他们的行为，这些行为依然有可能与所要求的行为不一致。在这种情况下，你可再次使用交互学习模式循环，分享你的观察，检验你的推论，看他们是否关注立场（解释你为何这么认为），并询问团队成员是否希望再次尝试。

如果团队成员选择不重新设计他们的行为，尊重选择

如果团队成员证实了你的观察与推论，但他们依然选择不重新设计与交互学习模式行为不相一致的行为，这非常罕见。当你询问他们是否愿意提供具体例子时，如果真的有团队成员拒绝这么做的话，你如何回应？其一，你可以这么询问他："可以告诉我你

拒绝这么做的原因吗？我之所以这么询问，不是因为我想给你施加压力或把你置于聚光灯下，而是希望了解我是否做错了什么导致你不愿举出具体例子，如果这样其他人就无法更好地理解你的关切了。选择与否，依然取决于你。”如果他原意分享他的关切，你可以随后探讨他或团队的关切是什么并询问“需要做些什么让你原意去分享具体的例子”。最终，为了保护团队做出自由选择的权利，你必须尊重团队就他们是否愿意做出改变所做的选择。

把一位勉强的团队成员看成阻力不是特别有帮助的框架。你做出的归因是他的所作所为不符合情理并质疑他的动机，哪怕你并不理解他这么做的理由是什么。相反，如果你把心不甘、情不愿的团队成员看成有需求但尚未得到满足的人，他们依然有某些需求你并未完全理解，那么你就对他们可心怀同理心了，哪怕他没有选择改变其行为。

如何从一个干预步骤前往另一个干预步骤

虽然干预步骤被编上 4、5、6 等数字，但并不需要你按照这个顺序实施干预。在某些情境中，你需要重复某些步骤，或跳过某些步骤，或采取不同的顺序来使用这些步骤。以下是你需要考虑的主要因素。

何时跳过干预步骤

到目前为止，我介绍了你该如何完整使用干预三步骤。每个步骤都是由两部分组成：在第一部分，你陈述观点；在第二部分，你真诚发问。另外，对于任一步骤而言，你可以添加关于观点或疑问的额外解释。

虽然循环的每个步骤都有其目的，但有时你可以跳过其中的一个步骤或部分步骤，在此情况下依然可以有效实施干预。跳过干预步骤的理由是没有必要不断重复使用完整的交互学习模式循环，这会让你感到有些不自然、笨拙或费劲。但不适当地跳过其中的步骤也可能带来问题。

决定何时跳过取决于你的主观判断。步骤 4、步骤 5、步骤 6 中的每个步骤旨在分享你的推理并与团队成员核对他们的看法与你的是否有所不同。跳过步骤会带来两重风险。其一，使团队成员难以理解你为何要求他们改变行为。其二，如果你跳过了检验不同观点的相关步骤，你很有可能认为团队成员认同你的观察结果或推论。一旦你的假设不正确，那么当你移向下一步行动时，就有可能出现团队成员并不认同之前步骤的情况。

当你跳过某些步骤时，你需要注意一些条件。

某个团队成员刚刚结束发言。如果某个团队成员刚刚阐述完，而你紧随其后实施干预，你可以跳过步骤 4 直接从步骤 5 开始。例如，在讨论经济形势对于组织影响的团队会议中，塔拉说："我经历过这些，请相信我的话，马上就会有裁员发生。"当塔拉说完后，如果你马上实施干预，那么你可以跳到步骤 5，直接说问："塔拉，听你这么一说，我认为之前你有与此类似经历的相关信息可以分享。我的推论对吗？"

但是，如果塔拉讲述了好几件事情，重复她刚才所说的部分内容即你希望关注的部分，以便她和其他团队成员更好地理解，这种做法会有帮助。在这里，你可以跳过步骤 1 中检验不同观点的部分。你可以这么说："塔拉，刚才你提到了好几件事情。其中你提到……我的看法是你对于之前类似的经历还有些相关信息可以分享，我的推论对吗？"

干预带来的正常请求。如果团队成员刚刚结束发言，你要求他们使用交互学习模式的行为（之前已经被大家所接受），那么你可以直接跳到步骤 6。例如，如果爱丽丝说"我们错过了截止时间，因为我们没有得到其他部门的充分配合"，你可以这么说"爱丽丝，你可以说明一下什么时候这种情况发生了"。在这里，你在做出干预，要求爱丽丝使用具体的例子并就重要词汇的含义达成一致。因为要求人们提供具体的例子可被看成普通请求，如果你直接跳到步骤 6，风险相对较低。其他也可归于此的行为包括解释你的推理与意图、关注利益而非立场等，具体情况需视团队文化而定。

团队成员同意重新设计他们的行为。在发展型引导中，当大家达成一致后，团队成员会重新设计他们的行为，你并不需要每次都征求并得到许可。相反，在步骤 6 中，你可以直接发问："你们认为这是否与交互学习模式的行为保持了一致？"

你希望重新解释一下团队成员的话语。重新解释涉及将团队成员的话语用不同的方式予以表述，但传递实质相同的含义。当你重新解释时，你在证实步骤 4 与步骤 5，因为通过改变团队成员使用的词语，你可能添加你的含义。你可能重新解释，目的是总结并捕捉对方表述的核心："杰西卡，我准备重新解释一下我刚才听到的内容。请随后告诉我，我是否错误地理解了你所表述的内容。我的理解是设置新的部门将把负责质量的重任从制造部门转移走，但这不会带来任何好处。我的叙述是否准确地反映了你的想法？"

你可能重新解释，目的是强调对方所突出的某些重点，这或许是为了与其他人的说法予以对照："杰西卡，让我看一下，如果我能重新解释的话，看我是否像你那样抓住了关键要素。这是我的表述，不是你的用词。让我知道你是否准确地表达了你的想法。你的表述是，与伊恩不同，你的确看到在部门之中缺乏合作，但他并没有看到这点，所以你感到比较沮丧。我的陈述对吗？”

什么时候不能跳过干预步骤

在有些情况下跳过干预步骤并无益处。

团队成员彼此存在误解。当团队成员彼此存在误解时，使用全部干预步骤的两部分可增加变革的机会，而不会加深误解。在冲突严重的局面中使用所有的步骤非常重要，尤其是当团队成员以防御的方式做出回应时。在这种情况下，你可以这么说来开启步骤 4：“皮埃尔，我知道你刚刚结束发言，但我想重复一下，目的是确保我所听到的是准确的，因为有好几次我听到人们议论他们的话被错误地引用了。”

复杂的干预。相比于简单干预，复杂干预要求你分享更多的推理。讨论不便讨论的话题以及共同谋划下一步都是复杂的交互学习模式中的干预。检验假设与推论也可以相当复杂。其他复杂干预涉及探讨团队成员的心智模式并重新架构。

团队开始尝试发展型引导。在发展型引导的早期，使用完整的干预循环可帮助团队成员学习所有的步骤。等团队成员熟悉整个循环之后再省略某些步骤，就不会那么容易带来误解了。当团队成员知道你跳过了哪些步骤后，一旦他们认为跳过的步骤需要重新讨论的话，他们可做出回应。如果跳过步骤带来了问题，他们可以重新回到完整循环之中。

何时重复干预步骤

我已经介绍了交互学习模式循环是一个单向流程，其中你需要经过步骤 4、步骤 5 和步骤 6（有时你也可跳过部分步骤）。但是，有时你还需要重复某些步骤。例如，如果对行为模式实施干预，你可能发现某些成员的行为并在步骤 4 中对此予以检验。其实这是再次使用步骤 4 来描述你观察到的行为并做出检验，检查你的观点是否与团队中其他人一致。当你发现这些行为并对所有观察到的信息予以检验时，那么你就要前往步骤 5 并检验你从观察中得出的推论了。

何时改变干预步骤

有时，如果从交互学习模式循环的步骤 5 开始会更有帮助，你可以先陈述你的推论，随后转向步骤 4，描述你所观察到的并让你做出推论的行为。当你观察到众多行为而这些行为一起可形成你实施干预的模式时，这尤为有用。在这个案例中，你可以这么说：“马克，你在刚刚过去的几分钟讲述了好几件事件，这些事情让我感到你对于团队耗费时间做出的决策感到沮丧。”在这点上，你可以跳过检验这 1 步骤，而直接进入步骤 4 并分享让你得出这个推论的行为。你可以这么说：“你说过，‘这应该在一个月前就完成’；‘伙计们，这是一个简单的决策’；‘我没有时间处理这些事情’。”随后你回到步骤 5 并询问：“我的推论正确吗？”请留意，这结合了改变干预步骤的顺序并跳过了步骤 4 中的检验部分。正如你开始使用交互学习模式循环，你可以尝试跳过步骤并改变其中的顺序。

如果你启动了干预，那就要实施到底

无论如何实施，你要确保完成干预。我将干预看成有一架飞机在空中飞行。除非飞机落地，否则你就还没有结束这趟旅程。从实际的角度来说，这意味着好几件事情。其一，如果你真诚发问或向团队提出建议，你要确保你的提问得到回应。其二，确保你从所有发问对象那里得到回答。如果你询问团队成员他们是否同意你的建议来开始下一个话题的讨论，不要因为某些人同意你的看法你就开始讨论下一个话题，你需要征询所有人的同意。

当人们回复你的提问时，如果团队又开始讨论不同的话题，你可要求团队先回应你的提问。你可这么说：“德鲁，我没有看到你在回应我的提问。我错过了什么吗？如果没有错过，你可先回答我的提问。你认为我们是否应该讨论一个话题，这样我们就可以发现是否每个人都准备好了讨论下一个话题？”

有时候，你无法结束你开启的干预。团队成员以回答提问的方式开始，在某个点上，对话转向了另一个话题，而你还没有意识到。如果你总是思考团队是否依然聚焦在某个具体话题的讨论上，包括是否回应你的具体提问或请求，那么你所实施干预落地的可能性和团队的有效性将大大提升。

仔细斟酌你的用词

你在实施干预时的具体用词非常重要。你对词语选择的微小差异都会带来巨大影响：是模糊还是清晰，是描述还是评判，是接纳还是分开，是心怀同理心还是无动于衷。小心你的遣词造句，准确表述你的含义，既不多，也不少。在实施干预时要做到明确、

有效并心怀同理心。以下是遣词造句的原则。

避免使用行话

有人认为交互学习模式的表述相对而言没有那么多行话。但对于某些人而言并非如此。例如，我在整本书中使用推论这个术语，如果你觉得这听起来像行话，或者你认为对于其他人而言像行话，你也可选择其他的术语。与其说“我的推论是……”，不如说“我认为……”或“听上去好像……”，目的是你的用词可被清晰理解并反映你的声音，而不是我的声音。

选用的词语带有一个准确的含义

为了避免误解，使用的词语或短语只有一个含义，即你想传递的含义。一些短语会有多个含义。作为工会与公司管理层共同努力的一部分，我在三人组成的培训团队中担任引导师，其中包括工会与管理层的代表。当一位代表询问工作坊练习是否可以用不同方式时，工会代表的回复是“我不介意你们使用的方式”。随后，员工说他对工会代表的发言感到愠怒，因为工会代表对回答这个提问没有表现出兴趣。他将工会代表的表述错误地理解成“我对你的问题没有兴趣”。如果工会代表说“我对你们开展练习的方式没有特别偏好”，那么就可以规避错误的解读了。

使用描述性词语

如果可取代评价性词语，请使用描述性词语。相比于判断性词语，那些利于识别出可直接观察到行为的词语更容易得到确认。使用“具体例子并就重要词汇的含义达成一致”的行为部分基于这个原则。让团队就某个成员是否发言比起评判他是否参与其中，大家更容易达成一致。

描述性词语与引导师的中立角色保持一致。判断性用词内含判断，暗示引导师或赞同或不赞同某些行为或想法。例如，在引导老师与学校管理者处理冲突时，我对大家所总结处理的两种建议方案实施干预，我说：“你们得出两种方案。激进的方案是 A。另一种方案是 B。”当“激进”一词脱口而出时，我就意识到我犯错了，虽然团队成员使用过这个术语。将其中的一个方案贴上激进这样的形容词，我将人们对于这个词语所能联想到的政治含义也放了进去。对于某些团队成员而言，激进可能意味着正面的含义，但对于另一部分人而言，其带有负面含义。无论如何，使用激进一词作为方案的前缀，我毫无必要地添加了评价性成分。如果我在实施干预时单纯使用描述性语言，我可能这么说："你们提供了两种方案。一种方案是 A，另一种方案是 B。"

使用合适的名词

使用合适的名词或其他名词而不是代词。请考虑以下约瑟与引导师之间的简短对话。

约瑟：我和皮特谈过如何处理我与弗雷德之间的冲突。皮特告诉我他不是那种善于解决冲突的人，我应该自行解决问题。或许我可以与杰克、贝丝、南希共同解决。坦率地说，我并不认为我可以从他们那里得到支持。

引导师：你认为没有他的帮助你也能自行解决问题？

引导师并未就在这里所使用的代词"他"给出具体解释，是皮特、弗雷德，还是杰克。当代词带来的混乱变得更加复杂时，这听上去就像著名的喜剧小品表演——雅培和科斯特洛喜剧小品中"谁首发"一样。代词也带来了类似的混乱。使用个人姓名或他们的头衔可规避这样的混乱。

使用主动语态

使用主动语态，除非行动者的身份难以识别。主动语态可传递谁是行动的主责人，以及采取的行动是什么；而被动语态则无法做到这点。"苏决定提升格林"使用了主动语态。"格林被提升了"使用了被动语态。当使用主动语态时，你给团队提供了有效信息，减少了潜在的模糊，并与你的信念即个人需为行动担责保持一致。正如我的八年级英语老师不断重复的那样："使用主动语态，我想知道谁在做什么！"

但是，有时刻意使用被动语态也会有所帮助，尤其是当你并不清楚提问中的当事人是谁的时候。如果两个团队成员就谁应该告诉总监团队任务不能在今天完成无法达成共识，那么你可以说："当总监被告知截止时间无法达成时会带来什么问题？"

使用词语时对所有成员和任务赋予相同的认可

使用词语时对所有成员和任务赋予相同的认可。为了取信于所有子团队，在称呼每个子团队时，请尊重他们的身份，而不是将他们屈尊于其他团队之下。**原则是对每个子团队的称呼必须反映他们的独立身份，而不是使用其他子团队来指代他们。**我的同事佩格·卡尔松和我曾经担任某大学的教师，我们所在系的教师主要由律师组成。在教师会议上，某教师使用了“律师出身的教师”和“非律师出身的教师”这样的称呼。佩格和我一样是组织心理学家，她评论道，直到她来到这个系之前，她还没有意识到自己属于非律师中的一员，随后她说，她意识到自己属于非宇航员、非物理学家中的一员。

关键在于当你识别出人们的身份而你所参照的团队却没有将他们纳入其中的话，那么你就是在最小化他们的身份。参照团队经常由那些地位最高或权势最重的人员组成，哪怕这个参照团队并不代表大多数人。在上述例子中，如果你将心理学家归入非律师中，你在使用位高权重的子团队来界定人微言轻的子团队。在不经意间，这会让其他人做出推断，你在将自己与那些位高权重者联系起来，而那些人微言轻者会质疑你对整个团队的承诺并质疑你作为引导师的中立角色。

使用可区分你的引导角色的词语

你选择的词语要能够区分你的引导角色并与团队成员的角色有所分别。你在称呼团队时用你们或团队而不是我们或我们的团队。如果你是决策流程的一部分（例如，如果团队和你决定了会议流程），选择使用“我们”则是合适的。

避免使用祈使句（就像这句话）

祈使句带有命令的色彩，如“做出决策”，或者更为严苛，如“你必须做出决策”（“避免使用祈使句”本身就带有命令色彩）。使用祈使句的一个问题是这是站在第三方立场表态，而你并无权给团队下命令。作为引导师、咨询顾问或教练，你是建议者，而不是决策者或命令者。

另一个问题是，人们对于告知他们必须做什么通常不会做出积极的回应。他们更愿意听取有哪些可选方案，以及如果选择这些方案会带来哪些可能的后果。这意味着与团队成员交流成因与结果，也就是你使用某种行为或不使用某种行为将带来什么样的结果。例如，与其说“你需要检查一下你的假设，然后再采取行动”，不如说“当你基于你的假设行事而没有对其做出检验时，你可能以基于错误假设行事而告终，而这会削弱你做出更为知情的选择的能力。你是否有不同的看法”。聚焦成因与结果可帮助大家看到他们行动的系统性本质。

表现幽默时要小心

避免那些有可能贬斥或低估团队成员或会带来错误解读的幽默。对于缓解团队中的紧张气氛，突出要点并帮助团队成员审视其行为，幽默是一个非常有价值的工具。但是，某些幽默会降低你的有效性。对于团队成员的讽刺性幽默会降低你的信任度，因为人们有可能把幽默解读成你不愿支持大家。讽刺性幽默会带来问题，因为这需要听众从字面意思的反面去解读你的含义。讽刺性陈述，如“我可以看到这个团队中的高信任度”的真正含义是“团队中的信任度不高”。如果团队成员没有发现其中的讥讽意味而他们也认为团队中的信任度不高，他们将质疑你的诊断步骤。即使他们的确发现了其中的讥讽意味，你也没有示范如何保持透明的沟通。

小结

在本章，我介绍了交互学习模式循环中的实施干预步骤：陈述你的观察结果，检验你所赋予的含义，共同谋划下一步。这个循环旨在公开分享你的推理，这样你可对团队成员进行检验并确保团队共同前进。通过使用这个循环实施干预，你可以帮助团队打造有效的团队流程。在第 10 章，我将借助例子向你介绍当团队成员没有展现出交互学习模式循环的行为时，你该如何实施干预。

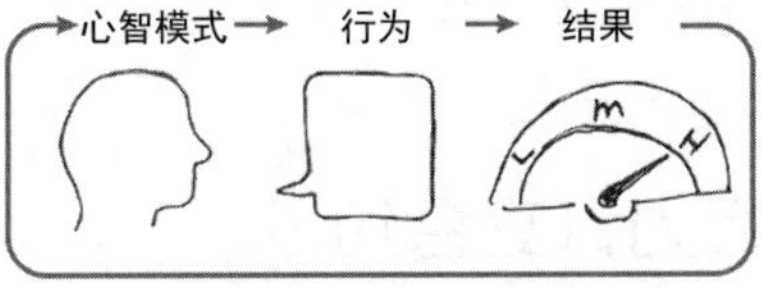

第 10 章

诊断并干预交互学习模式行为

在使用交互学习模式中，最为常见的干预措施就是当团队成员因没有采用交互学习模式行为而导致其有效性出现下降时，你上前对其实施干预。在本章，我将举例说明如何使用交互学习循环来实施干预。在举例之前，我将说明与其他团队基本规则相比，对八种行为实施的干预措施有何不同。另外，为了有效实施干预，你需要与团队达成共识。

交互学习模式行为与其他基本规则有何区别

交互学习模式行为与你所见到的或使用的其他基本规则或行为有所不同。许多团队拥有一套基本规则来帮助团队有效开展工作。作为咨询顾问，你可能也有一套建议团队使用的规则。

交互学习模式行为与其他基本规则在以下方面有所不同。其一，其他行为或基本规则关注程序性行为如“准时开始，准时结束”或“关掉手机”等。程序性行为当然有用，但这些行为无法帮助团队产生有效对话。其二，其他行为虽也有介绍所期待的行为，但多在抽象层面，诸如“尊重现场的每个人”或“富有建设性”等。这些基本规则多聚焦在结果上，而没有识别出尊重彼此或保持建设性对话所应展现的具体行为上。结果是，如果团队成员就何为尊重彼此产生不同的看法，这些基本规则会带来问题。对于某些团队成员而言，这可能意味着不要表现出针对个别成员的担心；而对于另一些团队成员而言，意思可能刚好相反。其三，还有些团队或咨询顾问所使用的基本规则建立在单边控制模式基础之上，诸如常见的基本规则“公开表扬，私下批评”。单边控制模式的基本规则通常会带来团队极力回避的相反结果。

就干预交互学习模式行为订立合约

在对团队实施干预并帮助团队采用交互学习模式行为之前，你需要与团队达成共识，以便你可以实施这种干预。

订立合约时需回答的提问

为了达成协议，团队需要回答这样三个提问：

1. 如果团队采用交互模式行为，他们的行为可更为有效，这时，团队希望你做出干预吗？

2. 团队希望就其采用的交互学习模式行为自行担责吗？

3. 团队希望采用交互学习模式行为并将其作为自己团队的基本规则吗？

让我们来审视一下团队对于这三个提问的回答是如何影响你与他们的合作的。

假设你的引导方式中的主要部分是采用这八种行为来诊断团队行为并对其实施干预，那么团队对于第一个提问的回答与他们是否真的希望你提供引导服务有关，包括当你认为这个做法可提升团队流程的有效性时，你可以要求团队成员去展现这些行为。如果没有这个要求，你就无法使用交互学习模式了。**如果团队并不希望你去展现交互学习模式行为，其本质就是他们并不希望采用该引导方式。**

如果团队对于第一个提问的回答为“是”，那么对于第二个以及第三个提问的回答将决定你是否帮助他们采用交互学习模式行为的干预方式。正如你所展现出来的交互学习模式行为可帮助团队成员变得更为有效，但这并不意味着他们自身也会采用这些行为。如果团队希望你去帮助他们展现交互学习模式行为，但其不想为采用这些行为自行担责，那么他们期待你做基本型引导。但是，如果团队希望你帮助他们展现这八种行为并愿意为采用这些行为担责，那么他们期待你做发展型引导。如果团队想采用交互学习模式行为并将其作为团队的基本规则，那么这意味着他们对其自身的运作方式做出了正式承诺。

帮助团队决定是否采用交互学习模式行为作为其基本规则

在《专业引导技巧》的头两版里，我将交互学习模式行为称为基本规则。基本规则（ground rules）这一术语来自适用特定球场的特殊规则，这些规则原本与棒球场地（grounds）有关。与大部分体育项目不同，棒球的比赛场地可以延伸到外野场的挡墙处及界外区域的座位处。因为每个棒球场地都是独一无二的：其挡墙、围栏、界内区不同，那么就需要制定具体的规则来考虑棒球场地的特殊之处（场地）并决定如何选用合适的比赛规则。在第 3 版中，我将这个术语的定义改变为**只有当团队成员同意使用，否则交互学习模式行为不能被称为团队的基本规则。**

为了帮助团队决定是否采用这八种行为作为其团队的基本规则，你可免费下载《更为聪明的团队的八种行为》这篇文章。这篇文章刊载在 Roger Schwarz & Associates 网站（www.schwarzassociates.com/resources/articles）上。你可以与团队交流这八种行为是如何提升团队的有效性的，团队可如何使用它们，你将如何帮助团队去展现这些行为。你也可心怀好奇并询问他们在展现这些行为时的一些担心。这个对话是你与团队订立合约的一部分，我将在第 13 章中详细讨论。

我为何不要求团队自行制定他们的基本规则

有时引导师与咨询顾问询问我为何不推荐团队自行制定他们的基本规则。他们的理由是团队成员对于其自行制定的行为规则会做出承诺，而且他们能制定出有用的规则。对于引入一套行为规则而不是要求团队成员自行制定的主张，我的理由如下。

其一，作为引导师和咨询顾问，我知道团队聘请我的目的是希望我贡献流程上的专长，包括知悉哪些行为可以帮助团队更为有效。**因为我会在诊断与干预的核心部分展现出这些行为，改变这些行为意味着改变我做出诊断并实施干预的那类行为。**

其二，在我的经历中，团队成员经常无法在行为层面识别出具体行为，也就是那些有助于改善团队流程的行为。另外，他们有时会设计一些旨在对自身实施单边保护的行为，而这降低了团队做出自由并知情选择的能力。

其三，我并不认为需要让团队成员自行制定需要对此做出承诺的基本规则；相反，如果他们能就使用这些基本规则做出自由并知情的选择，我认为他们会对此做出承诺。

最后，在基本型引导中，团队要求引导师管理流程，这合情合理。若要求团队制定自身遵守的基本规则，而这些规则需要建立在具体的行为上并且基于研究成果，这对团队而言难度非常大。他们需要耗费相当的时间和精力，而这可能将团队从聘请你协助完成的主要任务上转移开来。

最终的结果是，我选择向团队介绍八种行为，解释这些行为是如何工作的，鼓励团队成员提出疑问与担心，并识别在他们看来任何有所遗漏或需要修正的行为。（例如，团队有时需要添加一条基本规则来确保讨论内容的机密。）无论是基本型引导还是发展型引导，我都会采用这种方式。当然，在发展型引导中，团队和我会花费更多的时间来讨论这个话题。

如果你选择要求团队制定基本规则或修正某些行为，并且希望采用这些行为来作为团队诊断与干预的基础，那么原则是这些基本规则需要与交互学习的心智模式保持一致。

如何在基础型引导与发展型引导中实施干预

无论是在基础型引导中还是在发展型引导中，你都要使用交互学习模式循环对交互学习模式的行为实施干预，但干预方式会有所不同。其中的一个区别是在基础型引导中，一旦你看到了他们的行为与交互学习模式行为不符，你会陈述你的推论。而在发展型引导中，你更有可能要求团队成员自行发现他们与交互学习模式不相符的行为。另一个区别在于，在发展型引导中，你经常帮助团队成员探讨他们这些行为背后的心智模式。在基础型引导中，你对于团队成员的心智模式不会做出太多干预。

以下是两个例子。第一个例子使用基础型引导。第二个例子使用发展型引导，在这个例子中，团队成员需自行做出诊断。

使用基础型引导

3. 选择如何做出回应。我认为泰德核实其直线下属是否隐瞒了相关信息及自己是不是问题的始作俑者，这非常重要。另外，如果他离开会议现场，只是看似解决了问题的症状而非针对问题的根本成因。

2. 赋予意义。我的推论是，泰德认为大家没有完全分享相关信息。他将这归因于他们不便与他分享这些信息，因为他是团队的负责人。

1. 观察并做出选择。泰德[团队领导]说：“我想我应离开会议现场，这样团队可自行讨论。我的感觉是你们有些话没有说出来，因为我是你的上级。”

马琳说：“不，我认为你应该留下来。”

苏说：“对啊，你留下来。这不是问题。”

4. 检验观察。“泰德，你刚才说，‘我想我应离开会议现场，这样团队可自行讨论。我的感觉是你们有些话没有说出来，因为我是你们的上级。’我的复述对吗？”［如果对，继续］

5. 检验意义。“我认为你的结论是‘他们有些话还没有说出来，因为你是他们的上级’，但这些是未经检验的推论。你是否有不同的看法？”［如果泰德同意，继续。］

6. 共同谋划下一步。“我想，如果你能给大家分享一下你看到了什么让你认为他们有些话没有说出来，或者你看到了什么让你将此归因于你是他们的上司，这对大家会有帮助。你可随后检验你的结论是否准确。你的看法如何？”

使用发展型引导并要求团队成员识别其行为

3. 选择如何做出回应。我认为泰德核实其直线下属是否隐瞒了相关信息及自己是不是问题的始作俑者，这非常重要。另外，如果他离开会议现场，只是看似解决了问题的症状而非针对问题的根本成因。	4. 检验观察："泰德，你刚才说，'我想我应离开会议现场，这样团队可自行讨论。我的感觉是你们有些话没有说出来，因为我是你们的上级'。我的复述对吗？"［如果对，继续］
2. 赋予意义。我的推论是，泰德认为大家没有完全分享相关信息，他将这归因于他们不便与他分享这些信息，因为他是团队的负责人。	5. 检验意义。"我认为你错失了采用交互学习模式行为的机会。你看到了这点吗？或者你希望我来分享我的看法？你同意这么做吗？［如果泰德发现自己做出了未经检验的推论并将此归因于他是团队负责人，继续。］
1. 观察并做出选择。泰德[团队领导]说："我想我应离开会议现场，这样团队可自行讨论。我的感觉是你们有些话没有说出来，因为我是你的上级。" 马琳说："不，我认为你应该留下来。" 苏说："对啊，你留下来。这不是问题。"	6. 共同谋划下一步。"好了，这是我所看到的情况。你看下一步如何行动或你需要我的建议？"

对交互学习模式行为实施干预

如果团队成员使用交互学习模式行为，那么他们可以变得更有效，在本章的其余部分，我将借助例子说明如何做出诊断并实施干预。对八种行为中的每一种，我会列举一到多个典型例子，说明团队成员可以使用交互学习循环做出诊断并对行为实施干预，以及如何使用交互学习循环做到这点。如果你希望自己了解循环中的每一步如何运作，请参考图 10.1。其中的细节你可参考第 7～9 章。

为了节省时间，我已经假设团队成员赞同引导师或咨询顾问的观察结果（循环中的步骤 4）及引导师与咨询顾问做出的推论（循环中的步骤 5）。在实践中，如果有人对于你描述的行为或你做出的推论有不同的看法，你可以在这点上停下来，询问对方看到了什么，然后再往前推进。

我选用不同的例子来说明如何跳过干预步骤或将干预步骤组合在一起。每个例子可被看成你在特定情形中做出的单独动作。你可以将这些动作组合起来，回应团队成员之前的表述。

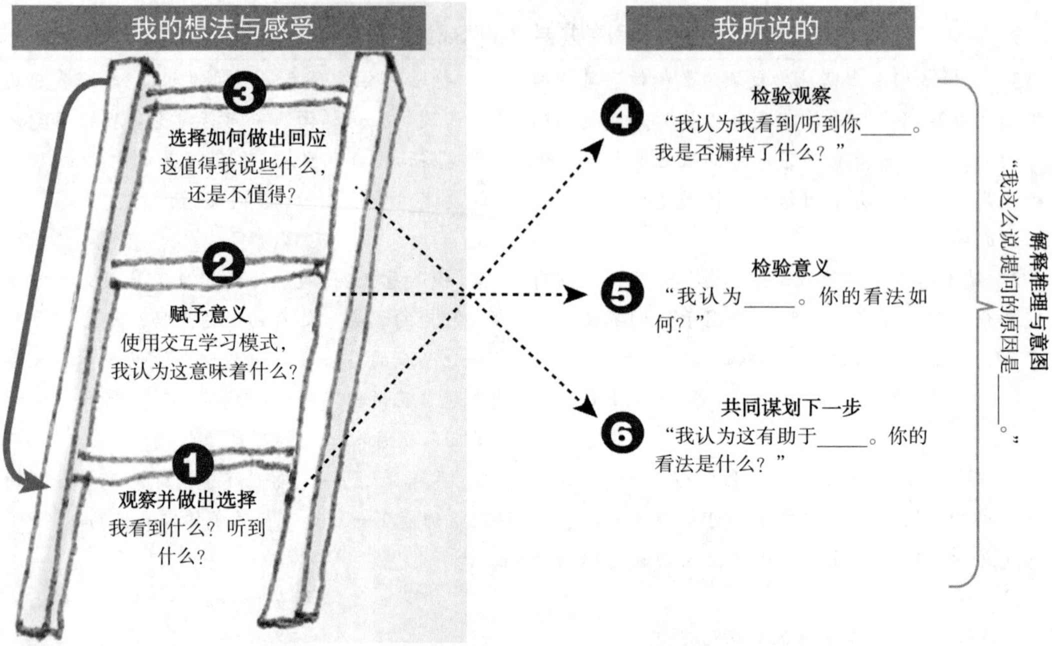

图 10.1　交互学习模式循环的并行诊断与干预步骤

行为 1：陈述观点并真诚发问

要求团队成员陈述观点并真诚发问

3. 选择如何做出回应。如果帕特对此有自己的看法，我认为让其明确地分享这些信息以便让大家知道她的想法并询问其他人的看法，这非常重要。	4. 检验观察：“帕特，刚才当你询问是否有人认为 9 月对于推出新的项目是否太迟时”［跳过检验，看我听到的是否正确］
2. 赋予意义。从帕特声音的变化中我可以推断出她对于这个问题有自己的看法。	5. 检验意义：“……从你的声音变化中，可以听出，你认为 9 月可能太迟了。你是这个想法吗？”［如果是，继续］
1. 观察并做出选择。帕特说：“你真的认为 9 月对于推出新的项目不会太迟吗？”	6. 共同谋划下一步。“我认为你对团队说明并解释你的理由，询问其他人的看法，这会对讨论有所帮助。你愿意这么做吗？”

行为 2：分享所有相关信息

要求团队成员分享所有相关信息

3. 选择如何做出回应。我想对此做出检验，因为若信息不够全面，这可能改变人们的想法。	4. 检验观察。“艾米，你说这些信息支持你的观点——人们认为我们应更为聚焦核心业务。”［跳过检验，看我听到的内容是否正确］
2. 赋予意义。艾米提供的信息可支持整个结论。我关注的是在具体层面上证据是否有足够的说服力。	5. 检验意义。［跳过步骤］
1. 观察并做出选择。艾米说：“我们收集的信息和分析的结果支持我的观点——人们认为我们需要更为聚焦核心业务。”	6. 共同谋划下一步。“你能否告诉大家具体的结果，这样大家能更全面地理解你的发现？”

询问团队成员保持沉默的原因

3. 选择如何做出回应。我想核对这点，因为如果这与朱莉的发言有关，这将是一个重要问题。哪怕没有关联，他们可能依然会对那些让团队受益的想法和信息采取秘而不宣的方式。	4. 检验观察。“我想分享一下我的观察结果并聆听你们的反应。简妮福、泰德，还有苏，我注意到你们一声不吭已经有 10 分钟，自从朱莉提到‘重要的是团队要超过第三季度的销售预测’。我没有听错吧？”［如果没有，继续］
2. 赋予意义。我关注的是他们为何保持沉默。我的推断是这可能和朱莉的发言有关。	5. 检验意义。“我的看法是在朱莉发言后，你们还有些其他想法需要分享。我的看法对吗？”［如果团队成员赞同我的推论，继续。］
1. 观察并做出选择。简妮福、泰德、苏很长时间没有发言了。自从他们的经理朱莉提到“重要的是团队要超过第三季度的销售预测”，他们就再也没有发过言。	6. 共同谋划下一步。“你们是否愿意告诉我是什么原因让你们没有去分享这些信息？”

行为 3：使用具体例子并就重要词汇达成一致

要求团队成员使用具体例子并就重要词汇达成一致

3. 选择如何做出回应。我认为弄明白他的意思非常重要，这样团队才能决定他们的看法是否与其一致。	4. 检验观察。“豪尔赫，你说‘你们这些家伙在项目上一点也不积极主动。如果不是我来推动项目，这个项目什么也不会发生’。对吗？”［如果他点头，继续。］

2. 赋予意义。当豪尔赫说这些的时候，他并没有说清楚“你们这些家伙”是哪些人，他也没有澄清“积极主动”的具体含义。	5. 检验意义。[跳过步骤]
1. 观察并做出选择。豪尔赫说：“你们这些家伙在项目上一点也不积极主动。如果不是我来推动项目，这个项目什么也不会发生。”	6. 共同谋划下一步。“如果你能说明“你们这些家伙”指的是谁并提供具体的例子说明他们如何不积极主动，我认为这非常有帮助。然后大家就能发现他们的看法是否与你的一样。有什么担心吗？”

行为 4：解释你的推理与意图

要求团队成员询问另一个人，请其解释推理与意图

3. 选择如何做出回应。我认为让唐理解桑迪得出结论的原因很重要，否则他无法理解这个理由是否成立。	4. 检验观察。[与步骤 5 结合起来阐述]
2. 赋予意义。桑迪陈述了她的结论，但没有分享她得出这个结论的原因。	5. 检验意义。“唐，你说你认为软件安装与团队成员在月底之前接受培训之间毫无关系。我的理解对吗？”[如果对，继续]
1. 观察并做出选择。桑迪说：“如果新的软件系统在那时候安装，我们无法让所有的团队成员在月底前接受管理冲突的培训。”唐说：“我根本不同意这个说法，这两者之间毫无关系。”	6. 共同谋划下一步。“我在考虑如果你去询问桑迪，她会解释她是如何看待这二者之间的关系的。你愿意吗？”

要求团队成员解释其推理过程

3. 选择如何做出回应。我认为让埃里克分享他得出结论的理由非常重要。这样，其他人可以理解并看到这种做法是否妥当。	4. 检验观察。[跳过步骤]
2. 赋予意义。埃里克陈述了他的结论，但没有分享其得出结论的理由。	5. 检验意义。[跳过步骤]
1. 观察并做出选择。埃里克说：“我琢磨过大家所说的每种情况，我认为让内部顾客负担服务费用，这是最为妥当的做法。”	6. 共同谋划下一步。“埃里克，你是否愿意与团队分享一下你是如何得出这个结论的？我这么问是因为这有助于大家理解你是如何利用大家的信息得出你的结论的。”

行为 5：聚焦利益而非立场

要求团队成员识别他们的利益

3. 选择如何做出回应。我认为让他们陈述利益非常重要。这样，他们可以发现各自的利益是否可以兼容，如果真能兼容，该如何找到满足所有利益的解决方案。	4. 检验观察。“汉斯，你说你希望将打印业务外包，是吗？艾伦，你说想自行负责打印业务。是吗？”［如果大家都点头，继续］
2. 赋予意义。当汉斯与艾伦这么说的时候，他们在陈述各自的立场而不是背后的利益。	5. 检验意义。“我的理解是这是你们提出的解决方案，但你们并未澄清方案背后的需求。”［跳过检验］
1. 观察并做出选择。汉斯说：“我想将打印业务外包出去而不是由我们自己负责。”艾伦说：“不，我们需要自己负责打印业务。”	6. 共同谋划下一步。“你们是否可以说明一下外包或自行负责对于你们而言什么最为重要？我之所以这么问，是因为如果你们知悉彼此的需求，就有可能找到满足双方的解决方案。”

帮助团队成员思考他们的利益

3. 选择如何做出回应。我的看法是如果我的推论是正确的，实施干预非常重要。他们可能在思考利益点上需要帮助。	4. 检验观察。“如果你们觉得靠谱，我想分享我的观察结果并建议不同的方式。我已经要求你们识别各自的利益点，但当你们做出回应时，你们是这么说的［引用团队成员的表述］。对吗？［如果团队认同你的解读，继续］我已经说过你们在关注立场。”
2. 赋予意义。我的推断是团队成员对于利益何在难以达成共识。	5. 检验意义。“我的看法是你们并不清楚我所提及的利益的具体含义，让我带着你们认识一下如何识别各自的利益，这会有帮助。我跑题了吗？”［继续，如果大家同意实施干预的话。］
1. 观察并做出选择。当团队成员试图就如何重新规划供应商采购流程达成一致时，他们不断回到立场的表述上而不是聚焦利益。达内尔说：“我们一定要使用和现在一模一样的软件。”艾希说：“不，我们只需要让人们从头至尾将这个项目负责到底。不要中途换人。”达利亚则说：“这些都没有关系。我们需要制定优选供应商清单。”	6. 共同谋划下一步。“好的。识别利益的一个方法是从你们的立场或解决方案中后退半步，考虑一下你们为了解决这个问题所提出的解决方案。现在询问一下自己，这个解决方案对我最重要的是什么？换句话说，我的解决方案需要满足什么利益？例如，达内尔，是否继续使用现有软件可以节省大家的学习时间，能让大家尽快上手？那现有系统是否与其余的 ERP 系统兼容？或别的什么？对于如何识别利益，大家还有问题吗？［如果没有，继续］好了，你们是否愿意开始识别你们的利益？”

行为 6：检验假设和推论

要求团队成员检验推论

3. 选择如何做出回应。我认为让爱丽丝对此做出检验很重要，因为这会影响项目的截止时间。	4. 检验观察。“爱丽丝，我想核对一下。你刚才说‘我们不得不推迟项目的截止时间，因为我们需要在旺季过后重新补充人手’。是吗？”［如果是的，继续］
2. 赋予意义。我的推论是爱丽丝认为团队在旺季过后会放弃那些临时工，但招募新人会耽误工期。	5. 检验意义。“听上去你认为那些临时工将在旺季结束后被辞退，哪怕他们在这个项目上工作过。你是否这么认为或你还有其他想法？”［如果爱丽丝同意，继续。］
1. 观察并做出选择。爱丽丝说：“唐，我们不得不推迟项目的截止时间，因为我们需要在旺季过后重新补充人手。”	6. 共同谋划下一步。“我认为和唐沟通一下有好处，因为他负责辞退临时。你的看法呢？”

检验你做出的推论

3. 选择如何做出回应。我想对此做出检验，因为去除所有网点的定制服务与去除一个网点的定制服务区别非常大。	4. 检验观察。“路易莎，我想核对一下。你说‘去除定制服务会削弱我们的吸引力’，是这样吗？”［如果是，继续］
2. 赋予意义。我的推断是她认为如果去掉一个网点的定制服务，那么团队需要去掉所有网点的定制服务。	5. 检验意义。“听上去你认为如果去掉一个网点的定制服务，团队需去除所有网点的定制服务。我的理解对吗？”
1. 观察并做出选择。路易莎说：“去除定制服务会削弱我们的吸引力。”	6. 共同谋划下一步。［步骤 6 不需要，如果你干预的对象是你做出推论的对象。］

检验其他人对你做出的推论

3. 选择如何做出回应。我需要对此做出检验，因为我的有效性取决于他们是否接纳我。	4. 检验观察。“德鲁，我想要核对一下。你说‘如果不是审视大家提到的所有细节，我们在本次会议上不会拖得这么久’。”［跳过检验，看德鲁是否同意］
2. 赋予意义。我的推断是德鲁认为我的引导在不必要地拖慢团队的进程。	5. 检验意义。“我的推断是你认为我的引导在不必要地拖慢团队的进程。你是否这么认为？”
1. 观察并做出选择。德鲁说：“如果不是审视大家提到的所有细节，我们在本次会议上不会拖得这么久。”	6. 共同谋划下一步。［如果德鲁点头，那么引导师说：“你可以说一下你看到我做了些什么或没有做什么来拖慢团队的进程？我这么询问是因为我没有看到这些，但也有可能我错失了什么。”］

行为 7：共同谋划下一步

共同决定团队是否依然在原来的话题上并谋划下一步

3. 选择如何做出回应。我需要核对一下，无论拉里是否单方面改变其关注点抑或我错过了绩效标准与其表述之间的关联。	4. 检验观察。“拉里，我想核对一下，看你是否转移了话题。刚才，团队在讨论绩效标准而你说‘我认为我们需要找出谁可补充我们空缺的职位’，是吗？”［如果是，继续］
2. 赋予意义。我并未看到绩效标准与拉里表述之间的关联。我关注的是拉里是否与我们正在讨论同一话题还是他转移了话题。	5. 检验意义。“我无法看到绩效标准与你的表述之间的关联，但也有可能是我漏掉了什么。”［跳过检验］
1. 观察并做出选择。当拉里说：“我认为我们需要找出谁可以补充我们空缺的职位”时，团队正在讨论绩效标准。	6. 共同谋划下一步。“你可告诉我们你的表述与这个话题的关联是什么？如果没有的话，你是否可以告诉大家你想讨论的话题是什么？”［我跳过了陈述并直接转向提问。］

要求团队成员提议共同谋划如何检验分歧

3. 选择如何做出回应。如果我实施干预，我可帮助他们共同谋划下一步去发现现状究竟是什么样子的。	4. 检验观察。“让我看一下你们是否能够找到解决你们之间差异的办法。加雷斯，你说‘产品在我们的容错范围之内’，对吗？莱莉雅，你说‘不，这超出了范围’，对吗？”［如果都同意，继续。］
2. 赋予意义。无论是加雷斯还是莱莉雅看似都认为自己的数据是有效的。除非他们达成一致，否则我认为他们不会对解决方案做出承诺。	5. 检验意义。“听上去你们需要就此达成共识，这样才能找到双方都支持的解决方案。我的看法对吗？［如果是，继续］
1. 观察并做出选择。加雷斯说：“产品在我们容许的差错范围之内。”莱莉雅回应：“不，这超出了范围。”	6. 共同谋划下一步。“你们是否愿意共同谋划下一步来检验产品是否在容错范围之内？”［如果是，继续］“好的。你们是否有办法设计一下在你们看来有效的测试？”

帮助团队管理时间

3. 选择如何做出回应。我需要实施干预，这样团队可就如何使用时间做出选择。	4. 检验观察。“你们同意在这个话题上花费 2 小时，直到 10:20，现在是 10:15……”
2. 赋予意义。［不需要做出推论。］	5. 检验意义。“看上去你们还没有找到满足你们识别出来的利益的解决方案。是否有不同看法？”［如果没有，继续］

1. 观察并做出选择。团队有可能超过在这个话题上分配的时间。	6. 共同谋划下一步。“鉴于你们在每个话题上多花费了30分钟，如果你们继续讨论这个话题，我认为你们难以完成议程上的最后一项。”[跳过检验]“你们的想法是什么，是继续原有的话题、讨论最后一个话题还是采用别的方式？”

帮助团队成员做出检验，看是否达成一致

3. 选择如何做出回应。我需要实施干预。伊恩或雷斯利并不赞同而陈认为他们已经赞同了，这里存在误解。	4. 检验观察。“陈，你说‘我们达成了共识’，但我没有听到你征求大家的看法，我也没有听到伊恩或雷斯利说他们同意了。我遗漏了什么吗？”[如果没有，继续]
2. 赋予意义。我的推断是陈并没有与每个人达成共识。	5. 检验意义。[跳过此步骤]
1. 观察并做出选择。陈说：“我们达成了共识。”但是，我没有听到巴特说他在哪些方面寻求达成共识，我也没有听到伊恩或雷斯利说他们同意了。	6. 共同谋划下一步。[跳过陈述部分]“你是否愿意说一下你们达成的共识是什么，并询问伊恩与雷斯利是否支持？”

核对某团队成员的表态是否发自内心

3. 选择如何做出回应。我需要实施干预，因为如果她迫于压力而做出回应，那不是自由并知情的选择。如果她改变想法，这可以帮助团队理解她为何做出改变。	4. 检验观察。“安迪，之前你表示过对建议实施项目的担心并发现有些利益点这个方案并未满足。例如，你说过，[引用安迪的表述]。我的表述准确吗？”[如果准确，继续]刚才，你说‘好的，我会支持的’，但我没有听到你改变的原因。我遗漏了什么吗？”[如果没有，继续]
2. 赋予意义。我认为她可能感到压力，所以不得不支持这个建议。	5. 检验意义。我认为或你听到了什么让你真的改变了你的观点，或者你可能感到某些压力而来支持这个建议。”[跳过检验步骤]
1. 观察并做出选择。安迪之前表述了对于建议的担心，但她现在说“好的，我会支持”。	6. 共同谋划下一步。[跳过陈述步骤]“你可以介绍一下导致你支持这个建议的原因是什么吗？”

行为 8：讨论不便讨论的话题

识别潜在的不便讨论的话题

3. 选择如何做出回应。我认为提出这点很重要，因为如果我的推断是正确的，那么他们三人对于艾莉森的团队有所疑虑，而艾莉森还不知道他们对于自己团队的疑虑，并且看似无法或不愿意讨论这个问题。	4. 检验观察。“我想分享一些我的观察结果，提出那些看似不便讨论的话题并听取你们的反馈。我的意图不是羞辱你们或让某人置于聚光灯下，而是希望可帮助你们建立你们需要的更为有效的工作关系。在会议中，你们几个人，斯蒂夫尼、鲍勃、胡安，说到需要改善服务质量的咨询服务。对吗？”[如果是，继续]“但每当艾莉森提出她的人力资源团队可提供这样的服务时，至少你们中的一个人会说人力资源团队已经忙于其他重要工作。对吗？”[如果是，继续]“我注意到你们会对视一下，然后婉拒人力资源提供的服务。是吗？”[如果是，继续]
2. 赋予意义。我的推断是他们三人对于人力资源提供的咨询服务有所疑虑，他们可能对讨论这些疑虑也有担心。	5. 检验意义。“这一切表明，我的推断是至少你们三人对人力资源团队提供的咨询服务有所疑虑。这是你们的想法还是有其他想法？”
1. 观察并做出选择。在会议中，斯蒂芬妮、鲍勃、胡安认为他们的团队需要就服务质量改进得到一些咨询建议。有好几次每当艾莉森说她的人力资源团队可以提供服务，但每一次斯蒂芬妮、鲍勃、胡安都会说人力资源团队已经忙于其他重要工作。他们会对视一下，然后婉拒人力资源提供的服务。	6. 共同谋划下一步。[如果你们同意有疑虑，我会要求你们向艾莉森解释一下你们的疑虑。如果你们说你们没有疑虑，那我会说“好啦，我依然感到困惑。如果你们告诉艾莉森她的团队已经非常忙了，而你们随后的对视并不意味着你们对人力资源有疑虑，你们可以帮助我理解一下其中的含义吗？”]

小结

在本章，我解释了当推断出团队可以通过展现交互学习模式行为来提升团队的有效性时，你需要与团队就是否实施干预以及如何实施干预达成一致。我提供了具体的例子来说明如何针对八种行为中的每种行为做出诊断与实施干预。你的干预行动取决于团队成员是否赞同你的观察与推论。对于选择跳过或组合干预步骤或步骤的一部分，这取决于多个因素。

在第 11 章，我将描述你是如何使用干预手段来帮助团队改进其员工所使用的任何流程工具的能力的。

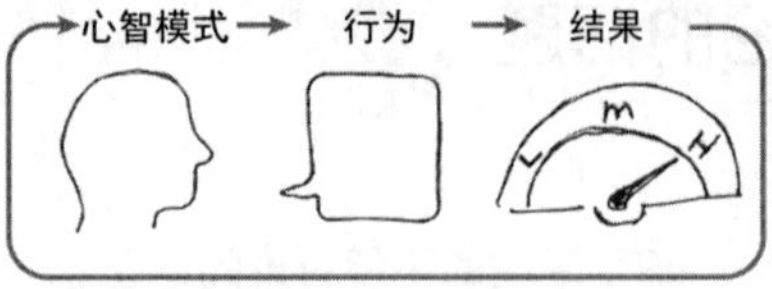

第 11 章

使用交互学习模式来改善其他流程与技巧

在本章，我将介绍如何使用交互学习模式来帮助团队改进他们所使用的其他流程或技巧。技巧包括体验式练习，流程包括精益生产、六西格玛或其他质量与流程改善方式，如战略规划或创新流程、绩效管理流程等，或者只是众多标准的问题分析与解决流程中的一个。首先，我将介绍团队在使用其他流程和技巧时是如何降低自身的有效性的，包括团队使用的流程、技巧与交互学习模式的行为不相一致，或者团队使用的流程、技巧如精益需要寻求交互学习模式的帮助。然后我将介绍如何使用交互学习模式循环来锁定团队低效的成因并做出干预。

在整章，我将使用类似流程或其他流程的字眼来称呼团队用以完成工作的非交互学习模式的流程、技巧与练习。

使用交互学习模式来诊断并干预其他流程

当团队试图使用交互学习模式与其他流程时，你可以将干预重点放在不同流程的要素上。团队的有效性降低，或者因为团队未能有效使用流程，或者因为没有使用交互学习模式的要素，或二者兼有。当团队使用流程时，将出现四种降低其有效性的方式：

1. 团队所使用流程的方式与其本应使用的方式不相一致。

2. 团队的行事方式与该流程一致，但因为该流程的本质与交互学习模式不相一致，所以团队的行事方式与交互学习模式不相一致。

3. 团队使用流程的本意是与交互学习模式保持一致，但团队的行事方式与交互学习模式不相一致。

4. 团队使用的流程虽对交互学习模式的要素推崇备至，但团队的行事方式与交互学习模式不相一致。

为了诊断团队是否出现这些情况，你可以使用交互学习模式循环来做出诊断，如同我在第 6 章所介绍的那样。图 11.1 最左侧的文字框中有“在这里插入团队的模型”的字样。你需要将团队使用的模型、流程、技巧与作为诊断基础的交互学习模式予以比对。

在循环的步骤 1 和步骤 2 中，你要留意哪些行为导致你推断出他们没有正确使用流程或这些行为与交互学习模式不相一致。如果你推断出该团队的行事方式与交互学习模式不相一致，那么你需要识别其原因。如果团队的行事方式与交互学习模式的行为不相一致，那么是因为所使用的流程造成的，还是团队的行事方式未能与交互学习模式保持一致，抑或二者兼而有之？

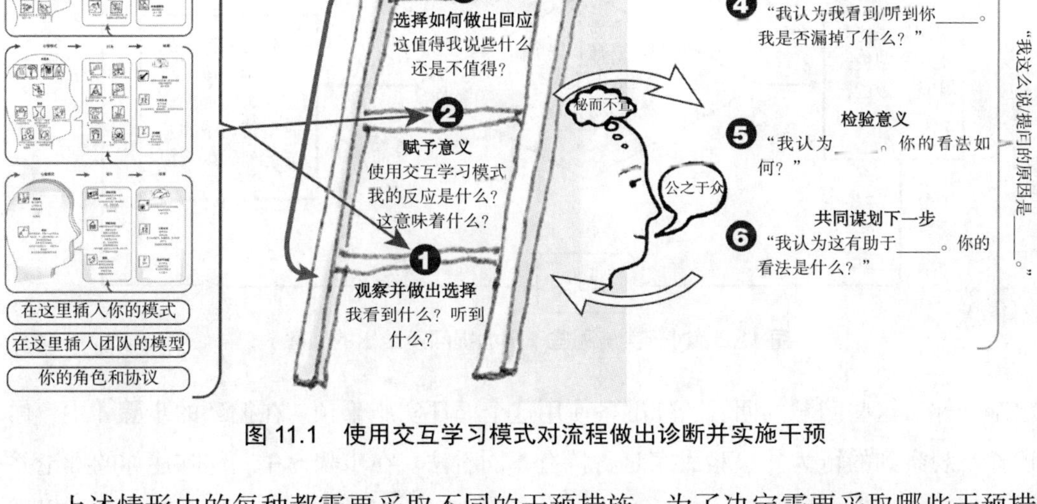

图 11.1　使用交互学习模式对流程做出诊断并实施干预

上述情形中的每种都需要采取不同的干预措施。为了决定需要采取哪些干预措施（这是交互学习模式循环中的步骤 3），你可以回答图 11.2 中的问题。通过回答这些问题，你可以对降低团队有效性的根本成因实施干预。

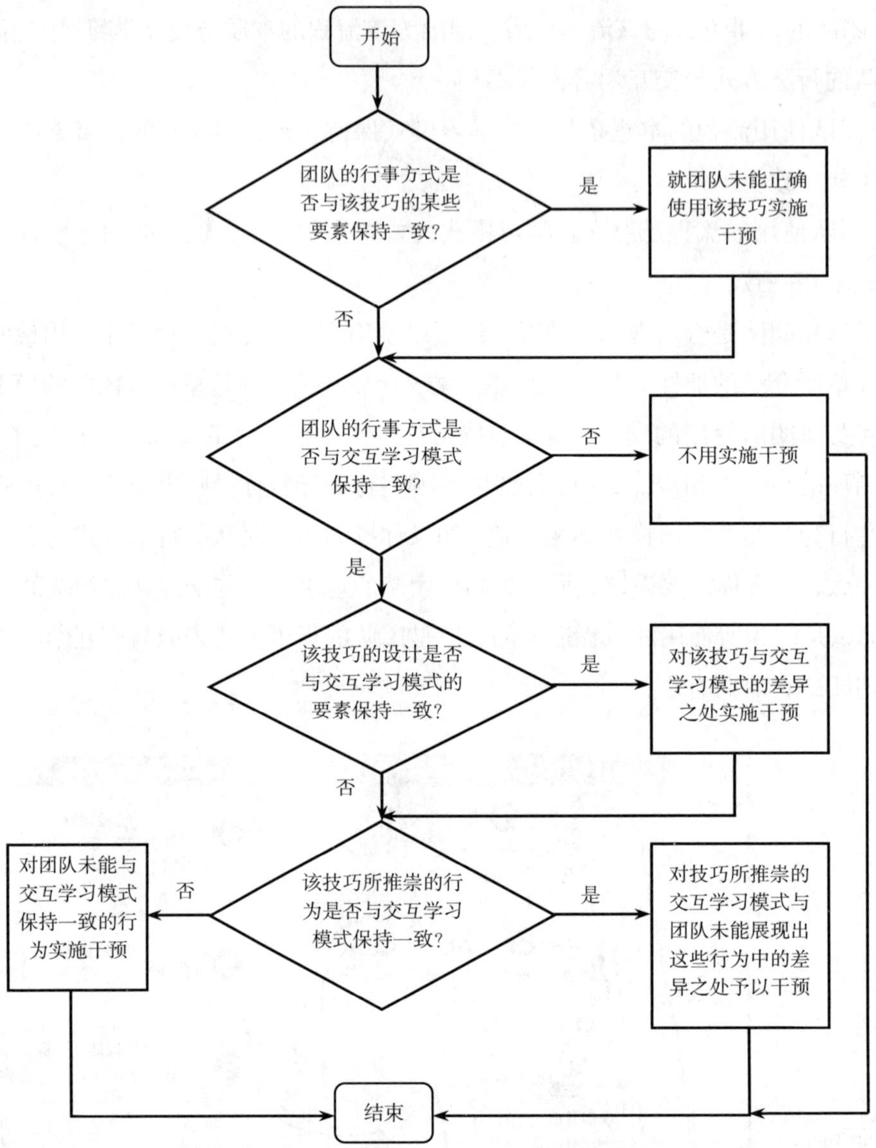

图 11.2　对于实施哪些干预的提问所给出的回答

基于你对这些问题的回答，你准备使用这个循环实施干预。在循环的步骤 4 中，你陈述你所观察到的行为并检验大家是否持有不同看法。在步骤 5 中，你陈述你的推论并检验大家是否持有不同看法，这是上述三个环节之一。在步骤 6 中，你和团队共同谋划下一步。

在之前的章节中，我已经解释了当团队的行事方式与交互学习模式不相一致时，如何对团队做出诊断与实施干预，也就是情形三中出现的情况。在本章，我将提供例子说明如何在另外的三种情形中做出诊断并实施干预。

当团队未能有效使用流程时做出诊断与实施干预

无论团队使用你给他们引荐的流程还是使用他们自己的流程，抑或所在组织中已有的流程，一旦他们未能有效地使用这些流程，你可以上前实施干预，这很重要。接下来，我将介绍团队未能有效使用流程的几种可能方式并介绍如何对其实施干预。

团队使用流程的方式出现部分错误。如果团队采用了你所介绍的流程，你应该对流程的使用方式及团队有可能在哪些地方出错有详细的了解。例如，当我向团队介绍在问题解决的流程中需聚焦利益而非立场时，我知道团队有可能犯以下常见错误：他们以陈述立场的形式来陈述利益；他们使用短语而不是完整的句子，这让他们难以就短语的含义达成一致；针对每个可能的解决方案，他们列举解决方案的利弊清单而不是列出利益清单。

当事先知道团队有可能错误地使用流程时，你可帮助他们避免这些错误并帮助他们快速纠正这些误用。哪怕你在帮助团队使用其中的某个流程，重要的是你需要预判团队有可能在哪些地方出错。

团队成员未能按照次序执行流程的步骤或关注在不同的步骤上。许多流程包括系列步骤并需要按照特定次序使用。还有一些流程旨在让团队以迭代方式完成这些步骤。无论是何种情况，团队成员有时会跳过其中的某些步骤，表现为过早跳过到解决方案的制定环节甚至解决方案的选择上。如果出现这种情况，你可采取比较直接的干预措施：告诉团队或团队成员你在什么地方看到他们跑题，与他们核对看法，与团队一起共同谋划下一步行动方案。

团队敷衍地参与到流程中。面对不同的团队，哪怕你使用选定的流程或技巧，某些团队相比于其他团队也会有更大的收获。某些团队会深刻地反思并挑战现有的假设，从多个维度审视其所处的情形并找到富有创意的解决方案。而其他团队虽使用同样的流程，却收获不大。

这是难度更大的干预，因为团队具备不同的技能与能量，哪怕面对相同的任务。也就是说，当你推断团队可以给流程带来更足的能量、更多的技巧、更多的创意时，分享你的推论并听取团队的反馈很重要。这可以让团队在流程中投入更多精力，而你以可获得更多的回报作为回应。

诊断并干预那些与交互学习模式不相一致的流程

如果你已有一定的引导经验，你可能收集了大批可在不同情形中帮助团队的工具、技巧与流程。如果你是一位新任引导师，你可能不断扩充你的工具箱。**面对你手上的每个工具，或许你正在思考是否需要扩充工具箱，你首先需要询问自己的问题是：这个工具是否与交互学习的心智模式或行为保持一致？**你应该首先回答这个问题，然后才考虑将这个流程介绍给团队。

引导师经常因推荐与交互学习模式不相一致的流程而给团队带来低效。如果你在引导中所使用的流程与交互学习模式不相一致，这样的概率将大大增加：防御出现、无效冲突出现、信任度降低、学习效果减少、承诺减少以及决策质量降低。

一些流程就其本质而言，与交互学习模式不相一致。如果你试图去重新设计这些流程以便保持一致，那么你将从根本上改变这些流程的目的。但是，虽然有许多流程与交互学习模式的一些要素不相一致，但你只要稍加改进，就可在确保其目的与有效性的前提下，依然与交互学习模式保持一致。在此，我提供一些与交互学习模式不相一致的流程例子。对于这些在本质上与交互学习模式不相一致的流程来说，我将介绍如何对其重新设计。

随后，我将区分你为团队选定的流程与团队要求你来引导的流程的差异，团队要求你引导的流程是组织现有工作方式的一部分（如团队反馈系统）。当然，前提是这个流程就其本质而言与交互学习模式并无相违之处，重新设计你为团队选定的流程，相比于团队正在使用的流程是组织现存方式的一部分而言，前者更容易。

你所选定的流程

因为这些流程是你选定的，你有一定的自由度去避免那些就其本质与交互学习模式不相一致的流程，你也有能力去重新设计那些本质存在不一致的流程。

利弊分析。在利弊分析流程中，团队试图在两个或多个潜在解决方案中做出权衡。你要求团队列出每种可能方案中的所有优势（利）与劣势（弊）。团队使用这个流程得出的结果来选择最佳解决方案。

这个流程就其本质而言，与交互学习模式行为所倡导的聚焦利益而非立场的方式存在不一致。该流程鼓励团队成员强化其立场，这是基于“要赢不能输”的假设，所以这依然是在固守单边控制的心智模式。结果是，团队发现自身陷入无效的冲突之中，学习效果也随之降低。

因为利弊分析流程与交互学习模式在本质上不相一致，你无法重新设计。但你可取代这个流程来达成相同的目的，而且效果更佳。这就是我在第 5 章介绍的基于利益的决策步骤 4：聚焦利益而非立场。

依赖欺骗或隐瞒信息的体验式练习。许多体验式练习旨在帮助团队学习并改善其流程，方式是开展非团队的活动。某些体验式练习被用作会议开场的破冰活动。你可以在网上找到上百个体验式练习的信息。

许多体验式练习与交互学习模式保持一致，但是，也有些体验式练习是采取欺骗或隐瞒信息的方式。其中的一个例子就是遗漏方块的练习，其目的是看团队如何管理冲突（游戏的谜底将马上揭晓，但其名字并没有与学员分享）。引导师在团队成员中分配拼图块，然后要求他们共同解决拼图谜题。引导师不能告诉大家这个谜题无法解决，因为有一拼图块缺失，而这块拼图块在另一个团队的手中。每个团队必须找出自己缺失的那块，而缺失的这块在另一个团队那里，但他们并未获悉这一信息，所以他们只能依赖跨团队协作才能解决这个难题。

如果他们之中有人询问缺失的那块拼图是否在这里，因为这个练习要求你隐瞒信息并欺骗对方，带来的结果是增加了团队不信任你的机会。

哪怕这个练习要求你隐瞒信息，如果你增加一个附加条件，其实你依然可以使用交互学习模式来开展这个练习。你告诉团队这个练习要求你隐瞒一些信息或使用欺骗的方式，随后你询问团队是否愿意参与这个练习。这样，你至少对自己无法完全做到透明这点保持了透明并可让他们做出知情的选择。

体验式练习并没有让团队成员决定他们愿意承担风险的程度，虽然这个练习让团队成员面对不同程度的社会或情绪风险。所谓社会与情绪风险，我的意思是要求团队成员揭示自身信息的程度，这里涉及的行为需要他们揭示有关自身的信息或让他们不恰当地展现脆弱。要求团队成员用寻常方式介绍自己或采取行动的练习不会带来太多风险，但要求团队成员揭示私人信息的活动，如他们的最大遗憾、失败或最为窘迫的遭遇等，则会带来很大的风险。在这些练习中，引导师要求团队成员回答一些简单提问或要求他们画图，随后采用高阶推论与归因的方式对他们的回答做出解读，说出一些当事人自己都不知道是否愿意透露出来的私人信息。在一些练习中，团队成员如何绘制一头猪或选择某个喜欢的人物被认为揭示出了他们个人生活的某些方面。当然这些练习也面临提供无效信息这个根本性问题。这会削弱引导师的可信度。

把这些与团队有效性无关或给团队有效性带来伤害的练习搁置在一旁，矛盾在于为了让团队更好地了解自身，他们需要比平日里更加透明，而这会带来更大的风险。与此同时，如果团队成员在心理上没有感受到安全，那他们的学习效果就会受到影响。

如果你在引导中没有让团队成员决定是否需要承受这个练习所带来的情绪风险，那么你的行事方式与交互学习模式的多个要素没有保持一致。你并未对学员担责，也没有对他们心怀同理心，你也没有让他们做出知情的选择。为了便于团队成员决定是否接受这个练习所带来的相关风险，在他们决定参与之前，他们需要知道你在总体上期待他们做些什么，期待他们对自身或他人透露些什么，期待其他人对他们自身的信息需要透露些什么。

我很少在引导中使用体验式练习。我发现团队成员自身解决问题的经历已经提供了足够多的真实信息来帮助他们了解自身的动态因素及他们作为团队成员的动态因素。某些引导师认为，体验式练习提升了学习效果，因为这可以让团队了解其流程，而无须被真正的问题所分心。我认为帮助整个团队了解并改进流程来克服他们所遇到的真正挑战的体验式练习必须有效。避免使用体验式练习也减少了对体验式练习能否带来学习效果，以及能否可靠地将其迁移到真实的工作场景中或缩短学以致用的时间的疑虑。当然，我承认许多引导师认为这些练习很有帮助。

作为组织一部分的流程

作为引导师或咨询顾问，你应邀引导某场会议，其中团队所使用的流程是所属组织方法中的一部分。当这些方法的要素与交互学习模式不相一致时，潜在的冲突就会出现。如果团队试图在整个团队中使用交互学习模式，他们将面临团队的价值观、假设与要求他们使用的方法出现不一致的情况。通常团队可以很快看到其中的差异。哪怕他们并没有动力将交互学习模式作为整个团队一起共事的基础，但你现在正在帮助团队使用与你的方式不相一致的流程，这是团队的流程，而不是你的流程。

那怎么办？理想的情况是，你在引导的规划阶段评估团队计划使用的流程是否与交互学习模式保持一致。但是，你不太可能了解团队使用的所有流程，尤其是当你只是与他们共事一段时间时。

如果团队正在尝试使用交互学习模式，那么你可指出其中的不一致之处，并询问团队成员是如何看待这一局面的。哪怕你是实质中立的引导师，你依然可以这么做，因为正如我在第 2 章所指出的那样，使用交互学习模式的引导师无法对有别于交互学习模式的团队流程保持中立。如果大家赞同你的观点并看到了其中的不一致之处，你可以询问他们希望采取的行动是什么。如果他们希望消除其中存在的不一致，那么你可以帮助他们找到纠正这些方式并与交互学习模式保持一致但依然被组织接受的途径。请记住，做出这些修正往往意味着挑战那些被所在组织坚信不疑的单边控制模式的价值观与假设，或者至少是被那些设计这些流程的人所信奉的价值观或假设。

团队反馈。你是引导师、咨询顾问或团队教练，团队可能需要你来引导团队反馈流程。在绝大部分反馈流程中，团队成员完成了他们对于团队看法的在线调研，或者你当面访谈过团队成员。你以演示或报告的形式向团队陈述了调研结果并引导团队就结果的含义及团队基于这些结果可采取哪些不一样的做事方式进行了讨论。

正如我在第 3 章有关信息这部分的解释，信息包括反馈，绝大部分反馈流程与保持透明、知情的选择、担责与心怀好奇的核心价值观不相一致，因为团队成员所提供的信息是匿名的。如果对于任何调研结果来说，信息是以定量的方式呈现的，以团队中的信任度为例，团队成员只看到了带有标准差或分数分布的团队平均分，他们无法看到哪位团队成员给出了什么样的分数。在 360 度反馈中，匿名方式同样存在，团队成员从其同事、直线下属、客户和经理那里得到了反馈。在这个案例中，反馈对象上司的身份通常是可以识别出来的，因为结果是按照类别归总，而反馈对象通常只有一位上司。出现的这些不一致之处削弱了反馈旨在帮助团队达成效果，包括增加理解和信任度、担责与绩效。

幸运的是，你可以与团队重新设计团队的反馈流程，包括 360 度反馈流程并与交互学习模式保持一致。如果团队使用了调研工具，你需要了解你所选择的方案是否能识别出每位成员的反馈，这越来越成为可以提供的选项。（如果选择这个工具，你可选择带有这个选项的工具。）在我们为客户设计并使用的团队有效性调研中，反馈是能够识别出每个团队成员的。图 11.3 展示了一页来自我的客户的领导力团队的真实反馈报告。

如果你熟悉电视剧《办公室》的剧情，你可以马上发现我将该领导团队成员的真实姓名替换成了电视剧中角色的姓名。这一页报告说明了每个团队成员认为团队需要具备怎样的协作水平来确保团队有效性。在分值 1 ~ 5 的量表上，5 表示团队成员认为他们非常需要互相支持来确保有效性。

请注意，你可以马上识别出每个团队成员给出了什么样的反馈。这让团队成员变得好奇并互相询问导致他们给出这样反馈的原因。在我给领导力团队提供反馈的会面中，团队的正式领导发现斯科特·迈克尔所代表的那位员工开始和他的团队讨论为何大家并不如他所认为的那样需要彼此协作。对于识别团队有效性减少的根本原因，被证明是一场重要的对话。如果无法识别反馈对象的身份，这场对话有可能不会发生，或者没有那么有效。

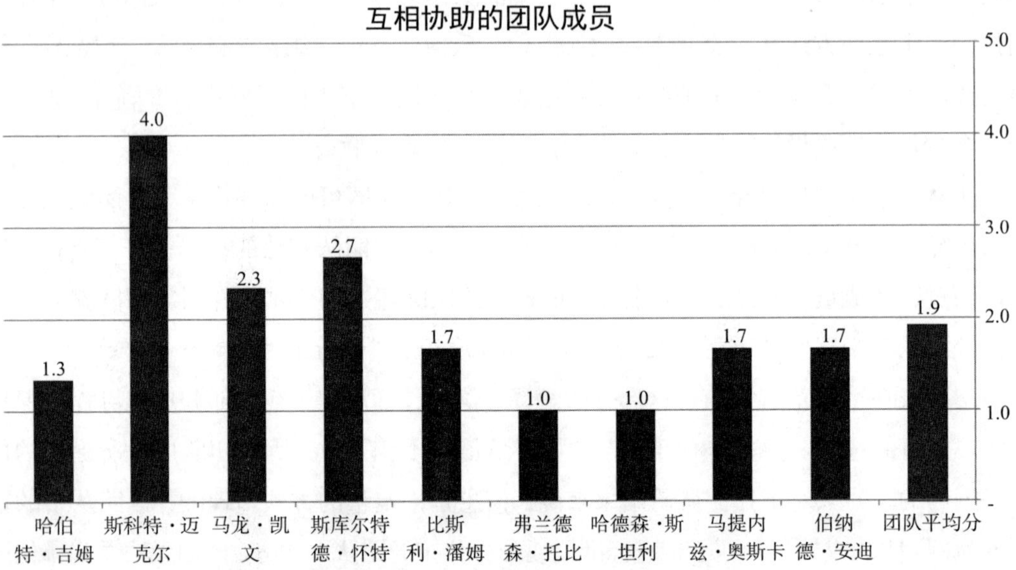

图 11.3 可识别出团队成员身份的团队调研反馈

为了让反馈对话富有成效，团队需要在彼此之间保持透明并心怀好奇。这意味着在反馈之前需向团队介绍交互学习模式，这样他们能够理解保持透明和心怀好奇的价值观，并了解他们是否愿意在调研对象的身份可被识别出来的情况下接受彼此之间的互相反馈。

绩效管理流程。大部分组织会评估员工绩效并让经理与直线下属会面讨论绩效。你可能应邀以培训师、咨询顾问、引导师的身份参与其中。

绩效管理流程通常与交互学习模式的核心价值观如保持透明、心怀好奇、知情的选择与担责等保持一致。在一些我所服务的组织中，绩效管理流程禁止经理告诉下属他们用于评估直线下属绩效的信息来源。如果直线下属询问“你是从哪里听来的”，经理通常这么回复“那不重要”或“我不能说”。但如果直线下属不知道用于评估他们的信息来源和提供信息的背景，他们无法独立评估信息的有效性，而更有可能将这些信息弃之一旁，因为他们并不认同这些信息。另外，如果他们希望更多了解这些情况以便做出改进，因信息来源不便透露，这让他们无法做到这点。

绩效管理会议也约束了经理的好奇心。一个组织要求我去帮助他们将绩效管理流程与交互学习模式整合起来，他们声称这样做是为了满足经理对于直线下属看法的好奇心，但他们设计的会议模板带来了相反的结果。他们并没有给经理安排或分配时间去询问下属对于评估的反馈。

评估模板的结构也让经理难以保持好奇。与直线下属开会前，经理的上级需要批准这位经理准备给下属的评级。其背后的假设是这次对话不会改变直线下属的评定等级，也不应该出现这样的改变。但为了确保这一假设有效，经理必须在绩效对话前拿到所有与这位员工绩效有关的信息。这次对话的目的是让员工了解情况，而不一定是为了让经理了解情况。如果在两人的对话中，经理心怀好奇并了解到可让其提升评定等级的信息，她不得不特别声明改变的原因。

如果你遇到这些不一致的情况，如同之前提及的团队反馈那样，你可以实施类似的干预。如果你认为团队要求你培训、咨询或引导的流程与你在团队中所使用的流程的价值观相去甚远，那么你不得不决定是否继续开展这个项目或如何推进这个项目。

领导力培训。你服务的团队所使用的行为或技巧有可能是他们从组织安排的领导力培训课程上学来的，可能是内部或外部咨询顾问所讲授的。我经常发现他们教授的一些技巧要素与交互学习模式不相一致。例如，我在第 5 章介绍的有关给予负面反馈的三明治方式；又如，你的发言要留在最后，以免你不恰当地影响下属在某个话题上的观点。

你此时的责任是指出你所看到的不一致并询问团队的想法，要求他们就如何推进对话做出知情的选择。

有时客户试图尝试打造交互学习模式的组织并要求我和他们一起审视组织的培训项目。他们希望决定哪些项目与交互学习模式保持一致，哪些没有。他们承认，这种做法带来了问题，因为人们并不知道这些培训课程不仅内容不同，而且在价值观上也不相一致。大家感到组织就如何领导他人给他们提供了含混不清的信息。更为糟糕的是，如果人们没有发现其中的不一致之处，并试图使用两个互相矛盾的技巧，这种做法不仅低效，而且会带来冲突而不是改善。

诊断并干预支持交互学习模式的流程：精益与其他持续改善流程的方式

有些流程支持与交互学习模式保持一致的心智模式和行为，但团队所使用的流程并没有体现这点。这经常出现在精益、六西格玛等类似的持续改善流程的方式上。精益团队关注如何使用一套技术性的问题解决技巧来持续改善某些运营流程。

即使精益方式的两大支柱是持续改善及尊重员工，但使用精益方式的团队依然更为关注技术方面的因素。一些精益专家发现许多精益方式的践行者并没有理解在精益实践中如何体现尊重员工。他们认为精益方式中缺失了尊重员工这方面。至少有一位专家解释了在精益的情境中很难做到尊重员工。

精益团队通常很少关注团队工作的有效流程，虽然这是持续改善流程的基石，但这种做法并不奇怪。持续改善方式主要基于工程原则，而持续改善咨询经常带有工程或技术背景。

在过往我为组织提供咨询服务的经历中，我注意到实施持续流程改善的组织所表现出来的某种模式。给这些组织提供帮助的咨询顾问，无论是内部的还是外部的，经常告诉我这些方式起初奏效，或者对那些被人们称为“低垂的果实”奏效，因为这些问题相对容易解决。但经常出现的情况是，当需要解决那些富有挑战且不便讨论的话题时，团队在设计流程改善方案时经常会面临日益加剧的挑战。一位精益专家主张他所推崇的所谓精益行为，因为他注意到精益团队依旧持续使用低效的团队流程，而这被精益标准看成浪费时间。

精益方式的初衷就是针对这些问题的根本成因发力以便解决这些问题，但精益团队发现他们所使用的团队流程阻碍了精益方式的有效使用，这实在是一个讽刺。例如，在那些所有团队成员都认为他们的责任是找到并纠正质量问题的团队中，精益流程更有效。在交互学习模式团队中，这体现为从房间里只有一个领导的文化转变为每个人都是领导的文化。

这就是为何交互学习模式可让精益方式和其他持续改善流程更为有效的原因。交互学习模式提出了解决挑战性问题的具体心智模式和技能，所以将尊重他人付诸实际。简言之，正如精益提升质量并减少运营流程中的浪费一样，交互学习模式可改善质量并减少团队流程中的浪费。

你可以帮助精益团队使用交互学习模式，从而将尊重他人这一基石付诸实践并贯穿到詹姆斯·沃马克和他的同事所提出的精益十四项原则中。这些原则可总结为四个类别。以下是一些例子。

- 精益原则的第一大类别涉及着眼长远，采用建设学习型组织的长期策略。学习型组织的核心就是团队成员采用交互学习模式来反思他们所处的情境和表现出的行为，识别出限制团队有效性背后的假设并改变这些假设和行为来打造更为有效的团队和组织。
- 精益原则的第二大类别是“合适的流程将产生正确的结果”。囊括交互学习心智模式和行为的团队有效性模型介绍了有效团队的流程和团队设计，这些可以塑造团队流程。

- 第五项原则：建立避免修复问题的文化，确保一次做对，这体现在交互学习模式的原则“欲速则不达”中，借用了系统论的思维。
- 第七项原则：使用视觉化控制手段，让问题无所遁形。这是激发大家关注原本有可能错失的问题的方式并鼓励大家做出回应。交互学习模式对应的策略是“讨论不便讨论的话题”。如同生产流程一样，团队流程也具有可以观察到的行为，但与生产流程不同的是，你没有找到快捷方式将其转换为可视的控制手段。要求大家关注不曾注意的问题或未曾解决的问题的目的是让所有团队成员都来关注这些问题。
- 第九项原则：培养能理解工作、践行信念并传授给他人的领导。这体现在交互学习模式的行为“陈述观点并真诚发问”、“解释你的推理与意图”和“检验假设与推论”中。通过展现这些行为，领导可更好地理解工作并帮助其他人理解工作。
- 第十一项原则：通过挑战他们并帮助他们改善来体现你对于延伸在人际网络上的合作伙伴与供应商的尊重。这体现在交互学习模式行为“检验假设与推论”中。通过识别合作伙伴与供应商的任何不准确或不必要的假设可以帮助他们予以改善。请注意精益将挑战看成尊重的表现。这既与保持透明、心怀好奇，又与担责与富有同理心的交互学习模式的心智模式保持一致。
- 第十二项原则：亲自到现场彻底了解情况。这与交互学习模式中知情的选择这一价值观保持一致并与交互学习模式的行为“使用具体例子并就重要词汇的含义达成一致”保持一致。
- 第十三项原则：做出决策时，达成共识要慢，要全面考虑所有的可选方案，实施决策要快。这也体现在交互学习模式的原则“欲速则不达”中。交互学习模式包括将达成一致（这里界定为达成完全一致的支持）作为可能的决策规则。其重点在于确保每个人对落实决策做出承诺。通过确保所有团队成员分享所有的相关信息，包括他们的假设与推论，共同谋划下一步来满足这些利益得以实现。当团队成员持有不同的观点时，他们可以使用交互学习模式来共同检验并确保所提出的解决方案可满足流程和人们的需求，这是第八项精益原则。

当然，采用精益方式，如同采用交互学习模式一样，你的思维方式决定你的领导方式。

正如许多组织需要下一番苦功夫才能学会一样，你无法只是通过展现精益行为而没有理解并践行其背后的精益哲学就能打造出一个精益组织。因为精益的“尊重他人”的原则与交互学习模式非常一致，帮助精益团队去建立交互学习模式的心智模式，这将提升他们实施精益原则的能力。

小结

在本章，我介绍了如何使用交互学习模式来帮助团队提升他们所使用流程的有效性。在交互学习模式循环中，通过使用团队的流程作为观察并赋予含义的基础，你可以对团队流程实施干预并帮助团队改善流程。确保你所选用的流程与交互学习模式保持一致，你可以提升团队的有效性。

我提供了团队如何减少其有效性的例子，如他们没能正确使用流程，这个流程与交互学习模式不相一致，或者流程虽支持交互学习模式但团队并没有展现交互学习模式的心智模式或行为。

在第 12 章，我将介绍如何解决团队的情绪问题。

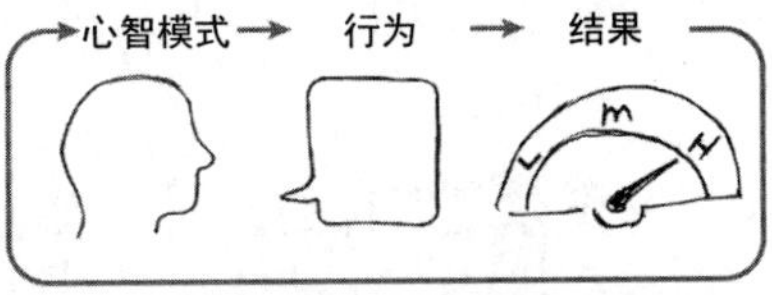

第 12 章

诊断并干预你和团队的情绪

在本章，我将解释如何应对团队中出现的情绪，而且绝大部分是比较有挑战性的情绪。我将首先介绍人们的情绪是如何生成的，人们是如何表达情绪的。随后，我们将考虑团队中情绪的讨论是如何引发你的情绪并影响你去实施引导的能力的，你如何实施干预来帮助人们有效表达他们的情绪。在本章的结尾处，我将介绍当团队成员对你的表述不满时，你该如何做出回应以及你可如何利用这个机会从中吸取教训，无论是对团队而言，还是对你本人而言。

挑战

你所担任的引导角色中的一部分内容就是帮助团队解决比较困难、充满冲突的问题。在解决这些问题时，团队成员会体验到各种情绪，如愤怒、害怕、惊讶和悲伤等。情绪指的是一种感受以及与这种感受清晰地联系在一起的想法，与心理与生理状态一起，会让人们采取某种行动。你的挑战在于帮助团队成员去识别他们的情绪及情绪的来源，提升团队有效性而不是削弱团队的有效性。

做到这点这并不容易。就如同你正在帮助的团队一样，我所教授与教练的许多引导师与咨询顾问发现应对情绪性场景并不是一件容易的事情。如果你考虑到绝大部分人在面对心理威胁或窘迫时会采取单边控制模式的心智模式，这情有可原。

当你面对一个比较情绪化的团队时，你也会有类似的反应。你可能害怕，如果团队失去控制而你却不知道如何去帮助他们。你的情绪可能占据上风，这让你无法清晰地思考。应对团队成员情绪的部分挑战在于应对你自己的情绪。我将在本章稍后部分讨论这点。

应对情绪的能力就是丹尼尔·戈尔曼所称的情商。依据皮特·沙洛维及约翰·迈尔的研究成果，戈尔曼创造了“情商”一词。他将情商界定成觉察并管理自己情绪，运用你的情绪来激励自己达成目标，对他人富含同理心并可有效应对你与他人之间情绪的能力。

幸运的是，人们越来越看重工作场所中的情商。组织中的领导人认识到，如果团队无法有效应对情绪所带来的问题，这将给团队绩效带来负面影响，还会影响大家未来一起共事的感受以及员工的职业发展与个人发展。你可帮助团队成员从害怕应对他们的情绪问题转为利用其情绪来改善他们的工作及人际关系的质量。

在你考虑人们的情绪是如何产生的以及如何对其实施干预之前，有必要再次重复之前提及的观点：团队引导不是诊疗。应对引导、咨询、教练中出现的情绪是为了帮助团队在工作中变得更为有效，而不是改变团队成员的个性或只是为了关注情绪而关注情绪。比较恰当的说法是，你对团队成员情绪实施的干预必须与团队有效性中的要素关联起来。

人们的情绪是如何产生的

理解自己或团队成员的情绪是如何产生的以及如何应对情绪，可以帮助你有效开展工作。下面我将非常简单地总结一下近年来有关情绪的研究成果。

将所见、所听转换为情绪与思维

人类的大脑是如何将我们的所见、所听转换为我们的所感、所思的，这依然是研究领域的未解之谜。研究人员曾提出过两分模型（dichotomous model）的假设，大脑的不同部位负责情绪与认知——感觉与思维。在这个模型中，负责情绪的那部分大脑反应更快，无须确保精确度，而负责思维的那部分大脑反应更慢，更关注细微的差异。对于害怕这一情绪而言，杏仁核也就是大脑皮层下两个杏仁状的部分，在最初的反应中扮演重要角色。

前额皮质负责高阶思维，在后续的反应中扮演重要角色。依据这个研究成果，丹尼尔·戈尔曼引入了杏仁核挟持（amygdala highjack）这个术语。也就是说，杏仁核对所感知到的威胁做出的最初反应让我们表现出更低的情商。近来的研究对简单的两分模型提出了质疑。有人认为大脑中并没有只负责单一情绪的部位；相反，大脑中的许多不同区域会带来同样的情绪结果；而情绪如害怕或愤怒等是由一起工作的多重目的的大脑网络所构建的。诸如杏仁核这样的区域对于情绪非常重要，但杏仁核既非情绪的前提条件，也不是单靠杏仁核就够了。虽然有关人类的情绪是如何产生的依然存在许多未解之谜，但有时我们难以有效管理我们的情绪却是不争的事实。所以，我们依然面对相同的挑战：如何整合我们的思维与情绪来提升我与他人的有效性。

导致情绪产生的因素

在团队会议中，有许多因素可导致你或团队成员变得情绪化或以单边控制的方式做出回应。了解哪些因素导致情绪的产生有助于你做出合适的回应并尽可能做好心理准备。

讨论的主题内容。某些主题有可能成为导致情绪产生的热点话题，因为这会激发诸如害怕、愤怒、羞辱或内疚等情绪的出现，如工作场合中的绩效评估、组织再造、解雇、并购、暴力、性骚扰等。

你与团队关系的本质。哪怕你就团队对你的合理期望做出澄清，但团队依然对你如何帮助他们带有不切实际的期待。如果与你没有帮助团队解决问题或就如何解决问题提供专业建议等情况结合在一起，那么这会让团队成员感到矛盾不已。一方面，他们非常期待并需要得到你的帮助；另一方面，他们对你无法解决他们需要解决的问题感到失望。

干预的深度。诸如心智模式的深度干预要求人们揭示自身的信息，如他们的假设、价值观、观点、情绪等，这些都是非常隐私的信息。一旦揭示出这些信息，他们所冒的风险是让自己陷入脆弱的境地。某个团队成员可能与大家分享他与上司的不良关系，因为他认定这个上司不值得信任，或者他将自己的低效行为归咎于另一位团队成员不能胜任工作。根据这位团队成员揭示的内容，他可能害怕失去来自同事的支持，害怕来自位高权重者的反驳，或者害怕丢面子。结果是，当你实施的干预要求他去分享这些信息时，他感到备受威胁并做出情绪化反应。

激活过往情绪化反应的经历。员工过往的经历会激发现有的情绪化反应。如果人们发现当前局面与过往的情形类似，过往曾引发出来的情绪这次会被再次激活。

文化多样性。具有不同文化、种族或性别的人们在面对相同的事件时会赋予不同的含义并有不同的情绪化反应。例如，一些亚洲文化非常看重颜面保护。在某个对话中，如果大家都依照原本文化的定式做出回应，一旦团队成员感到他们的颜面没有得以保护，亚裔团队成员可能较之来自美国的团队成员做出更为情绪化的反应。

有关我们自身的故事。所有人都会构建有关自己以及自己应该是什么样子的故事。如果我们距离自身的故事太远或并不符合这个故事时，这会让我们感到焦虑、愤怒或悲哀。在我的咨询服务刚起步时，我认为自己应该如资深顾问那样精明强干。一旦我无法对客户做出有效干预，我就会变得焦躁不安。当我在客户面前犯错时，我会思忖很久，而这会让我分心，让我变得不再那么有效。

团队如何表达情绪

在《尼各马可伦理学》中，亚里士多德将应对情绪的挑战界定为："任何人都会生气，这不难。但对合适的人以合适的程度，在合适的时间，出于合适的目的并以合适的方式发脾气，却并不是那么容易。"你的挑战在于帮助团队成员去识别、表达并讨论他们的情绪从而提升而不是降低团队的有效性。

人们用两种方式来表达他们的情绪：直接或间接。直接表达情绪时，他们会讲述自己的感受："我真的很生气"或"我害怕某些人会反戈一击，如果我讲真话的话"。

人们用两种方式来间接地表达他们的情绪：言语或非言语。间接的言语表达可有许多形式，包括提高或降低音量，在压力面前马上改变观点，口头攻击对方或否定对方的观点等。非言语例子包括怒视某团队成员或将自己的目光从其身上移开，蜷缩在椅子中或挺直腰板，双臂交叉或挥舞手臂，脸上肌肉紧绷，叹气等。

在间接方式中，你和其他团队成员无法识别出情绪，除非你询问他们或做出推论，即便只是低阶推论。人们会用不同的方式表达相同的情绪，甚至同一个人也会在不同的时间里用不同的方式来表达相同的情绪。你可能变得比较敌意来表述你的愤怒，而我则用退出对话来表达我的不满。另外，特定的行为也可表达不同情绪。某人用发火来表达他的愤怒，但对另一个人来说，发火可能代表他感到焦虑。所以，你无法从一个人的行为中可靠地推断出他的情绪。

作为单边控制心智模式的一部分的行事防御，这是团队成员采用间接方式表达情绪的常见方式。防御行为是试图减少与否定或扭曲现实有关的焦虑或压力，如否定他人、责备他人、隐瞒信息、压抑情绪等。

当采用直接方式表达情绪且该方式与交互学习心智模式和行为保持一致时，人们在有效表达情绪。一个人是否有效表达其情绪，并不取决于他表达情绪的频次或强度。

文化差异会影响团队成员产生情绪的方式，同样也会影响团队成员表达情绪的方式。某些组织认为情绪不便拿到台面上予以讨论，但他们没有看到有效讨论情绪与团队有效性之间的关联。结果是，在这些组织中工作的人们对于回避情绪的讨论会感到压力。相反，有些组织认为，不解决负面情绪，尤其是那些带来防御行为的情绪，会降低团队成员保持工作关系以及完成任务的能力，研究结果也证明了这点。在这类组织中工作的人们对于回避情绪的讨论不会感到压力。

组织中的团队文化也会影响团队成员是否表达情绪以及如何表达情绪。哪怕所在组织的文化认为表达情绪并不合适，但组织中的团队依然可以认为将情绪纳入讨论之中是健康的。

团队成员的文化构成也会影响其情绪表达方式。认为来自某特定文化的团队成员表达情绪的方式带有其文化特征的假设颇为危险，但某种文化会更为直接或更富同理心地表达情绪，而另一种文化在表达其情绪时更为委婉。这也适用于组织中受教育程度不一、社会经济层次有别、层级不同的员工。

管理你自己的情绪

当和团队讨论你的角色与责任时，米歇尔开始责备乔工作不力。马上，乔怒气冲天地告诉米歇尔如果她能胜任工作的话，团队就不会有这么多问题。这时，沃尔特加入进来，他责备乔没有资格在此抱怨。这些言语让团队成员变得越来越生气。

我所教授或教练的引导师或咨询顾问都曾经历类似的艰难局面，这些局面让团队成员变得非常情绪化。如果你的情绪挡在你面前，你很难帮助团队成员有效地管理他们的情绪。如果你也变得非常情绪化，那么你需要采取措施来管理你的情绪并重建你的有效性。

放慢自己

第一，放慢速度。当看到团队变得越来越情绪化的时候，你没有必要马上加入其中。基于焦虑或愤怒马上开始干预会比不去干预更为糟糕。放慢自己，你就有机会利用你的情绪来告诉自己如何思考而不是听凭其左右。深吸一口气，然后从 1 数到 10，这个建议依然管用。这让你有机会打断自己纯粹的情绪化反应并将自己的思考结合到情绪之中。

对自己心怀同理心

请记住，心怀同理心的核心价值观包括对自己也心怀同理心。对于绝大部分人而言，应对情绪性局面非常不易。对自己心怀同理心，意味着承认你自己也是这个流程的学习者，有时候你也会感到焦虑、无奈、害怕、茫然等，这些都是成长与发展的一部分。作为“复原的完美主义者”，我可以告诉你，如果事情的发展不如你预期中的那么好，你不会因为贬低自己而拿到额外的得分。关注你的内在想法，如告诉自己一定要扭转局面。你的内心对话可以表明你的自我同理心正在褪去。

关注、体验并说出自己的情绪

请注意你的情绪。因为情绪涉及你的身体反应，你的身体经常是你可感受到压力的第一个线索。你对自己的情绪信号了解得越多，如手心出汗、脉搏加速、拳头紧握、胃痉挛等，你就越有可能尽早开始使用这些早期报警信号来评估当前局面。

命名自己的情绪。是愤怒、害怕、羞愧、惊讶、悲伤、愉悦还是其他情绪，抑或这几种情绪的结合？虽然这些情绪都是基本情绪，但这些情绪及情绪的混合也分为不同等级。愤怒包括沮丧、憎恶和恼怒；害怕包括焦虑、紧张与小心，这里仅举出数例。增加你的情绪词汇可让你更容易地说出你的情绪，这也让你更容易与情绪一起工作。

为了命名你的情绪，允许自己体验情绪，无须判断。在引导、咨询与教练中，拥有多种情绪，这非常自然；不要责怪自己拥有这些情绪。如果你对自己说“我感到焦虑”，这不是好事，你为自己添加了一层新的情绪，这会让你难以识别出最初的情绪并干扰你的思考。相反，尝试一下重新框定你的想法，这样你可心怀好奇或对自己持有同理心：嗯，这很有趣。我的感受如何？

识别来源

识别你的情绪来源。通过继续保持好奇并心怀同理心，你可以反思：我关注我的反应来自何处？

询问自己，大家究竟做了些什么、说了些什么让你产生这种情绪。它来自当前的对话中，还是来自之前你与团队成员的对话中，抑或来自你与另一个人的工作关系而被你带入团队中？

询问自己是否发生了什么事情激发出你的问题。知道自己的问题是什么可帮助你快速识别这个问题。例如，如果你给自己设置不现实的过高标准并不停地提高基准线，团队成员开始带有情绪地讨论这个话题，你可能做出情绪化反应。询问自己：我的情绪反应程度与这种局面是适合还是不适合？对团队成员的行为感到恼怒与对他们的行为感到愤慨，这是不一样的。在这里，对自己心怀好奇并保持同理心，可帮助你识别情绪来源。

使用对提问的回答可以帮助你诊断当前情形。你的情绪有可能折射出其中一位或多位团队成员的感受。例如，如果你对某位团队成员的言论感到不快并认为这与某些团队成员之间的互动有关，那么很有可能其他团队成员也会有类似的感受；请搜寻可观察的信息来证实或否定你的想法。如果你的结论是你的情绪与团队中当下所发生的一切无关，那么这可帮助你反思自己的反应。（这就是为何与伙伴一起引导非常重要；你可让伙伴出面引导一段时间。）如果你是独自引导，那么你要承认自己是问题的一部分。如果你已经做出反应，让团队知道这点。承认自己的错误并公开道歉，对于团队而言，这也是宝贵的学习体验。

提醒自己具备的技能

当团队成员变得情绪化时，我所教授的引导师或咨询顾问感到焦虑的一个原因是他们不知道该说些什么。交互学习模式给你提供了帮助团队成员应对情绪的办法。通过使用交互学习模式循环及八种行为，你可就人们是否情绪化检验你的推论并询问他们发生了什么让他们有此感受。当团队成员表达情绪后，知道自己可采取的标准干预措施，这对你很有帮助。

决定如何干预

当你决定干预时，你需要考虑许多方面。

寻找礼物

多年之前，我曾参加即兴剧场的表演课程。在即兴演出中，你和其他人一起在现场打造一幕场景，或表演，或唱歌。即兴表演的演员不知道其他人会说些什么或做些什么，除非已经发生。对话即兴发生，每个演员都是依赖其他人的表述来打造一个有意义的场景，当然有时也颇有乐趣。

我从即兴表演导师格雷格·霍恩那里得到的收获是为了让即兴表演继续下去，你需要将自己接收到的信息看成礼物。你的伙伴所给出的台词是你继续表演的唯一来源，而且你必须对此做出回应。你可以在这些台词的基础上继续发挥并表演，但你必须利用你接收到的台词。如果不这样，即兴表演就此结束。通过将其他伙伴提供给你的台词视作礼物，你可找到办法接纳它们并在此基础上发挥。

你的引导角色也一样。团队成员的发言是你必须处理的信息。你的干预与团队成员的对话必须有关联，你可对此做出点评并要求团队成员做出解释，但你需要接纳这些言论并作为实施干预的基础。

借助交互学习模式，通过仔细聆听并对团队成员的发言心怀好奇，你可获得用于加工的原材料。如果劳拉提高音量说："唐尼，你老是这样。你总是把自己置于团队之前！"你可能这么回应："劳拉，你看上去有点不高兴，是吗？"如果她点头，你可继续："你能向唐尼解释一下他做了些什么或没做什么让你感到不快吗？"遗憾的是，如果你变得害怕、愤怒或窘迫并只关注自己的情绪，那你就无法关注团队了。你会错失人们说了些什么并忽略你可继续用于干预的礼物。我的同事和我在服务某个团队时，其间她在无意中发表了贬斥某个种族的言论，而团队中恰好有人属于那个种族。我对此感到窘迫不已，赶紧把自己的头低下来，但这让我错失了观察团队成员反应的机会（而原本我需要关注这些信息以便做出干预）。几分钟后，我从自己的窘迫中恢复过来，我做出了干预。我对团队说，当她发表这些言论时，我感到窘迫，所以我错过了大家的反应。我随后询问他们对此言论的看法。团队、我的同事和我展开了讨论。一些团队成员说在她发言后，他们没有关注她之后的发言，因为她的发言让他们感到困惑。讨论这个话题后，团队、我的同事和我才准备回到团队的任务上。

困难之一是当团队成员变得情绪化时，他们提供的诊断与干预礼物的包装粗糙。这些礼物可能是以大声叫嚷、心怀愤怒或愠怒的形式表现出来。但如果你接纳这些礼物，你可帮助团队将阻碍有效性的重要问题揭示出来。

面对冲突

当冲突在团队中出现后，人们变得情绪化，你可能想要避免冲突。你可采取让团队小憩片刻的方式来转换话题，停止话题讨论或让局面平静下来。但从冲突中脱身会让你错失帮助团队的机会。

在引导某非营利自愿者服务组织的讨论时，我才学习到这个教训。该组织陷入麻烦之中，因为领导团队筋疲力尽、热情不再。由于他们无法招募到任何自愿者施以援手，他们不得不自行提供几乎所有的服务项目。结果是，管理团队决定集体辞职，但组织无法找到人来替代他们。他们认为，一旦他们辞职，整个组织将关门。为此他们召开委员会来应对这一危机。

遗憾的是，我对大家的情绪关注不够，而我的能力也有所欠缺，这让我的干预方式将团队引向冲突的另一个方向而不是直面冲突。团队没有讨论问题的核心。会议最终以没有达成共识而告终。

交互学习模式的一个原则就是直面冲突与差异。通过公开承认团队中的冲突并让大家对此展开对话，你在帮助团队探讨他们是如何造成冲突的、他们的感受以及如何管理冲突等。你越是尽早面对冲突，你越有时间让团队讨论并解决冲突。

跟踪干预

干预不是魔术。哪怕你直面冲突并实施干预，你的最初干预可能也无法带来你所预想的冲击。就某个特定话题展开系列干预你才可以帮到团队，这非常自然的事。

有时你可能不再想延续干预，因为团队成员依然保持沉默或不直接回应你的提问，这让你感到沮丧不已。有时你可能放弃一些干预，因为团队对你的回应面露怒色或流下眼泪。

重新框定你的干预。当我询问引导师或咨询顾问为何他们未能完成某个困难的情绪干预时，他们通常的解释是他们认为团队成员或整个团队将陷入窘迫之中而他们无法处理这种局面。他们也说到如果继续干预，他们会感到不适。他们承认通过放弃干预，他们对客户和自己施加了单方面保护。

重新框定你对冲突实施干预的看法可让你更容易地实施干预。我经常告诫自己，团队聘请我来主持引导，是因为他们难以自行解决这些难题。如果我因最初的干预不能奏效而抽身而退的话，我将强化这些问题难以解决的看法。让他们认为交互学习的心智模式或行为，也就是我实施干预的基石，在困难的情境中难以发挥作用。继续实施干预可保留团队成员的自由并知情的选择，我需要示范这个做法是可行的并在他们解决难题时给他们注入信心。

实施元干预。如果客户没有直接回应我最初的干预措施或采取防御的方式做出回应，与其采取相同的干预方式，不如尝试元干预。所谓元干预，是对之前的干预实施干预。元干预可让团队和你一起讨论如何干预，这样你们才能找到问题的根本成因。在元干预中，你与团队一起探讨如何对你的最初干预做出回应并找到做出这种回应的原因。

例如，某个团队成员哪怕在你实施干预并要求大家识别利益之后依然保持沉默，你可能做出的回应是采取元干预："吉尔，当我询问你的利益是什么时，你依然保持沉默，对吗？［如果是］你能够说明一下你保持沉默的原因吗？"

当然，做出元干预会浮现不便讨论的话题，而这需要深度干预。元干预可促使团队成员讨论他们为何不同意项目的目标或他们为何质疑其他团队成员的绩效。如果团队放弃我的最初干预，转为跟踪元干预所识别出来的问题，我不会对此感到介怀。

事实上，我认为这是成功。元干预的问题可帮助团队的讨论超越现象而去探讨现象背后的问题和成因。

对情绪实施干预

重复一下之前提到的要点，引导师的角色是帮助团队识别、表达并讨论情绪，以便提升团队的有效性。为了做到这点，你可采取两种干预方式：帮助团队成员有效地表达情绪；帮助团队成员学习如何采用不同的思考方式，如改变他们的心智模式，这样他们可有效地管理自己的情绪。第一种方式适合基础型引导与发展型引导；第二种方式仅适合发展型引导。

帮助团队成员有效地表达情绪

你可以帮助团队成员有效地表达他们的情绪，方式是让他们展现交互学习模式的行为。在基础型引导中，你鼓励他们表达自己的情绪，识别让大家感到不快的发言，重新帮助团队成员表述如何表达他们的情绪。下面是对某领导团队讨论削减预算实施基础型引导的例子。对话出现在右边栏目，而我的分析出现在左边栏目。

在发展型引导中，你可以帮助团队成员学习如何表达他们的情绪并与交互学习模式的核心价值观与行为保持一致，而不是如基础型引导中那样只依靠引导师。发展型引导中所展现的干预继续沿用基础型引导的例子，说明你如何从基础型引导转入发展型引导中。

对情绪实施干预：使用基础型引导

对话的分析	对　话
	丹：我认为柏高的部门不需要那么多人，因为他已经明显提升了效率。我认为我们可以削减其部门的员工以达到预算而不会影响我们的产出。
引导师观察到柏高说话的音量提高了，他的手指对准丹并说“我很生气”，从中可以推断他的情绪。引导师决定对柏高的情绪实施干预而不是对那句未经解释的“你就像个孩子”实施干预，这看似整个问题的一部分	**柏高**：（对丹提高声音）我很讨厌从你那里听到这些言论。你的说法好像其他每个部门都需要证明其存在的必要性，除了你们部门之外。我们有充足的理由说明我们为何需要这么多人手。（手臂在丹面前挥舞）你知道这些，但你更关注自己的“小王国”而不是整个公司。你就像个孩子。
引导师描述了他观察到的行为，核对大家的看法，跳过了检验观察结果这一步，因为柏高刚结束发言。引导师就柏高的感受分享推论并对此做出检验	**引导师**：柏高，你提高了音量，还在丹的面前挥舞手臂，说你“很讨厌听到这些言论”。你真的很沮丧，你的感受如何？
引导师注意到柏高所描述的愤怒：很生气。柏高将这个问题看成模式，他的归因是“丹只为自己打算”	**柏高**：我可以告诉你我的感受：我很生气。怎么老是这样？丹只为自己打算。
引导师要求柏高描述让他感到生气的原因	**引导师**：好啦。我不明白的是丹说了些什么让你感到生气。在你告诉丹“非常讨厌”之前你想到了什么？能具体说明一下吗？
引导师注意到柏高将问题归因于丹明知他的说法不对，却依然试图保护下属	**柏高**：丹明明知道提升效率的要点不是削减部门的人手，而是将人手安排到更能盈利的服务领域中。哪怕效率提升了，我们也从来没有考虑过削减人手。他不过是为了保护自己的人，这是丹的典型做派。
引导师澄清柏高生气的原因并就他的归因达成一致	**引导师**：所以你生气的原因是你认为丹知道这些，却以此为理由来削减你部门的人手。
	柏高：我就是这么想的。
引导师询问柏高是否愿意检验他对丹做出的推论与归因	**引导师**：好的。你能说明一下导致你认为丹知道这些的原因？我这么问的原因是我想知道这是你的推断还是丹就是这么对你说的？
	柏高：这是我从他的表述中推断出来的。
引导师要求柏高与丹检验他的推论	**引导师**：那你愿意与丹分享是哪些信息让你做出这样的推断的并听听他的说法有何不同吗？
	柏高：好的。

对话分析	对　话
引导师澄清柏高发怒的原因并就他的归因达成一致	**引导师：**所以你感到愤怒，因为你认为丹知道这些，但他试图用这个理由来削减你部门的人手。
	柏高：这就是我的想法。
引导师描述了两个问题，一个与内容有关，另一个与情绪有关，并将两个问题区分开来	**引导师：**我认为在某些情况中出现愤怒并合适地表达愤怒是合情合理的。我可以看到两个相关的问题。一个是丹是否知道提升效率的目的以及他是否试图保护自己的下属。另一个问题是基于你对第一个问题的思考，你回应丹的方式。我想先讨论你的回应方式，因为我认为你的回应方式带来一些不曾预料的后果。然后我们再回到第一个问题上。对此你有什么担心？
	柏高：没什么好担心的。
引导师识别出柏高的意图，看其是否与他预料的后果相符	**引导师：**当你对丹感到生气时，你对他嚷道："你只关心自己的"小王国"而不是整个公司，你像个孩子。"你的意图是什么？
	柏高：我很生气，我希望引起他的注意。
	引导师：我认为你的确引起了丹的注意，但这也给你带来了不曾预想的其他后果。你是否愿意从丹那里知道他的反应？
引导师没有选择对丹的反应实施干预，包括未经检验的推论：柏高不想听丹说了些什么	**柏高：**好的，丹，你的感觉如何？
引导师陈述了他想分享自己想法的意愿并解释他为何让柏高先这么做的原因	**丹：**我对你的说法感到愤怒，因为你的指责并不公平，我认为你并不想听我的解释。所以我只能一言不发。我真不愿意听到你的那些说法。
	引导师：柏高，你可以让丹知道他说了些什么让你确信这是丹的意图。你听到丹说了些什么？
	柏高：丹，你说你生我的气，因为你认为我的指责不公平，我不愿意听你的解释，所以你不想再听我说什么。是吗？
	丹：是的。
	引导师：柏高，之前我说过，我认为你不仅引起了丹的注意，而且还带来了一些你不曾预料的后果。我愿意与你分享我对于后果的一些看法，但我感兴趣的是你能否识别出其中的一些后果？你怎么看？
	柏高：嗯，我的猜测是我试图引起丹的注意，最初我做到了这点，但随后丹根本不想听我说，

对话的分析	对　话
	因为他很生气。
引导师征得柏高的同意并要求柏高重新设计他们的表述	**引导师：**我完全同意。你没有获得你极力争取的结果。你考虑一下你还可以用什么其他的表述方式让他知道你的感受，但不会让他关闭沟通的大门？
	柏高：我会这么说："丹，我对你很生气。你说我部门的人手可以削减而不会带来产出的下降。但当我们商讨提升效率时，你同意我的部门可利用提高的效率来重新安排人手去从事毛利更高的服务领域。你现在的表述与之前不一样。你同意吗，丹？"如果丹同意，我会说："这就是让我感到生气的原因。"
引导师证实柏高的说法并与团队核对有无问题引导师没有注意到	**引导师：**我认为这与交互学习模式保持一致。大家对柏高新的说法有何看法？

帮助人们减少防御性思维

在上述的例子中，基础型引导和发展型引导可以帮助团队成员有效地表达他们的情绪，但你无法帮助他们改变情绪背后的防御性行为，因为引导并没有触及问题的根本——他们的心智模式。引导师帮助团队成员越过防御性行为，而不是"帮助团队成员学习[讨论这些防御性行为]从而去除这些行为"。

通过帮助团队成员识别并改变他们的心智模式，随着时间的变化他们的想法会出现改变，这样他们会更少感觉到威胁，他们的情绪也就不再那么强烈了，这也不会引发他们的防御行为。这类引导干预要求引导师具备相当的水准。下面的对话会从之前例子中的结尾部分继续往下发展。

使用发展型引导识别防御思维

对话分析	对　话
引导师证实了柏高的陈述并与团队核对有无问题他可能没有注意到	**引导师：**我认为这与交互学习模式保持一致。大家对柏高新说法有何看法？（团队成员摇头，说"没有"）

对话的分析	对话
引导师回到他起初识别出的第一个问题上	**引导师**：柏高，我想回到丹是否知道提升效率的目的以及他是否试图保护自己部门的下属这个话题上。我们可以回到这个话题上吗？
	柏高：好的。
引导师开始决定柏高是否是他本人情绪的始作俑者，因为他对丹的表述做出未经检验的假设	**引导师**：我关注的是你是否推断出丹知道他的两个表述不一致。假定你的说法是正确的，也就是丹知道这些，那么我能理解你为何感到愤怒。你是如何确信丹清楚提升效率的目的不是削减人手？你与丹核实过这点，还是这只是你的推论？
	柏高：所有人都知道。我们在许多会议中讨论过这点。
引导师用提问澄清柏高的反应	**引导师**：你是说你和丹直接核对过还是别的什么？
	柏高：没有，我没有核对过。我只是认为如果丹连这点都不知道，那他就完全不在圈子中。
引导师分享他的观察与推论并与柏高做出检验	**引导师**：让我识别一下导致你做出生气回应的模式并听取你的反应。丹认为一旦效率提升，你部门的人手可以削减。你的推论是丹知道这不是提升效率的目的，所以你对他做出愤怒的回应。你将他的行动归因于他想保护自己的领地并认为这是他的典型做派。但是，你并未与丹核对这个推论，相反，你假定你的推论是事实并使用你未经检验的推论来佐证你对丹的愤怒。我准确描述了所发生的一切吗？
	柏高：是的，相当完整。
引导师识别出数位团队成员共同的行为模式。引导师随后说明了改变不良模式的价值并要求团队做出选择	**引导师**：我们可以在一件事情上花些时间，讨论一下如何减少这类思维。我提出这点是因为我注意到在多个场合中，不同的团队成员——丹、艾米、柏高，都因这类思维经历过类似糟糕的事情。我的说法对吗？［如果团队成员点头，继续］我认为这可以提升你们应对困难问题的能力，这些问题依然需要你们去处理，如合理的工作负荷与部门之间的协调等。选择权在你们的手中。大家对我的建议有何看法？

应对热点按钮

所谓“热点”按钮，指的是对你而言带有某种强烈含义的特征或情境，这让你做出防御性回应。对于某些人来说，热点按钮可能是因为他们感到没有获得应有的尊重、顺从或关注。其他人的热点按钮也会被激活，一旦他们认为某些人质疑他们的能力、承诺、智力或诚信。对于另一些人来说，这意味着操纵或控制。因为你自身的热点按钮让你错解其他人的言论与行动，哪怕其他人行事有效，你也经常做出低效的回应。我们的“热点”按钮是基于我们过往的经验或编撰的故事之上的。

作为发展型引导师，你可以帮助团队参与者有效地做出回应，方法是减少与其热点按钮有关的防御性思维。这首先涉及与他们一起识别导火索并帮助他们重新框定其思考方式。当某些人，尤其是那些人微言轻者，充满怒气对着他们提高嗓门时，某些我所引导的团队发现他们难以有效做出回应。诚然，提高嗓门或叫嚷并不是特别有效的沟通方式，那些这么做的人需要对自己的行为担责。但那些“热点”按钮被激活的人会认为对自己大声叫嚷的人缺乏对自己头衔或个人尊严的必要尊重。他们认为如果允许这个家伙再这么大声叫嚷下去，这意味着需要对他施加更多的掌控。

在发展型引导中，我帮助他们有效做出回应，方法是重新界定他们对于大声叫嚷者的看法。其一，我要求他们重新界定对其他人利益的看法，与其将对方看成缺乏礼貌，不如将其看成技能不足；其二，大声叫嚷者并不想让大家感觉郁闷，他们只不过想解决问题但能力不足。换言之，他的兴趣并不在于提高嗓门本身。

随后，我要求参与者考虑如何重新界定他们对于自身角色的看法。因为他们希望能有效地管理冲突，我要求他们将自己看成帮助那些不善于有效管理冲突的人。

帮助团队表达积极情绪

虽然许多团队纠结于解决消极情绪问题，如害怕、愤怒、遗憾、窘迫等，但是某些团队也难以应对积极情绪，如快乐、高兴、自豪、满足与友善。情绪不能从好或坏的角度来理解是积极或还是消极情绪。我用积极情绪这种说法来称呼我们通常与积极体验相关联的情绪。帮助团队成员学习表达积极情绪非常重要。在你的引导角色中，你可以帮助团队成员通过数种方式来达成目标。

帮助团队庆祝进展

帮助团队表达积极情绪的方式之一是帮助他们认可并庆祝所取得的成就。使用新的引导技能来解决某个困难问题的团队其本身就是值得认可的，包括让团队成员使用交互学习的心智模式与技能来应对挑战性局面。你并不需要组织一场欢庆会，你只需要求团队成员表达他们对于所取得成绩的感受即可，这可给团队留下他们一起有效共事的难忘记忆。取得成就可帮助团队蓄积能量，满怀信心地登上下一个台阶。

展现幽默

担任引导角色并不意味着一本正经或毫无风趣。当团队成员说了些或做了些很有趣的事情时，我也会仰头大笑。我不会加入嘲弄某个团队成员的玩笑中，我也不会嘲讽团队因真正问题所引发的防御性行为。我会在引导中适时加入我的幽默。

对于我来说，人性的一部分就是对自己的低效适当开开玩笑。没错，帮助团队是一件很严肃的事情，但绝没有严肃到对自己的低效行为不可以开玩笑的地步。与团队一起对自己所带来的不曾预料的后果加以嘲讽并不会降低这个问题的严肃性，这只会给大家提供更多的视角。当我们对自身开玩笑时，我们会对自己心怀同理心。幽默有时候会是帮助人的有力武器。交互学习模式的重要原则是与他人一起开怀大笑，而不是嘲笑对方。

寻找积极情绪

某些团队的团队文化或组织文化并不看重或认为需要表达积极情绪。数年之前，作为某个团队的成员之一，我听到团队领导宣布某个团队成员刚刚荣获享有盛誉的奖项；团队成员都认为奖项实至名归并对他的获奖感到欢欣鼓舞。但是，当领导宣布这个消息时，没有一个人鼓掌或欢呼。事实上，也没有人献上任何祝词。我的未经检验的假设是，当他们对团队成员公开表达他们的积极情绪时，团队成员会对这种做法感到不自在。

如果你观察到团队成员没有表达积极情绪，你可以分享你的观察并推断人们对此赋予的含义。你的干预会导致大家就团队的价值观与规范展开一场重要的对话。

当人们对你生气时

有时你会成为团队情绪的发泄对象：他们对你发脾气。他们可能认为你行事无效，或者他们将自己的情绪转移给你。一旦你推断出团队成员对你带有负面情绪，检验你的推论非常重要。如果你的推论是正确的，那么你面临着我所称的“引导师被将军”的局面。在象棋中，如果对方要将你的军，除非你的王能摆脱被将军的局面，否则你的其他棋子都不能移动。在你的引导角色中，你也无法有效开展工作，除非你可以解决这个问题。你可能这么说：“从大家紧皱的眉头和不断摇头可以看得出来你们对我感到不满，是吗？”如果团队成员表示同意，你可以开始识别他们感到不满的原因：“我不想做任何让大家感到不快的事情，但有可能我做了些什么我还不知道。你们可以告诉我我做了些什么或说了些什么让你们感到不快了吗？”当团队成员讲述了你的行为后，你可让团队成员和你一起共同决定你的行为是否真的如他们所描述的那样。如果是，你可决定你的行为是否与交互学习模式的核心价值观与基本规则保持一致。

如果你行事有效，那么你可以帮助团队成员探讨导致他们出现这样的情绪的原因，就如同我在本章之初所描述的那样。如果你行事低效，你是团队成员情绪反应的始作俑者。承认这点并承诺改变你的行为。在基础型引导或咨询中，你只需要识别出将来你需做出哪些改变。

在发展型引导中，你在道歉之后可以询问团队成员在看到团队不断犯错后却一声不吭的原因是什么。跟踪这点时，非常重要的是你要解释清楚你并不是想要推卸自己的责任。相反，你在帮助团队变得更独立，因为他们可以探讨为何没有对自身做出干预，即使他们认为这颇有必要。（“谢里尔，如果你已经注意到有好几次团队讨论跑题了而没有实施干预，但你认为应该做出干预，我好奇的是你为何没这么做呢？”）

吸取教训

我们不是完人。如果你还没有起步引导，请做好遇到阻力的心理准备。如果你已经起步，你对此肯定会有同感。有时候，你的大脑告诉你有些不对劲儿，但你无法识别出任何团队行为来做出诊断。或者你虽然识别出问题，却不知道从何下手。当这些情况出现时，请寻求团队的帮助：“我遇到一些麻烦。我认为团队遇到了问题，但是无法找出问题所在，我也无法指出任何导致我做出这个结论的行为。不知道哪位可以帮忙？”如果你经常这么干预，这对团队并无帮助，但可偶尔为之，你可以利用团队的技能来帮助你找到你漏掉的信息。

哪怕你行事无效，你依然可为团队和自己打造出学习机会。通过公开承认自己行事无效，你示范了担责而没有陷入防御之中。我虽努力尝试避免行事无效，但我惊讶地发现一些团队成员印象最深刻的学习经历来自我面对团队公开反思自己的无效行为时。

通过我们的引导，反思自己对情境做出的反应，理解我们的情绪来源，了解如何有效应对我们的情绪，我们对自身有了更为深刻的了解。这么做，我们不仅在帮助自身，也在帮助我们去提升服务团队的能力。

小结

在本章，我探讨了如何应对引导中出现的情绪，无论是应对团队成员抑或我们自身的情绪。有效应对情绪绝非易事，因为当情绪凌驾于理性思维之上时，背后往往存在心理原因。帮助团队管理好情绪意味着向团队成员展现如何利用他们的情绪与思维来知会彼此，而不是回避情绪或允许情绪来掌控对话。这也意味着帮助团队成员有效地表达他们的情绪。因为你和团队成员一样都会接触到同样的情绪反应，在工作中，你可以采取多种措施来管理自身的情绪。

当你对团队成员的情绪实施干预时，你可以帮助他们有效地表达情绪并学习减少导致情绪性反馈的防御性思维。你可以帮助团队有效表达积极情绪。最终，管理你的自身情绪包括有效做出回应，如果团队成员对你发脾气，你要能够将这一局面框定成学习机会，无论对你或团队而言。显而易见，与团队就你对情绪采取哪些干预措施达成清晰的协议，这很重要。在第 13 章，我会描述如何与团队就你们彼此的共事达成清晰的协议。

第3部分

同意一起工作

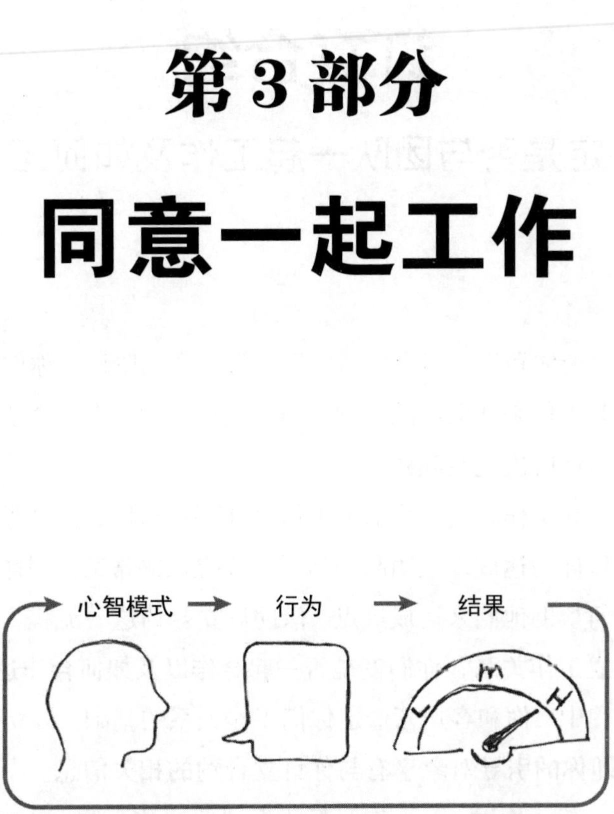

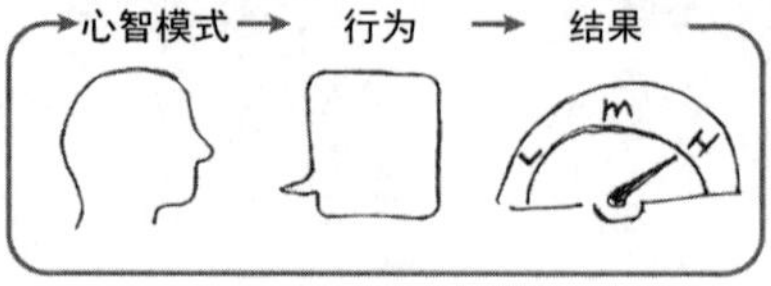

第 13 章

订立合约

决定是否与团队一起工作及如何工作

在本章，我将讨论你和你的客户所需经历的订立合约阶段，你们需要就大家是否一起工作以及如何一起工作来帮助团队实现其目标达成一致。在每个阶段，我将讨论由此所带来的问题以及如何解决这些问题。

在同意与团队一起工作之前，你需要理解谁在寻求帮助，团队期望达成什么目标，哪些因素阻碍这些目标的达成以及团队如何看待你提供的帮助。同样，团队希望知道你的经验以及你将如何帮助他们来达成这点。**借助订立合约这一流程，你和客户可以通过探讨这些疑问来建立工作关系，你们就是否一起合作以及如何合作达成一致。**

在订立合约流程中，你和客户营造了你们工作关系的基础。**订立合约基于这样的前提：你的主要客户即你的引导对象享有与你订立合约的相关信息。**你和客户之所以愿意在订立合约的流程上投入时间，因为你们都认识到低效的合约订立所引发的后续问题。

为何订立合约

订立合约有数个目的。其一，确保团队和你理解统领你们工作关系的条件并做出承诺。这意味着要在以下方面澄清彼此的期望：工作的目标与边界，你的角色，团队成员以及团队正式领导的角色，决策方式，如何对团队实施干预，团队将使用哪些基本规则、如何保密及何时工作结束等。

其二，因为订立合约是正式引导、咨询或教练的缩微版，这给团队成员和你提供了机会去观察彼此的工作方式并就你们是否愿意携手合作做出知情的选择。团队成员将观察你如何对团队实施干预，你也可借此机会观察他们彼此之间如何互动以及他们与你的互动方式等。这些信息将有助于预测项目实施过程中可能浮现出来的问题以及你可能需要做出的干预。

其三，订立合约的流程让团队和你就你履行引导之责建立必要的信任。该信任源自多种感受。团队成员可能担心你是否会一视同仁地对待他们，你是否能给他们带来所期盼的未来，你能否帮助他们应对他们难以有效处理的艰难对话等。一方面，对于团队可能出现的改善局面，他们会激动不已；另一方面，他们又因需要寻求你的帮助并因你就团队的现状所给出的提问而感到脆弱。同样，一方面你可能因为有机会与新的团队开展合作而感到欢欣鼓舞，另一方面你也急于了解你帮助他们提升的方式并对你们彼此是否情投意合而感到忧心忡忡。虽然你注意到团队行事低效，但大家发现你不仅能够帮助他们讨论重要的话题，而且并没有因讨论的方式责备他们，而是将同理心与担责结合在一起，你们彼此的信任由此得以建立起来。当你对他们所处的情境了解之后，而他们也了解到你的引导方式，那么你对于自己能否帮助到他们以及他们认为你的方式能否发挥作用的担心也就烟消云散了。

我认识到我在引导中所面对的许多问题其实来自我在订立合约时所没有解决的问题。订立合约低效将给后续的工作带来许多麻烦。

订立合约的五个阶段

我们通常认为订立合约发生在你与客户所在组织中的某位希望寻求你帮助的人士的最初会面时，以及客户团队和你就引导目标与你们一起开展工作的条件达成一致时。其间介绍了订立合约流程中肯定会出现的内容。另外，你有可能需要在整个引导流程中不断订立合约或重新订立合约。订立合约的阶段与主要任务如表 13.1 所示。

表 13.1 订立合约的阶段与主要任务

阶　　段	主要任务
1. 与主要团队成员进行最初的接触	1. 接触并与主要客户团队以及财务客户的成员进行交谈 2. 做出最初的诊断 3. 讨论引导的方式 4. 就是否进入第二阶段达成一致。如果是……

续表

阶　段	主要任务
2. 规划引导	1. 约定第二阶段的会议 2. 会议开始前，就规划会议的目的与议程向计划团队发出函件 3. 会议开始前，识别财务客户并安排其与主要客户团队和你分享信息 4. 就整个团队或主要客户团队的代表做出诊断 5. 就引导目的、目标，议程、基本规则与其他要素达成一致 6. 向整个客户团队发出初步协议的邮件
3. 与整个主要客户团队达成一致	1. 在正式引导之前，识别任何条件出现的改变 2. 就目标达成一致并识别期望，解决疑虑 3. 就议程与时间分配达成一致 4. 就流程达成一致，其中包括基本规则 5. 界定角色
4. 在引导中重新订立合约	1. 继续核对因低效合约订立或环境改变所引发的引导挑战 2. 向整个主要团队提出这些问题并订立合约或重新订立合约，如果需要的话
5. 完成引导并做出评估	1. 评估引导的有效性，包括订立合约的流程。

图 13.1 说明了订立合约涉及的五类客户。因为协议界定了团队与你如何一起开展工作，最终引导直接涉及的所有团队成员都需要成为协议的一部分。这可以确保所有团队成员做出知情的选择。

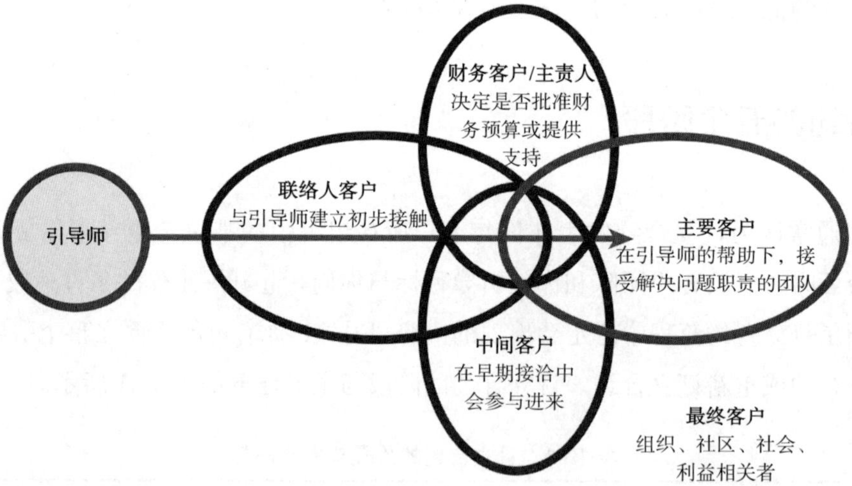

图 13.1　订立合约涉及的五类客户

阶段一：与主要客户团队成员进行最初的接触

当有人联络并邀请你担任所在团队的引导师时，阶段一开始了。他们可能通过电子邮件、短信或电话联络到你。这一阶段通常会以电话、视频或面对面交谈的形式进行。无论是何种形式，对话可能短至 15 分钟，也有可能长至 1 小时。这取决于联络人是否为你所引导的团队成员之一、局面的复杂程度，以及客户对于引导的理解程度，更与你的引导方式有关。

阶段一的目的有几个。其一，这让你判定联络人是否为寻求你帮助的团队成员之一，由此你可以决定是否需要继续初步接触以及如何进行。这可以让你识别出谁是你的财务客户，也就是负责支付引导费用的人。其二，这可以让你对客户的情况做出初步诊断，理解在多大程度上这位联络人可以描述清楚团队所期望的结果以及在多大程度上客户已经找到满足需求的方式。其三，该对话可以让潜在客户了解你的引导方式。其四，你和联络人可以利用你们从对方那里了解到的信息来判定是否需要进入订立合约的阶段二。

识别不同类别的客户

当开始订立合约时，你将遇到在订立合约流程中扮演不同角色的人。重要的是你需要识别这些人所扮演的角色，从而确保你所订立的合约是与那些拥有相关信息且具备与你订立合约能力的人士沟通并且只与他们沟通。你有可能遇到五类不同的客户角色。

主要客户指的是承担解决这个问题职责的团队，也是你最终有可能实施引导的对象。为了确保主要客户团队和你就当前局面拥有相关和有效信息且该团队就是否与你一起合作做出知情的选择，只有主要客户团队能够决定是否与你一起共事。

但是，正如埃德加·沙因所注意到的那样，你会遇到其他类型的客户，他们也可能是主要客户团队（见图 13.1）的成员之一，也可能不是。联络人客户是与你初步接触的人员。联络人客户有可能是员工或行政助理，但不是主要客户团队的成员，他们需要代表主要客户与引导师或咨询顾问建立初步接触。中间客户作为联络人客户与主要客户的桥梁，将参与早期订立合约的讨论之中。你可能从行政助理（联络人客户）那里接到电话，询问你是否有空来帮助他的经理解决团队中正在经历的冲突。当你与经理交流时，你发现这位经理是中间客户，他不是为自己寻求帮助，而是为了团队中的某位员工。人事经理经常担任中间客户，为他们所支持的领导或团队寻找一位咨询顾问。财务客户/主责人是决定是否需要出资购买引导服务并为引导服务提供支持的人士。他们可能是两种不同的人。

最终客户是那些“利益相关者，他们的利益需得到保护，哪怕他们并未直接接触到咨询顾问或经理”。最终客户包括整个组织，使用组织提供的产品或服务的顾客，以及整个社区或社会。正如图 13.1 所表明的那样，一个人有可能以多种不同的角色出现。

与联络人客户一起工作

因为只有主要客户团队拥有与你订立合约所需要的信息并具备此能力，所以快速决定联络人客户是否为主要客户团队成员之一，这非常重要。

通过询问团队将怎样使用你提供的服务以及致电人是否为团队成员之一，你可以做出决定。一旦做出决定，你可通过系列提问并分享相关信息。下面列举了你可用于向联络人客户提出的问题。

1. 谁在寻求引导服务？
2. 你是团队成员之一吗？
3. 团队是否愿意为引导空出特定的时间段而做出承诺？
4. 团队为引导服务已经做出哪些规划？
5. 团队期待达成的结果是什么？是什么原因导致团队希望这么去做？
6. 团队在寻求规划还是解决问题/挑战或二者兼有？你可以描述一下团队希望做出的规划或举例说明团队所经历的问题/挑战？

如果你了解到联络人客户不是主要客户团队的成员，那么你需要询问谁是主要客户团队成员，解释你为何需要与主要客户的团队成员进行交流，并给联络人提供有关你的足够多的信息以便他与主要客户分享，这样，他们可决定是否与你接触。

识别主要客户团队

决定谁是主要客户并不是一件容易的事情。在我经历的某个案例中，某组织的经理肯给我致电，希望我向公共工程总监哈里斯提供帮助，因为某些员工感到哈里斯在解雇一名非洲裔员工时的处理方式带有种族歧视的嫌疑。肯表示哈里斯愿意寻求帮助并询问我是否愿意过来一趟，访谈一下员工并给他（肯）提供一份报告。我介绍了我的角色并解释，向其提供一份报告与我担任引导师的角色不一致。随后我说道，如果哈里斯有意与我合作，我愿意与他交谈一下。我解释道，如果我真的与哈里斯一起工作，那么肯可以自行与哈里斯交流一下引导的结果，但我不会与肯讨论引导的内容。因为肯已经介绍了哈里斯与其团队存在的问题，我将我的主要客户团队界定为哈里斯和他的团队。

在另一个案例中，在某全球性银行担任人事高管的沃伦致电给我，询问我是否可以帮助高管爱德华多及其直线下属海伦。向海伦汇报的员工认为海伦有些唯我独尊，而爱德华多认为他需要改善他与海伦的工作关系。在这个案例之中，爱德华多就是我的主要客户，因为他表明了他在这个问题中的部分责任，他与海伦的工作关系出现了问题。海伦的员工也是主要客户，因为他们希望讨论他们与海伦之间的无效关系。但是，海伦只是潜在的主要客户，因为她还没有表达愿意就其上司所发现的问题采取措施。原则是，**除非主要客户就引导师的协助做出自由并知情的选择，否则他们就不是主要客户。**

当没有主要客户时。在某些案例中，联络人客户有可能代表还并不存在的主要客户。某医疗保健基金会的执行理事询问我是否有意担任某大型委员会的引导工作，该委员会需讨论与健康政策有关的话题。该委员会将由公立与私立组织的领导人组成，讨论的报告将被用于起草法律。基金会将任命委员会委员，但到目前为止，没有任何一位委员得以任命，委员会主席也还没有选举出来。另外，基金会的任何成员，包括执行理事，将不担任委员会的成员，所以现在没有主要客户。我与执行理事就我如何与委员会开展引导进行了交流。但我表示，一旦委员会成员得以任命，他们需要决定是否继续与我一起工作。

这样的局面不常见。负责项目的组织规划人员经常试图在团队成立之初就马上找到可为团队提供引导服务的第三方引导师。

发现联络人不是主要客户后，你可能这么说："我想和你就引导师做些什么先进行一个大体的沟通。但是，为了确定我是否能为你们的组织提供帮助，我需要和团队负责人交流一下。这会给他和我提供一次机会来确保我们清楚地理解了这一局面。这么做，你看有问题吗？"

基于主要客户负责寻求帮助的原则，如果他们有兴趣的话，我倾向于主要客户给我致电。这可以避免我致电主要客户，而该客户却还没有做好准备与我做进一步的沟通。

当联络人客户是主要客户的团队成员时。当联络人客户是主要客户的团队成员之一，你会发现自己非常幸运，因为你没有必要陷入寻找谁是主要客户的泥沼之中。你可使用下面所列举的最初对话与提问来了解客户的情况，识别影响引导成功的可能因素，确定你是否具备引导的技能和兴趣并与客户讨论你的引导方式。

诊断主要客户所处情境的提问

关注机会的提问

1. 你们希望的产出是什么？这种产出现在是否以某种形式存在？如果是，它是什么样子的？

2. 是什么原因让团队现在希望有此产出？这会给你们的团队和组织中的人或事带来什么影响？

3. 为了达成这个结果，你们或其他人预料将遇到的障碍是什么？你们团队或组织的哪些优势会有助于达成该结果？

识别问题

4. 向我介绍一下团队现有的问题。有具体例子吗？

5. 你认为团队成员做了什么（或没有做什么）导致了问题的出现？有具体例子吗？

6. 问题普遍吗？总是发生还是在特定条件下发生或只针对特定个人发生？

7. 问题何时发生？在那个时刻还发生了些什么或在问题发生前出现了什么？

8. 在哪些方式上团队成员造成了问题的出现？在哪些方面你造成了问题的出现？

问题对于团队三种结果的影响

9. 这些问题带来的后果是什么？这些问题是如何影响团队生产高质量产品或服务的能力的？如何影响大家的工作关系的？如何影响满足团队成员个人需求的？有具体例子吗？

潜在的设计原因——流程、结构、组织情境

10. 你认为问题的成因是什么？你看到了些什么或听到了些什么让你这么认为？

11. 在哪些任务上团队互相协作？他们如何管理彼此的协作关系？他们是如何解决问题并做出决策的？他们如何沟通并管理冲突？在组织中与其他人如何协调？这些与你所描述的问题有何关联？如果有的话，如何关联？

12. 团队是否有清晰的目标？这些目标可以激励团队成员吗？团队是否招募到了合适的团队成员？团队成员对于彼此的行为有何期盼？大家在工作中共享的核心价值观与假设是什么？这些与你所见到的问题有何关联？如果有的话，如何关联？

13. 在哪些方式上组织可以帮助或阻碍团队？所隶属的组织是否有清晰的愿景与使命？组织文化是否支持团队？团队成员如何获得奖励？团队是否收集到足够的信息来开展工作？他们能否获得足够的培训与其他资源？他们是否有合适的实体空间去开展工作？这些与你描述的问题有关系吗？如何关联？

14. 团队的成立时间有多久？团队成员或领导人出现过变化吗？

15. 你认为团队中的其他人会如何识别问题及原因？是否有不同的看法？

变革的动力与资源

16. 你采取了哪些措施去改善这种局面？结果如何？

17. 为何团队成员希望和引导师一起工作？他们的动力如何？

18. 团队的长处是什么？团队的行事方式是如何有效的？

与引导师共事的经历以及现在所需的帮助

19. 之前与其他引导师合作过吗，无论是解决这个问题还是其他问题？引导师所扮演的角色是什么？结果如何？引导师做了些什么在团队成员看来非常有帮助？

20. 你们为何现在需要找另外的人？在团队或组织中发生了什么或将发生什么？

21. 是什么原因让你给我打电话？谁提议的？其他团队成员对此可以接受吗？

22. 你是如何看待我去帮助团队达成其目标的？

23. 你们会使用哪些标准来判定你们是否希望聘请我来作为你们的引导师？你们需要收集哪些信息来做出这个决定？

24. 谁批准这次引导的费用？

衡量成功的标准与投资回报

25. 如果达成了目标，你将如何向团队介绍其中的价值？对于组织的价值？可带来的财务结果是什么？

26. 你们怎么知道自己成功了？

27. 你们如何衡量这点？

28. 如果不成功的话，会带来什么成本？

某些主要客户并不确定他们需要什么样的帮助。其他一些客户已经界定了问题或识别出机会，或者识别出需要你去引导的具体流程，并希望知道你是否能交付他们所期盼的服务。如果是后一种情况，假如你与他们一起探讨他们是如何得出诊断结果并提议流程的，你对客户的帮助会更大。这让你去就当前的局面做出自己的判断并与客户交流你们的观点是否有所不同。

例如，某位经理要求我与他及委员会一起工作来制定某郡的拨款优先次序。这位经理告诉我，委员会对项目拨款采取“撒胡椒面”的方式而没有就更大的目标达成一致。在我们的对话中，经理说他与委员会的关系紧张。委员会不仅绕开他自行招聘人员，而且把他摈除在重要的决策之外。我清楚地看到这位经理与委员会之间的紧张关系让团队难以设定拨款的优先次序。经理赞同我的看法，但他并不情愿讨论他们之间的关系，他担心这会让局面更加恶化。在讨论如何缓解他的担心之后，他同意讨论他与委员会之间的关系问题。假如我接受经理对于问题的界定，我本应与委员会一起工作而无须全面理解问题所在，但这会阻碍他们完成任务。

为了确保客户不至于曲解你提问背后的理由，你应与他们分享你的推理，这非常重要。客户在简要描述他们的情境之后，你可以这么说：“为了发现我是否能帮助你们以及如何帮助你们，我这里有几个问题需要问，这样我可以更好地理解你的情况以及你是如何看待这一情况的。随后我会与你分享我的看法并听取你的反应。下一步这么做，你看如何？”

做出最初的诊断

无论团队在寻求解决问题还是试图抓住机会（例如，兼并另一家组织或扩充其产品线与服务领域），你都可与你的主要客户在最初的对话中使用表 13.3 中列举的提问。这些提问可以帮助你识别客户的问题或机会（对于团队的影响变革的潜在原因）。这些提问可用于探讨客户变革的动力与资源、他们过往与引导师合作的经历，以及现有的需求是如何演变而来的。你没有必要要求客户回答所有这些提问，你可以根据客户所处的情境选择其中的一些。你也需要根据引导的具体目的修订某些提问。

这个阶段的目标不是对客户所处的情境做出完整的诊断，诊断无法在一次对话中完成。此阶段的任务是开始诊断并判定引导是不是帮助客户的合适方法。一位富有经验的引导师需具备足够的灵活度，可从客户讲述故事之初就开始做出诊断，而不是要求客户按照预设的提问做出回答。事实上，**诊断与干预的总体原则是从客户的利益与关注处开始的**。

有关问题、对于结果的影响及潜在成因的提问都建立我在第 6 章所介绍的团队有效性模型的基础之上。这些提问可以帮助你快速理解团队的初步情况。这些提问并未回应模型的某个特定要素。相反，这些提问让客户有机会去介绍他们所看到的问题。

通过了解之前引导师与团队的工作方式以及团队对于引导师作用的看法，你可以马上识别出团队对你的期望。你可以开始探讨相比于过往的引导师来说，你是否能更好地满足团队的期望。

了解客户是如何联络你的，也能提供有用的信息。知道谁把你引荐给客户，可以从中了解客户的期望。了解联络你是谁的想法，这个想法被接受的程度，谁参与到联络你的决定之中，这些信息对你所需的支持以及所主持的引导提供帮助。

介绍你的引导方式

在对话中的某个时刻介绍你的引导方式，这非常重要。这样，客户可以就是否继续选择与你合作做出知情的选择。介绍时包括详细说明你将如何帮助团队达成目标，如有必要，解释你为何会这么做，你是如何看待引导师这个角色的，你是如何区分基础型引导与发展型引导的，基于客户的情况，解释你如何将此与客户的工作关联。挑战在于向客户介绍你的引导方式，这样，客户可以对你的介绍以及你为何这么做建立清晰的图像。这些都无须使用引导术语。

在介绍引导方式的结尾部分，你可以参照客户向你提出的一些问题，也可以参照你在对话中的行为来解释你将如何与团队一起共事。你可以这么说：

> 我想介绍一下我作为引导师将如何与你们一起共事并得到你们的回应。作为中立的第三方，我不会就你们所讨论的内容发表看法，但我会帮助团队开展高效对话来获得这一成果。为了做到这点，我会做一些事情来促使其发生。例如，你们提及团队成员会经常坚持他们所偏好的解决方案，而这会给决策带来麻烦。我能帮助团队成员的一件事就是请他们从解决方案上后退半步，识别他们的解决方案试图满足的潜在需求是什么。这样，他们可以得出适合整个团队的更好的解决方案。
>
> 我将帮助团队有效地管理时间。这意味着如果我认为团队成员讨论跑题的话，我将指出这点，但团队可以自行决定如何分配他们的时间。当我认为团队成员并未就重要词汇的含义达成一致时，诸如什么是战略或权威等，我将帮助他们达成共识。这样，他们不至于产生误解。我将帮助团队成员解释其发言背后的推理过程，这样，每个人都可以更好地理解彼此的看法。当我解释我为何这么提问时，我会先解释我的理由，如果我认为人们对于彼此或当前局面做出假设时，我会帮助他们检验这些假设，这样，他们可以知悉这些假设是否正确。这将提升团队基于有效的信息来做出决策的能力。我会和你们就刚刚做出的推论做出检验，我会提问你是否询问过艾伦，看他是否认为你对团队从头管到脚或你只不过在猜测他会这么看你。
>
> 简而言之，我会帮助团队成员就他们的想法保持透明并对他人的想法心怀好奇，这样团队可做出知情的选择并在理想的情况下让大家对此做出承诺。你们对我引导团队的方式有何看法？

如果团队在寻求发展型引导，我会提供更细致的解释并与客户团队展开对话，从而了解他们是否希望学习这一方式来提升自身的能力。

评估你的兴趣与能力

假设你的引导方式适合客户的需求，那么在最初的对话中，你可以告诉主要客户你是否有能力帮助客户以及你对此是否有兴趣。引导师有时候会有他们偏爱的工作以及他们不太愿意从事的工作。某些引导师不愿选择与那些希望达成的目标与他们所坚信的价值观与信念不相一致的团队一起工作。如果你坚定地认为妇女可自行决定其生育权，那么对于那些致力于禁止堕胎的团队引导工作，你会感到索然无味。与之类似，如果你认为生命开始于融合的一刹那而且生命权优先于妇女的生育权，那么你对于试图寻求增加妇女堕胎途径的团队引导工作不会感兴趣。无论你的价值观或信念是什么，了解这些对于你明确是否与特定团队开展合作或你能否坚守中立的立场非常重要。

总结并就下一步达成一致

当你就最初的诊断拥有足够的信息时，你就可以与团队成员分享并询问他们的看法是否有所不同。假定这些问题适合引导并且你有兴趣、有能力提供帮助，你可以介绍你将如何有效地帮助团队并听取团队的反应。

这也是讨论客户团队做出的决策或可能的举措有可能削弱其达成目标的能力并询问团队是否需要重新思考这些决策的时候。例如，你有可能注意到团队没有分配足够的时间在其所希望达成的目标上，或者你指出如果某些人员没有被邀请的话，这有可能削弱团队讨论其所希望达成共识问题的能力。

如果团队决策有可能削弱团队的有效性，除非改变决策，否则你不愿意实施引导，那么请说出来并分享你的理由，询问客户他们是否愿意就此展开讨论。

最后，你和客户就下一步的举措达成一致。如果客户有意寻求你的帮助，那么下一步就是请客户与所在的整个主要团队讨论此事。如果团队感兴趣，联络人可安排你与主要客户团队代表或整个主要客户团队举行电话会议或当面会议。

阶段二：规划引导

规划阶段与你在阶段一中和主要客户团队成员的对话类似。差异在于你是与整个团队对话并且你在实实在在地规划引导。比较理想的情况是，规划会议面对面举行，但也可使用视频会议或电话会议系统。规划会议通常持续两小时。

此阶段的目的：① 继续探讨客户所需的帮助以及影响引导的因素；② 提出初步议程；③ 就引导的条件达成一致。在规划会议中，客户团队和你继续讨论你们在最初对话中所讨论的话题。你们也讨论并就引导的条件及后勤问题达成一致。提问清单如下所示。

订立有效合约的提问

1. 谁是主要客户，谁将出席会议？
2. 会议的目标是什么？
3. 会议的议程是什么，哪怕是最初的会议？
4. 团队会议的举办地点？举办时间？
5. 不同人担任什么样的角色？
a. 引导师？
b. 正式领导？
c. 团队成员？
d. 其他可提供信息的人？
e. 观察员？
6. 团队需遵循的基本规则？
a. 在会议中与会者所承诺遵循的基本规则有哪些？
b. 团队是否有兴趣使用交互学习模式的行为？
c. 团队可做出决策吗？如果可以，决策使用的决策规则有哪些？
d. 团队内部达成的保密协议是什么？
e. 引导师与团队达成的保密协议是什么？
7. 在引导中，团队如何评估进展？
8. 引导师如何就其表现接受反馈？
9. 引导师的费用是多少？
10. 合同生效的时间是什么时候？
11. 在什么条件下合约得以改变？
12. 如何让所有团队成员知晓初步合约？什么时候知晓？

在规划会议前，你给主要团队成员发出简短的函件（通过最初的主要团队联络人）并要求其转发给所有应邀请出席规划会议的人员。这份函件解释了举办规划会议的原因、会议的目标并提供了规划会议的建议议程（不是引导的议程）。如果他们愿意，我通常会附上我的两篇文章。第一篇为“如何聘请团队引导师”，该文介绍了在聘请引导师时需关注的因素。第二篇为“更为聪明团队的八种行为”，该文介绍了我作为引导师所使用的交互学习模式的行为以及我要求团队所展现出来的行为。这些文章可免费下载，请登录我们的网站：www.schwarzassociates.com/resources/articles。

订立会议电子邮件样本

致：高管团队
抄送：朱利叶斯·马克思，CEO
自：罗杰·施瓦茨，总裁
事由：高管团队的规划会议
时间：2016 年 10 月 14 日

我期待与你们在 2016 年 11 月 14 日早上 9:00—11:00 举行会议，这是为了规划你们在 2016 年 12 月 5—6 日举行的高管团队会议。上周，朱利叶斯·马克思给我致电并询问我是否可以主持这次规划会议的引导工作。朱利叶斯介绍了团队的当前情况以及团队的需求，我解释了我将如何帮助团队达成其目标。

我之所以举行这次规划会议出于三个目的：① 让大家有足够的时间决定你们是否需要我来引导这次会议；② 作为团队，对于我的引导能否提供你们所需要的帮助有足够了解；③ 如果我们决定一起共事，我们需要识别目标、总体议程、一起工作的方式以及后勤事务等。以下是我建议的规划会议的议程，请告知我你们是否认为需要做出调整，这样我们可以在会议一开始就讨论这些调整。

我附上了两篇文章“如何聘请团队引导师”及“更为聪明团队的八种行为”的复印件。第一篇文章简要介绍了我与团队一起共事的方式；第二篇文章介绍了我帮助团队成员一起有效工作的一套行为。请在参加会议之前阅读这些文章，这样我们可以一起探讨你对我们一起共事的任何疑问或担心。

如果你期望了解我的公司、我的引导方式，或者我本人的更多信息，请登录 www.schwarzassociates.com。

高管团队规划会议建议议程 2016 年 11 月 4 日，上午 9:00—11:00：

1. 介绍。
2. 对于以下议程我们需要做出哪些调整？
3. 向所有人介绍最新情况：本次会议将进行哪些对话？（朱利叶斯，然后是罗杰）
4. 大家如何描述高管会议的目的？

a. 是什么原因导致你们现在想举行这次会议？
b. 大家所面对的机会与挑战有哪些与这次会议有关？
c. 你们认为如果这次会议得以成功举行，需达成哪些成果？

5. 有关我的引导方式你们有何提问？

a. 你们为何考虑邀请我来引导这次会议？
b. 过去你们与其他引导师合作过吗？如果有的话，他们做了什么在你们看来是有用的或没用的？
c. 你们如何看待我来帮助团队达成目标？
d. 基于我们的讨论，你们希望我来引导这次会议吗？
e. 关于由我来引导和引导预算，你们还需要得到其他人的批准吗？

6. 这次会议的总体议程与计划是什么？

a. 为了达成这次会议的目标，团队需要在这次会议中回答哪些提问？
b. 开始和结束的时间是什么时候？
c. 这次会议在哪里举行？

7. 谁会出席这次会议？

a. 为达成会议目标，需要谁来参加以确保团队得到相关信息与支持？
b. 团队成员需要做哪些准备以便有效地使用时间？
c. 在什么条件下我们需要同意重新商定会议的议程安排？

8. 在会议中，引导师、团队领导、其他人的角色是什么？

a. 在会议中，团队希望尝试交互学习模式的行为吗？

9. 还有哪些方面我们没有讨论但需要现在解决的？
10. 下一步我们需要采取什么行动？

哪些人需参与规划会议

如果可能的话，最好让所有的主要客户团队的成员参与规划会议。这可以让你观察（或听取）整个团队是如何一起共事的，你所引导的团队是什么模样的。这也增加了机会，你可以听到并了解任何团队成员就引导目的、流程及你的引导角色应该是什么样的所表达的不同看法。

在基础型引导中，如果整个团队无法出席规划会议，你可以要求团队推选出部分成员作为代表出席。关键是这些人要有代表性，对此我随后会给出解释。在发展型引导以及长期的基础型引导（持续多次的基础型引导）中，团队需要对时间做出主要承诺。重要的是，在初步接触之后，所有客户团队的成员要参与到订立合约的流程中。无论是何种情况，除非整个团队出席会议，主要客户团队代表与你达成的协议都是初步的协议。

找到代表性的子团队。如果整个主要客户团队无法出席规划会议，出席会议的子团队能代表整个团队就显得非常重要。所谓代表性，我指的是子团队囊括的对象能反映出与引导有关的整个团队的差异范围和特征。这增加了机会，让你和规划子团队拥有所有的相关信息，以便起草可获得整个团队支持的引导议程。如果子团队不具代表性，那些观点被忽略的人将不会出席这次会议，更不用说获得他们对于决策的支持了。

子团队并不需要在每个方面都能代表整个团队；他们只需要在那些事关引导的方面具有代表性就可以了。例如，某教育委员会及其督察有一次要求我去引导事关督察绩效的会议，这是在委员会投票（4：3）决定减少督察薪水的补充议案后举行的。在这个案例中，客户要求我与子团队一起工作，该团队由督察与主席组成。但是，让代表其他的两个利益相关者与会也非常关键：在降薪上投赞成票及反对票的成员。因为主席对于降薪投赞成票，我们为此增加了一位成员，他可代表那些对降薪投反对票的人。

团队正式领导将规划委派给其他人负责所带来的问题。如果团队的正式领导将规划委派给其他人负责，有时也会出现问题。政府部门的部长将 60 位领导人的会议规划委派给副部长与规划经理负责，他们两人都是主要客户团队的成员。与规划经理的初次见面之后，我勉强同意他们两人提出的规划会议的议程，但我坚持一定要在最后的规划会议中与部长见面讨论。在最初的两次规划会议中，规划经理和副部长都强调部长希望这次会议能将重点放在长期规划的讨论上。但在最后的规划会议中，当副部长、规划经理和我向部长汇报了我们的初步计划之后，部长强调基于最近的重组，他们需要关注如何打造一支高效团队。结果是，我们不得不重新设计会议议程，浪费了组织更多的时间和精力。

回过头去看，我也是订立合约问题的始作俑者之一。与副部长与规划经理讨论时，我试图尊重组织内部对于职责的分工，但我没有检验他们有关会议关注点的假设是否与部长一致。如果在规划流程之初就碰头或给部长发送邮件来检验假设是否成立，那么我们本可以早一点儿发现彼此的不同并就此达成一致。

在某些案例中，规划被委派给内部咨询顾问负责，但他并不是主要客户团队的成员之一。某医药公司的内部组织发展咨询顾问要求我来担任他所支持的领导团队的引导师。他知道我的工作方式并欣赏我的引导方式，但当我建议下一步是与领导团队的负责人或与整个团队交流时，他婉拒了我的请求。他表示代表客户及团队订立合约是他的工作。我的回应是，我关注的是如何确保他的客户和我以及最终整个团队享有相关信息，从而决定我们是否一起共事以及如何共事。如果是这样，我所知道的唯一方式是让我们直接沟通。我还建议他作为与会者也参加这次谈话。

但是，他依然坚持他可以代表他的客户及整个团队，在我们达成一致之前我不能与他们见面讨论。我只好婉谢了这次合作机会。

此阶段的原则是必须允许引导师有机会直接了解并探讨导致正式领导要求提供引导服务的相关信息、利益与假设。如果没有这个途径，引导师很有可能做出不知情的选择并给团队和他本人带来问题。

与团队成员单独会面以及保密的问题。有时候客户要求我与某位团队成员单独会面后再与整个团队会面。如果团队正在经历冲突或信任危机，你就有可能接到此类请求。一次，有人邀请我去引导有某公共健康研究组织的执行总监与关键人物参加的会议。执行总监寻求我的帮助的部分原因是发生在组织中的数起事件让她感到人们并不信任她。甚至在规划会议之前，这位执行总监告诉我大家希望与我单独会面讨论会议的相关话题。

在另一个案例中，有人邀请我去引导开发商与镇议会之间的纠纷解决会议。开发商起诉镇议会没有批准土地细分规划。如果这次引导成功的话，开发商将撤回起诉。镇议会希望与我单独会面，一则考察我能否为他们所接受，二则分享他们的担心（法律允许举行闭门会议）。开发商的律师也希望与我单独会面，看我能否为她的客户所接受。

许多引导师喜欢在与整个团队见面之前单独会见个别团队成员。如果你与团队成员单独会面，你会马上陷入纠缠之中并强化团队低效的互动因素。引导师与团队成员把这次会议看成引导师了解不同成员是如何看待团队及他们所面对的挑战和机会的。引导师将这些会议看成诊断访谈的良机，这可为团队的会议议程甚至为引导师可做出的干预提供很多启示。引导师的理由是，相比于全体会议，团队成员在单独会面中会更为坦诚，尤其是当他们获得保密的承诺后。如果是这样，那么引导师的做法是对的。但在单独与团队成员见面后，引导师将变成团队成员有关团队希望、梦想与担心的焦点。引导师可能比团队自身更了解团队。

但是，如果你承诺在这种情况下守口如瓶，你就创造了窘境三角形，这会导致你与交互学习模式的核心价值观如保持透明、知情的选择和担责等不一致。窘境三角形的第一条边是这样的：如果你承诺对单独会面的谈话内容守口如瓶，那么你就无法与团队分享那些人告诉你了什么，而且你也无法分享这是谁说的。这意味着如果你在引导中使用这些信息做出了干预或提议了流程，你就无法与大家分享这么做的理由，也无法通过保持透明的检验。因为团队成员知道你与他们中的某些人在会议前见过面，因你缺乏透明，这会很容易让团队成员对其他人说了些什么才让你采取这种方式实施干预做出高阶推论。简而言之，你是潜在冲突与团队不信任的制造者。

对于窘境三角形的第二条边来说，哪怕获得许可，你能分享单独会面中获得的信息，但你没有让团队成员对于彼此担责，因为你代替他们出面提出了他们自身的问题。简而言之，你把团队成员的责任背负在自己的肩头。

如果你没有与团队成员单独会面，你可回避上述这些问题，但却面临窘境三角形的第三条边：除非开始实际引导，否则你会担心自己无法找到团队中的重要问题或互动因素，或者你担心有些问题可能根本不会被团队成员提出来。

管理保守秘密窘境的第三条边。我们可以找到管理单独会面的方式。如果团队成员要求单独会面，这有可能是他们正在面对冲突与不信任，所以他们并不知道如何安全地提出这些话题。解决方案是共同创造条件让团队成员在团队面前说出他们想要表达的想法，虽然他们感到无法表达出来。

你可以要求先与大家作为一个团队一起交流。你可以提出团队和你所面对的窘境，与大家交流在全体规划会议或所有人的引导会议中分享信息的担心，并询问他们这些担心背后的原因。如果团队成员愿意分享他们的担心，你可这样提问："为了让你愿意在整个团队面前提出这些担心，你需要什么样的支持？"如果团队成员，包括正式领导，同意创造条件（如不会因为你提出这些话题而打击报复你），那么他们可以讨论在此之前他们选择保持缄默的话题。

但是，如果团队成员依然坚持不希望在整个团队前面讨论这些话题，你可能同意与他们单独会面或与分支团队会面，如果规划团队：① 同意私下会面中所讨论的内容和在整个团队中分享达成一致；② 同意提出这些话题的责任依然在全体团队成员的手中。举行单独会面的目的是让你教练大家是否提出这些话题以及如何提出这些话题。你帮助他们探讨如何提出他们希望讨论的话题，包括他们对于这种引导方式的担心。你可以与他们做角色扮演，从而找到这么做的合适的表达方式。你可以对所有团队成员做出相同的承诺："我无法代表你提出你的担心，一旦你提出担心，我将尽我所能确保你感到心理安全并让对话带来有效产出。"

最终，每个团队成员就分享什么、不分享什么做出知情的选择。作为引导师，我们的角色是尊重选择，哪怕我们能够带来不同的影响。一旦我们要求团队成员去自行控制想去分享什么，不想去分享什么，将知情的选择、担责与"欲速则不达"的原则结合在一起所带来的不那么引人注目却非常有力的影响使我们可以更好地帮助团队。这可能需要更多时间，但可确保团队在做出选择之后前进的速度更快。

决定使用哪些基本规则以及如何使用

基本规则是你和团队共事时团队承诺使用的规则。因为交互学习模式可被用作基本规则，你和团队需做出三项决定。

三项决定。团队成员必须决定他们是否采用你在干预时所依据的八种行为。这个决定与他们是否希望与你共事真的密切相关，因为如果不展现出这八种行为，你就无法使用交互学习模式。如果团队告诉我，他们不想采用八种行为作为他们的基本规则（虽然这从未发生过），我会尽力发现团队的担心是什么，如果我不能解决他们的担心，我将拒绝这项工作。

团队成员需要做出的第二项决定是他们是否在你的引导过程中践行这些行为准则。如果团队成员对于展现这些行为心怀疑虑，团队可以在实践并更好地理解这些行为之后重新做出选择。

基于之前做出的两项选择，团队和你可做出第三项决定：是否需要添加或修改基本规则。某个团队可能添加一项基本规则，如要求对会议现场讨论的内容予以保密等。重要的是基本规则的改变或添加需要与交互学习的核心价值观和假设保持一致。哪怕团队成员没有将八种行为视作基本规则，如果该行为降低了团队的有效性，那么你依然可以对其实施干预。

为了帮助团队成员就他们是否使用八种行为做出知情的选择，你可以在规划会议之前发出的邮件中附上"更为聪明团队的八种行为"这篇文章。你可以要求他们阅读这篇文章，随后在规划会议中讨论他们提出的疑问与担心。如果他们愿意的话，你可以解释这八种行为是你引导中的重要部分以及你推荐他们展现这些行为。

我为何不要求团队自行制定基本规则。基于团队成员会支持自行制定的基本规则的看法，某些引导师要求团队制定其会议中用到的基本规则。这会带来两个潜在问题：① 团队制定的基本规则与有效团队所需的基本规则有可能不符或过于抽象，以至于这些规则无法使用；② 引导师没有对其诊断或实施干预的行为保持透明。

我认为团队通常并不具备能力去识别可帮助其改善流程行为的基本规则。要求他们制定基本规则所带来的结果是非行为似的陈述，如“尊重他人”，但这对不同的团队成员而言有不同的含义；诸如“公开表扬，私下批评”的建议与交互学习模式并不相符；而一些程序性规则如“关闭手机”等，虽有必要，但并没有将注意力放在如何关注团队成员之间的互动上。

当团队聘请我们担任引导师时，我们以团队流程专家的形象出现在众人面前。为团队提供一套为研究所验证且能提升团队流程有效性的一套行为，这是我们的责任。团队没有必要自行制定基本规则并对此做出承诺；相反，他们需要对于使用这些规则做出自由并知情的选择。

书面提交初步共识

假定你们同意一起共事，在规划会议或会议结束之际，规划团队和你需要就表 13.4 中所讨论的问题达成初步共识。下一步就是发出备忘录，说明你对于协议的理解，如果他们的理解与你有所不同的话，要求他们联系你。下面提供了基本引导的协议样本。如果规划团队是一个完整团队的子团队，我的备忘录会发给主要客户团队中的所有团队成员，哪怕他们并未参加规划会议。如果规划团队是为所属团队做出规划，我通常只会把备忘录发给规划团队成员。无论是何种情况，如果备忘录的接收对象还没有收到“更为聪明团队的八种行为”这篇文章，我会附上复印件并解释我将在引导中使用这些行为。如果规划团队同意，那么整个团队都将在引导中使用这些行为。

书面提交初步共识可让你清楚地表明这并不是最终协议，除非所有团队成员已经点头认可。这也让所有的团队成员在你引导之前能阅读该协议并提出他们的疑问或担心。

基本型引导的初步协议样本

罗杰·施瓦茨及其同伴

随心而动

高管领导团队与罗杰·施瓦茨咨询公司达成的协议

本邮件总结了我们在规划会议中就高管团队的会议所达成的共识。

时间与地点

本次会议将在椰林度假村举行，时间为12月5—6日，上午9:00—下午5:00。

出席与重新安排

高管团队将参与这次会议：朱利叶斯·马克思、玛格丽特·杜蒙、蒂娜·冯、杰弗里·斯巴丁、伊曼纽尔·拉芙丽、格洛丽亚·泰斯德尔、鲁弗斯·菲尔福莱。为了确保所有参与者的观点得以讨论并且会议中所做出的任何决策获得必要支持，参与者同意全程出席且不会退席。如果有人无法参加，我们同意重新安排这次会议举办的时间。

初步目标与议程

这次会议的目标是就团队的目的、主要任务、团队结构与使用的流程达成一致来改善团队的有效性。为了达成目标，团队将讨论并回答五大类提问：① 高管团队的目的是什么？② 哪些任务需要我们互相支持、共同担责并集体做出决策？③ 为了解决问题，做出决策并管理冲突，我们需要哪些具体流程？④ 我们对于彼此所需表现出来的具体行为有何期待？⑤ 我们将如何规划并管理我们的日常会议？基于我们的规划会议，下面是初步议程，其中包括预估的时间。

会议开始时，我们将介绍所有的与会者；回顾初步议程并做出修改，如果需要的话；回顾你们初步同意作为基本规则的交互学习模式行为；回顾我们的角色。在会议结束时，我们将讨论下一步计划并对本次会议做出评估。这个目标与议程依然只是初步建议，除非得到整个团队的确认或修正。

咨询顾问的角色与收费

我将担任引导型咨询顾问，其中包括两部分。我将尽我所能帮助团队的对话获得高效产出，包括：① 不让讨论跑题；② 了解你们的观点有何相同与不同；③ 理解你们讨论背后的假设；④ 识别尽可能满足你们利益的解决方案。另外，正如我们所同意的，我将分享我在团队有效性上的专长，如果这与你们的讨论有关的话。当做出决策时，你们将决定是否采纳我的建议以及如何使用我的建议。

罗杰·施瓦茨咨询公司的两天引导收费是______美元，还需要要加上差旅费用。

提前准备

请完成并回复附上的问卷，这可为你将在会议中讨论的提问提供初步回答。另外，如果你没有阅读过“更为聪明团队的八种行为”这篇文章，请抽空阅读。

变更通知

如果这封邮件与我们规划会议中所达成的协议不相符的话，请马上联络我。如果你们之中有任何人不能出席的话，朱利叶斯将联络我。如果情况或环境要求我们修改达成的协议，我们将共同决定如何做出改变。

期待与各位在 12 月 5—6 日见面。

罗杰·施瓦茨

总裁兼 CEO

阶段三：与整个主要客户团队达成一致

除非与整个主要客户团队一起规划，在订立合约的阶段三，你可与整个团队达成一致。这一步通常发生在你所引导的会议之初，也就是整个团队第一次出现在你面前时。在你们达成协议之前，做好第一步非常重要。

与规划会议的代表简短会面

在引导开始时，你需要与规划会议的代表简短交流一下，了解是否发生了什么会影响合约订立或引导改变的后勤问题。对于发展型引导或长期的基本型引导而言，此次对话与团队每次即将举行的会议有关。

为了解决某学校行政管理人员与教师之间发生的巨大冲突，我曾主持发展型引导。会议开始之前，我询问大家是否有什么新的消息。有人告诉我，执行理事即冲突的焦点人物已经宣布辞职并将在这个学年底生效。基于这一信息，我在开场时询问大家，他的辞职对于我们接下来的引导会有哪些影响，并询问我们是否需要改变之前订立的合约。与之类似，在与某全球性物流公司合作时，我从早上 6:00 的 CNN 新闻中了解到我的客户刚刚依据《破产法》第 11 章申请了破产保护。我们的会议将在 8:00 开始，会议前我询问副总裁，他的团队是否出席这次会议。如果会议继续举行的话，我们需要如何进行。

如果客户和你还没有就如何开始第一次会议的细节达成一致，是时候开始做以下这些事了：就如何开始会议达成一致，介绍你作为引导师的身份，介绍其他与会者，介绍导致会议举行的原因，等等。

与整个团队达成一致

在短期的基础型引导中，对话发生在会议之初，也就是所有客户和你介绍完自己，规划团队的代表和你介绍了促成本次会议的规划流程。你们回顾了初步协议中的每个关键要素并询问大家是否还有疑问或担心：① 会议目的与目标；② 议程与时间分配；③ 每个议程的流程；④ 基本规则；⑤ 角色（包括你的角色、正式团队领导及其他人的角色）。

这是一个关键时刻。如果规划分支团队和你满足了整个团队的利益，那么整个团队将很快就初步协议达成一致。但是，如果规划分支团队未能合适地表述整个团队的完整利益，你将面临与整个团队重新订立合约的局面。只有做到这点，团队才可开始他们的工作。我自己曾身陷这种局面中（其中我也有责任），这种感觉并不好，尤其是当团队人数众多或对子团队达成的协议严重关切时。避免这种局面的唯一方法是确保你与代表性分支团队一起规划。

就基本规则达成一致

如果整个团队参加规划会议，你可以马上提醒大家你将如何使用交互学习模式的基本规则来实施干预并询问他们是否同意在这次会议中将其作为基本规则。

在基础型引导中，如果整个客户团队没能参与规划会议，那么询问大家是否阅读过给他们提供的文章。如果他们已经阅读过，询问他们对于使用基本规则有何疑问或担心。对他们的提问或疑问做出回应后，简要地介绍一下交互学习模式的八种行为，包括你将如何使用它们以及他们如何展现这些行为。随后询问他们是否愿意在引导中展现这些行为。

在我的引导中使用交互学习模式行为的这些年来，很少有团队成员对于展现这些行为表现出担心。（其中部分原因是聘请我的客户对于我的引导和行为比较了解。）如果有人表现出担心，你可以使用交互学习模式行为来展现出你的好奇心，理解他们的担心，识别他们对八种行为或对其期盼做出的错误假设，共同谋划解决方案来满足团队的利益。

当与团队一起努力解决团队成员间的严重冲突时，我在合约中会要求他们花费更多的时间去讨论这些行为。某城市议会最近扩大规模并将几个陷入冲突的党派纳入其中，他们希望解决这个问题。议员们同意花费数小时来了解如何使用交互学习模式行为并开始采用引导的方式解决冲突。在引导中，有些议员展现了这些行为并在事后表示这些行为帮助他们更有效地开展工作。

解决团队成员的担心

从心理上来讲，对于那些还没有参与到规划中的团队成员来说，这是引导的关键时刻。看到了书面的初步协议后，他们可能关注这些目标和议程是否可以发生改变。他们是否能够影响流程以及他们的利益是否得到关注。他们也可能关心你作为引导师能否帮助他们满足自身的利益。

有时候团队成员会急于奔向需要引导的内容并想压缩或减少与整个团队订立合约的开场时间。他们可能觉得征求每个人的同意是在不必要的问题上浪费时间，他们对此深感挫折。他们很可能担心如果你就初步协议询问大家的意见，这会让各种反对意见全冒出来，而团队永远也无法就引导的内容展开讨论。

你可以对这些担心做出回应。你可以指出，如果整个团队对初步协议没有意见的话，那么对话将非常简短。如果有意见而团队没有识别出来或予以解决的话，那么这些意见可能在会议之中浮现出来，或者更为糟糕的是，当会议结束之后，有的团队成员声称他们不会对流程做出承诺。在会议之初就多花些时间，会降低团队在后期投入额外时间的概率。正如系统思维的表述所指出的那样“欲速则不达”。

阶段四：在引导中重新订立合约

阶段四就是引导本身，不再属于订立合约的阶段。我之所以将该阶段囊括在订立合约的阶段，是因为在几乎所有的引导中，团队和我会修改合约中的某些要素。

在引导中，会有人提出疑问从而导致合约的要素得以修改。以下列举了一些疑问。“如果有人还没出现，我们是否需要准时开始？”“如果有人需要提前离开，我们是否可以早一点开始？”“如果有人没有出席，我们是否照常举行会议或继续保留相同的话题？”“我们是否需要修改议程的顺序？”“如果我们没有足够的时间来完成所有的议题，我们是否需要修改议程？”

另外，如果你引导的团队会议不止一天，那么你可能在第一天结束的时候做一个调研，了解哪些方面做得不错，哪些方面需要在第二天做出调整。在调研时，你可以询问团队：（1）我们今天哪些方面做得不错？（2）下一次我们需要哪些不同的做法？这些调整可自然地导入新订立的合约。

总的来说，在订立合约阶段，寻找合约中那些不适合团队的要素及适合的要素，这对团队会有所帮助。

阶段五：完成引导并做出评估

在阶段五，你和客户将完成引导并做出评估。

完成引导

决定基础型引导合约何时宣告完成不是一件难事，通常在实际引导起步时，就可以确定下来。在基础型引导合约中，尤其是短期引导，通常是围绕你需要与客户一起工作的具体日期来设计。当你在这些日期中结束了引导工作后，合约也就宣告完成了。如果你的合约是帮助团队直到他们就具体的问题做出决策，那么当团队做出决策后，合约宣告完成。

决定发展型引导合约何时宣告完成更为困难，也很少在引导开始之初就得以确定。客户通常并没有事先明确他们眼中的交互学习模式的心智模式以及技能需达成的水准。只有通过践行交互学习模式并评估其进展，团队才得以做出知情的选择。结果是，作为发展型引导师，你需要不断地帮助团队考虑他们还可以在提升其交互学习心智模式及技能上走多远。

有时候，团队或你希望在另一方认为所需完成的工作完成之前终止合约。例如，客户可能希望转移讨论话题的优先次序或对你的能力表示不满，或者你推断出客户对于引导并没有做出足够的承诺。当你与发展型客户订立合约时，如果任何一方决定提前终止合约，你可以要求与客户团队再见一次面，帮助客户和你理解终止合约的原因并给双方提供机会对你的行为做出反馈。

评估引导

对于评估而言，实际引导与合约是两个不同的话题但互为关联。评估实际引导涉及探讨团队成员和你是如何互相促进或削弱团队的有效性的。评估合约涉及在多大程度上合约的条款满足了客户和你的需求（哪些成员需要参与，团队与引导师会面的频率等）。

正如我在阶段四中所提及的那样，评估实际引导或合约可以发生在引导的任何阶段。对于长期引导来说，设定固定时间来评估引导会有帮助，这样客户和你可以决定在满足客户需求上你的表现如何并做出相应的调整。

为了评估引导，我与客户订立的合约中会约定在每次会议结束之际做一个调研。

小结

在本章，我介绍了客户和你使用的流程，就你们是否一起共事以及如何共事达成一致。订立合约阶段的五个阶段：① 与主要客户团队成员进行最初的接触；② 规划引导；③ 与整个主要客户团队达成一致；④ 在引导中重新订立合约；⑤ 完成引导并做出评估。

引导中出现的许多问题与订立合约的低效密切相关。订立合约流程使客户与你之间建立了有效工作关系并增加了有效引导的机会。

在第 14 章，我们将探讨是否与合作伙伴一起工作以及如何工作，这样你们可以更好地帮助共事的团队。

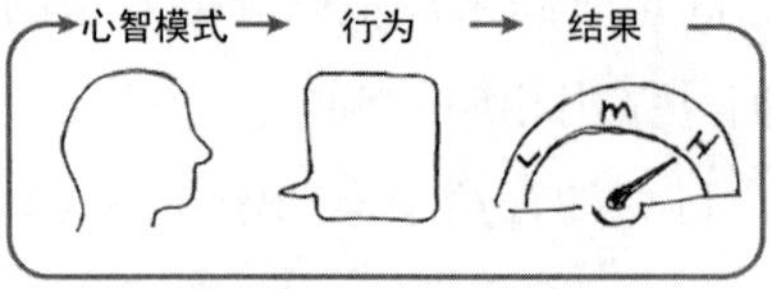

第 14 章

联袂引导

本章将介绍你和合作伙伴如何一同工作来帮助团队。本章分为三部分。在第一部分，我将介绍联袂引导的优势与劣势以及什么时候使用联袂引导。在第二部分，我将介绍你和合作伙伴如何分配、协调引导工作。在第三部分，我将介绍你和合作伙伴如何反思你们的工作并不断提升。

给团队提供引导、教练、咨询服务，这些都是智力上极具挑战性的工作。你需要在关注内容的同时关注流程，言语与非言语行为，那些发言的人以及没有发言的人，团队中现在发生了什么并与过往发生的事件以及将来可能发生的事件进行对比。当考虑所有这些情况时，你会思考是否做出干预、如何做出干预、何时做出干预、对谁做出干预，以及干预将给团队带来什么样的影响等，然后实施干预。经常出现的情况是，你不得不用比阅读这段文字更少的时间完成上述所说的一切。

因为这项工作极具挑战性，你有时需要与其他人联袂开展引导工作。在联袂引导中，你们服务的通常是同一个客户。

决定是否联袂引导

当合作伙伴配合良好，不仅他们两人受益，而且他们所服务的团队也将因此受益。如果他们配合不佳，每个人都会受到伤害。这部分内容主要来自威廉·法伊以及约翰·琼斯的研究成果，而我主要介绍如何管理合作伙伴之间的紧张关系。紧张关系主要源自合作伙伴间的差异以及有两位引导师在现场这个简单的事实。选择合作伙伴的依据是，与合作伙伴携手可在更大范围内实施干预并可展现单独一人所不具备的更多技能。**为了确保携手合作有效，合作伙伴的干预方式须保持一致。即便他们之间存在差异，他们也必须将差异用于提升团队而不是阻碍团队。**

你们的心智模式是保持一致还是相互冲突

选择合作伙伴最重要的因素就是你和你的合作伙伴是否拥有一致的心智模式。如果你们对于引导的核心价值观与假设不同，那么你们在帮助团队时可能实施完全不同的干预方式，而且你们在协调彼此的引导来帮助团队时将遭遇挑战。

在早期的联袂引导中，我发现了这点。我曾和一位同事一起引导市议会及城市经理的会议。在会议早期的某个节点上，团队成员对于需要解决哪些问题出现争议。我的同事宣布休息并告诉他希望看到经理是如何推进会议进程的。在他看来，这是经理的选择。我对局势的看法与他有别，我的考虑是让整个团队拥有相关信息。我倾向于让整个团队做出选择。我的看法引起我的引导伙伴的更多疑虑，而我们必须在很短时间里解决分歧。我们达成的妥协是与经理商量此事并随后在整个团队面前提出这个问题。但这个解决方案是在我们两人各自的核心价值观与假设中寻求妥协。此项妥协很快被证明是我们两人在引导中诸多分歧中的第一个分歧。绝大部分分歧来自我们互为对立的心智模式。我们将注意力从关注团队上转移到关注我们两人之间的冲突上。

如果你是基于交互学习的心智模式而你的合作伙伴不是，那么许多冲突自然而然就会出现了。举一个简单的例子，你的合作伙伴可能坚持根据事先确定的会议议程时间表来讨论各项议程，而你则寻求与团队共同掌控流程并询问团队成员是否愿意改变计划。如果你的合作伙伴假定他所看到的情况是正确的，他会认为就他的推论做出检验的做法毫无必要，虽然他可能是基于高阶推论行事，但并没有公开做出检验。如果你的合作伙伴看重尽量减少负面情绪的表达，他可能制订了回避团队成员情绪的解决方案，而你则有可能直面这些情绪，认为这会触及问题的根本。一项有关共同领导团队的研究发现，价值观和信念的差异被认为是大家无法继续合作的最主要的原因，其中的角色关系与联袂引导师类似。

有时候，哪怕合作伙伴的心智模式与你不同，但你依然选择与之合作，因为你认为差异可以帮助你们。但是，你必须决定你和潜在合作伙伴在核心价值观与假设上的差异是否值得你以牺牲团队的进步为代价来换取你的收获，这点很重要。

你们的关注点或风格是互补还是互为对立

哪怕你和你的合作伙伴有相同的心智模式，你们依然可能关注团队的不同方面。你们中的一人可能更关注如何帮助某个团队成员改进其沟通技巧；而另一个人则关注如何改进团队的工作结构与工作流程。当关注个人与关注团队合作的引导师一起从事引导时，他们可以互相弥补彼此的盲点以及可能出现的错误干预措施，而不是强化错误。如果联袂引导师的价值观一致，有可能出现这种情况。

你的合作伙伴也会有不同的引导风格，也就是他们在运用其心智模式与聚焦讨论时所用到的特定方式。风格在多个维度上有所不同，其中包括是严肃还是风趣、如何应对挑战、干预的节奏等。

在这里，不同的风格可以帮助团队，只要你与合作伙伴的风格彼此兼容。只要情境许可，你们两人可以使用不同的干预节奏并体现不同的幽默。但是，差异过大的风格可能让团队成员感到无所适从，因为他们需要不断适应两种截然不同的对立风格。

你或团队会感到手足无措吗

当单独引导时，有时你可能有手足无措之感，你似乎感到团队中发生了太多的事情，而你却无法理解，更不用说采取干预措施了。另外，你可能关注你对于当前局面的看法是否符合现实或被扭曲，哪怕你与团队检验了你的推论。当团队中的活动和能量明显偏高时，上述情况就会发生，而且伴随着在不同层面同时且快速出现某些现象，团队中的高冲突局面就是一个例子。但是，如果每次互动都充斥着团队中的人际争执，你也会对一些看似不激烈的活动感到不知所措。联袂引导可减少你不知所措发生的概率并可给你提供机会来利用合作伙伴核对现实。如果引导的团队人数众多或引导计划安排需要腾出时间与分支团队互动，那么联袂引导是能发挥作用的。

如果过度引导，你和合作伙伴的附加能力有可能给团队带来负担。作为引导师，我们希望自己能提供帮助，我们经常通过实施引导来体现自己的成就感。但是，有时候其中的一位合作伙伴可能几乎没有机会去实施引导，因为另一位合作伙伴已经实施了必要的引导了。如果合作伙伴试图去满足自身的需求而不是客户的需求，他们可能开展一些并非十分必要的引导并拖慢团队的进程。只要你或合作伙伴将团队的需求放在首位并做好合适的分工，你们两人就都会有大量的引导机会，那么这个问题就会迎刃而解。最后，你可以重新框定有所作为的定义，以避免将不必要的引导作为定义的一部分。

你们的联袂引导是利于团队学习与支持团队还是带来竞争与控制

联袂引导可以帮助你提升专业技能，这是你通过向采用不同引导方式、引导技巧或引导风格的合作伙伴学习而获得的。在休息期间或引导结束后，你们可以讨论不同的引导方式并了解你们为何这么引导。这样，你们可以对具体的信息做出反思并学习如何在引导上开展合作。

有这样一种说法："你做任何事情的方式就是你做每件事情的方式。"换言之，在不同的情境中，在我们生命的不同阶段，从本质上来说，我们都是基于相同的心智模式来产生相同的行为与结果的。当读到本书的这一行时，你对此不会感到惊讶万分。你的引导方式、咨询方式或教练方式有可能基于驱动你每天行动的相同的心智模式，对你的合作伙伴而言，亦如此。

这意味着在你的"引导之外的生活"中出现的任何带有负面色彩的个人问题最终都会体现在你的引导角色中，只要你所处的情境激发了这些问题。此时面临的挑战包括你如何应对位高权重者，如何应对模糊不清的局面，如何面对控制，如何做出承诺，如何处理地位差异以及亲密关系等。例如，如果你与位高权重者交往时出现过问题，那么你可能不恰当地挑战或规避团队的正式领导。如果你感到难以应对控制的局面，那么当你的合作伙伴在实施干预时，你会经常打断他。

联袂引导也会带来这些问题，但如果你和合作伙伴愿意并能够帮助彼此，那么你们可以从中收获颇丰。如果你们两人愿意与对方分享这些个人挑战，那么你们可以帮助彼此更为了解那些影响你们工作的问题是什么，并且一起探讨如何改变由此而产生的行为以及价值观和假设。例如，联袂引导和联袂教授引导，我了解到我看似意图良好的干预其实降低了我的合作引导师或合作教师与团队建立关系的能力。与之类似，我的一位同事了解到，她设计的干预方式其实降低了与她看法有别的团队的能力。通过这样的互相帮助，我们真的肩负起了交互学习发展模式的引导师的责任。

当然，问题是你用于学习的原料也是削弱你和合作伙伴共事能力以及从实践中学习的原料。你的单边控制心智模式以及你的个人问题也可导致你将合作关系看成你和合作伙伴互相竞争而非共同学习的机会。一旦这个问题出现了，团队也将蒙受损失。

你们是内部引导师还是外部引导师，或者都不是

内部引导师任职于你提供服务的同一家组织。外部引导师为自己或其他组织工作。如果你是内部引导师，你可能希望寻求外部引导师的帮助来解决那些疑难杂症；如果你

是外部引导师，你可能希望寻求内部合作伙伴的帮助来提升组织的能力并更好地理解组织文化。

内部引导师与外部引导师各有所长，我将在第 15 章介绍这些。这些所长包括接触客户的途径、理解组织文化并能挑战客户。

同样，差距既可给你和合作伙伴乃至团队带来好处，也可能成为负担。如果存在分歧，你的外部合作伙伴可能认为你在流程问题上聚焦不够，过于顺从位高权重者，或者被组织文化所羁绊。相反，你可能认为你的外部合作伙伴太过理想化和挑剔，未能理解组织文化以及团队完成工作所需满足的需求。

产生的这些利益物超所值吗

除了引导师、咨询顾问及教练向团队注入能量之外，合作伙伴在彼此的协调中也可赋予彼此能量。其一，你需要花费时间与合作伙伴商讨并决定你们的工作风格是否兼容；其二，如果你们决定采取联袂引导的方式，你们需要规划如何管理你们之间的差异；其三，你们需要合理分工并找到协调彼此分工的方式。

例如，会议开始前，你和合作伙伴可规划如何共同做好开场白以及在会议中如何切换彼此的引导工作。那些难以预估的协调部分既可以事先做好规划，也可以在引导现场采取及时协调的方式。试举一例。当你的合作伙伴采取干预措施时，如果你们同意在翻页板或白板上做好记录，你们需要找到一种方式来确保你的记录或记录的时间与你的合作伙伴实施的干预保持一致。更为艰难或频发的问题是如何协调彼此做出的干预，这样你们就可以共同帮助团队取得进步而不是让团队陷入对峙中。此时协调比较艰难，因为这通常需要临场发挥并持续进行。

除了分工与协调需耗费精力外，联袂引导也会吞噬心理能量。你或合作伙伴可能担心另一方犯下大错。最终，你们不得不对协作中固有的紧张局面感到纠结不已：你们中的每一方都必须抽出部分精力来照顾彼此的协作，这样你们才可联袂获得单独一人所无法取得的效果。

有关是否联袂引导的提问

让你和潜在的合作伙伴发现彼此相同与不同之处的一个好的方式就是直接讨论这些问题。你们可以使用下面的表述来指导你们之间的对话，这样你们就能共同决定你们能否一起有效共事并就一起工作的方式达成协议。请记住，为了获得有用信息，你们需要讨论这些提问，基于可直接观察的行为，使用具体的例子介绍你们彼此的所思与表述方式。

决定是否一起合作的表述

方式与风格

1. 指导我工作的主要价值观、假设、原则是……
2. 在我的引导角色中，其他人所持有的主要价值观、假设、原则中我非常不认同的是……
3. 当与团队订立合约时，我通常会……
4. 当与团队开会时，我通常会……
5. 当与团队结束会议时，我通常会……
6. 当有人发言太多时，我通常会……
7. 当团队保持缄默时，我通常会……
8. 当某个人缄默很长时间时，我通常会……
9. 当某个人感到不安时，我通常会……
10. 当某个人迟到时，我通常会……
11. 当某个人早退时，我通常会……
12. 当团队成员表现得过于礼貌且不会质疑彼此时，我通常会……
13. 当团队中出现冲突时，我通常会……
14. 当团队在言辞上攻击其中的一位成员时，我通常会……
15. 当某位团队成员中伤我或暗示我的能力不足时，我通常会……
16. 当团队成员聚焦立场时，我通常会……
17. 当团队成员看似跑题时，我通常会……
18. 当有人中伤他人时，我通常会……
19. 对于这种类型的团队我偏好的干预方式是……
20. 这种类型的团队通常需要但我没有实施的干预方式是……
21. 与这种类型的团队合作让我感到最为满意的事情是……
22. 与这种类型的团队合作让我感到最为纠结的事情是……
23. 与这种类型的团队合作让我感到最不舒服的事情是……
24. 我实施的干预需结合担责与同理心，我在同理心上［低、中、高］，我在担责上［低、中、高］。例子是……
25. 我的典型“干预节奏”是[快、慢、其他]。例子是……

经验与背景

1. 讨论你的引导经验。你与哪些团队合作过？团队遇到的内容与流程问题是什么？
2. 讨论你的最佳引导经验与联袂引导经验。是什么原因导致其如此成功？
3. 讨论你最糟糕的引导经验与联袂引导经验。是什么原因导致其如此失败？
4. 讨论你的哪些引导行为在引导伙伴看来是比较独特的。
5. 介绍你和其他合作伙伴在合作中出现的问题。
6. 介绍你在引导实践上需要提升的方面。你期待我如何去帮助你做出改善？
7. 你的哪些问题可能阻碍你我之间的合作或与客户的合作？
8. 基于你对我的了解，你对于我们的合作有哪些担心？

合作伙伴间的协调

1. 在团队会议中，谁会坐在什么地方？
2. 谁来开场？谁来收尾？
3. 我们两人是否需要在所有时间同时出现？如何处理中场休息？
4. 记录者需要做些什么？
5. 如何分工（如主角—配角、工作任务—工作关系、干预者—记录者）？
6. 哪些干预或行为可以被彼此接受或不接受？
7. 何地、何时、如何处理我们之间出现的挑战？
8. 哪些差异我们愿意展现在团队面前？哪些差异我们不愿展现在团队面前？
9. 我们将如何协作来履行我们共同认可的指定角色？
10. 对于联袂引导的每一方而言，哪些属于不可协商的？什么原因导致不可协商？

分工与协作

如果决定联袂引导，你们需要确定你和合作伙伴在引导中如何分工及如何协作。随后我将讨论六种方式来应对分工与协作中出现的挑战。

干预者—记录者

在干预者—记录者的安排中，当一位合作伙伴做出干预时，另一位合作伙伴则在电脑上（以便让整个团队看到）、白板上、翻页板或其他设备上记录要点。以头脑风暴为例，如果需要团队产生许多想法而你不希望因此拖慢讨论进程，这样的分工是有帮助的，否则他只能写完一条后再询问第二条想法是什么。当然，无论是干预者还是记录者，都需要核对记录的陈述是否与团队成员的发言相符。

协调干预者和记录者两个角色还需要你和合作伙伴以及团队成员就何时将大家的发言记录在翻页板上达成一致。此时可以直接说“让我们把延误的所有潜在成因都记录下来”。这个问题不复杂，但如果没有解决，就会带来问题。在翻页板上记录一位成员的想法，这意味着他的想法颇有价值。如果团队成员的想法没有被记录下来，而且他也不知道背后的原因，他会感到挫败并开始不信任干预者与记录者。所以，如果记录者不想记录，你需要给出简单的解释这么做是合适的。例如，记录者可以这么说：“丹，我问的是成因，而你的表述更像解决方案。你有不同的看法吗？［如果没有］你能想到一些成因吗？”这么做，记录者可临时变成干预者。

主角—配角

在主角—配角的安排中，一位合作伙伴在所有的引导中担任主角，而另一位则担任支持角色。除非必要，否则他不会出手干预。当团队流程不复杂，一位引导师足以应对时，或者合作伙伴担心干预过多时，这种方式可以奏效。这种方式可给担任配角的引导师提供调整的机会。

在此方式下协调性挑战在于担任配角的引导师可能对主角刻意回避的行为实施干预。例如，作为主角，你可能不要求团队成员澄清彼此对于跑题的不同看法，而是试图让团队回到正题上。如果担任配角的引导师插进来并要求澄清其中的不一致，这会把团队带离正题。之所以出现这类问题，是因为配角正在积极寻找主角所错失的机会。为了减少这类问题的出现，你和合作伙伴可充分商讨彼此关注的干预方向，这样你们可以达成共识，明确在哪些条件下你将不会实施干预。

线上—线下

所谓线上—线下，是指一位合作伙伴实施干预（线上），而另一位则安静地做些与引导有关的事情。这些事情可能是如何描述复杂的团队模式，当团队进程落后于时间表时如何分配余下的时间，或者只是安排一些活动。这种分工是有用的，尤其是当你和合作伙伴需要解决一些在观察与干预中难以关注到的问题时，这些问题可能并不适合向团队提出来，或者不能有效利用团队的时间。

工作任务—工作关系

在这一安排中，合作伙伴积极观察并实施干预，但其中的一人会关注所谓的任务流程，而另一位则关注工作关系。例如，如果团队设置了绩效目标，则关注任务流程的合作伙伴会确保团队讨论不要跑题，缜密思考需要达成哪些目标并建立清晰的目标来实现对内容的关注。相反，关注工作关系的合作伙伴通过询问自己“团队成员的表述、风格、讨论的实质可以告诉我们他们对于内容、大家或我们两个人的感受是什么”，来留意团队中人员与情绪之间的互动。你可以把工作—任务关系的分工看成关注团队行为对于绩效及工作关系的独立影响。

工作任务—工作关系经常是让合作伙伴分工的自然方式。研究表明，某些人更多关注工作任务，而有些人则更多关注工作关系。对工作任务与工作关系的偏爱是相对而言的。你更多选择工作任务导向还是工作关系导向，取决于你的合作伙伴偏好什么。这种方式可以让你与合作伙伴充分利用你们的各自优势。当团队同时讨论工作任务与工作关系的问题时，这种方式颇为奏效。

团队通常会更容易接受任务导向的干预而非工作关系导向的干预，在基础型引导中尤为如此。关注工作关系的引导师需要清楚地表明工作关系问题是如何影响团队有效开展工作的。

干预—反应

在干预—反应方式中，一位合作伙伴关注如何对一位或多位团队成员实施干预，而另一位则关注其余的团队成员。如果其中的一位团队成员是干预的主要对象，而其他团队成员对于他发表的言论有强烈看法（或对干预有强烈看法），此种方式就会发挥作用。这一协调面临的挑战涉及是否需要改变干预的重点——从关注一位团队成员的反应转向关注其余团队成员的反应，还涉及什么时候转移关注重点——是让第二位合作伙伴马上指出反应还是直到第一位合作伙伴完成其干预后指出。

没有明确的分工

没有明确的分工并不意味着没有分工。这意味着你和合作伙伴关注那些需要关注之处而无须事先与对方沟通。使用这种方式，你们可以快速完成彼此的角色转换来适应团队的需求及合作伙伴的需求。你也可以迅速做出回应并尽量充分利用合作伙伴的技能。

作为结构化最低的分工方式，这也是最难协调的方式。你和合作伙伴所面对的风险是，你们有可能对同一个问题做出干预而忽略其他问题，如未能在翻页板上记录团队成员的想法或两人同时下线，从而导致大家暂时放弃对于团队的关注。如果你和合作伙伴共事多年，曾经历不同场合，可预判彼此的举动并自动做出调整，如同即兴表演中的演员对另一方给出的台词马上做出回应一样，那这种方式就适用。我和数位同事有此默契。我们对于彼此的引导如此熟悉、如此默契，在协调引导中，我们所需要做的不过是给彼此一个会意的眼神而已。

我介绍了你和合作伙伴六种不同的分工方式。没有必要在整个引导或会议之中使用其中的一种。如果你和合作伙伴一起有效共事，那么你们可以在这些分工方式中随时切换来满足团队的需求。

在分工中分配角色

当你和合作伙伴选定各自的分工角色（干预者—记录者、工作任务—工作关系等）时，你们一起决定谁将扮演什么角色。在做出这个决定前，以下因素需要考虑。

未来干预所需的技能

你们选定自己所扮演的角色，谁在干预上更为擅长，谁就可以担任主角。即使无法预测你们所需做出的干预是什么，你们也可以很快识别出在特定会议中你和合作伙伴需要实施干预的模式。知道实施干预的模式后，你和合作伙伴可以决定谁更适合在干预中担任主角。

与问题有关的内容熟稔程度

合作伙伴对于客户所面临的问题的内容方面的熟稔程度是不一样的。例如，我曾和熟悉财务的伙伴一起担任引导师。当我们共同引导的团队讨论的话题与财务有关时，他总是在干预者—记录者、工作任务—工作关系、干预—反应或主角—配角等角色中扮演第一个角色。讨论集中在财务层面时，他可以应对自如，而我则有可能放慢团队的脚步，不断要求团队成员澄清术语的定义。（在此我的假设是团队成员就术语的定义达成一致，而他们只需为我解释清楚即可。）当然，如果合作伙伴对于某个话题的知识及兴趣诱使他陷入内容的讨论之中，知识不是那么丰富的合作伙伴可选择扮演主动干预的角色。

内部引导师—外部引导师的差异

与之类似，内部合作伙伴可以轻而易举地在技术话题的讨论中实施干预。相反，如果你和合作伙伴想挑战团队，尤其是在事关团队成员的核心价值观与看法的话题上，而无须让大家对内部引导师的可信度提出质疑或让他看起来不是那么忠诚，这时，外部合作伙伴可主动上前实施干预。但在发展型引导中，让内部合作伙伴挑战团队的假设则是更为有力的做法，因为这可以将可信度与忠诚度等问题摆到桌面上讨论。如果做得好，你和合作伙伴可利用团队成员对于内部合作伙伴的反应来讨论为何团队成员挑战组织的假设会被看成不忠诚。

节奏

你和合作伙伴可转化彼此的角色，如果有一方感到疲惫，另一方可接手主持引导。你可以利用你们的不同节奏来满足团队的需求。例如，当团队落后计划安排或临近会议结束之际，节奏比较快的合作伙伴可主动实施干预。当团队成员纠结于如何理解彼此时，节奏比较慢的引导师可主动实施干预。

培训与发展

有时一位合作伙伴会选择扮演帮助团队培养某种特定技能的角色。显然，最适合教授这个话题的人选可担任该角色。

与合作伙伴建立健康关系

在良好的关系中，你和合作伙伴就何时纠正彼此的干预、如何纠正、强化另一方做出的干预、当你陷入团队的冲突中如何施以援手等达成一致。你这么做是在保持自己个性的同时整合自己的技能。这事关边界的设定。如果你和合作伙伴习惯性地打断对方并纠正另一方做出的干预，那么你们两人都会丧失彼此的独立性并给团队带来混乱。相反，如果你们从不对另一方做出回应，你们也无法获得协作带来的全面利益。在你们开始服务团队之前，你们可以讨论并达成一致。

就尊重区域达成一致

干预的一个重要部分是知道什么时候不做出干预。组织理论家切斯特·巴纳德使用“无关痛痒区域”来指代在某个范围内员工虽遵循命令却不考虑命令带来的好处是什么。我使用尊重区域来描述在某个区域内，联袂引导中的一位引导师尊重另一位引导师的干预方式，虽然前者可以做出不同的干预。如果没有就此达成一致，你和合作伙伴可能不断地纠正彼此实施的干预，这会让你服务的团队感到困惑不已。为了避免给人留下吹毛求疵或装腔作势的印象，你们两人不会就彼此的干预做出修正，这就剥夺了团队从联袂引导中获得好处的机会。

你可以给自己提出一系列问题来决定合作伙伴的干预是在尊重区域之内还是之外。如果你对于上述问题的回答都是“是”，那么你对合作伙伴的干预采取纠正措施可让你们的利益最大化，当然，合作伙伴也可对你采取同样的措施。

客户会受到伤害吗？你和合作伙伴最基本的一项职责是确保团队不要受到伤害。造成伤害的方式可能是欺骗或贬低团队成员、违背诺言或不遵守法律。你的干预超出你的技能水平也会给团队带来伤害。如果你推断出合作伙伴在做这些事情，你有必要对此实施干预。

干预是否与交互学习的心智模式或行为不相一致？与交互学习的核心价值观与假设、行为不一致，会削减团队的有效性以及你作为联袂引导师、咨询顾问或教练的可信度。虽然一些微不足道的差异可被归入尊重区域中，其他的不一致则需要实施干预。

干预会改变引导角色吗？偏离你的引导角色与你的客户所认可的协议不相一致，除非团队与你以及合作伙伴明确同意你们中的一人可以暂时偏离该角色。偏离你的引导角色包括如团队成员、团队决策者、内容专家或团队与其他人之间的中间人那样行事。

干预会阻碍团队实现其目标吗？阻碍团队实现其目标的干预包括跑题，所使用的方式或工具华而不实，所安排的练习虽然有趣却对完成任务或满足团队建立有效工作关系的需求没有太大贡献。

就你们何时支持对方的干预达成一致

与尊重区域相反，其中一位合作伙伴做出干预，而另一位合作伙伴则不置一词，当你或合作伙伴强调另一方做出干预时，这时支持性干预发生了。当最初做出干预的合作伙伴期待你的支持时，你却认为他不需要这样的支持，所以你没有施以援手，冲突可能出现了。在其他情形中，一位合作伙伴提供支持，而最初的合作伙伴认为这毫无必要。另外，为了避免出现期望中的差异，你和合作伙伴可以讨论何时实施干预，如何支持对方实施干预或如何寻求另一方的支持。

不要拯救彼此

有时候你或合作伙伴可能陷入与客户团队的冲突之中。例如，合作伙伴的干预方式可能割裂团队并造成部分团队成员对其扮演的角色表示担心；或者出现某个团队可能将其拖入冲突之中而他还没有意识到这点的局面。

当他陷入冲突之中时，你该怎么做？自然的反应是实施干预并提供保护或把他从冲突之中拯救出来。这可以保护合作伙伴的颜面并缓解你对于成为他与团队冲突的受害者的担心。遗憾的是，这会削弱合作伙伴的能力并强化团队对于他无能的看法。团队成员可能质疑，如果没有你的帮助，他无法从冲突中从容而退，团队会认定他们对其应对冲突能力的负面评价是准确的。

更有效的回应，也就是避免强化团队负面观点的做法是等待合作伙伴寻求帮助。等待他发出信号可增加其管理自己与团队之间冲突的机会并提升其在团队面前的形象。让他选择何时需要接受帮助，这增加了合作伙伴做出自由的选择并避免在团队面前留下无助形象的可能性。

在某些情况中，合作伙伴与团队之间发生的冲突首先被另一位合作伙伴所察觉。假定某高管研讨会的一位领导在休息时走到你的面前告诉你："听着，你的伙伴蒂娜是个不错的家伙，但她把团队中不应该讨论的话题给捅出来了，大伙对她有看法。不要告诉她这是我说的，当她开始挑战团队时，你要把讨论的话题重新拉回来，好吗？"为了避免解救蒂娜并与客户合谋或像中间人那样行事，你可以向客户解释，除非蒂娜与那些相关人员直接交流，否则她无法获得相关信息，也无法就是否或如何改变她的行为来做出知情的选择。无论你是否认为蒂娜行事有效，这都依然适用。最理想的情况是，让蒂娜与整个团队对话，因为这涉及所有团队成员。一旦谈话是面向整个团队进行时，她可以寻求你的帮助。

与合作伙伴公开协调

因为干预基于诊断基础之上，为了协调你们的引导，你和合作伙伴需要找到方式来一起商讨团队中发生了什么。除了心灵感应之外，我只知道合作伙伴在团队面前协调有两种方式：他们或公开讨论或使用某种秘密语言把讨论隐藏起来。

事实上，引导师在客户团队面前公开协调拥有有漫长的历史，这可追溯到引导这一领域的起源上。

库尔特·勒温与T-团队。培训团队（T-团队）的起源揭示了采用公开方式的利弊，这也是许多引导技巧的起源。T-团队的原则是在1946年夏天由社会心理学家库尔特·勒温及其同事所创建。勒温随后担任MIT的教授，他应邀帮助康涅狄格州跨种族委员会。当时该委员会正在发愁，因为他们的员工不知道该如何帮助社区克服偏见与歧视。遵循其格言"如果没有研究，就没有行动；如果没有行动，就没有研究"，勒温提议举办为期两周的工作坊来同时培训三个团队的委员会员工并为推动变革提供所需的研究数据。心理学家将领导三个团队中的每个团队，而研究人员则会观察每个团队。

每天晚上，研究人员与团队领导会面并讨论他们所记录下来的对于团队与领导之间互动的观察。一天，数位与会者要求参与晚上的会议。绝大部分研究人员和团队领导担心这会对与会者带来伤害，因为他们可能听到有关自己行为的讨论，但勒温却支持提供反馈。他找不到任何理由需要让研究人员与领导对与会者隐瞒信息，他认为反馈会有所帮助。

结果发现，晚上的这次会议给所有与会者带来了相当不错的激励效果。当领导与研究人员分析团队中发生的事情时，当事人会打断他们的发言并提供自己的解读。团队成员发现，当他们心无芥蒂地参与讨论时，他们了解了有关自己行为的更多重要信息，如其他人对于他们的反应方式、团队整体如何表现等。研究人员、团队领导与参与者一起发现了学习的有力方式。通过观察领导如何讨论他们的工作，团队成员了解到团队如何行事以及团队领导如何推动改变。通过参与讨论，团队成员对领导的诊断做出澄清并帮助领导选择合适的干预方式。

在团队面前公开协调。勒温的发现说明，当两位发展型引导师在团队面前协调彼此的工作并鼓励团队成员一起参与时，团队成员与两位引导师都促进了学习的发生。发展型引导的目标是让团队成员自行引导他们的流程。你和合作伙伴通过帮助团队成员观察并质疑你们的联袂引导工作中后台的运作部分得以在改变中先行一步。

公开协调是有风险的。如果团队对你或合作伙伴感到不满，他们可能利用你的坦诚来指出你或合作伙伴难以胜任工作。在某些场合中，合作伙伴的坦诚难以帮助团队成员达成其目标。如果你和合作伙伴花费了太多时间去协调彼此做出的干预，那么团队会认为这是在浪费他们的时间。另一个挑战出现在你和合作伙伴就有没有展现有效行为出现不同看法时。在开始的数次会议中，如果合作伙伴没有达成一致意见，团队会因缺乏团结而出现分歧。合作伙伴需要小心，不要贬斥团队成员的能力。对团队成员心怀戒心很容易找到理由，你可以声称他们还没有做好处理这些事情的准备或认为这是浪费时间。

在基础型引导中，即使联袂引导师的坦诚无法直接帮助团队达成其主要目标，但这可以提升信任程度。当合作伙伴公开协调彼此的工作而不是使用含糊不清的动作如点头、皱眉或挥手等时，团队成员更容易信任他们。这就如同小声嘀咕或传递纸条，这些秘密信号只会让团队成员质疑你或合作伙伴是否对他们隐瞒了某些信息。

但有时候信号虽然有用，不过不是因为你或合作伙伴希望隐瞒你们的沟通内容，而是因为你们担心公开协调会让团队成员分心。那怎么解决这个问题呢？

一种方式是基于交互学习模式行为中“分享所有相关信息”这一原则，你可告诉团队成员他们可能观察到你们的协调行动（如点头或挥手等信号）并指出这么做的目的是避免干扰团队，而不是有什么秘密不想让团队知道。为了让他们放心，你可以承诺只要有人提出这样的要求，你会分享你们的私下讨论。最后，团队成员答应，如果他们感到秘密协调让他们分心的话，他们会告诉你或合作伙伴。这种方式维系并提升了信任度。**其背后的原则是合作伙伴采取协调工作的方式需要与核心价值观及客户的目标保持一致。**

与合作伙伴的总结

每次会议结束后，你和合作伙伴做一次你们自己的总结，这会颇有帮助。如果合作伙伴和我在会议结束后马上开始这样的对话，我会记得对话的许多细节。

除了讨论团队中所发生的一切，你们还可以讨论一起共事的方式以及还有哪些地方你们需要改善。一种方式是分析会议中的关键事件，比较一下你和你的合作伙伴事前达成共识的处理方式与你们实际的处理方式之间的差异。在一次引导会议结束后，我询问合作伙伴我是否对他的引导部分补充太多，我担心他将这些补充看成麻烦。他认为这些补充是合适的，也符合我们事先达成的协议。他希望我继续这么做。但在另一个场合中，当我提出相同的疑问时，对方觉得我的引导让她失去关注点。

你和合作伙伴可以讨论你们彼此的行为、感受、想法，发现问题的成因并处理这些问题，以免这些问题给团队之间的互动因素带来负面影响。地位、控制、能力及支持等问题也是值得讨论的。总体原则是合作伙伴有效性部分取决于你构建有效对话的能力，以及管理影响你们工作关系问题的能力。

在发展型引导中，你和合作伙伴可能与团队成员分享你们的总结。这可以帮助你们理解团队成员是如何回应你和你的合作伙伴的行为的，并且在团队面前示范你们是如何分享那些与团队一起更为有效开展工作的心得的。

小结

在本章，我介绍了你和合作伙伴应如何共事来更好地服务团队并改善你们的自身技能。我首先介绍了联袂引导的利弊。在决定是否使用联袂引导这种方式时，衡量原则是一起协作的合作伙伴应能在更大范围内做出诊断并实施干预。相比于单独引导、咨询或教练，联袂引导可展现出更高的专业水准。请记住，与合作伙伴一起有效共事的前提是大家的核心价值观与假设保持一致。

我还介绍了当你们做出分工之后，你和合作伙伴应如何分工、协调，以及你们扮演角色时需考虑的因素。本章最后一部分介绍了你和合作伙伴应如何保持一个健康的边界，以及你们应如何在团队面前协调你们的工作。最后，我们讨论了你们将如何使用你们的总结来改善协作的有效性。

在第 15 章，我将讨论如何使用引导技巧帮助组织实现改变。

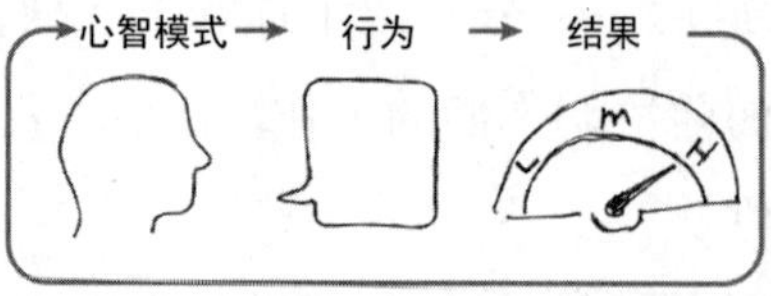

第 15 章

在自己的组织中担任引导角色

本章探讨的主题是当你在自己的组织中担任引导角色时所面临的问题。我会介绍内部角色的优势和劣势、内部引导角色的发展之路、塑造该角色的策略以及当你还不完全胜任这个角色时该如何改进你的角色。假如你现在还不是内部的引导师、咨询顾问、教练或培训师，你可以跳过这章。

如果你是内部的引导师、咨询顾问或教练，并且已经阅读了本书前面的章节，你也许会思考：交互学习模式确实可以改善组织绩效，但是作为内部员工，我该如何使用这种方式呢？我并不拥有外部引导师、咨询顾问或教练所享有的自由和权力，如果我也像他们那样说话，这些风险是我不能承受的。

对于内部引导师、咨询顾问和教练来说，他们有效行为的组成与外部人员一模一样。交互学习的价值观和假设既可以指导内部人员，也可以指导外部人员。正是这些相同的核心价值观和假设让组织内部成员得以产生高效行为。虽然内部人员和外部人员面临的挑战不同，但他们都可展现出相同的行为。

内部引导角色的优势和劣势

当我与内部引导师和咨询顾问讨论他们的角色时，他们都会谈到自己所遇到的限制。很多限制都是真实存在的。但如果你是一位内部引导师，相对于外部引导师，你也享有一些优势。借助弗利兹·斯蒂尔的研究成果，接下来我将从多个视角讨论内部引导角色，我会比较内部与外部引导师的结构性差异以及这些差异所带来的优劣势。

接触途径

相对于外部引导师而言，内部引导师可通过不同途径接触组织，而组织也有不同的途径来接触内部引导师或外部引导师。

接触组织的途径及收集组织信息。作为内部引导师或咨询顾问，你非常了解组织的历史、结构、动态及人员情况。有时你对潜在客户群也非常了解。所有这些信息可以让你很快理解客户团队的处境，并且鼓励他们基于组织的文化情境来分析他们的决策。但是，对团队状态的熟悉程度也会让你认为手头上的信息、假设及推论是正确的，即使你还没有对其做出检验。考虑到你是文化的一部分，你也很难看到深嵌在其中的假设。

工作的接触途径及其延续性。因为你是内部引导师，相比于外部引导师，团队更容易找到你。接触途径包括给你写留言条、发邮件、给你打电话或到你的办公室找到你。你更容易从头到尾参与一个项目，并且看到项目的长期结果。一般来说，与外部的引导师相比，团队认为内部引导师更易于提供及时帮助。

但是，相对容易接触的途径也会带来冲突。团队也许期待你可以随叫随到，并且无需订立正式的协议。你也许会在一个团队上投入比预期更多的时间。如果你的经理期待你在引导或咨询上花费更少时间，那么矛盾会加剧。因为你可以随时提供支持，所以很难界定项目何时结束，也很难确认项目协议中提及的条款是否已经完成。

当引导组织中一定级别的员工时，你难以在他们面前展现可信度或保持可信度。相对于外部引导师或咨询顾问而言，人们认为内部引导师属于组织中的特定层级。所以，一个级别明显高于你的团队会担心你能否胜任引导工作，而一个级别远低于你的团队会担心你是否代表高级领导的期盼而不是满足团队的需求。

内部人员形象

被视作内部人员，你可以享有几个潜在优势。团队会认为你是“我们中的一员”。大家会珍视你对组织和他们的了解。因此，团队从项目一开始就感到与你一起工作比较自在。如果你在其他的角色中已经示范了你的引导技能，团队会认为你是一个值得信赖的人，特别是当团队成员曾直接观察过你在其他角色上的表现时。如果你是提供引导、咨询和培训服务的内部员工团队之一，你的声誉会让客户团队对你感到放心，即便他们个人没有和你一起工作过。

同时，成为“我们中的一员”也是一个负担，因为客户认为你离问题太近而无法保持中立，或者对客户的假设采取视而不见的态度或无法挑战客户的思维模式。

内部引导师告诉我，相对于外部引导师，他们在建立可信度上会经历一段艰难的时间，因为团队引入外部引导师就是为了帮助他们解决具体问题。当你提出的问题挑战了组织或团队的文化时，这种情况尤为明显。团队成员最微妙同时也是最强烈的期待之一就是大家按照组织的文化行事。虽然大家对文化的某些方面并不赞成，但在某种程度上他们依然珍视组织文化，因为它是可以预测的并且满足了他们的部分要求。所以，当你指出团队成员在文化中不良部分的责任时，大家会认为你在不适当地挑战组织的文化。

职业安全感

作为内部引导师，你可享有相对的职业安全感，因为你会定期收到薪水并且不用花太多时间去做市场推广即可拥有潜在客户。从理论上来说，一旦职业安全受到威胁，为一家组织提供服务所带来的安全感提升其实也会导致风险的增加。如果一个重大项目遭遇问题，外部引导师会失去一位客户，而你将面临丢掉工作或丧失影响力的危险。所以，作为内部员工来说，如果你的干预涉及一个团队或领导时，你会更为关注自己的财务安全，即使你的行为与交互学习模式保持一致。

在实践中，我还从未遇到过一位有水平的内部引导师或咨询顾问仅仅因为向客户提出一些困难的议题而被炒掉或被迫离职。（如果你是例外，请告知我。）但是，与我合作过的内部引导师中有人决定离开所在组织，因为他们发现自己无法帮助组织实现巨大转变。

如何塑造你的内部引导角色

作为内部引导师，你面临的很多挑战源于这个角色在你的组织中是如何演变的。幸运的是，你可以通过塑造你自己的角色来解决这些问题。为了理解如何做到这点，我们首先需要知道你的角色是如何演变的。

你和其他人创造了你的角色

如同组织中的其他角色一样，你的内部引导角色也经历了一个迭代的过程。在这个过程中，你以及其他同事一起分享了你们期待去影响自己的工作方式以及为此付出的努力。这些人包括你的直属上司、同事、你的主要团队客户，以及主要客户团队的上司。因为以上每类人在某种程度上都需要得到你的帮助，他们对于你如何履行你的内部引导角色都有发言权并会表达他们的期待。

这些人也许试图去影响你，无论是采取直接方式还是间接方式。你的经理也许会直接告诉你不能与组织中的某个团队合作。或者他会直接通过行动暗示你应该对主要客户团队的成员做出评估，因为这是绩效考核的需要。类似地，某人或许会直接告诉你“不要拒绝任何来自组织层级较高的客户团队所委派的任务”，或者表达一个含糊不清的期待“当我们需要你时，我们希望你能提供帮助”。

当然，你也对如何履行自己的内部角色有所期待，并且你会将这种期待传递给其他人，无论是采取直接还是间接的方式。你也许会告诉客户团队你不会在他们和上级之间担任调解人，但你可以帮助团队学习如何向上级提出一个艰难话题。或者你会告诉你的经理团队，保密条款让你无法与他分享大家在会议中发言的具体内容。

当与你合作的人与你沟通他们的期望时，你的角色会发生改变，反之亦然。你们对于彼此的期望越相似，你们之间的冲突就越少。产生角色冲突的原因之一是当你和许多人一起共事时，也许他们对于你的某些期望并不相容。

让事情变得更为复杂的是，对你角色的期望会受到组织、人际关系和个人因素的影响，这包括你们人际关系的本质、你的个性和个人风格，如你是否有幽默感或你是否严肃。

你的其他角色影响你的内部引导角色

最后，你在组织中所担任的其他角色也会让你的内部引导角色变得更加复杂。引导角色也许是你众多角色中的一个，如你还担任人事经理、精益改进经理或六西格玛经理等，或者你还需要担任常规的管理或非管理职位。组织中的任何一个成员都可以担任内部引导角色，不管他在组织中担任何种角色。

当与你共事的人期待你表现出一些“非引导角色”的要素时，冲突出现了。例如，如果你所担任的非引导角色在组织的层级中高于你的客户团队，那么他们也许会期待你将他们的信息传达给组织更高层级的领导。而你的经理也许期待你去评估团队成员的表现并将其作为绩效评估流程的一部分。如果你是人事总监，客户团队也许期待你就人事的相关事宜做出决策。如果你是财务总监，客户团队也许期待你就财务事宜做出判断。

因为你所引导的对象并没有将你视为履行两种不同角色的人：在组织中的常规角色

和引导角色之间的角色冲突由此产生。他们只认为你不过是在执行多个任务而已，你不仅可以做到并且应该在任何时候同时执行所有这些任务。挑战在于你需要帮助与你合作的对象学会以不同的角色来看待你，并且你需要解释当你担任引导角色时，如果你所表现出来的行为涉及你的其他角色，这会带来问题。

塑造你的引导角色

你可以改变你的引导角色，让它变得更加高效。人们基于他们的价值观、假设和兴趣对你的引导角色建立期待，通过与他人讨论这些内容，解释你自己的价值观、假设和兴趣，你可以塑造自己的角色。在这部分，我将描述塑造角色的策略，其中的部分内容源于弗利兹・斯蒂尔。

表 15.1 介绍的策略可以帮助你提升作为内部引导师的有效性。这意味着你需要依据交互学习模式的核心价值观、假设来界定自己的角色。这就产生了矛盾。从短期来看，如果你没有按照核心价值观和假设行事，那么你可以有更多机会帮助团队。但是，如果这么做，你就无法示范有效行为并帮助团队取得进步。以下的策略可以解决这个问题，在不违背核心价值观和假设的前提下，你就能提升你的引导角色的有效性。

表 15.1 塑造你的内部引导角色的策略

- 决定何种引导角色是合适的
- 在潜在冲突发生前讨论这些角色
- 就引导角色的转换寻求支持
- 讨论过往你与客户团队遇到的问题
- 愿意放弃你的引导师角色
- 使用订立合约的流程
- 尊重交互学习的核心价值观、假设和基本规则；针对客户的实际情况，为客户量身定制解决方案

决定何种引导角色是合适的

担任一个并不适合自己的引导角色很容易让你陷入困境。与引导咨询顾问、培训师或领导不一样的是，引导师是实质中立的。实质中立是一个相对概念。你也许会好奇作为内部的引导师，你如何在组织内部的任何议题上保持完全中立。判断是否中立有两个标准：① 你认为个人对于引导内容所持有的观点不会影响你所实施的引导；② 客户团队认为你在引导内容上的个人观点不会对你的引导带来重大影响。

除非你与合作的团队交流很少，担任引导型咨询顾问甚至引导型领导也许是比引导师更为合适的角色。在这两个角色中，你可以如同引导师那样在实质上提供相同的帮助，与此同时，你还可以与团队分享你的个人观点以及你在话题上的专长。

在潜在角色冲突发生前讨论它们

与团队讨论他们对于你的引导角色的期望，在冲突发生前讨论比冲突发生后讨论更容易。例如，与你的经理讨论你是否需要担任客户团队与其经理之间的调解人，在经理要求你这么做之前讨论，这显得更为容易。你需要提前预测角色可能引发的冲突。挑战在于与所有各方达成共识，以确保大家的期待是可以并存的。这种对话最好在订立合约期间举行。

如果你在组织中还担任其他非引导角色，你也许会面临这样的压力：将你在引导角色中获得的信息运用于你的非引导角色。假设你是一位组织发展经理，同时也是一位引导师，你正在引导一个你的上级管辖的特别行动团队。你的经理告诉你，她非常关注特别行动团队的进度问题。为了解决她的担忧，你担任调解员的角色并且将信息直接传递给团队。或者你通过不停地表达你在内容方面的建议来加快团队的进度。这些行为都属于引导角色之外的行为。

为了与你的角色保持一致，你可以向经理表达意见，希望她直接向团队表达她的看法。如果你担心你的上级会认为你没有有效开展工作，你可以与她检验你的担心。这样，你可以了解她或者对于引导流程抱有不切实际的期待，或者她对于你的引导角色还不太了解。

另一个角色冲突源于你被迫从引导角色中获得信息，而这与你的非引导角色相关。假如你获得一些信息，若基于非引导角色，你会采取相关行动，若基于引导角色，你该怎么办？例如，我的一位同事担任组织的内部引导师和人事总监。当他引导一个质量改进团队的讨论时，他们开始讨论与加班有关的部门政策。引导师很快认识到，如果按照他们的意见执行的话，那么该部门制定的政策将与整个组织制定的政策相违。如果他以人事总监的身份参与到讨论之中，那么他会与该部门的领导讨论明显的违规行为。如果你在现场，你会因为这些信息是基于你所扮演的引导角色而获得的而采取不同行动吗？别忘了，你需要考虑保密协议。

这个故事提出了一个两难选择。客户对你的信任的一部分源于你对于引导团队之外的成员没有任何影响力，至少从理论角度来看这是成立的。但如果你基于非引导角色根据这些信息采取行动，那么你对团队在施加影响。在这个案例中，你的影响可能对团队有利。但在另一个情境中，你的影响可能给团队带来负面影响。如果你面对这些信息没有采取行动或团队也没有对此采取行动，那么你就在明知有些人事政策没有得以遵循的情况下，对此采取了放任自流的态度。从另一个角度来说，如果你基于非引导角色根据这些信息采取行动，团队成员将来也许会隐瞒某些信息，因为他们担心你会基于非引导角色采取行动。

解决这个两难选择的方法在于尊重知情的选择这个核心价值观。如果该组织始终如一地坚持遵循这个核心价值观，团队成员会认为你可以基于非引导角色采取行动，也就是说客户团队所倡导核心价值观会依此行事。

你还可以采取另一种方法来处理这个两难选择，即与团队成员订立清晰的协议并就你如何处理这些信息给他们提供知情的选择，这样他们在讨论中可以决定是分享还是隐瞒某些信息。预测冲突性议题意味着在它发生前和团队订立协议。

就转换引导角色达成一致

如果引导是你常规组织角色的一部分或之外添加的一部分，恰好你拥有相关主题方面的信息，若分享这些信息，那么你就偏离了你的引导师角色。在你放弃引导师角色之前，与团队达成协议，这非常重要。

某团队正在讨论如何在部门中建立自我管理的工作团队：团队成员将决定如何规划、分配及协调团队内部的工作。为了全面推进这一转变的实现，团队也许需要修订团队成员绩效评估的方法。如果你既是团队的引导师，又是人事总监，在这种情况下，如果你和团队事先订立好协议，暂时离开你的引导师角色，这是合适的。基于你所扮演的人事总监角色，你可以介绍团队客户修订绩效评估系统的流程。

你可以这么说："你们提出了一个事关人事政策的问题，而我作为人事总监拥有相关信息使我相信这些信息对你们有帮助。我想分享这些信息。如果我暂时离开引导师角色来分享这些信息，大家介意吗？"分享了信息并回到你的引导师角色后，你可以告诉大家："我回到了引导师角色。"

讨论过往你与客户团队遇到的问题

如果你一直使用单边控制模式，你现在的客户与潜在的客户都会认为你在实行单边控制模式，因此他们不会完全信任你。想要确定情况是否真的如此，你可以检验你的推论，是否由于在工作中发生了什么事情导致他们不再信任你？如果是，你可以解释你这么问的原因。同样，如果知道自己有些时候言行与交互学习模式不相一致，你可以分享相关信息，解释为什么你现在知道这是低效行为了，并且告诉他们你将如何采取不同的行事方式。主动提供这些信息可以让团队了解你觉察到了自己的低效行为，并且有能力改变这些行为。分享信息也显示出你可以心无芥蒂地与他们讨论自己的行为。这样一来，潜在客户就容易提出他们认为不便与你讨论的问题。通过开诚布公的讨论，潜在客户对你的信任度开始提升。

愿意放弃你的引导角色。当你无法做到与交互学习模式的价值观和假设保持一致时，如果你愿意放弃自己的引导角色，那么冒险公开讨论角色冲突将变得更为容易，哪怕你需要面对位高权重者。让人感到颇具讽刺意味的是，你主动后退也许会增加机会，这样一来，你最终可能不必这么做。

但是，在某些情况下，你依然会发现，除非不断地违反交互学习模式，否则你无法担任引导角色。对于某些人来说，放弃内部引导角色，这也许意味着离职或离开组织。从财务角度而言，这是内部引导角色所面对的最为严重的后果。但是，继续担任内部引导角色并在同时违反交互学习模式，这就回到了本章之初所讨论的那个问题。如果这样做下去，你帮助团队的难度将越来越大。

使用订立合约流程

使用订立合约流程是界定你的引导师角色并消除我讨论过的潜在问题的直接方式。作为内部员工，你也许希望（或被迫）缩短合约订立流程。

你也许认为你对客户团队的成员已经足够了解，或者客户团队对于他们希望做的事情似乎没有异议，或者客户团队说他们没有时间召开规划会议，对此你感到压力倍增。遗憾的是，缩短合约订立流程总会在事后带来问题。客户因没有充分理解你的角色，或者你不赞同某个引导或咨询流程的某些部分，而你和客户对此并不知情。

当和内部客户讨论规划会议时，你可以解释这有助于提升团队的能力并有效利用引导或咨询的时间。如果客户坚持说规划会议没有必要，因为团队已经就目标和其他事宜达成了共识，那么你可以询问他为什么他认为规划会议没有必要，并且解释如果他们的假设是正确的，那么会议将非常简短。但是，如果客户还是不同意召开规划会议，那么你需要做出权衡：是继续引导或咨询（也许不是那么有效）的风险大，还是不同意做引导或咨询的风险大。

尊重交互学习的核心价值观、假设和基本规则并量身定制技巧

交互学习的心智模型、行为和基本规则是其核心。方法和技巧都是为了将心智模式、行为和基本规则串联起来加以使用。作为内部引导师，你也许会发现本书中的某些方法和技巧无法适用，而且你的组织不会因适应这些方式而做出改变。

我在本书中介绍的方法和技巧并不是与交互学习模式保持一致的唯一方式。不过，我使用过它们并且非常有效。使用交互学习模式意味着改变与发现适合你们组织的技巧和方法，并与交互学习模式的心智模式、行为和基本规则保持一致。

首先与你的经理订立合约

需要订立合约的人之中最重要的角色之一，也是首先需要订立合约的人就是你的经理。如果你的经理了解了你的引导角色以及你与合作团队直接订立合约的重要性，那么你可以减少发生在你所服务的团队、你的经理和你之间的误解。你可以和你的经理讨论以下一系列问题并达成共识。

团队将如何对我的引导服务提出申请？如果客户一开始接触的是你而不是你的经理，你更有可能准确代表你所使用的引导方法并能对此做出承诺。你的经理和你也可以就他直接收到的服务请求如何处理达成一致。例如，你的经理会大致地向提出需求的潜在客户介绍你的角色并且要求潜在客户与你讨论具体事宜。

在何种条件下我将拒绝或接受服务申请？有许多合适的理由来拒绝团队的申请：你也许没有足够的技能或时间来帮助团队，或者你在引导话题上无法保证中立等，或者团队要求你去展现的行为与交互学习模式不相一致，或者团队没有足够的动力或时间来达成其目标，或者由于团队内或外的其他原因导致团队无法达成目标。

如果出于这些合乎情理的理由你无法拒绝团队提出的申请，至少你可以告诉团队你会和他们合作，但你要解释清楚你认为哪些因素可能阻碍团队达成目标。

谁会决定我是否可以与团队合作？理想的情况是，你来决定是否和团队开展合作，因为你拥有担任引导角色的相关信息。否则，你可以和经理共同做出决定。

在某些情况下，你的经理可能希望你拒绝某项申请，但从你的角度来说，该申请满足可接受的所有条件。你的经理也许认为团队对于组织而言不是那么重要或不值得投入时间。或者，他希望你接受另一个服务申请，虽然该申请没有满足必要的条件，但该申请能够缓解团队成员的压力以便给团队提供一个快速修复方案。

在和团队签约和解约方面我的限制是什么？如果有的话，你和你的经理需要就你和

团队签约和解约方面的限制达成共识。例如，她是否批准一个需要承诺更多服务时间的申请？她是否批准针对组织一定层级或一定区域的申请？你是否可以就高风险的发展型引导的申请订立合约而无须事先得到批准？在某些情况下，你需要和客户解约。在解约前，如果有此要求的话，你需要和你的经理开展怎样的对话？

我需要和你或组织中的其他人分享哪些团队信息？考虑到保密要求，有几个利益相关者需要考虑：客户团队、你本人、你的经理或你所在组织。如果你在引导工作中获得了某种信息，需要你与你的经理分享，那么与团队合作前就知道这点非常重要。这样你可以和团队分享这些信息以便他们做出知情的选择。

我需要去评估客户团队成员的表现吗？如果客户之外的人员，如你的经理要求你对团队成员做出评估，那么你将面临角色冲突。团队成员信任你作为引导师（或其他引导角色）的部分原因是你不会在组织中行使你的权力来对他们施加任何影响。对团队成员做出评估意味着你行使了那一权力，如果你有的话)，这会改变团队的动态因素。即使你从正面评估了团队成员，这种情况也会发生。

如果被引导的团队成员在团队工作上投入了大量的时间，那么评估流程的需求就显得格外强烈。例如，我曾经和联邦某政府机构及其全国工会打造一个合作项目。一个人数不多的工会—管理层委员会几乎是全职运作这个项目。经理希望当地的内部引导师来评估委员会成员的表现。实际上，经理认为大家表现良好，并且希望得到一些评估数据用于给他们发放奖金。

如何评估我作为引导师角色的表现？如果与你没有直接接触，人们很难就你的引导角色予以评估。团队引导的假设是，高效的团队流程产生了高质量、可接受的团队决策。但因为团队保留自己对于行动的选择权，所以团队的表现并不由你的表现决定。也许你的表现不错，但团队依然没有达成任何一个目标。同样，你也许表现不佳，但团队依然达成了它的目标。

评估引导师角色的有效方法是观察他的表现或回顾引导、咨询或教练中的记录。（这需要获得团队的同意，就录音或观察团队的结果予以保密）。这两种方法都使用可直接观察的数据来生成有效信息。录音允许你和经理回顾引导信息，这可以避免回忆中的错误并为发展型评估提供帮助。如果你的引导角色只是你职责中的一小部分，那么评估对于你的最终奖励就不那么重要了。

当我担任引导角色时，我如何安排我的其他角色？如果你的引导角色以兼职的方式开展，那么你可以降低角色风险，方法是就你在担任引导角色时如何处理非引导角色的职责达成一致。例如，在条件允许的情况下，你可以将其他职责授权他人，或者你和你的经理可以达成共识，你只对你的非引导职责负责。

如果我也是引导团队的成员之一，我该如何安排？有时你会收到请求，与包括你的经理在内的团队合作。如果你以不同于其他团队成员的方式对待经理，这将降低你的可信度和有效性。即使你和你的经理同意你会一视同仁，但当你和整个团队订立合约时，提出这个问题并且让团队决定他们是否希望邀请你来担任引导角色，这点非常重要。

为了确保其他人理解和尊重合约，我们每个人需要做些什么？如果你的经理理解你的引导方式，他可以帮助潜在客户了解你是如何开展工作的。与你的经理讨论他是否愿意这么做非常有用。类似地，你也需要帮助主要组织成员了解你的引导角色。你和你的经理可以一起决定采取哪些行动来达成这个目标。

如果我们两个人中有人认为另外一个人违反了我们的合约，我们该怎么做？最后，如果你和经理中有人认为另一方违反了合约，事先就此达成共识会很有帮助。在订立合约时就此达成共识，一旦出现真正的冲突，事情就会变得容易处理了。

由外到内改变你的引导角色

你在引导角色之外的行事方式将提升你在引导上的有效性。当你没有担任引导角色时，以下这些方法可改进你的引导角色。

帮助他人了解你的引导角色

角色冲突的发生是因为与引导师合作的人员不知道引导师是什么或做什么。实际上，很多人将引导师等同于调解员或仲裁人。你可以创造机会来帮助大家来了解引导师角色或者任何其他引导角色，这有助于降低冲突。一旦人们了解了你的引导角色，当你允许团队做出一个“糟糕”的决策时，他们就不再认为你没有尽心尽力。教导他人也能产生潜在客户，因为员工了解了引导师或教练可以如何帮助他们。但教导是一个过程，并不是一个事件。它意味着你需要不断寻找机会来帮助他人了解这个角色和它带来的好处。

变成一个非正式的变革催化师

通过变成一个非正式的变革催化师，你可以尝试去影响那些阻碍你有效完成引导工作的情境因素。在某些情况下，组织中阻碍你履行引导角色的因素与造成团队问题并需要你去实施引导的因素是同一个。

正如团队有效性模型所显示的，情境因素属于组织的文化。文化对于组织成员有着强大而全面的影响力。组织文化难以改变。但是，尝试去影响团队文化或组织文化，可以引发巨大的改变，对于你的引导角色也是这样。当然，在你担任非正式的变革催化师时，你需要使用交互学习模式的价值观和假设，这非常重要。

示范这种行为

有人认为甘地曾经说过这句话“做出改变使之成为你想看到的世界”。当然这并不是他的原话，他的原话是“如果我们能改变自己，世界也将发生改变。当一个人改变了他的个性，世界对待他的态度也相应地发生改变……我们不需要等待他人的行动”。成为变革催化师的核心就是示范这种行为。作为内部引导师，你要求组织中的其他人遵循交互学习模式的价值观、假设和行为，收起他们原有的正常行为并冒险尝试新的行为，期待这些冒险可产生更多有效行为并带来高质量的决策、更好的学习效果及更好的工作关系。

如果你在非引导角色中示范了这些心智模式和行为，客户会把你看成可信赖的人，尤其是当他们直接观察了你的行为之后。如果你没有展现这些行为，客户可能询问你，如果你本人都没有展现这些行为，你又该如何主张他们使用交互学习模式呢？

示范交互学习模式非常重要。人们期待引导师的帮助来看到更多有效行为产生的可能性。团队成员知道如何按现状行事。他们所不知道的是如何改变他们的思维模式和行为方式从而生成他们所期盼的工作关系。当你在非引导角色中示范了这种行为，你就成了引导型领导，正在创造他们所寻找的工作关系。

如果你认为以引导型领导的方式示范交互学习模式面临风险，你的这种感受非常自然。我的许多客户和同事是内部引导师，最初他们担心如果他们使用这种方式，尤其是面对那些位高权重者，那些人会认为他们的行为不适当或者具有挑战性。这种风险是存在的。但是，总体而言，我的客户和同事发现他们可以降低风险，他们采用的方式是清晰地解释他们的动机、说出他们的担忧（不知道其他人如何解读他们的行为），并且询问其他人是否真的认为他们的行为低效。人们比较容易忽视没有使用引导技巧——不检验假设、隐瞒相关信息、没有真诚发问所带来的风险。运用交互学习模式并不要求你摆脱担心，或者相信担心并不存在，它只要求你前进时依然需要考虑这些担心，如果担心的确有关的话，将这些担心变成对话的一部分。

小结

作为内部引导师、咨询顾问、教练或培训师，当你在组织中和团队开展合作时，你将面临各种问题。这些问题包括你担任内部引导师角色时的优势和劣势、内部引导师角色的演变方式、塑造该角色的策略，以及当你不能完全履行这个角色时你该如何改进。

虽然组织成员对于你这位内部引导师的期待与外部同人有别，但本章所介绍的一个基本原则是：对于内部引导师、咨询顾问和教练来说，构成他们有效行为的要素与外部引导师、咨询顾问和教练并无任何本质的不同。交互学习模式的心智模式和行为方式是内部引导师与外部引导师的共同指引。正是相同的心智模式和行为方式让组织中所有成员产生高效行为。通过担任引导型领导来示范交互学习模式，你可以提升团队对你的信任，同时帮助组织看到采用这种模式所带来的效果。

在第 16 章，我们将探讨如果客户团队成员无法共处一室时该如何与团队开展合作。

第 4 部分

与技术同行

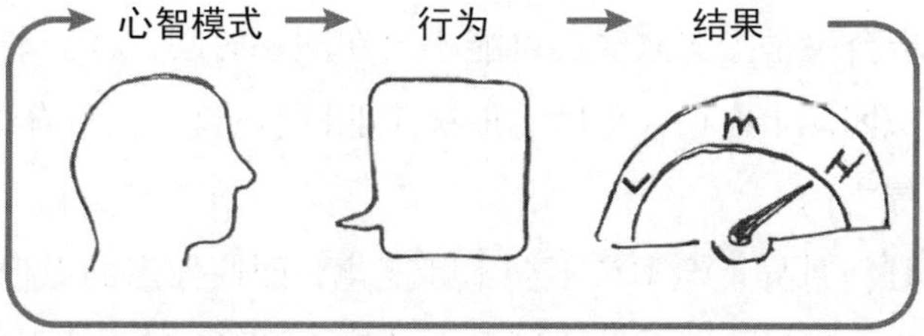

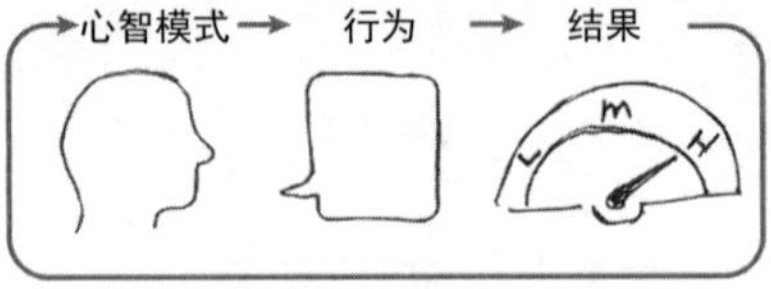

第 16 章

使用虚拟会议技术

在本章，我将介绍何时使用虚拟会议，如何在不同的虚拟会议技术中做出选择，了解使用虚拟会议技术做引导时所面临的特殊挑战，以及如何有效地解决这些挑战。

所谓虚拟会议技术（也称在线会议、电子会议、分布式会议或远程会议），是指所有成员在同一指定时间同时在线举行的同步会议，但这些成员并未同处一间有形的会议室中或同处一个时区。你可以使用虚拟会议技术与那些平时未采用虚拟方式沟通的团队或那些自认为属于虚拟团队的人员（团队中的成员很少真正碰面）开会。本章不会讨论非同步会议，非同步会议是指团队成员可能不会在同一时间在线。本章也不会讨论如何创建一个有效的虚拟团队（在很大程度上取决于非同步会议）。所有这些话题都很重要，但不在本章讨论范围之内。

虚拟会议技术日新月异，但本章不会不断变化，即便你借助虚拟技术来阅读。作为虚拟引导技术的先驱，亚利桑那大学的研究人员从 20 世纪 80 年代中期就开始引导虚拟会议，该技术领域依然处于迅猛发展阶段。本章将讨论使用虚拟技术所引发的问题，包括如何与交互学习模式保持一致等。然后，你可以上网查询或向其他人咨询各种最新虚拟会议技术的不同版本及用途。

选择使用何种虚拟会议技术

你可以使用不同技术来主持虚拟会议。无论你和团队决定使用何种技术，这都将给你们带来机会和挑战。

虚拟会议技术的类型

虚拟会议技术的使用范围相当广泛。下面的清单说明了每种技术的用途。

- 音频会议：参与者可以通过共同的音频链接倾听彼此，但不能看见彼此。
- 视频会议：参与者可以通过共同的视频链接来听见和看见彼此。
- 屏幕共享：参与者可以看到引导师（或者咨询顾问）或其他团队成员的电脑屏幕，并且彼此分享对于屏幕的控制。
- 网络会议：这个技术将音频或视频会议与文字聊天、屏幕分享和其他几个简单的内容（例如，分享发言者的白板或者简单的投票工具）结合起来，例子包括 gotomeeting，WebEx。
- 电子会议系统（EMS）。电子会议系统（也被称为团队支持系统或 GSS）是特别设计的会议系统，可帮助团队有效使用技术，无论团队成员是同处一间会议室（在同一地点）还是身处不同会议室（在不同地点）。通过为团队提供构建流程所需的电子工具，电子会议系统可提升团队问题解决及决策的效率，包括头脑风暴、讨论、分析和投票、跟进行动、回顾文件和简报及会议中的文件。总而言之，电子会议系统的设计目的就是通过提升流程收益并降低流程损耗来提升流程有效性。会议中最常见的两个问题：其一是糟糕的会议结构与低效的会议流程，其二是过高或过低评价团队成员的贡献，此时评价因素不是依据他们发言的质量而是依据他们的正式职位、性别、种族等。第一个问题可以通过具体的工具或活动为团队的工作任务构建结构得以解决。第二个问题可以通过匿名投票的方式得以解决，这样团队成员的身份就不会被公布出来，虽然电子会议系统确实具备区分发言的个人或子团队的功能。
- 混合技术。有些会议技术结合了上述两项或多项技术。例如，电子会议系统技术可以与 GoTo Meeting 或商用 Skype 一起使用，这样可以将结构化的会议流程与音频、视频结合起来。同样，电子会议系统可以在智能手机上使用，这样可以将音频和视频功能和结构化流程结合起来。

在本章随后的篇幅中，我将集中讨论是选用电子会议系统还是采用面对面讨论的方式。

决定使用哪项技术

当你和团队在决定使用哪项技术时，你们是在几个互相矛盾的标准中做出最合适的选择：① 对于团队任务最有效的技术；② 所有参与者都可以使用的技术；③ 参与者可以有效使用的技术。以下是需要回答的提问。

参与者可使用哪些技术？无论技术多么有效，如果参与者无法使用，那一切都是徒劳。例如，参与者也许没有网络会议所需要的网络摄像机，或者他所处的区域没有互联网。即使参与者可以使用这些技术，但这些技术未必能提供可靠的服务，可能因为网速不够快，或者硬件、操作系统已经过时。为了避免把时间浪费在团队无法使用的技术上，我们需要了解技术使用者的要求，并且马上了解你和团队将要使用的技术能否满足这些要求。

团队人数多吗？当参与者人数增加时，组织希望使用的技术可有效地连接每位参与者，通过有效组织使团队成员更好地理解技术，以便更好地实施。这通常意味着你们需要放弃视频会议转而使用网络会议或电子会议系统。与音频会议或电子会议系统允许的与会人数相比，使用视频会议系统并能看到出席者的人数（假定大家都有独立的网络摄像头）要少得多。在音频会议、视频会议甚至面对面的会议中，超过 15 人的团队很难在同一个议题上听到彼此的观点，与会者会变得漫不经心。引导师通常会将团队分成几个小组来解决时间有限或与会者参与度不高的问题，每个小组会同时讨论同一个话题或相关议题。小组会归纳团队内部的不同意见并向整个团队陈述他们的观点。电子会议系统还有一个功能就是可以提供即时输入（通常被称为平行输入）来有效管理这些任务，哪怕与会者人数众多，这个功能依然可以做到这点。

会议需要什么样的流程工具？我父亲是工程师出身，他曾经对我说“要使用正确的工具干活”。如果你的流程要求大家观看视频或文件，网络会议系统将是一个合适的选择。但如果参与者必须同步使用一份文件或者生成决策流程所需要的看法，电子会议系统将是最好的选择。电子会议系统可以将问题解决和决策流程的不同要素结构化，这些要素包括头脑风暴、组织和提炼观点、排定优先次序，筛选选择方案并建立共识等。

为了有效使用技术，参与者和你的技能需要达到什么样的水平？为了有效使用会议技术，大家必须具备使用这些技术的技能。随着技术水平的提升，虽然使用这些虚拟技术所需具备的技能要求不断下降，但随着技术由面对面会议转向音频会议、视频会议以及电子会议系统，对于掌握相应技术所需具备的技能水平的要求却不断增加。提前询问团队成员是否使用过相关会议技术或者在电脑上、手机上使用过类似的功能很有必要。

如果他们有过类似经验，询问他们能否得心应手地使用这些技术，他们的回答有助于你判断该项技术最终将有助于推进会议流程还是阻碍会议流程。

电子会议系统技术和交互学习模式之间的匿名问题和不一致之处

电子会议系统将匿名用户作为其兜售的主要功能。他们的解释是，当用户匿名发表他们的看法或投票时可以增加团队成员之间的互动，改善某些团队成员的意见获得更多关注与采信而其他人的发言被忽略的局面。简言之，它可以将发言场所变得更公平，可带来更多富有创意、更高质量的决策。

除非你没有阅读之前的章节，否则你马上知道交互学习模式认为匿名用户这种做法与担责不相一致。虽然匿名发表的意见有助于减少因评估参与者的意见所带来的无关紧要的分歧，因为这可以让大家避免从发言人的姓名上去联想他的发言背景，但匿名是需要付出代价的。另外，保持匿名不能针对问题的根源，而只是绕开了问题并让问题在随后的某一天里在另外的场景中重新浮现出来。相反，交互学习模式旨在解决团队中降低有效性的不便讨论的议题。

在电子会议系统的早期开发阶段，我和一些电子会议系统的软件设计师一起合作过并且表达过我的担心，也就是电子会议系统的设计不允许使用者通过姓名来识别他们的身份。至少有一位系统设计师提供的软件允许团队成员识别每个与会者的个人身份。有些电子会议系统虽然不允许识别与会者的个人身份，但是允许与会者所在的团队识别成员的个人身份。在这种情况下，你可以给每位成员指派一个独有的团队名字，也可能是他本人的姓名。

虚拟会议所带来的挑战

团队在哪里开会，大家彼此如何相互交流，以及他们需要掌握哪些技能和流程来完成任务，这些因素都会影响会议流程的设计。让虚拟会议变成可能的技术创造了一个不同的会议“空间”，这改变了人们彼此之间的沟通方式，但人们需要掌握额外的技能来完成任务。

接下来我们了解一下虚拟会议将带来哪些挑战，这需要引起团队和你的注意。

在虚拟会议中，你跟进团队中正在发生的事情的难度更大。不同地点的与会者难以看到会议中发生的一切，因为他们不是身处一间有形的会议室中。如果你参加面对面的会议，你可以马上扫视一下整个房间和坐在你旁边的与会者，并且利用其他线索来了解团队正在讨论什么话题。但在虚拟会议中，告诉你团队正在讨论哪项议程的自然线索更少。这就要求引导师在任何时候都需清楚团队当前所处的流程环节。

很难就意见和提问收到反馈。虽然在面对面会议中也有这个问题，如人们不善于在陈述观点的同时结合提问，但在虚拟会议中，这个问题更加严重。虚拟会议难以让与会者听见其他人说些什么或辨别清楚谁在发言，并且确保团队对于每个人的发言或疑问给出回应。在电子会议系统中，虽然引导师可以代替参与者进行干预，但参与者很难让团队就你的点评给予回应，或者指出团队忽略了你的意见。最后，如果团队使用的是过时的会议技术如半双向技术或某种扬声器，那么使用不同麦克风的人不能同时听到彼此的发言。

更加容易分心及一心二用。在面对面的会议中，参与者经常接听电话来处理其他业务，即使团队规范要求不可以使用这些设备。团队成员可以通过言语或非言语信息轻而易举地表达他们的不满。但在虚拟会议中，你更难让所有参与者全神贯注于会议之中并指出他们与团队规范不符的行为。

更加容易漫不经心。即使大家没有分心，他们也有可能变得漫不经心。一旦需要付出很多努力才能专注到会议的内容和流程上，那么人们就容易变得漫不经心。所以，如果我们以为会议流程是高效的，但其实未必。

你可能忘记谁在出席会议。当大多数人在一个会议室中开会而还有一批人在另外的会议室中，大多数人会很自然地忘记了在其他会议室的与会者。当远程的与会者无法通过视频连接起来时，情况更是如此。

对他人的责任感更低。电子会议系统的一个主要功能是团队成员所发表的意见处于匿名状态（这至少是一些软件的默认设置），这将带来意想不到的后果，那就是责任感降低了，而担责是交互学习模式的核心价值观之一。

信息更容易出现过载。当人们使用会议技术工具时，他们可以迅速生成大量的信息。会议技术工具就像类固醇上的便利贴。团队成员在同一时刻产生了大量信息却难以有效组织或识别出来，这对团队达成共识带来更大挑战。

有效建立团队或修复团队将变得更加困难。在团队中建立信任对于团队的发展至关重要，而建立信任也是虚拟团队所需面对的重大挑战。当团队有效关注具有挑战性的议题时，他们会观察并检验自身对其他言语和非语言行为所做出的推论。虚拟团队给大家带来更大风险，因为大家很难看到这些行为并且做出回应。这就让解决诸如信任、防御和其他不便讨论的议题变得难上加难。总而言之，虚拟团队的专家建议不要使用虚拟会议来启动一个新团队。在虚拟团队中重建信任将变得更加困难。

电子会议系统技术让及时干预与会者与交互学习模式不符的行为变得更加困难，因为电子会议系统可以让参与者同时输入他们的意见并回复彼此的意见，引导师难以实时解读所有的信息，如果他面对的是单一团队的话。这让与会者与交互学习模式不符的行为变得更多，并且带来单边控制的负面结果。当与会者通过匿名方式发言时，这个问题会更加严重。

技术不可预测。虽然技术变得越来越稳定，大家依然可能遇到连接不稳定或连接中断的问题，软件也可能出现冻结或需要重启，而且整个系统也有可能出现崩溃。作为主持虚拟引导次数最多的人，我曾经历过上述所有问题。制定备用计划很有必要。

设计和引导虚拟会议来迎接这些挑战

作为引导师、咨询顾问或培训师，你的任务是共同规划和设计会议，并且在会议中通过你的引导师角色来解决上述提到的挑战。解决虚拟会议挑战的方法与面对面会议的一样，我不会在此重复一遍。在这里，我会重新回顾以前的章节并且介绍在虚拟会议之中你可以采取的其他或者不同的行动。

引导角色

虚拟会议需要你拓展引导角色并基于拓展的角色掌握额外的技能。**大多数在线引导技能与正常引导技能一样，但还需额外增加几项技能。**

我的同事马克·阿德金斯和我列举了电子会议系统和非电子会议系统会议中共有的12 项引导功能，其中只有三项功能仅限于电子会议系统会议之中。

1. 适当地选择和准备技术。

2. 对于理解技术及促进技术的理解与技术输出感到自在。

3. 了解技术及其功能。引导师国际协会（IAF）的一份杂志《团队引导》上的一项研究得出了类似的结论，增加了能借助网络与对方沟通这样的在线引导能力。

需要澄清的一点是，虽然虚拟会议有其专有的引导功能和技能，但这是在适用所有引导角色的一整套能力之外新增加的要求。也就是说，那些能让你在线上有效行使引导师角色的技能，也能让你在线下有效行使引导师角色。

与合作伙伴一起引导

由于虚拟会议的额外要求，与合作伙伴联袂引导是一个有用的方法。如果你确实与另一位引导师合作，你需要决定如何分配和协调你们的角色。在虚拟会议中，通常让一位引导师作为团队流程的合作者而另一位引导师担任技术的合作者。

作为团队流程的合作者，你会执行面对面引导的任务，正如我们在本书中所讨论的那样。包括保证团队成员的表现与团队的任务和基本原则保持一致，帮助团队基于大家的发言来提炼精华、赋予意义并做出决策，共同修改议程以便让它符合团队的需要。作为技术的合作者，你的关注点是会议技术，包括在会议前用适当工具准备好技术，在会议中为不同的团队任务匹配合适的技术，帮助团队成员使用技术，用技术监督问题并对成员在使用技术中出现的问题做出回应。如果你计划与一位合作伙伴一起合作，这将成为与团队订立合约所需商讨的一部分。

订立合约

你在面对面引导中关注的订立合约的提问也适用于虚拟会议。除了会议在哪里召开这类提问之外，就团队需要使用的虚拟会议技术，你还需要关注额外的提问。

- 虚拟会议当前使用的技术是什么？它使用的浏览器和应用软件的版本是什么？
- 考虑到团队目标、建议的日程和流程、参与者人数及参与者所处的位置、可以使用的硬件及网络链接这些因素，什么样的虚拟技术比较适合？
- 每位与会者将使用所有技术还只是一部分（如利用视频在线技术接入会议）？
- 万一技术出现问题，备用方案是什么？
- 在会议中你会聘请引导合作伙伴吗？如果有的话，你们每个人的角色是什么？

设计会议

在订立合约的最初阶段就开始设计虚拟会议，然后在规划会议中可以继续进行阶段二的设计，在规划会议结束后，你和合作伙伴可继续设计会议流程的细节。请记住，如果你规划虚拟会议，那么阶段二的规划会议将以虚拟方式进行。

以下是对设计虚拟会议的六条建议，它们可以解决我在上文中所描述的虚拟会议的挑战。

1. **识别每位参与者在会议中的利益点并且设计会议时通盘考虑这些利益点。**研究发现，如果参与者无法在会议中清晰地表达他们的利益点，他们会选择拒绝参加虚拟会议。与面对面会议不同，虽然虚拟会议貌似能带来更高的出席率，可一旦你认为会议无法满足你的需求，你更容易选择不出席会议。从理想的角度看，这意味着所有成员应该出席规划会议。如果在设计阶段所有与会者的利益点都被考虑进来，那么与会者在会议中没有积极投入的概率就会大大下降。

2. 假设大家学会使用技术需要更长的时间。对与会者而言，任何新的技术都有一个学习曲线，哪怕是面对面开会团队所使用的流程也是如此。当你在一群人中尝试了某项技术后，你可以更好地预计需要花费多少时间。在那之前，与之前在类似环境中使用过类似技术的同事沟通一下，以便对所需时间做出实际的估计。

3. 设计会议的日程，让大家清晰地知道你在每步会用到的技术、工具及所需时间。电子会议系统技术运用一些特殊的工具来引导团队解决问题和做出决策。通过确认这些工具和所需时间，你可以让团队更好地理解会议进程，同时减少因跑题带来的投入度不高的问题。

4. 分发会议中会出现的人物照片和简单介绍。除非你是和一个定期碰面的紧密团队合作，提供与会者的照片和简介可以提醒大家谁参加了会议，并且将他们的面孔与人名和声音联系起来。在电子会议系统中，你可以在会议开始前上传这些信息以便让大家浏览。

5. 尽可能使用视频。沟通研究发现，当人们从面对面沟通转为视频或声频并最终变成文字沟通时，用于理解当时情况的信息就减少了。让大家能够通过视频看到对方可以让你和参与者对彼此做出推论并且检验这些推论。它也让人们知道某个人是否出席会议并且全神贯注。但是，确保视频技术稳定工作并不容易，特别是当团队人数增加时。所以，引导师通常在会议开始时运用视频来做介绍，然后转为使用电子会议系统或声频。

6. 做好技术备用方案。会议设计必须包括一个备用方案，以防万一。技术故障包括有个别成员无法接入，或者无法使用某种功能，系统因无法解决的系统问题而崩溃。拥有随传随到的技术支持也非常重要。

在会议中

你的引导师角色包括优化你和团队使用技术的优势并减少由此所带来的挑战。有些虚拟会议的挑战可以通过设计来解决，但还有一些挑战需要在会议阶段解决，或者需要在两个阶段解决。就你在虚拟会议中担任引导师，给你以下八点建议，它们可以用来解决我上文所描述的挑战。

1. 使用备用渠道来处理技术问题和非议程问题。在会议一开始，清楚地向参与者解释应如何就技术和非议程问题寻求帮助。通过使用不同的流程，如一个专属的文字聊天框，技术合作者可以很快了解参与者的要求，而且这不会影响参与者完成手头上的任务。

2. 如果你必须在让摄像机关注所分享的信息、发言者或其他参与者间做出选择，选择关注所分享的信息。相比于看到发言人或其他与会者，分享的信息更加有利于参与者参与讨论。参与者在看到分享的信息的同时，仍然可以听见发言人的发言。

3. 在会议中经常使用议程表，让与会者知道他们现在处于会议议程的具体位置。当使用电子会议系统时，如果与会者没有及时从一项议程转向另一项议程，他们就无法参与到当前的任务中。对于任何有效的会议来说，清楚地知道并且宣布这些转换，十分必要。

4. 称呼与会者的姓名并让大家发言前报出自己的名字。除非每个人都在视频上，这样可以让每个人了解谁出席了本次会议。这也可以让大家将发言者之前的发言与现在的发言联系起来，并且通过了解谁在回复这些发言从而更加理解会议内容。

5. 经常检查成员的状态。在虚拟会议中，你无法扫视会议室，无法了解哪位与会者出现分心，哪些人感到沮丧或感到困惑。但是，作为引导师，你可以通过快速投票来了解大家的状态。

6. 当团队没有对他人的发言做出回应时，实施干预。在电子会议系统中，你很容易不去实施干预，因为参与者提供大量反馈的速度非常快。所以，观察有人提问却没有得到团队的反馈显得更为重要。

7. 当团队成员没有采取交互学习模式的行为时，实施干预。当然，这是你作为引导师角色的核心部分。但是，你去干预与交互学习模式不符的行为时比较困难，因为参与者以很快的速度提供了大量反馈。

8. 让大家描述同一地点成员的非语言行为。如果你没有使用视频或者无法看到所有的人，请大家描述同一地点成员的非语言行为，我通常会这么说："我无法看到会议室中大家的反应，你可以描述他们的面部表情吗？"人们通常会反馈："乔和我在微笑，但博迪在摇头。"

虚拟会议可以让团队身处不同地点的情况下完成任务。虽然面对面的交流可以让参与者交换信息并且得到虚拟会议所无法提供的体验，但虚拟会议技术依然在持续改进。电子会议系统为很多团队任务提供了有用的结构。研究表明如果采用电子会议系统，结构化的言语与电子沟通改善了输出质量，减少了完成任务的时间并且提升了规划流程的满意度。

小结

在本章，我介绍了几种虚拟会议技术。当团队无法面对面开会时，你可以与团队使用这些技术，如声频会议、视频会议、屏幕共享、网络会议及电子会议系统。我介绍了以上各种技术的功能以及如何确定选择哪项技术。我也介绍了虚拟技术面临的挑战以及如何通过订立合约来设计会议流程并在会议中处理这些挑战。

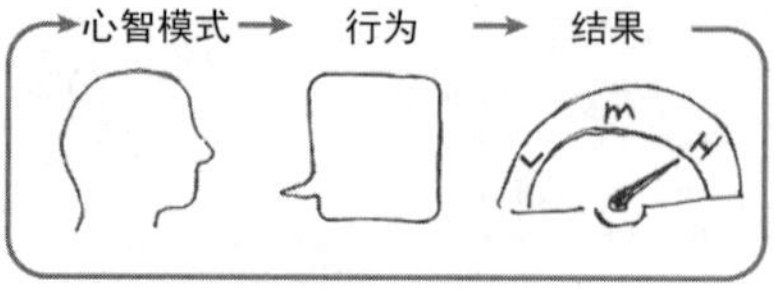

后　记

《专业引导技巧实践指导》一书面世以来，受到越来越多的人的关注。有人曾在微信朋友圈中留言，评论该书为近年来他们所阅读的最好一本引导书籍。还有北京的朋友告诉我，他本人所在的读书会将《专业引导技巧实践》中所提及的有效团队的基本规则作为该群共同遵守的群规。对于这样的评论与反馈我并不感到意外，因为原著水平之高毋庸置疑，而作为该书的译者，我们也确实下过一番功夫。如在翻译过程中，我曾发现原著两处不起眼的疏漏。经过与罗杰·施瓦茨核对，他同意我的发现并表示非常惊讶，因为这是第一次有人指出这一疏漏。

在翻译罗杰·施瓦茨与其同事著述的《专业引导技巧实践指导》（*The Skilled Facilitator Field Book*）一书时，我一直有一个愿望，那就是翻译《专业引导技巧》（*The Skilled Facilitator*）一书，因为这本书被公认为引导技术的黄金标准。如果仅仅出版《专业引导技巧实践指导》一书，会给读者留下遗珠之憾。其实，无论是从出版的时间顺序还是从出书的逻辑来说，当然是先有《专业引导技巧》，后有《专业引导技巧实践指导》。可能有的读者会感到奇怪，出版社为何要先出版《专业引导技巧实践指导》一书呢？其实，这貌似不合逻辑的背后却有着一个不为人所知的小故事。最初，当益言普道首席顾问王志刚老师和我商量翻译罗杰·施瓦茨的著作时，我们首先考虑的当然是《专业引导技巧》。令人遗憾的是，当电子工业出版社与 Wiley 联系后发现，该书的版权已经出售给另一家出版社了。无奈之下，我们两人只得动手先翻译《专业引导技巧实践指导》一书。“山重水复疑无路，柳暗花明又一村。”2016 年春天，当我与罗杰·施瓦茨联络时，意外地获悉他将于 2016 年秋天出版《专业引导技巧》一书的第 3 版，这实在是出乎意外了！我只能将这看成上天的眷顾，坦率地说，当时我真没想到自己还有机会亲手将他的这部扛鼎之作介绍给中国读者。当然，这对于读者、原书的作者及出版社来说都是幸事。显而易见的是，两本著作由同一译者翻译利于保持作品的风格统一。无论是过去还是现在，我看到过太多的译作，虽原著为一人所写，但由于译者不同，译作阅读起来却判若两人，毕竟不同的译者对于同样的一段原文的处理是不一样的。当然，这对我本人来说也是幸事，因为这让我有机会再次悉心体会罗杰·施瓦茨的精髓。

实话实说，翻译这本著作比起上一本来要轻松一些。理由非常简单，这是罗杰·施瓦茨一人之作，理解他一个人的思路比理解多人的思路要容易一些。或许有了第一部作品打底，在翻译他的这部作品时，少有遇到笔头艰涩的情况。无论是在翻译上一部作品，还是翻译这一部作品，我都尝试着在日常的引导工作中将他所推荐的团队有效性的基本规则付诸实践。一次又一次我体会到这些基本规则的威力和有效性。这些规则看似平淡无奇，但当你真的悉心体会时，你会常常感到其中的力量。

我曾比较过他著述的《专业引导技巧》第 2 版与第 3 版的不同。我个人认为，第 3 版的一个重要改进之处是更为清晰地阐述了心智模式、团队有效性模型、团队基本规则以及诊断—干预模型之间的关系。这利于读者更好地理解并使用专业引导技巧。

许多朋友在本书的翻译过程中提供了大力支持。首先，非常感谢益言普道合伙人吴凤荣老师与骆超老师，正是由于他们的鼎力协助与积极参与，本书最终得以面世。同时，杨志敏、沈志武、李文娟、刘剑、陈梅、覃雪梅、李甜、胡秀林、田思忆、范江林、叶擎、姚岚、江茜也参与了部分内容的翻译并提供了大力支持，在此一并表示感谢。同时也向出版社的编辑表示感谢。阅读此书的朋友不难发现，本书表格、图片甚多，相比于其他引导书籍，编辑需要付出更多的劳动。在此也向关心并购买本书的读者表示感谢，也非常期待这本书能真正帮助到大家。

刘滨

2017 年中秋

本书编译由益言普道专业提供支持

益言普道是一家国内领先的专业人力资源管理咨询公司，是Performance Consulting International（PCI）咨询机构的创始成员机构。

益言普道致力于为国内高端企业提供“技术领先、全球视野、本土经验”的人力资源咨询服务，客户范围涵盖通信、金融、能源、交通、制造、高科技、公共服务等诸多行业，以及全球500强、国企、知名民企等不同性质企业。

益言普道提供的专业服务

人才测评与能力管理

- ✓ 能力模型构建
- ✓ 人才招聘测评
- ✓ 人才选拔测评
- ✓ 任职资格认证体系
- ✓ 人才梯队与继任管理

人员发展与学习提升

- ✓ 领导力发展
- ✓ 员工职业发展规划
- ✓ 学习地图绘制
- ✓ 培训需求分析与规划
- ✓ 学习内容开发
- ✓ 学习项目设计与实施
- ✓ 学习发展效能评估

行动学习与业务改进

- ✓ 战略解码与共识工作坊
- ✓ 未来探索工作坊
- ✓ 主题定制工作坊
- ✓ 微行动学习项目
- ✓ 业务改进项目
- ✓ IDP实践学习项目
- ✓ 行动学习教练认证

组织发展与人力资本

- ✓ 组织有效性
- ✓ 人力资源战略规划
- ✓ 组织结构优化
- ✓ 业务流程改善
- ✓ 职位体系设计
- ✓ 人力资源量化管理
- ✓ 绩效管理体系